Die Autoren

dieses Experimentierbuches sind Studenten der Zoologie und Assistenten des Instituts für Zoophysiologie der Universität Innsbruck. Die Idee zu diesem Buch entstand selbst aus einem Versuch, »als wir in den Klassen eines unserer ehemaligen Biologielehrer einfache zoologische Experimente vorzuführen begannen, um den Schülern das Zusammenspiel biologischer Strukturen und Funktionen deutlicher zu machen«. Durch das unerwartet große Interesse der Schüler wurden die Verfasser ermutigt, ein Skriptum mit Versuchsanleitungen vor allem für Studenten und Biologielehrer zusammenzustellen, aus dem dieses, um die theoretischen Einführungen erweiterte Buch hervorging.

Hans Christian Bauer, Rudolf Hofer,
Walter Knapp und Hans Moser:

Zoologische Experimente

Praktische Versuchsanleitungen mit theoretischen Einführungen
Mit 194 Abbildungen und einem Anhang

Vorwort von Wolfgang Wieser

Deutscher
Taschenbuch
Verlag

dtv

Die Zeichnungen wurden von Evelyn Knapp und Wilhelm Holzknecht angefertigt.

Originalausgabe
1. Auflage Januar 1974
2. Auflage Oktober 1976: 13. bis 18. Tausend

Umschlaggestaltung: Celestino Piatti
Gesamtherstellung C. H. Beck'sche Buchdruckerei, Nördlingen
Printed in Germany · ISBN 3-423-03111-5

Inhalt

Vorwort

Daß die Biologie zu einer der Schlüsselwissenschaften der Zukunft geworden ist, hat sich in vielen Kreisen herumgesprochen. Medizinische Grundlagenforschung, Erschließung neuer und Verbesserung alter Nahrungsquellen, Umweltverschmutzung, Naturschutz, biologische Schädlingsbekämpfung, Humanethologie, genetische Utopien – die Biologie liefert Fakten und Ideen sowohl für die phantastischen Argumente der Futurologen als auch für die handfesten Pläne von Soziologen, Politikern und Landschaftsplanern.

Intuitiv ist es jedem am Geschehen unserer Zeit Teilnehmenden klar, daß in den angeführten Problembereichen eine Fülle von Fragen steckt, die ohne biologische Information nicht zu beantworten ist. Man sollte wohl erwarten, daß gewisse Einsichten in das Tatsachenmaterial und in die Denkweisen der modernen Biologie jungen Menschen ebenso vermittelt werden müßten, wie man die Vermittlung klassischen Bildungsgutes zu einer Zeit für unumgänglich hielt, in der dieses Wissen zur Voraussetzung einer standesgemäßen und erfolgreichen Lebensführung gehörte.

Die mittleren und höheren Schulen haben sich dieser Aufgabe bisher jedoch in höchst ungenügendem Maße unterzogen; sie haben es weitgehend versäumt, die Biologie als eine zentrale Wissenschaft darzustellen, in die einerseits die Erkenntnisse der Physik und Chemie münden, die andererseits unser Wissen vom Menschen und der menschlichen Gesellschaft entscheidend beeinflußt.

Um dies sinnvoll tun zu können, müssen vor allem Wege gefunden werden, die Biologie als eine Wissenschaft zu lehren, die nicht bloß von *Strukturen*, sondern auch – und vor allem – von *Prozessen* handelt.

Lebensprozesse lassen sich nun zwar durch die reine Anschauung erfahren, aber diesem Zugang sind enge Grenzen gesetzt – engere als vielen bewußt ist. Das Funktionieren von so komplexen Systemen, wie es Organismen sind, läßt sich nur durch den analytischen Verstand und mit Hilfe des Experimentes Schritt um Schritt verstehen. Eines der folgenschwersten Mißverständnisse unserer Zeit ist wohl der Glaube, die Zerlegung eines Ganzen in seine Teile zerstöre das, was schön sei und was den Menschen angehe. Im Gegenteil: Die Einsicht in das Zusammenwirken der Teile vermehrt die Erfahrung vom Ganzen um etwas Wesentliches, um das Wissen von den *Gesetzen*, die erst die Mannigfaltigkeit zu einem Ausdruck von Ordnung machen.

Dieses Buch bemüht sich um den experimentellen Zugang zur Biologie, wobei die Autoren von der Überzeugung ausgegangen sind, daß die Einsicht in die Dynamik des Lebensgeschehens und in die Bedingungen dieser Dynamik ebenso Teil unserer zeitgemäßen Bildung sein sollte, wie es etwa das Wissen um die Verwurzelung des Menschen in der historischen Tradition ist. Man kann also nicht früh genug mit der Vermittlung dieser Einsicht beginnen.

Noch etwas anderes erscheint von Bedeutung: Den Hochschulen wird heute der Vorwurf gemacht, sie hätten sich von den aktuellen Problemen der Gesellschaft zu weit entfernt. Man könnte natürlich auch umgekehrt sagen, die Hochschulen, bzw. ihre Exponenten, hätten es versäumt, der Gesellschaft ihre aktuellen Probleme hinreichend klarzumachen. Überblickt man die in diesem Buch zusammengestellten Versuche, dann sieht man, daß sie größtenteils in dem vor vielen Jahrzehnten gewonnenen Wissen der klassischen Physiologie wurzeln. Dennoch ist es erstaunlich, wie wenig von diesem alten Wissen als lebendige Erfahrung den heute 14- bis 18jährigen gegenwärtig ist. Hierin spiegelt sich zweifellos ein Versagen der Hochschulen, die in ihren wissenschaftlichen Erziehungsprozeß kaum Rückkopplungsglieder eingebaut haben, über die sie einerseits vom Erfolg ihrer Erziehungsbemühungen auf dem mittleren Bildungsniveau, andererseits von den praktischen Bedürfnissen der Gesellschaft informiert werden könnten.

Vielleicht ist die Tatsache, daß dieses Buch von vier jungen Mitarbeitern eines physiologischen Universitätsinstitutes geschrieben wurde, ein gutes Omen. Nicht nur deshalb, weil man hierin einen Beweis für die Initiative und das Engagement dieser Generation sehen könnte, sondern auch, weil sich der Schluß aufdrängt, eine unbefriedigende Erfahrung – wie sie der Naturkundeunterricht an den meisten mittleren und höheren Schulen darstellt – trage bereits den Keim der Korrektur in sich. Die vier soeben bzw. gerade noch nicht promovierten Studenten der Zoophysiologie möchten ganz einfach jenen, die sehr bald nach ihnen kommen werden, das Vergnügen vermitteln, das sie im Verlauf ihrer Konfrontation mit den Grundgesetzen der Lebensprozesse erfuhren. Diese Konfrontation ist als eine tätige Auseinandersetzung aufzufassen; man muß etwas *tun*, um zu Erkenntnissen zu kommen. So ist das Experiment in zweifacher Hinsicht eine Bereicherung: einmal, weil es uns zu Einsichten verhilft, die für die Bewältigung unserer problematischen Beziehungen zur Umwelt Voraussetzung sind; ein andermal, weil es der Veranlagung des Menschen entspricht, zu jenen Problemen eine besondere Beziehung zu gewinnen, die er in der Form einer aktiven Auseinandersetzung erfährt.

Innsbruck, im Sommer 1973 Wolfgang Wieser

Vorbemerkung

Der Grundstein zu diesem Buch wurde schon vor Jahren gelegt, als wir in den Klassen eines unserer ehemaligen Biologielehrer einfache zoologische Experimente vorzuführen begannen, um den Schülern das Zusammenspiel biologischer Strukturen und Funktionen deutlicher zu machen. Das Interesse der Schüler war so unerwartet groß, daß wir uns in der Folge ernsthaft mit derartigen Versuchen beschäftigten. Um einen größeren Kreis interessierter Leute ansprechen zu können, stellten wir einige Versuche in einem Skriptum zusammen, mit dessen Hilfe wir mit Mittelschullehrern und Lehramtskandidaten Übungen durchführten.

Die Bestätigung in unserer Arbeit, die Erfahrungen, die wir dabei sammeln konnten, sowie der Wunsch, die Biologie einem möglichst großen Bevölkerungskreis in lebendiger Form nahezubringen, haben uns ermutigt, dieses Buch zu schreiben. Wir möchten damit versuchen, den an biologischen Fragen interessierten Lesern – Lehrern, Studenten und Schülern – einen Einblick in die Theorie und Praxis verschiedener tierphysiologischer Probleme zu vermitteln.

Manche der angeführten Versuche sind chemische oder physikalische Modellversuche, andere werden am lebenden oder toten Tier oder an isolierten Organen durchgeführt. Damit ergibt sich zwangsläufig die Frage nach der Bedeutung und Berechtigung von Tierexperimenten.

Die Frage, ob Tierexperimente an Forschungsinstituten und in Laboratorien ihre Berechtigung haben, kann hier nicht zur Diskussion stehen, denn jeder weiß, daß ein großer Teil der Erkenntnisse auf den Gebieten der Biologie, der Umweltkunde und der Medizin dem Tierversuch zu verdanken ist. Daß auch der Student bereits während seiner Ausbildung mit dem praktischen Arbeiten am Tier vertraut gemacht werden muß, ist selbstverständlich, denn durch bloßen Vortrag ließe sich niemals das Verständnis vermitteln, das er für seinen späteren Beruf braucht.

Wie verhält es sich aber nun mit dem Tierexperiment für Schüler an mittleren und höheren Schulen? Vielfach wird die Meinung vertreten, das Arbeiten am toten Tier verleite den Schüler zur Brutalität und zur Mißachtung des Lebens. Die

Erfahrungen haben jedoch das Gegenteil bewiesen. Gerade der tiefere Einblick in den an das Wunderbare grenzenden Organismus verschafft dem jungen Menschen nicht nur fundiertes Wissen, sondern das noch viel wichtigere Verständnis für das Zusammenspiel biologischer Prozesse im großen Ökosystem »Erde«. Das Tierexperiment bietet dem Lehrer oder Versuchsleiter die Möglichkeit, den Unterschied zwischen sinnvollem und sinnlosem Töten klarzumachen, das heißt alle jene Gründe anzugeben, die das Töten eines Tieres unter genau definierten Bedingungen gerechtfertigt erscheinen lassen.

Das zweite Argument gegen das Tierexperiment wäre die Ablehnung des Tötens an sich. Solange wir aber das lästige Insekt zerquetschen, uns den Schweinebraten schmecken lassen, der Trophäe wegen den stärksten Bock schießen, den lebenden Wurm kunstgerecht an den Angelhaken spießen, um uns beim Fischen zu entspannen – solange all dies geduldet wird, sollte sich niemand über den Tod eines Tieres in einem sinnvollen und gewissenhaft durchgeführten Experiment empören.

Als drittes Gegenargument sei die Tierquälerei angeführt. Der Biologe, der ein Tierexperiment durchführt, wird so arbeiten, daß dem Tier nicht größere Schmerzen zugemutet werden als dem Menschen. Wenn es notwendig ist, wird er das Tier vorher betäuben oder schnell und absolut schmerzlos töten. Wenn überhaupt, dann müßten wir uns alle selbst der Tierquälerei bezichtigen, die wir durch unsere Vorliebe für zartes, helles und saftiges Fleisch die Schlachtviehzüchter zur sogenannten Intensivhaltung ermutigen, die wir durch unsere Sorglosigkeit zur Verschmutzung unserer Erde beitragen und damit Millionen von Tieren langsam in den Tod treiben, ohne daß ein Tierschutzverein auf die Barrikaden steigt; angeklagt wären auch die »Tierfreunde«, die ihren Hunden, weil sie dann gar so »herzig« und »schön« aussehen, Schwanz und Ohren – oft ohne Narkose – beschneiden lassen.

Das vierte und sehr schwerwiegende Argument gegen das Tierexperiment wäre, daß dadurch die Gefahr der Ausrottung mancher Arten gegeben sein könnte. Um das zu verhüten, werden, soweit wie möglich, Labortiere (Mäuse, Ratten, Meerschweinchen) und häufig vorkommende Arten anderer Gruppen verwendet. Daß seltene oder durch das Gesetz geschützte Arten nicht verwendet werden dürfen, versteht sich von selbst.

Man könnte sich nun aber auch fragen, ob es denn so wichtig sei, auf dem mittleren Bildungsniveau Schüler zu einem fundierten biologischen Wissen und Verständnis zu führen. Ist es nicht überflüssig, Menschen in einem Fach auszubilden, das sie später wahrscheinlich nie ausüben werden? Nein, denn gerade für jene Schüler, die später in Industrie, Wirtschaft und Politik tätig sein werden, ist eine gute biologische Ausbildung von fundamentaler Bedeutung; sie sind es doch, die einerseits die Welt und damit auch alles Leben mit den Produkten ihrer Arbeit gefährden können, andererseits durch ihren Einfluß der Entwicklung entscheidende Impulse zu geben vermögen. Im Umweltschutz wird sich der Biologe meist darauf beschränken müssen, Ratschläge zu geben, auf Gefahren hinzuweisen und zu retten versuchen, was andere durch ihre Unüberlegtheit und durch ihr Unwissen in Gefahr gebracht haben. Ließe sich hingegen durch einen optimalen Biologieunterricht bei Technikern, Wirtschaftlern und Politikern ein gewisses Maß an biologischem Denken oder zumindest eine Aufgeschlossenheit der Natur gegenüber erreichen, dann könnte sich die Menschheit vielleicht bald wieder als gesundes Glied im Ökosystem der Erde fühlen.

Es ist gut, daß es Feuerwehrleute gibt, die über Brandbekämpfung Bescheid wissen, aber mindestens ebenso wichtig ist es, daß jeder von uns weiß, wie man Brände verhütet. Ebenso sollte es auch in der Biologie sein. Weite Gebiete unserer Erde sind bereits verloren, andere sind in höchstem Maße gefährdet. Es muß ein Anliegen für jeden von uns sein, die Erde in einem lebensfähigen Zustand an die kommenden Generationen weiterzugeben. Dazu braucht es aber Wissen und Verständnis. Wissen läßt sich natürlich auch durch trockene Vorträge und durch Bildmaterial vermitteln, aber das Verständnis und das Interesse, die so wichtig sind, können damit nicht erweckt werden. Um dieses Ziel zu erreichen, werden zweifellos auch einige Tiere geopfert werden müssen. Besteht auch nur die geringste Chance, durch Tierexperimente in der Schule das biologische Denken der in nächster Zukunft verantwortlichen Menschen zu fördern und damit die Erde gesund und lebensfähig zu erhalten, so wäre der Tod dieser Tiere gerechtfertigt.

Allen, die an diesem Buche mitgeholfen haben, möchten wir unseren Dank aussprechen. Im besonderen danken wir dem Vorstand des Instituts für Zoophysiologie an der Universität Innsbruck, Herrn Professor Dr. Wolfgang Wieser, für sein stetes förderndes Interesse und für die kritische Durchsicht des Manuskriptes, Fräulein cand. phil. Herta Fritz vom selben Institut und Herrn cand. rer. nat. Bernd Ronacher vom

Zoologischen Institut der Universität Freiburg im Breisgau für Ratschläge und konstruktive Kritik, Fräulein Evelyn Knapp und Herrn Wilhelm Holzknecht für die Zeichnung der meisten Abbildungen, sowie allen Biologielehrern, Studenten und Schülern, die durch ihre Diskussionen und Anregungen wesentlich zum Gelingen des Buches beigetragen haben. Unser Dank gilt aber auch dem Deutschen Taschenbuch Verlag, der uns bei der Ausstattung des Buches entgegengekommen ist und das Risiko der Veröffentlichung nicht gescheut hat.

Innsbruck, im Februar 1973 Die Verfasser

1. Enzyme

Einführung

Chemische Reaktionen können nur dann ablaufen, wenn zunächst ein Energieberg überwunden wird. Die dafür notwendige *Aktivierungsenergie* kann z. B. in Form von Wärme zugeführt werden. In den verhältnismäßig niedrigen Temperaturbereichen, in denen sich das Leben abspielt, reicht allerdings die thermische Energie oft nur für relativ wenige Moleküle, um den Energieberg zu überwinden, so daß viele Prozesse außerordentlich langsam ablaufen würden. Unter diesen Bedingungen wäre Leben undenkbar. Mit Hilfe von *Biokatalysatoren*, den *Enzymen*, ist es jedoch möglich, die Aktivierungsenergie für biochemische Prozesse soweit zu erniedrigen, daß diese selbst bei Körpertemperatur rasch vor sich gehen (Abb. 5). Die Enzyme, die sich ausnahmslos als Proteine erwiesen haben, greifen nicht in die Gleichgewichtslage selbst ein, sie beschleunigen nur das Erreichen einer solchen. Andererseits wird durch sofortige Weiterverarbeitung der anfallenden Reaktionsprodukte einem *stationären Gleichgewicht* entgegengearbeitet. Dadurch entsteht ein für alle biologischen Vorgänge charakteristisches *Fließgleichgewicht*, bei dem trotz hoher Reaktionsgeschwindigkeit nie ein Endzustand erreicht wird. Gerade aus diesem Gleichgewicht von Zu- und Abfluß schöpft der Organismus die Energie, die für alle Lebensprozesse notwendig ist.

Biokatalysatoren wirken spezifisch, d. h. jedes einzelne Enzym kann nur eine oder wenige Reaktionen beschleunigen. Das bedeutet bei der großen Zahl von biochemischen Prozessen im Organismus, daß es sehr viele Enzyme geben muß. Nun kann man aber zwei verschiedene Formen der Spezifität unterscheiden: Enzyme haben die Eigenschaft, nur jeweils ganz bestimmte chemische Verbindungen (Substrate) zu katalysieren; man sagt, sie sind *substratspezifisch*. Da aber bei einer Verbindung, wie z. B. einem Zucker, sehr viele verschiedene Reaktionen möglich sind, muß das Enzym außerdem noch die Art der Reaktion bestimmen können, indem es nur für diese die Aktivierungsenergie herabsetzt *(wirkungsspezifisch)*. Ein weiteres Merkmal eines Katalysators ist, daß er sich bei der Reaktion nicht verbraucht und deshalb im Endprodukt nicht aufscheint. Dies gilt auch für Enzyme.

Am Enzymmolekül sind nur relativ kleine Bezirke aktiv an der

Katalyse beteiligt. Man unterscheidet neben einer »Haftstelle«, die das Substrat bindet und im wesentlichen für die Substratspezifität verantwortlich ist, noch eine »Wirkstelle«, die man

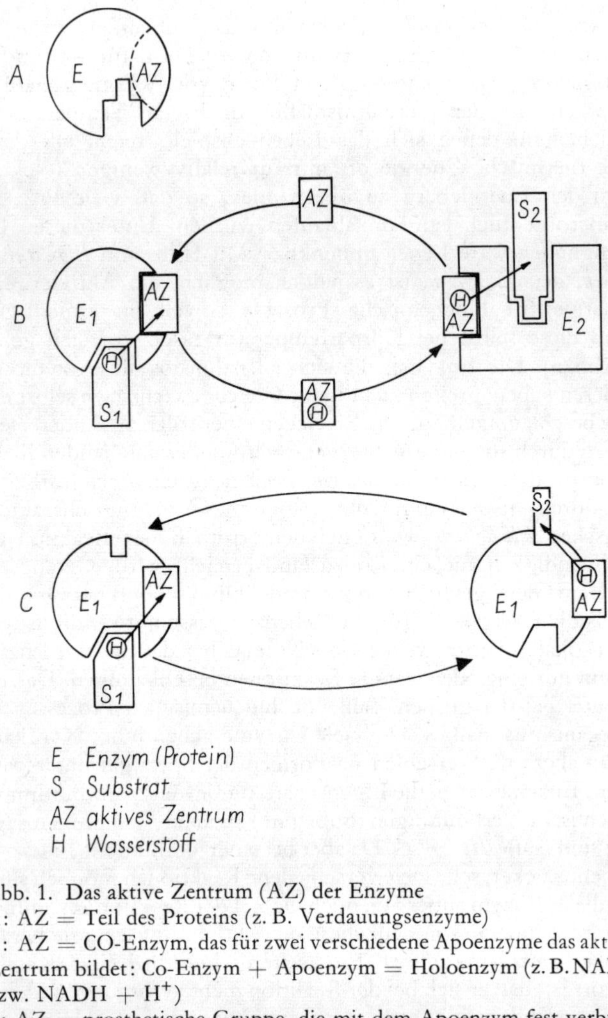

Abb. 1. Das aktive Zentrum (AZ) der Enzyme
A: AZ = Teil des Proteins (z. B. Verdauungsenzyme)
B: AZ = CO-Enzym, das für zwei verschiedene Apoenzyme das aktive Zentrum bildet: Co-Enzym + Apoenzym = Holoenzym (z. B. NAD^+ bzw. NADH + H^+)
C: AZ = prosthetische Gruppe, die mit dem Apoenzym fest verbunden bleibt (z. B. FAD bzw. $FADH_2$)

als *aktives Zentrum* bezeichnet und an der die spezifische Reaktion stattfindet. Das aktive Zentrum kann ein Teil des Proteins oder eine Nichtproteinkomponente sein (Coenzym oder prosthetische Gruppe). Diese bildet dann zusammen mit dem größeren Proteinanteil (Apoenzym) das *Holoenzym* (aktives Enzym) (Abb. 1).

Im einzelnen stellt man sich den katalytischen Prozeß so vor, daß erst durch den Einfluß des Substrats die Konfiguration (dreidimensionale Struktur) des Enzymmoleküls so verändert wird, daß das aktive Zentrum in die geeignete räumliche Anordnung gebracht wird, um mit dem Substrat reagieren zu können *(induzierte Paßform)* (Abb. 2). Die Bindung des Substrates an das Enzym geschieht durch *Haupt-* oder *Nebenvalenzen*. Nach erfolgter Reaktion werden die Produkte freigegeben, und das Enzym ist sofort wieder in der Lage, ein neues Substratmolekül zu binden. Der ganze Vorgang läßt sich in einer einfachen Gleichung schreiben:

$$E + S \rightarrow ES \rightarrow E + P$$

Enzym + Substrat → Enzym-Substrat-Komplex → Enzym + Produkt.

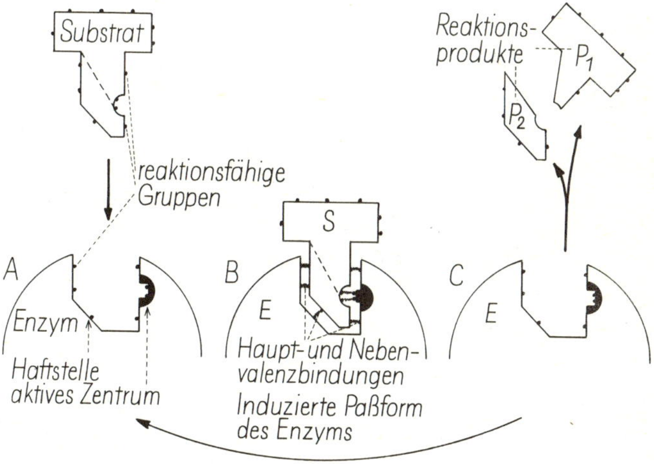

Abb. 2. Modell einer enzymatischen Reaktion:
A: vor der Reaktion B: Enzym-Substrat-Komplex C: nach der Freigabe der Reaktionsprodukte

Nun soll uns noch interessieren, von welchen Milieufaktoren die enzymatischen Reaktionen abhängen:

a. *Substratkonzentration*

Nicht nur die Art des Substrates, sondern auch das mengenmäßige Verhältnis zwischen Substrat- und Enzymmolekülen ist für die Reaktionsgeschwindigkeit entscheidend. Die Wahrscheinlichkeit eines zufälligen Zusammenstoßes von Substrat- und Enzymmolekülen steigt mit zunehmender Substratkonzentration und zwar solange, bis jedes Enzym voll ausgelastet ist. Man bezeichnet diesen Zustand als *Substratsättigung*. Da sich die minimale Substratmenge, bei der eine Reaktion noch maximal abläuft, experimentell nicht exakt ermitteln läßt, gibt man diejenige Substratkonzentration (in Mol/L) an, bei der nur die Hälfte der Enzyme als Enzym-Substrat-Komplex vorliegt, also eine halbmaximale Geschwindigkeit (Vmax/2) erreicht wird. Diese sog. *Michaeliskonstante* (Km) gilt als Maß für die Affinität eines Enzyms zum Substrat und kann sowohl graphisch als auch rechnerisch ermittelt werden (Abb. 3).

Im Gegensatz zu den Versuchen *in vitro* (unter künstlichen Bedingungen), die in der Regel bei Substratsättigung ablaufen,

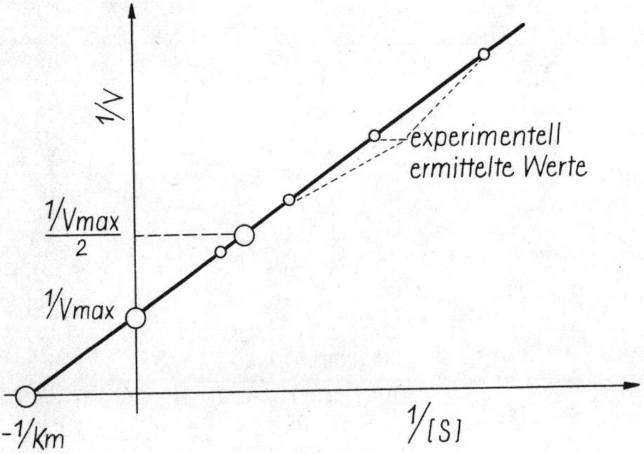

Abb. 3. Graphische Darstellung der Michaeliskonstante (Km) bei doppelt reziprokem Auftragen von Geschwindigkeit (v) und Substratkonzentration ([S])

ist im Organismus oft das Substrat und nicht das Enzym der limitierende Faktor.

b. *Temperatur*

Wie bei allen chemischen Prozessen wird durch Ansteigen der Temperatur die thermische Energie der Moleküle und damit die Reaktionsgeschwindigkeit erhöht. Die Temperaturabhängigkeit eines Prozesses wird durch den Q_{10} ausgedrückt, der ein Maß für die Erhöhung der Reaktionsgeschwindigkeit bei einer Temperaturerhöhung von 10° C ist. Dieser Quotient liegt sehr oft zwischen 2 und 3. Andererseits werden die Enzyme als thermolabile Proteine mit zunehmender Temperatur denaturiert, so daß die Geschwindigkeit der enzymatischen Katalyse nach Erreichen eines Optimums rasch abfällt (Abb. 4). Da selbst bei relativ niedrigen Temperaturen Denaturierungsprozesse stattfinden, muß der Organismus den ständigen Verlust durch Neusynthese ausgleichen.

c. *Wasserstoffionenkonzentration*

Die pH-Abhängigkeit enzymatischer Reaktionen läßt sich nur von der Proteinnatur der Enzyme her verstehen. Die Reste der basischen und sauren Aminosäuren eines Proteins sind befähigt,

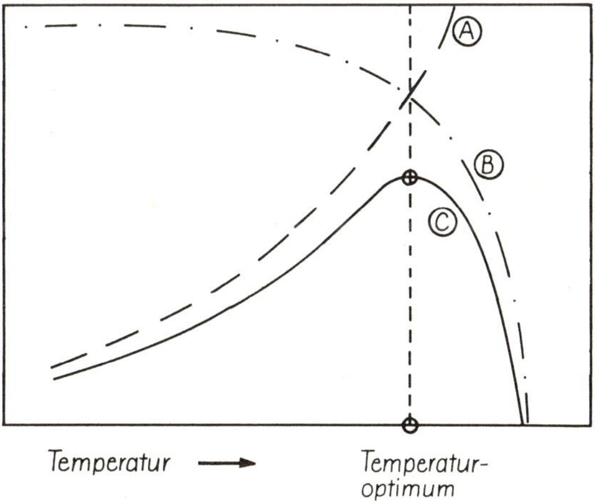

Abb. 4. Temperaturabhängigkeit enzymatischer Reaktionen (nach Aebi) A: Bruttoreaktionsgeschwindigkeit B: Denaturierung C: Nettoreaktionsgeschwindigkeit

durch Abdissoziieren bzw. Aufnehmen von Protonen, negative (—COO^-) oder positive (—NH_3^+) Ladungen zu tragen. Die Anzahl dieser ionisierbaren Gruppen sowie die tatsächlichen Ladungsverteilungen, die ihrerseits von der H^+-Ionenkonzentration des Mediums abhängen, bestimmen u. a. die chemischen Eigenschaften des Proteins. Deshalb ist die Menge der freien Wasserstoffionen u. a. dafür verantwortlich, ob das Substrat mit dem Enzym eine Verbindung eingehen kann oder nicht. Das pH-Optimum der meisten Enzyme liegt um den Neutralpunkt oder knapp darunter. Es gibt Enzyme, die über einen relativ weiten pH-Bereich wirksam sind, und solche, die ein sehr schmales pH-Optimum aufweisen.

d. *Aktivatoren*

Die Aktivität vieler Enzyme ist mehr oder minder stark von der Anwesenheit bestimmter Ionen abhängig (Cl^-, Mg^{++}, Mn^{++}, Zn^{++}, Co^{++}, ...). Der genaue Mechanismus dieser Beziehung ist weitgehend unbekannt.

e. *Hemmung*

Der Hemmung biochemischer Reaktionen kann eine wichtige regulative Funktion im Organismus zukommen. Die folgende Tabelle 1 soll über die verschiedenen Möglichkeiten einer Hemmung Aufschluß geben.

Tabelle 1. Hemmung enzymatischer Reaktionen

Vergiftung	Bildung eines inaktiven Komplexes durch Cyanid oder Schwermetalle (Hg, Cu, Fe ...)
Kompetitive Hemmung	Substrat und Hemmer *(Inhibitor)* weisen ähnliche Struktur auf und konkurrieren um das aktive Zentrum; Erhöhung der Substratkonzentration vermindert die Hemmung.
Allosterische Hemmung	Hemmer setzt sich nicht am aktiven Zentrum, sondern an einer anderen Stelle des Enzyms fest, so daß durch Strukturveränderungen kein Substrat mehr gebunden werden kann (durch Erhöhung der Substratkonzentration nicht aufhebbar).
Substrathemmung	Bei manchen Enzymen bewirkt eine Substratübersättigung eine Aktivitätsverminderung, weil dann mehr als ein Substratmolekül an das Enzym gebunden wird.
Antienzyme	Hemmstoffe von Proteincharakter, die mit dem Enzym einen inaktiven Komplex eingehen (Trypsininhibitor im Pankreas und beim Bandwurm).

f. *Isoenzyme*

Jedes einzelne Enzym ist nur in einem ganz bestimmten, oft sehr eng begrenzten Milieu aktiv. Um nun einen optimalen Ablauf einer Reaktion trotz variierender Umweltbedingungen (Substratkonzentration, Temperatur, pH-Wert) zu gewährleisten, kommen sehr oft Isoenzyme zum Einsatz: Der Organismus hält eine Reihe ähnlicher Enzyme bereit, die zwar am selben Substrat dieselbe Reaktion katalysieren, auf Grund geringer Unterschiede in der Aminosäuresequenz jedoch bei verschiedenen Milieubedingungen ihr Aktivitätsoptimum aufweisen.

Klassifikation der Enzyme:

1. *Oxydoreduktasen*	Enzyme der biologischen Oxidation (z. B. Atmungs- und Gärungsenzyme)
2. *Transferasen*	Gruppenüberträger (z. B. Transaminasen)
3. *Hydrolasen*	Substratspaltung unter Wasseraufnahme (z. B. Verdauungsenzyme)
4. *Lyasen*	Nichthydrolytische Abspaltung verschiedener Gruppen (z. B. Decarboxylasen)
5. *Isomerasen*	Molekulare Umlagerung (z. B. Mutasen)
6. *Ligasen*	Vereinigung zweier Moleküle unter Aufwendung energiereicher Phosphatreste (z. B. Synthetasen)

Versuche

1.1 *Die Aktivierungsenergie**

THEORIE: Im folgenden Experiment soll die Größe der Aktivierungsenergie in Abhängigkeit vom Vorhandensein verschiedener Katalysatoren untersucht werden (weitere Theorie in der Einführung).

Die Stärke, ein Polysaccharid, zerfällt beim Kochen nur sehr langsam in reduzierende Produkte (Maltose, Glucose). Erhitzt man sie jedoch in konzentrierter Säure, so genügt kurzes Aufkochen, um die Stärke vollständig abzubauen (Säurehydrolyse). Noch viel weniger Energie muß investiert werden, wenn man ein geeignetes Enzym, die Amylase, verwendet, denn nun läuft die Reaktion schon bei Zimmertemperatur ab (Abb. 5).

Die viel aufwendigere Säurehydrolyse unterscheidet sich von der enzymatischen dadurch, daß sie die Bindungen zwischen den

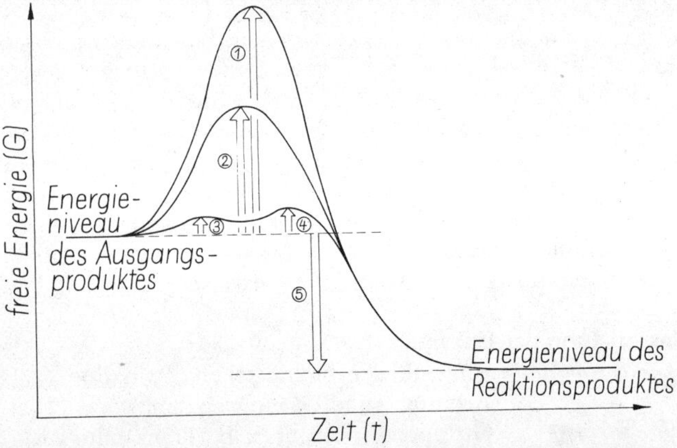

Abb. 5. Die Aktivierungsenergie (AE) einer chemischen Reaktion 1. AE ohne Katalysator 2. AE mit einem anorganischen Katalysator 3. AE zur Bildung des Enzym-Substrat-Komplexes 4. AE für die enzym-katalysierte Reaktion 5. Nettogewinn der freien Energie nach Abschluß der Reaktion

Zuckern völlig unkontrolliert aufbricht, während die Amylase spezifisch an ganz bestimmten Stellen des Makromoleküls angreift (Abb. 7 u. 8).

Da die in diesem Experiment angewandten Nachweismethoden für Stärke *(Jodreaktion)* und reduzierende Zucker *(Fehlingscher Reduktionstest)* in anderen Versuchen ebenfalls Verwendung finden, soll an dieser Stelle näher darauf eingegangen werden.

1. *Jod-Stärke-Reaktion*

Das atomare Jod (und nur dieses!) vermag sich in spiralig aufgebaute Polysaccharide (Amylose, Amylopectin, Glykogen) einzulagern, womit eine starke Änderung der Lichtabsorption verbunden ist. In die Stärke können sich pro Windung (sechs Glucosemoleküle) zwei Jodatome einnisten. Dieser Einschluß ist nur in wäßrigem Medium möglich, er ist hitze- und alkaliempfindlich und ergibt je nach Art des Polysaccharids eine intensive blaue bis braunviolette Färbung.

2. *Fehlingscher Zuckertest*

Zucker mit freien halbacetalischen OH-Gruppen können auf Grund ihrer reduzierenden Eigenschaften leicht nachgewiesen werden. Um Cu^{++} reduzieren zu können, müssen die ringförmig vorliegenden Zuckermoleküle erst in eine reaktionsfähige Form gebracht werden. Im alkalischen Milieu (NaOH) löst sich die halbacetalische Bindung (Abb. 6), und das Zuckermolekül liegt nun mit einer freien Aldehyd- bzw. Ketogruppe (Abb. 6) offen vor. Erhitzt man die Probe, so entsteht aus Aldosen bzw. Ketosen ein Gemisch verschiedenster stark reduzierender Produkte, die in der Lage sind, Cu^{++}-Ionen über $Cu(OH)_2$ zu Cu_2O zu reduzieren. Da aber schon $Cu(OH)_2$ (gelbe Farbe) ausfallen würde, muß der Probe noch ein Komplexbildner (Na-K-tartrat = Seignettesalz) zugegeben werden, der sowohl Cu^{++}, als auch $Cu(OH)_2$ in Lösung hält (blaue Farbe). Das Entstehen des einwertigen Cu_2O läßt sich durch einen ziegelroten Niederschlag erkennen.

Disaccharide des Trehalosetyps, bei denen die halbacetalischen OH-Gruppen der beiden Zucker miteinander zum Vollacetal reagieren (Abb. 6), sind natürlich nicht in der Lage, das zweiwertige Kupfer zu reduzieren.

Abb. 6. Wichtige Strukturformeln von Zuckern

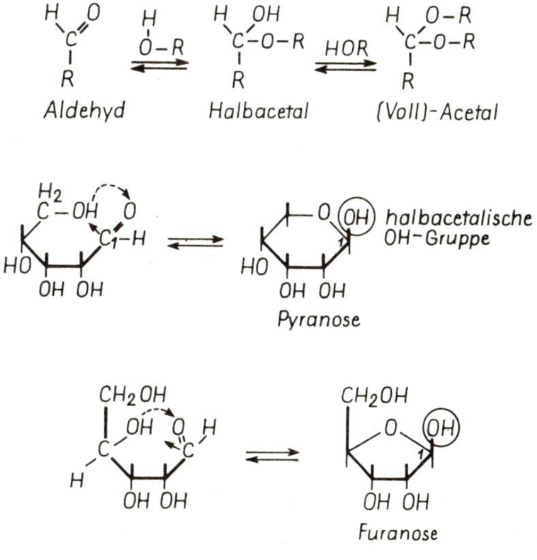

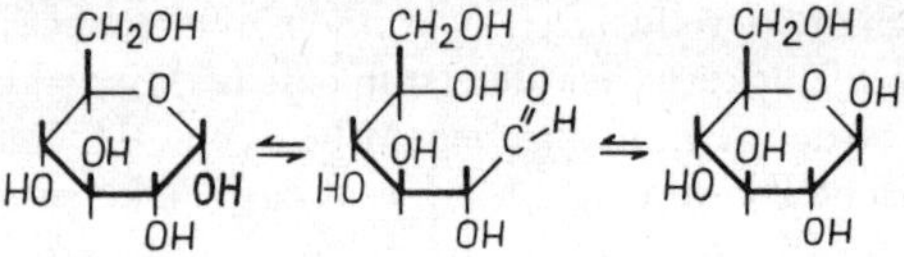

α-D-Glucose ⇌ al-D-Glucose (Aldehydform) ⇌ β-D-Glucose

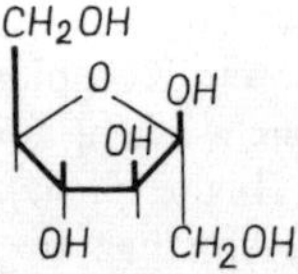

Fructose (Furanoseform)

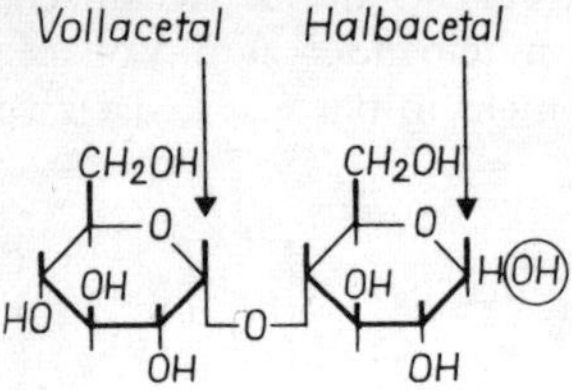

Maltose

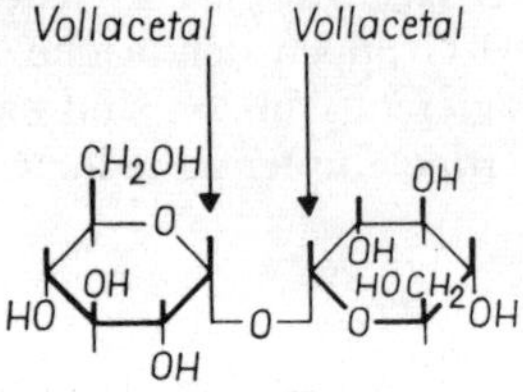

α, α'-Trehalose

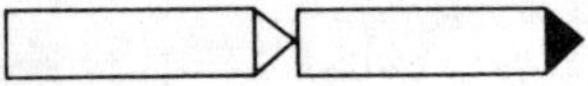

wirkt reduzierend

wirkt nicht reduzierend

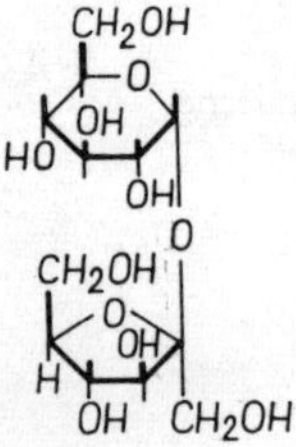

Rohrzucker

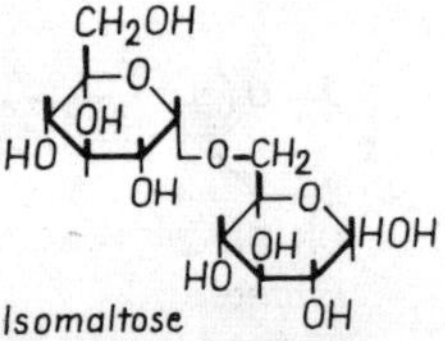

Isomaltose

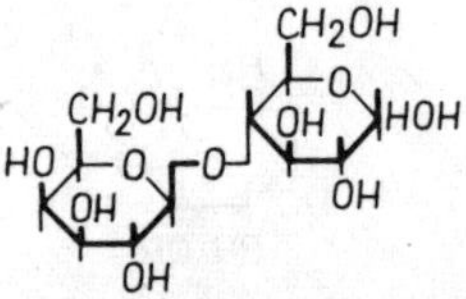

Lactose

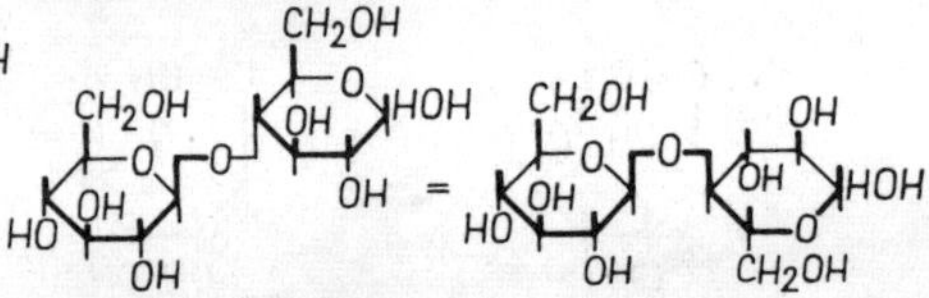

Cellobiose

MATERIAL: Bunsenbrenner, Eprouvetten, Eprouvettenzange, Eprouvettenständer – Tropfpipette – Stärke, NaCl, konz. H_2SO_4 – Lösungen: Lugolsche Lösung (J/JK) und Fehlingsche Lösung A und B, siehe Anhang, S. 361. Stärkelösung: 0,1%ige lösliche Stärke in 1%iger NaCl über dem Bunsenbrenner kurz aufkochen. Nach Erkalten werden einige Tropfen Lugolscher Lösung bis zur intensiven Blaufärbung hinzugefügt.

VERSUCHSANLEITUNG:
1. Zu etwa 5 ml der oben angesetzten Stärkelösung, die wir 2–3 min lang über dem Bunsenbrenner kochen, fügen wir nach Abkühlen der Probe einen kleinen Tropfen Lugol hinzu (das ursprünglich gelöste atomare Jod wurde durch das lange Erhitzen zu Jodat oxidiert) und vergleichen die Blaufärbung mit der unbehandelten Stärkelösung. Da uns kein Unterschied auffallen wird, müssen wir die empfindlichere Methode des Zuckernachweises anwenden: Zu einer Probe von 3–5 ml werden etwa 5 Tropfen Fehling A und ebensoviel Fehling B hinzugefügt. Nach 2 bis 3maligem Aufkochen müßte bei Anwesenheit von reduzierenden Zuckern ein roter Niederschlag oder zumindest eine Trübung zu beobachten sein. Diesen Zuckertest führen wir sowohl bei der gekochten als auch bei der ungekochten Stärke durch (Achtung: unreine Stärke zeigt ebenfalls reduzierende Wirkung!).
2. 7–8 ml der oben angesetzten Stärke werden mit etwa 1–2 ml konzentrierter Schwefelsäure versetzt. Die Hälfte der Probe lassen wir kurz (2–3 mal) über dem Bunsenbrenner aufkochen. Da durch die heiße Säure ähnlich wie bei Punkt 1 die Jodatome zu Jodat oxidiert wurden, müssen wir nach Erkalten der Lösung einen Tropfen Lugol hinzufügen. Vergleiche die beiden Proben!
3. Schließlich geben wir zu 3–4 ml Stärke etwas Speichel und beobachten unter kräftigem Schütteln das Verschwinden der blauen Farbe.

1.2 *Einige Versuche zur Enzymkinetik*** *(demonstriert am Beispiel der α-Amylase)*

THEORIE: Die Amylase, ein Verdauungsenzym, das bei Mikroorganismen, Pflanzen und Tieren vorkommt, spaltet pflanzliche Stärke sowie tierisches Glykogen in Maltose. Die bakterielle und pflanzliche β-Amylase ist funktionell als *Exoamylase* zu bezeichnen, sie spaltet Maltoseeinheiten von den Enden des Moleküls her ab (Abb. 7). Die einfach gebaute Amylose wird von der β-Amylase vollständig verdaut, während das verzweigte Amylopectin nur bis zu den Verzweigungsstellen (1–6-Bindungen) hydrolysiert wird. Es bleibt ein verhältnismäßig hochmolekulares »Grenzdextrin« übrig (Abb. 7).

Die tierische α-Amylase findet sich in verschiedensten Teilen des Verdauungsapparates (Speicheldrüsen, Magenstiel von Muscheln, Magensaft von Krebsen, Hepatopankreassaft von Mollusken und Krebsen und Pankreassaft der Wirbeltiere). Sie spaltet als Endoamylase die Stärke von innen her (Abb. 8) zunächst in Oligosaccharide mit meist sechs Glucoseresten und erst bei längerem Einwirken in Disaccharide. Die α-Amylase ist durch »Überspringen« der 1–6-Bindungen in der Lage, auch Amylopectin vollständig abzubauen.

Das pH-Optimum aller tierischen Amylasen liegt im Durchschnitt zwischen 5,5 und 7,2. Zur Aktivität dieser Enzyme sind oft Cl^- Ionen notwendig. Das Optimum der menschlichen Speichelamylase liegt bei pH 6,9. Die Amylase des Pankreas (Bauchspeicheldrüse) unterscheidet sich von der des Speichels insofern, als sie auch ohne Cl^- Ionen bei einem pH von 6,0–6,1 optimal wirkt, während sie mit Cl^- Ionen dasselbe pH-Optimum wie die Speichelamylase aufweist. Nur relativ wenige Wirbeltiere sind im Besitz einer Speichelamylase, z. B. Ratte, Maus, Meerschwein-

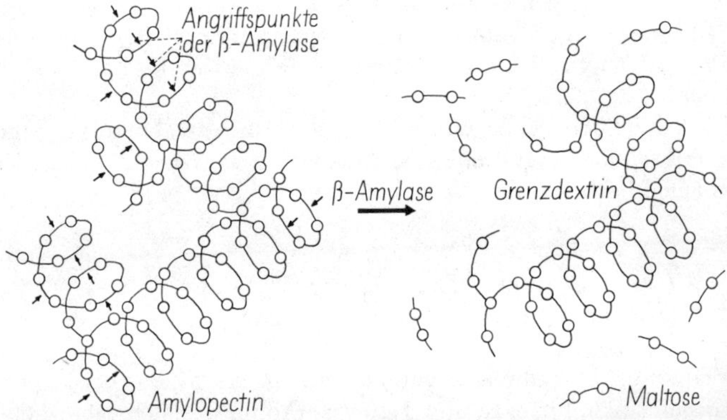

Abb. 7. Wirkungsweise der pflanzlichen und bakteriellen β-Amylase

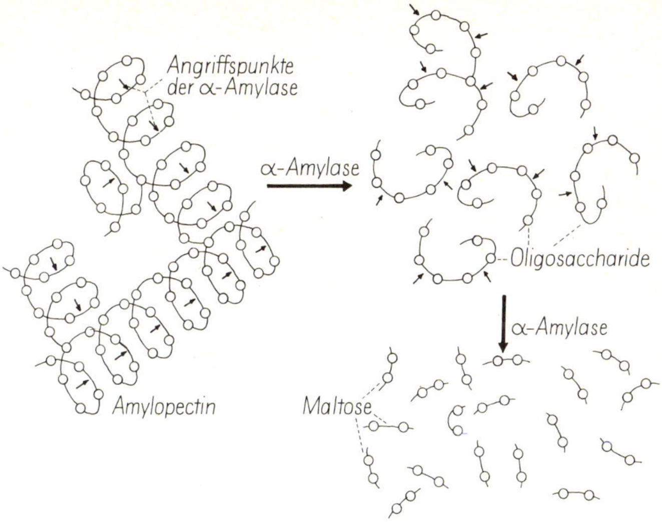

Abb. 8. Wirkungsweise der tierischen α-Amylase

chen, Hirsch, Lama, Gans, Huhn; besonders aktiv ist sie jedoch bei Mensch und Elefant.

MATERIAL: Versuchsperson – 10 Meßpipetten, 1 Mikroliterpipette, Eprouvetten, Flaschen, Meßzylinder, Becherglas, isoliertes Wasserbad, Thermometer, Eis, Bunsenbrenner – Stärkelösung 2%ig, NaCl 1,5%ig, 0,1 N HCl, 0,1 N NaOH, Lugolsche Lösung (J/JK), Phosphatpuffer pH 7,0

VERSUCHSANLEITUNG: Die Herstellung der Lugolschen Lösung und des Phosphatpuffers ist dem Anhang zu entnehmen. Notfalls kann Puffer durch Wasser ersetzt werden. Die Stärke ist durch kurzes Aufkochen zu lösen.
Ansätze: Die Pipetten zum Herstellen der Ansätze werden vorher beschriftet.

4mal Ansatz 1: 1 ml Stärke 2%ig
(1a – 1d) 1 ml Phosphatpuffer pH 7,0
0,5 ml NaCl 1,5%ig
1mal Ansatz 2: wie Ansatz 1 aber statt Puffer
0,5 ml 0,1 N HCl + 0,5 ml Wasser

1mal Ansatz 3: wie Ansatz 1 aber statt Puffer
0,5 ml 0,1 N NaOH + 0,5 ml Wasser

1mal Ansatz 4: wie Ansatz 1 aber statt NaCl 0,5 ml Aqua dest. (kein Leitungswasser verwenden!)

Von den Ansätzen 1 werden drei (1a, 1b und 1c), sowie die Ansätze 2, 3 und 4 in ein Wasserbad von 40 °C und der Ansatz 1d ins Eisbad gestellt.

Stärkenachweis:

90 ml Wasser
10 ml 0,1 N HCl
0,5 ml J/JK werden gut gemischt und davon 4 ml in etwa 25 Reagenzgläser gefüllt. (Jod-Stärke-Reaktion siehe Versuch 1.1)

Aufgaben: 1. Wir gewinnen die Amylase, indem eine VP mit etwa 30 ml destilliertem Wasser den Mund spült und den Inhalt in ein Becherglas spuckt. Ein Teil (3–5 ml) wird sofort über einem Bunsenbrenner aufgekocht und davon 0,5 ml in den Ansatz 1b pipettiert. Der Ansatz 1c erhält 0,5 ml Wasser, während wir in die restlichen Ansätze je 0,5 ml unbehandelten Speichel geben. Damit beginnt die enzymatische Reaktion (Zeit notieren!).

2. Dem Ergebnis vorgreifend sei gesagt, daß im Ansatz 1a die stärkste Spaltung stattfinden wird, weshalb wir diesem unsere größte Aufmerksamkeit widmen müssen. Sofort nachdem zu allen Ansätzen das Enzym hinzugefügt wurde, entnehmen wir von 1a und 1c (= Leerwert) jeweils eine Probe von 100 µl und pipettieren sie in eine Eprouvette mit Stärkenachweisreagens (sofort Zeit notieren und beschriften!). Die Probe soll mit einer Mikroliterpipette entnommen werden, wobei auf genaues Pipettieren geachtet werden muß. Wir vergleichen die Intensität der Blaufärbung zwischen Leerwert (1c) und Ansatz 1a und können nun die weitere Probenentnahme der jeweiligen Aktivität anpassen.

Von den Ansätzen 1a, 1d und 4 werden je 4–5, von 1b, 2 und 3 je 2 und von 1c nur eine Probe entnommen und auf Stärkegehalt geprüft. Als Zeitintervalle der Probenentnahme können nur Richtwerte angegeben werden: 1a: 2–4 min; 1d und 4: 5–8 min; 1b, 2 und 3: 15 min.

Wichtig:

1. Zuerst alle Lösungen und Ansätze herstellen, bevor der eigentliche Versuch beginnt.

2. Reagenzgläser genau beschriften und die Zeit der Probenentnahme notieren.
3. Wenn die enzymatische Spaltung begonnen hat, rasch aber genau arbeiten (Enzymaktivität ist oft sehr groß). Immer die gleiche Menge Probe verwenden, und Pipetten von anhaftenden Tropfen befreien; die Mikroliterpipette nach jedem Pipettieren mit Wasser spülen.
4. Lugolsche Lösung nur in dunkler Flasche, Puffer nur als Stammlösung längere Zeit haltbar (Kühlschrank!).

FRAGEN:

1. Warum findet in der Stärkenachweislösung kein weiterer Abbau mehr statt?	Weil die Stärke mit HCl angesäuert wurde; siehe Ansatz 2.
2. In welchem Ansatz war die Amylase am aktivsten und in welchem findet gar keine Spaltung statt? Warum?	1 a am aktivsten, 4 und 1 d geringe Aktivität, 1 b, 1 c, 2 und 3 keine Aktivität; Erklärung: siehe Einführung.
3. Warum findet im Ansatz 4 trotz Fehlens des Kochsalzes eine geringe Aktivität statt?	Auch im Speichel befinden sich Cl^- Ionen, die jedoch auf Grund der starken Verdünnung nicht in optimaler Konzentration vorhanden sind.
4. Da die Auswertung nur qualitativ erfolgt, ist die Erscheinung, daß sich die Aktivität im Ansatz 1 a mit der Zeit verlangsamt, nur schwer zu erkennen. Warum bleibt die Reaktionsgeschwindigkeit nicht bis zum Schluß gleich?	Weil zur optimalen Aktivität das Substrat im Überschuß vorliegen muß; diese Forderung ist nach einer bestimmten Zeit nicht mehr erfüllt.

5. Versuche eine Tabelle aufzustellen, in der die Bedingungen für eine enzymatische Reaktion in der lebenden Zelle denen im Reagenzglas gegenübergestellt werden! (Tabelle: S. 34)

AUSBAUMÖGLICHKEITEN: Bei Vorhandensein eines Spektralphotometers kann der Versuch quantitativ ausgewertet werden. Die Intensität der Blaufärbung ist proportional der Stärkekonzentration und kann bei 580 nm gemessen werden. Da die Jod-Stärke-Reaktion temperaturabhängig ist, sollen die Proben vor der Messung auf gleiche Temperatur gebracht werden. Die Extinktion der Proben wird gegen die Zeit auf mm-Papier aufgetragen, die Steigungen der so entstandenen Geraden werden abgelesen und mittels einer Eichkurve der Stärkeabbau pro Stunde errechnet. Bei der quantitativen Auswertung ist auf erhöhte Genauigkeit zu achten. Ein temperaturkonstantes Wasserbad wäre wünschenswert.

Die enzymatische Spaltung könnte auch bei mehreren Temperaturen (0°, Zimmertemperatur, 40° und 50–60° C) und mehreren pH-Werten (pH 2–3, 5,5, 7,0, 8,5 und 9–10) durchgeführt werden.

	in vivo (unter natürlichen Bedingungen)	*in vitro* (unter künstlichen Bedingungen)
Enzymbestand	wird laufend erneuert	wird durch Denaturierung und andere Prozesse vermindert
Substratkonzentration	sehr oft limitierend	im Überschuß vorhanden
Reaktionsprodukte	werden beseitigt	häufen sich an
pH	oft nicht optimal	optimal

1.3 *Wasserstoff übertragende Systeme – ein Modell**

THEORIE: Die allgemeine Bedeutung der Coenzyme und prosthetischen Gruppen wurde bereits in der Einführung erörtert. Wir wollen nun eine der wichtigsten Gruppen von Coenzymen im Intermediärstoffwechsel, die Wasserstoff übertragenden, an Hand eines Modells genauer betrachten.

Ein großer Teil der Oxidationen und Reduktionen im Zellbereich geschieht mit Hilfe von NAD^+ (Nicotinamid-adenin-dinucleotid), $NADP^+$ (NAD-Phosphat) oder FAD (Flavin-adenin-dinucleotid). Der chemische Bau dieser drei Verbindungen läßt sich aus dem Namen leicht herleiten. Eine Pyrimidin- oder Purinbase bildet mit einem Zucker (Ribose) ein Nucleosid. Tritt dazu noch ein Phosphorsäurerest, so erhalten wir ein Nucleotid. In unserem Fall verbinden sich zwei solcher Nucleotide mit einem Phosphorsäuremolekül (Dinucleotid) (Abb. 9).

Über den Mechanismus der Wasserstoffübertragung durch Coenzyme und prosthetische Gruppen von einem Substrat auf das andere gibt die Abb. 1 Aufschluß. Außerdem kann in einem Modell die Wasserstoffübertragung mit Hilfe von Methylenblau

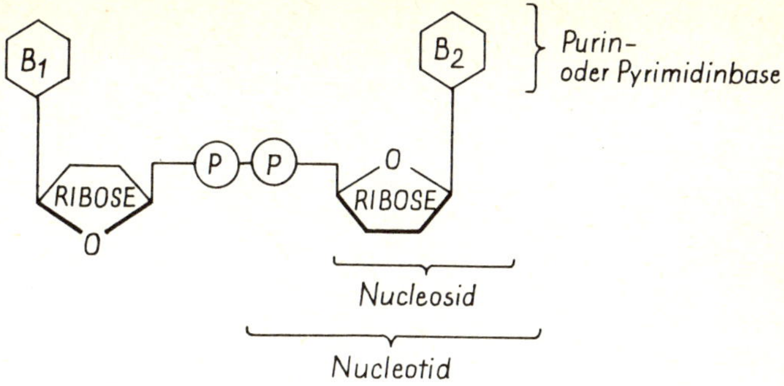

Abb. 9. Bau eines Dinukleotides

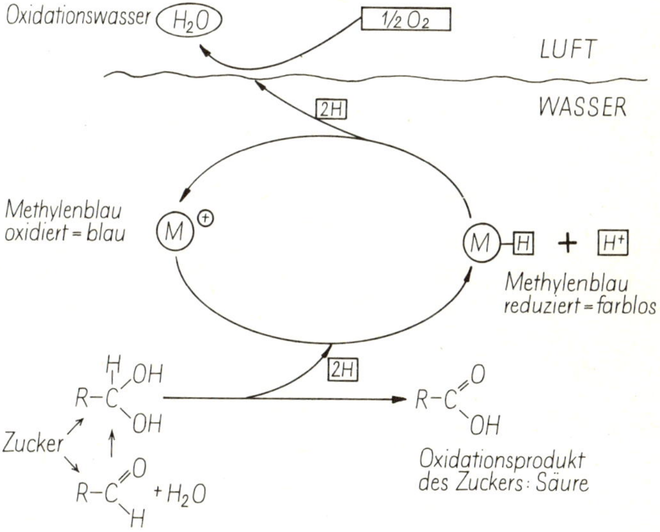

Abb. 10. Modell einer Wasserstoffübertragung durch Co-Enzyme mit Hilfe von Methylenblau und Zucker

leicht demonstriert werden. Dieser Farbstoff besitzt ähnliche oxidierende bzw. reduzierende Eigenschaften wie NAD^+ und zeigt dabei einen Farbumschlag (siehe Abb. 10).

MATERIAL: Eprouvetten, Eprouvettenzange, Eprouvettenständer, Bunsenbrenner, 3 Tropfpipetten, Indikatorpapier – 0,5%iges Methylenblau, Glucose, 1 N NaOH.

VERSUCHSANLEITUNG: Etwa 7 ml Wasser werden mit 5–6 Tropfen einer 1 N NaOH auf einen pH-Wert von etwa 10 gebracht und mit ungefähr 3 Tropfen einer 0,5%igen Methylenblaulösung angefärbt. Kocht man die Probe über dem Bunsenbrenner auf, geschieht vorerst gar nichts. Erst wenn wir einige Tropfen einer Glucoselösung (5–10%ig) hinzufügen und nochmals kurz aufkochen, verschwindet plötzlich die blaue Farbe, sie kommt jedoch bei starkem Schütteln wieder zum Vorschein. Diesen Farbumschlag können wir solange wiederholen, bis entweder der gesamte Zucker umgesetzt oder die Temperatur zu niedrig geworden ist. Läßt man die Eprouvette ruhig stehen, so kann das reduzierte Methylenblau bloß an der Oberfläche oxidiert werden. Erkläre den Farbumschlag mit Hilfe der Abb. 10!

WICHTIG: Bei Temperaturen nahe dem Siedepunkt läuft die Reduktion des Methylenblaus so schnell ab, daß beim Schütteln die Oxidation nur schwach sichtbar wird. Deshalb ist es günstiger, die Probe etwas abkühlen zu lassen.

FRAGE:

Welcher prinzipielle Unterschied besteht zwischen dem Modell und der Wasserstoffübertragung im Organismus?

Die Wasserstoffübertragung erfolgt im Modell ohne Enzym. Dafür müssen wir viel Energie in Form von Wärme zuführen.

2. Verdauung

Einführung

Jeder Organismus steht als offenes System im *Fließgleichgewicht* mit seiner Umwelt. Er nimmt Energie auf, wandelt sie um und gibt sie schließlich als Wärme, als unverbrauchte Nahrungsenergie oder in einer anderen Energieform wieder an seine Umgebung ab. Während die Pflanze diese Energie als Strahlung aufnimmt *(autotroph)*, kann das Tier nur die chemische Energie organischer Verbindungen verwerten *(heterotroph)*.

Die Energieträger der tierischen Nahrung sind Kohlenhydrate, Proteine und Fette, die mit Hilfe von Enzymen zu Wasser, Kohlendioxid und Ammoniak abgebaut werden können. Die dabei freiwerdende Bindungsenergie wird z. T. in chemischer Energie gespeichert (z. B. ATP) und der Rest als Wärme freigegeben. Dank seiner Syntheseleistung ist der Organismus in der Lage, aus Bausteinen einer einzigen Art die meisten Substanzen aufzubauen. Dennoch gibt es eine Reihe von Verbindungen, die vom tierischen Organismus nicht synthetisiert werden können, die sog. *essentiellen* Bestandteile der Nahrung. Die bekanntesten essentiellen Verbindungen sind einige Aminosäuren, Vitamine und höhere ungesättigte Fettsäuren.

Nahrungsaufnahme: Die meisten einzelligen Organismen und einige Parasiten (z. B. Bandwürmer) können die Nahrung an der gesamten Körperoberfläche aufnehmen. Bei fast allen Metazoen differenziert sich hingegen ein in das Körperinnere eingestülptes Verdauungssystem, das sich vom einfachen Gastrovaskularsystem der Coelenteraten zu einem in verschiedene Arbeitsräume gegliederten und mit Anhangsdrüsen versehenen Darmkanal entwickelt (Abb. 11).

Verdauung: Während Fleischfresser oft sehr große Nahrungsstücke verschlingen (z. B. Schlangen), sind Pflanzenfresser meist auf eine mechanische Zerkleinerung der Nahrung angewiesen. Der Grund dafür liegt vor allem in der Unfähigkeit dieser Tiere, durch eigene Enzyme die Zellulose, einen Hauptbestandteil der Pflanzen, zu verdauen. Die Mahlzähne der Säuger, die Mandibeln mancher Arthropoden, die Radula der Mollusken oder die Magenmühlen der Vögel und einiger Krebse sorgen dafür, den von Zellulose umschlossenen Zellinhalt zu erschließen.

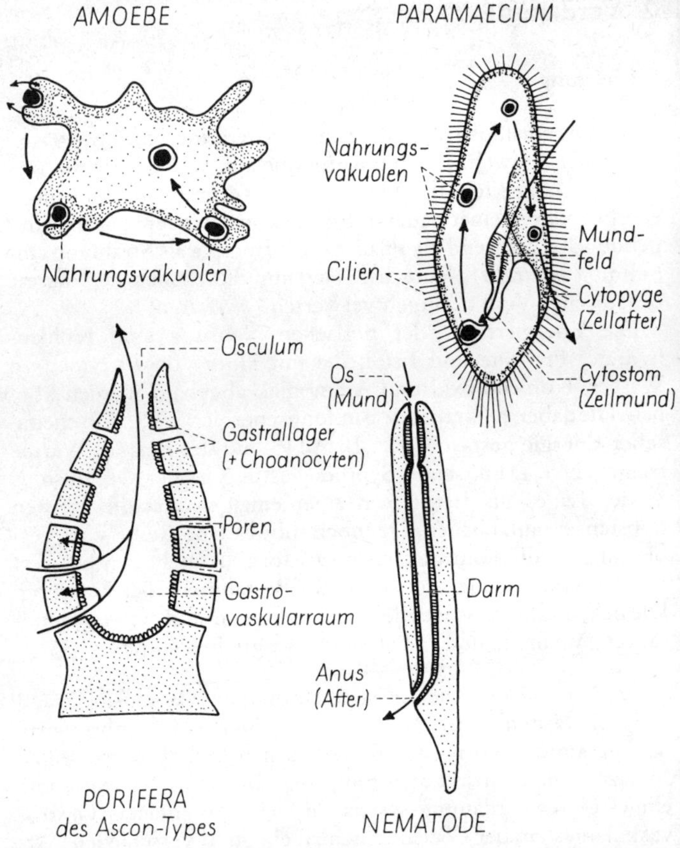

Abb. 11. Das Verdauungssystem bei verschiedenen Tiergruppen (nach verschiedenen Autoren)

Die chemische Verdauung beginnt bei manchen Tiergruppen schon außerhalb des Körpers (z. B. Wurzelquallen, Spinnen, einige Käferfamilien, manche Cephalopoden). Der von verschiedenen Teilen des Verdauungstraktes stammende, enzymhaltige Verdauungssaft wird in die Beute injiziert bzw. über sie ausgeschüttet und der so entstehende angedaute Nahrungsbrei wieder aufgesogen *(extraintestinale Verdauung)*.

In den meisten Fällen beginnt die Verdauung erst *intraintestinal*. Im Mundspeichel können sich neben Schleim, der die

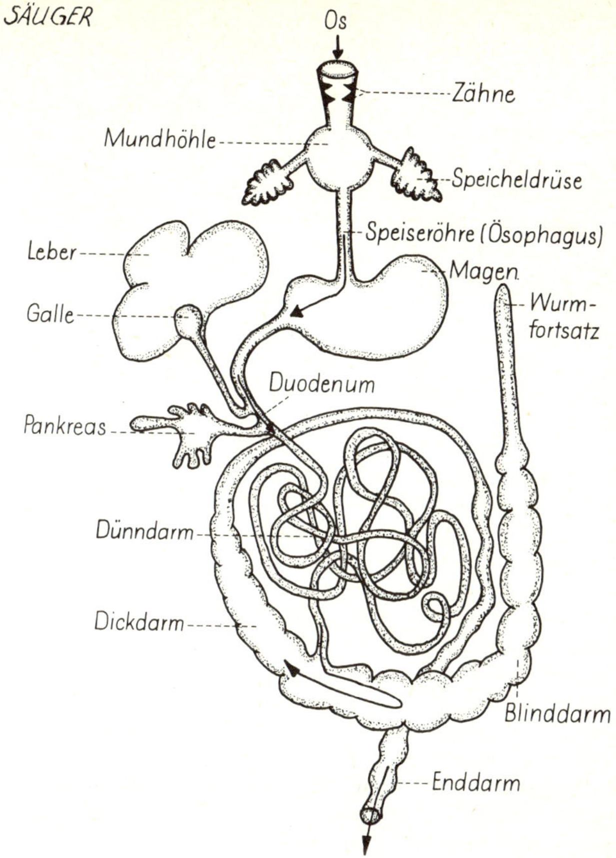

Nahrung durchfeuchten und gleitfähig machen soll, auch Enzyme (Amylasen, Proteasen), Gifte (bei Schlangen, Arthropoden, Cephalopoden) oder gerinnungshemmende Stoffe wie Hirudin bei Blutegeln oder Antikoagulin bei manchen Insekten befinden.

Der Verdauungstrakt selbst ist oft in mehrere Abschnitte gegliedert, die sich durch den anatomischen und histologischen Bau der Darmwand, durch verschiedene pH-Werte, durch Vorhandensein von Mikroorganismen usw. unterscheiden.

Der erste Teil des Verdauungstraktes ist meist ein erweiterter Sack, der als Magen oder Kropf bezeichnet wird und dem zum

Teil noch ein zusätzlicher Kropf vorgeschaltet sein kann. Der Magen gilt als Speicher- und Vorverdauungsorgan. Oft produziert er selbst keine Enzyme, diese stammen dann aus den Speicheldrüsen oder werden vom Mitteldarm hineingepumpt (z. B. Insekten, Mollusken). Eine Besonderheit zeigt der Magen der Muscheln: Der aus Mucoproteiden bestehende Kristallstiel schabt sich durch ständige Rotation an einer knorpeligen Stelle der Magenwand ab und gibt dabei eine α-Amylase frei. Bei Vögeln und Krebsen findet, wie vorhin erwähnt, zusätzlich eine mechanische Zerkleinerung statt.

Der Großteil der Verdauungsenzyme im Magen-Darm-Trakt stammt in vielen Fällen aus Anhangdrüsen des Mitteldarmes, wie der Bauchspeicheldrüse (Pankreas) der Wirbeltiere oder der Mitteldarmdrüse (Hepatopankreas) der Mollusken, Krebse und Spinnentiere. Das Hepatopankreas stellt außerdem das zentrale Stoffwechselorgan dieser Tiere dar. Hier findet die *Phagocytose* und die anschließende *intracelluläre Hydrolyse* der angedauten Nahrung statt. Außerdem ist es das wichtigste Speicher- und Syntheseorgan und als solches mit der Leber der Wirbeltiere vergleichbar.

Bei anderen Wirbellosen, wie Insekten oder Anneliden, ist der Mitteldarm selbst für die Produktion der Enzyme und für die Resorption verantwortlich.

Da sich das Darmepithel vor mechanischer Verletzung und z. T. auch vor Selbstverdauung schützen muß, produziert es in reicher Menge Schleim. Bei Insekten und einigen Krebsen, denen dieser Schleim fehlt, finden wir als mechanischen Schutz die peritrophische Membran, ein aus Proteinen und Chitin aufgebautes Netzwerk, zwischen dem eine dünne Membran ausgespannt ist. Diese Membran wirkt als Filter und läßt nur gelöste Stoffe durch.

Die Enzymausstattung ändert sich auch bei verschiedenartigster Ernährung meist nur quantitativ, selten qualitativ. Die Verdauungsenzyme gehören ausnahmslos den Hydrolasen an, die die Spaltung des Substrats unter Wasseraufnahme katalysieren. Sie werden in drei Gruppen eingeteilt, in *Carbohydrasen* (Amylase, Glucosidasen, Galaktosidasen ...), *Proteasen* (Pepsin, Trypsin, Chymotrypsin, Carboxypeptidasen, Aminopeptidasen, Tri- und Dipeptidasen) und *Esterasen* (Lipasen).

Es mag verwundern, daß Zellulose und Chitin, zwei weit verbreitete Polysaccharide, nur von ganz wenigen Tieren durch eigene Enzyme (Zellulasen bzw. Chitinasen) angegriffen werden können. In den meisten Fällen sind diese Enzyme durch Mikroorganismen ersetzt, für die regelrechte Gärkammern angelegt werden (Magen, Blind- und Dickdarm der Säuger, Enddarm einiger Insekten). Ein anderes seltenes tierisches Enzym ist die Keratinase einiger Insekten (Kleidermotte, Haar- und Federlinge).

Der Transport der Nahrung findet vorwiegend durch koordinierte Kontraktionen der Darmwand statt *(Peristaltik)* oder bei manchen strudelnden Tieren durch die Tätigkeit von Wimpern (Turbellarien, Rotatorien, Muscheln).

Resorption: Die Größe der resorbierten Teilchen kann recht unterschiedlich sein. Bei Tieren mit ausschließlich intrazellulärer Verdauung (Protozoen, Poriferen, einigen Turbellarien, Tardigraden) werden relativ große Nahrungsstücke durch Phagocytose einverleibt. Teilweise intrazellulär verdauen Tiere mit Hepatopankreas. Ob es eine ausschließlich extrazelluläre Verdauung überhaupt gibt, ist fraglich, da selbst der Mensch in der Lage ist, Disaccharide, Dipeptide und Monoglyceride zu resorbieren und intrazellulär zu verdauen; als Neugeborener kann er sogar das Eiweiß der Muttermilch unverdaut durch die Darmwand aufnehmen. In der Regel wird jedoch die Nahrung hydrolytisch in kleine Bausteine zerlegt und durch *Diffusion*, *Trägermechanismen* oder *aktiven Transport* resorbiert. Dabei werden bei den einzelnen Tiergruppen verschiedene Wege eingeschlagen. Während z.B. die Zuckerresorption bei Wirbeltieren einen Trägermechanismus, kombiniert mit einer energieverbrauchenden Na^+-Pumpe in Anspruch nimmt, beruht diese bei Insekten auf dem rein physikalischen Prinzip der Diffusion. Glucose wird in der Hämolymphe sofort zum Disaccharid Trehalose verbunden, so daß für Glucose stets ein Konzentrationsgradient bestehen bleibt.

Hauptort der Resorption bei den hepatopankreaslosen Tieren ist der Mitteldarm, der oft durch das Vorhandensein von Zotten und Bürstensaum eine sehr große Oberfläche erhält.

Ausscheidung: Zurück bleiben alle unverdauten und unverdaulichen Stoffe, sowie die in den Darm sezernierten Abfallprodukte (Galle, Produkte der Exkretionsorgane bei Tieren mit Kloake). Ein wichtiger Bestandteil der Fäzes ist die *Darmflora* bzw. *-fauna*, die z.B. beim Menschen circa $^1/_4$ bis $^1/_3$ des Trockengewichtes ausmacht. Die Fäzes dienen dann ihrerseits einer Reihe von skatophagen Tieren als Nahrung.

2.1 *Einfache Methoden zum qualitativen Nachweis einiger Verdauungsenzyme***

THEORIE: Mit den hier beschriebenen einfachen Methoden können z. B. Unterschiede im Enzymmuster zwischen Pflanzen- und Fleischfressern dargestellt werden, oder es läßt sich untersuchen, in welchen Organen solche Enzyme zu finden sind.

Wie schon in der Einführung angedeutet, ist die *Qualität* der Verdauungsenzyme, außer bei einigen Spezialisten, weitgehend unabhängig von der Ernährungsweise der Tiere. Praktisch jedes Tier besitzt Proteasen, Carbohydrasen und Lipasen. Deutliche Unterschiede gibt es jedoch in der *Quantität* der Enzyme, die meist der Qualität der Nahrung angepaßt ist. So überwiegen bei Pflanzenfressern die Carbohydrasen, bei Fleischfressern die Proteasen.

Auch die Darmlänge kann auf den ausnützbaren Energiegehalt der Nahrung abgestimmt sein. Je mehr an unverdaulichen und schwerverdaulichen Substanzen aufgenommen wird, desto günstiger ist es, die Nahrungspassage sowohl zeitlich wie räumlich zu verlängern. Tabelle 2 soll dies an einigen Beispielen demonstrieren.

Tabelle 2. Verhältnis von Körperlänge zu Darmlänge bei einigen Tieren

Art	Körperlänge: Darmlänge	
Katze	1:4	carnivor
Hund	1:6	
Mensch	1:7	omnivor
Schwein	1:14	
Rind	1:20	herbivor
Schaf, Ziege	1:27	
Gelbrandkäfer	1:1	carnivor
Maikäfer	1:7	herbivor
Scarabaeus	1:13	skatophag

MATERIAL: Verschiedene Tiere: Frosch, Kaulquappe, Maus, Feld- und Laubheuschrecken, Laufkäfer, Blatthornkäfer (Maikäfer), Mistkäfer (Geotrupes) – Heuaufguß – Filterpapier, belichteter und entwickelter Filmstreifen, Injektionsspritze mit Kanüle, Pinzette, Schere, Nadeln, Präparierbecken, Lineal – Stärke 2%ig, Lugolsche Lösung (siehe Anhang), 10%iges Formol (Formaldehyd), Chloroform

Herstellung eines Amylase-Testpapiers: Ein Filterpapier wird oberflächlich mit einer 2%igen, durch Lugolsche Lösung tief blau gefärbten Stärkelösung bestrichen. Die Unterseite des Papiers soll möglichst unbenetzt bleiben. Nach dem Trocknen schneiden wir das Papier in Streifen, womit es für den qualitativen Amylasenachweis gebrauchsfertig ist. Da das atomare Jod im Licht langsam oxidiert, muß das Papier an einem dunklen Ort aufbewahrt (z. B. in Stanniol eingewickelt) werden. Tropfen wir eine Flüssigkeit mit Amylaseaktivität auf das Papier, so wird in relativ kurzer Zeit die blaue Farbe durch Stärkehydrolyse verschwinden (siehe Versuch 1.2).

VERSUCHSANLEITUNG:

1. Amylasetest: Es soll der Amylasegehalt verschiedener Verdauungssäfte von Pflanzen- und Fleischfressern geprüft werden. Dabei gibt es verschiedene Möglichkeiten:

a. Werden bei einem anderen Experiment eine Maus und ein Frosch getötet, so verwenden wir den Dünndarminhalt beider Tiere, um die unvergleichlich stärkere Amylaseaktivität eines Allesfressers gegenüber der eines Fleischfressers zu demonstrieren. (Der Darm kann auch eingefroren und zu einem späteren Zeitpunkt verwendet werden.)

b. Selbst im Gelände können einige Versuche durchgeführt werden. So haben Laub- und Feldheuschrecken die Angewohnheit, beim Anfassen als Abwehrreaktion den Verdauungssaft des Kropfes auszuspucken. Da die Tiere nur eine geringe Menge abgeben, soll das Filterpapier mit Wasser angefeuchtet werden, bevor wir den Tropfen von den Mandibeln des Tieres mit dem Papier auffangen. Feldheuschrecken sind Pflanzenfresser, während viele Laubheuschrecken und Laufkäfer räuberisch leben. Dieser Versuch gelingt meist nur mit frisch gefangenen Tieren, in Gefangenschaft »weigern« sie sich meist zu »spucken«.

c. Man kann auch die Kahmhaut eines Heuaufgusses auf das Filterpapier legen und die Reaktion abwarten.

d. Schließlich ziehen wir noch den Menschen als Versuchsobjekt heran, indem wir etwas Speichel auf das Amylase-Testpapier auftragen.

2. Proteasetest: Ein Stück eines belichteten und entwickelten schwarzen Filmstreifens, das wir von Schwarzweißfilmenden herunterschneiden oder uns eigens für diesen Zweck herstellen lassen, wird zunächst einige Minuten in Wasser gelegt, damit die Gelatineschicht (matte Seite) quellen kann. Gelatine ist ein

Protein, das durch Erwärmen von Kollagen mit Alkali gewonnen wird.

Um die Proteaseaktivität der Verdauungssäfte verschiedener Pflanzen- und Fleischfresser, sowie der Kahmhaut überprüfen zu können, werden die Proben auf einen Filmstreifen aufgetragen, den wir anschließend für einige Zeit (5–20 Minuten) in eine feuchte Kammer legen und warm halten (ca. 30 °C). Sind Proteasen vorhanden, so löst sich die Gelatineschicht, und am abgespülten Filmstreifen kommt das durchsichtige Zelluloid zum Vorschein.

3. Darmlänge: Da sich der Darm, besonders im toten Zustand, sehr leicht dehnen läßt, muß er zur Feststellung seiner Länge vorher fixiert werden. Wir betäuben deshalb das zu untersuchende Tier mit Chloroform oder Äther und spritzen ihm dann eine 10%ige Formollösung in den Leib. Nach frühestens 15 min wird das Tier aufpräpariert, der Darm vorsichtig herausgenommen, leicht gestreckt und mit Nadeln fixiert. Wir messen die Körper- und Darmlänge, wobei die Körperlänge (wie oben in der Tabelle 2) als Einheit verwendet wird.

Es ist zu beachten, daß ein Pflanzenfresser nicht immer mit einem langen Darm ausgestattet sein muß (z. B. Feldheuschrekken). Beim Vergleich verschiedener Tiere sollen auch Körperformen und verwandtschaftliche Beziehungen berücksichtigt werden. Als Versuchstiergruppen eignen sich z. B. Maikäfer, Laufkäfer, Mistkäfer (Geotrupes) oder Kaulquappe und Frosch.

Im übrigen kann diese Versuchsreihe beliebig ausgebaut werden.

2.2 *Magensekretion***

Theorie: Säurebildende Darmabschnitte treffen wir nicht nur bei Wirbeltieren, sondern auch bei manchen Wirbellosen an, z. B. bei einigen Fliegenlarven. Sogar bei Pantoffeltierchen wird die Nahrung in den Vakuolen zu Beginn der Verdauung angesäuert.

Der Magen der Wirbeltiere erfüllt mehrere Aufgaben. Die ursprünglichste ist wohl die eines Speicherorgans für die aufgenommene Nahrung. Es können aber auch noch zusätzliche Speicher, wie der Kropf der Vögel, vorgeschaltet sein. Gleichzeitig erfolgt eine Vorverdauung durch Denaturierung der Proteine mittels Salzsäure und eine hydrolytische Spaltung durch Pepsin.

Schließlich bewirkt die hohe H^+-Ionenkonzentration eine gewisse Desinfektion der Nahrung.

Am Magen lassen sich auf Grund des histologischen Baues und nach der Funktion mehrere Bezirke unterscheiden, die artspezifisch verteilt sind: Der *Ösophagus* kann sich mehr oder minder weit in den Magen hineinstrecken. Besonders gut entwickelt ist er bei Wiederkäuern, wo er die ersten drei Magenabschnitte (Pansen, Netz- und Blättermagen) bildet. Nur bei Säugern zu finden ist der *Cardiateil*, der ebenso wie die Ösophagusregion nur Schleim produziert. Der sezernierende Abschnitt des Magens ist der *Fundus*, der in den Belegzellen Salzsäure und in den Hauptzellen Pepsinogen bildet. Andere, weniger wichtige Enzyme des Fundus sind Gastricsin (bei Menschensäuglingen), Rennin (bei Kälbern) und eine Lipase. Im letzten Abschnitt, dem *Pylorus* (»Pförtner«), wird das Gastrin gebildet, ein Gewebehormon, das für die Magensekretion verantwortlich ist (Abb. 12).

Die gesamte Oberfläche scheidet einen mucinreichen Schleim (Mucin ist ein Mucoprotein) ab, der die Salzsäure am Magenepithel neutralisieren soll. (100 ml Mucin können 40 ml einer 0,1 normalen HCl abpuffern.) Außerdem schützt der Schleim

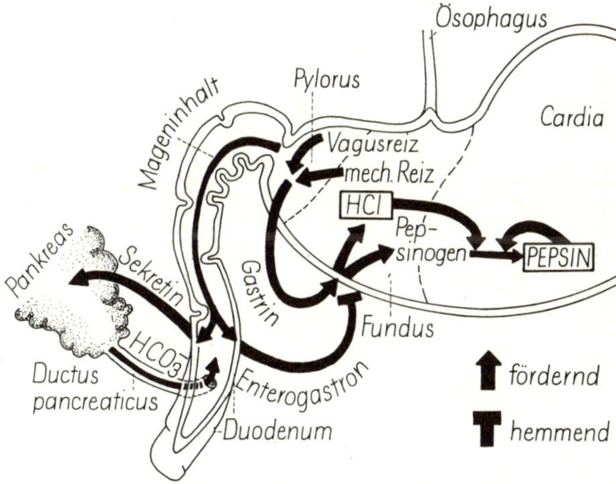

Abb. 12. Steuerung der Magensekretion durch Gewebshormone. Der Magen ist im Längsschnitt dargestellt, wie er auch bei Versuch 2.2 durchgeführt werden soll.

die Magenwand vor Selbstverdauung durch Pepsin und vor mechanischen Verletzungen. Das von den Hauptzellen sezernierte inaktive Pepsinogen ist nur bei einem pH von 6,0 bis 9,0 stabil. Bei stärkerer Ansäuerung kommt es zur Abspaltung mehrerer Peptide. Das Produkt dieser Reaktion ist das aktive Pepsin, das aber auch seine eigene Aktivierung katalysieren kann (Autokatalyse).

Die Synthese von Salzsäure in den Belegzellen ist in Abb. 13 dargestellt. Sie geht davon aus, daß das Wasser zu einem ganz geringen Teil in H^+ und OH^- dissoziiert. Die Protonen werden zunächst von einem Träger übernommen, während die Hydroxyl-Ionen mit Kohlendioxid zu Bicarbonat-Ionen reagieren und gegen Chlor-Ionen des Blutes ausgetauscht werden. Die Sekretion der Chlor-Ionen und Protonen erfolgt durch aktiven Transport in ein in das Magenlumen führendes Interzellulärsystem *(Canaliculi)*. Der pH in diesen Kanälchen erreicht einen Wert von 1,0 bis 1,5, das entspricht einer 0,12 bis 0,36%igen HCl. Da die Protonen gegen einen Konzentrationsgradienten von etwa 1

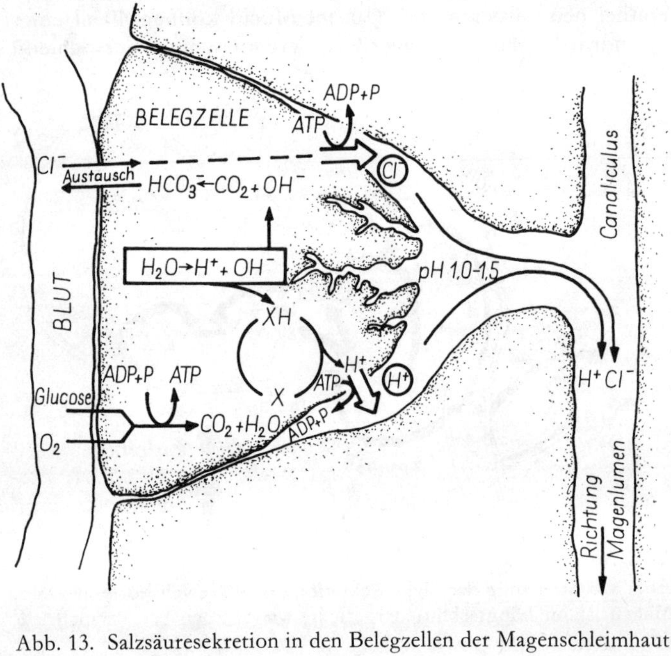

Abb. 13. Salzsäuresekretion in den Belegzellen der Magenschleimhaut

zu 3 Millionen in die Canaliculi transportiert werden, ist die Bildung von Salzsäure ein sehr energieaufwendiger Prozeß. Der tatsächliche pH-Wert des Mageninhaltes hängt von der Art, Menge und Aufenthaltszeit der Nahrung im Magen ab. Das pH-Optimum des menschlichen Pepsins liegt bei 1,5–2,5.

Durch mechanische Reizung der Magenwand oder bei Erregung des Vagus durch Geruchsreize oder Assoziationen wird im Pylorus *Gastrin* in das Blut ausgeschüttet, wodurch im Fundus unter Einfluß dieses Hormons die Magensekretion ausgelöst wird (Abb. 12). Beim Verlassen des Pylorus bewirken verschiedene Bestandteile des Mageninhaltes (HCl, Fette und Eiweißspaltprodukte) im Duodenum das Ausschütten mehrerer Gewebshormone. In unserem Zusammenhang interessant sind das *Enterogastron*, das die Magensekretion stoppt, und das *Sekretin*, das die Bauchspeicheldrüse veranlaßt, eine bicarbonatreiche Flüssigkeit in das Duodenum zu entleeren.

Material: 2 oder 3 Mäuse mit Käfig – Pinzette, Schere, Nadeln, Präparierbecken oder Styroporplatte, Tötungsglas, Futterbehälter, Gefrierfach, 4 Objektträger, Tixoband, Rasierklinge, belichteter und entwickelter Filmstreifen – Hartes Weißbrot (ohne Rinde), Kongorot, Chloroform

Versuchsanleitung:

1. Nachdem die Mäuse vor dem Versuch einen Tag (zumindest eine Nacht) lang gehungert haben (Trinkwasser wird ausreichend geboten), füttert man sie mit einem aus Kongorot und aufgeweichtem Brot zubereiteten steifen, roten Brei. Kongorot ist ein Indikator, der in neutraler und alkalischer Lösung rot, in saurer dagegen blauviolett erscheint. Sein Umschlagbereich reicht von pH 3,0–5,2.
2. Die erste Maus wird 4 min nach Freßbeginn mit Chloroform getötet. Gibt die Maus kein Lebenszeichen mehr, sofort mit dem Präparieren beginnen. Die Leibeshöhle wird geöffnet, die Leber, ohne sie zu verletzen, nach vorne geklappt und mit der Pinzette der Ösophagus gesucht, der möglichst weit kopfwärts abgeschnitten wird. Am Ösophagus haltend (Magen nicht mit der Pinzette anfassen), präpariert man den Magen heraus und trennt ihn etwa 1 cm nach dem Pylorus vom Darm ab. Schon jetzt sieht man den gefärbten Mageninhalt durchschimmern. (Töten und Präparieren sollen möglichst schnell erfolgen.) Der isolierte Magen wird sofort, ohne ihn zu quetschen, in das Tiefkühlfach gelegt.

Auch im Dünndarm ist schon der rote Nahrungsbrei zu erkennen. Wenn man Glück hat, sieht man sogar im Duodenum den Farbumschlag. Meist ist dieser Teil jedoch leer, da der Mageninhalt nur schubweise entlassen wird und die Passage an dieser Stelle sehr schnell vor sich geht. Der Dünndarm wird herauspräpariert, gleichmäßig gedehnt, die Strecke mit rotem Inhalt ausgemessen und in Prozent der Gesamtlänge des Dünndarms ausgedrückt.

3. Die zweite Maus läßt man solange fressen, bis sie satt ist (aber höchstens 9 min), daraufhin entfernt man die Futterschale und tötet die Maus circa 10 min nach Beendigung der Mahlzeit. Anschließend wird wie oben vorgegangen.

Wenn möglich wird eine dritte Maus nach derselben Vorbehandlung 20 min nach Beendigung der Nahrungsaufnahme getötet.

4. Ist der Magen hart gefroren, wird er der Länge nach mit einer Rasierklinge durchgeschnitten (siehe Abb. 12), so daß die Grenze zwischen saurem und neutralem Mageninhalt deutlich zu sehen ist.

5. Um die Aktivität des Pepsins zu messen, wird die zweite Magenhälfte der zweiten Maus mit der Innenseite auf die Gelatineschicht eines Filmstreifens gelegt, und in eine mit feuchtem Filterpapier belegte Petrischale gegeben und zugedeckt. Dasselbe kann mit einem Amylase-Testpapier durchgeführt werden (siehe Versuch 2.1).

WICHTIG: Das aufgeweichte Brot muß möglichst homogen zerdrückt werden und vom Indikator vollkommen durchdrungen sein. Keine Rinde verwenden!

FRAGEN:

1. Beschreibe den Ablauf der Ansäuerung des Mageninhaltes.	Der Farbumschlag erfolgt von den Randpartien des Fundus zum Zentrum. Dieser Vorgang spielt sich sehr rasch ab und ist bei der ersten Maus schon abgeschlossen. Im weiteren Verlauf wird auch der Cardiainhalt angesäuert, diesmal vom Kern des Fundus ausgehend. Dies ist ein Beweis dafür, daß die Cardiazellen kein HCl produzieren.

2. Welcher Vorteil für die Verdauung kann in einer allmählichen Ansäuerung des Magens gesehen werden?

Die Speichelamylase bleibt unter diesen Umständen einige Zeit aktiv.

3. Welche Aktivität weisen Pepsin und Amylase im Magen auf?

Die Maus produziert nur wenig Pepsin, so daß mit dieser Methode höchstens nach längerer Zeit eine geringe Spaltung zu beobachten ist – manchmal hilft es, den Film mit einem Tropfen verdünnter HCl zu befeuchten. Im neutralen Bereich des Magens ist die Speichelamylase nachweisbar.

4. Deute das Phänomen, daß bei Hungertieren die aufgenommene Nahrung nach kürzester Zeit in den Darm entlassen wird?

Bei der Maus erweist sich der Magen vorwiegend als Speicherorgan. Sind im Hungerzustand größere Darmabschnitte leer, werden bei der Nahrungsaufnahme diese leeren Teile sofort gefüllt.

5. Läßt man den von den Mäusen übrig gelassenen roten Nahrungsbrei 1–2 Tage offen stehen, so zeigen sich violette Flecken. Warum?

Durch die bakterielle Zersetzung entsteht Kohlendioxid bzw. Kohlensäure und damit ein Farbumschlag.

2.3 *Peristaltik des Säugerdarmes***

Theorie: Unerläßlich für Verdauung und Resorption sind ständige Durchmischung und Weitertransport der Nahrung. Die funktionelle Voraussetzung dafür ist ein kräftiger Muskelschlauch (Abb. 14). Für die *Motorik* des Darmes verantwortlich ist ein zwischen Längs- und Quermuskulatur sich ausbreitender, peripherer Nervenplexus *(Auerbachscher Plexus)*, an dessen Knotenstellen Ganglienanhäufungen zu beobachten sind, die vorwiegend peripheren Vagusganglien zugeordnet werden können. Auch sensible Fasern (Dehnungs-, Berührungs-, Chemorezeptoren) münden in diese Zentren und verursachen bei Reizung verschiedene intestinale Reflexe. Neuere Befunde sprechen auch

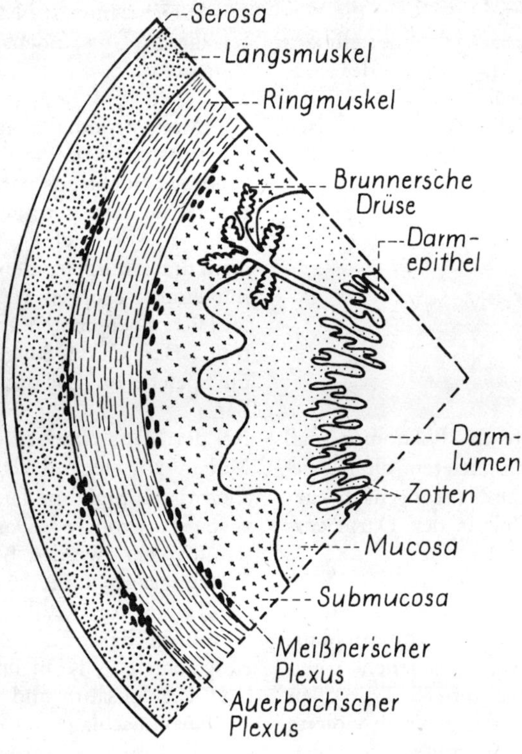

Abb. 14. Querschnitt durch den Dünndarm eines Säugers (verändert nach MAXIMOW und BLOOM)

für eine synaptische Verbindung postganglionärer Sympathicusfasern mit dem Auerbachschen Plexus. Der Großteil dieser sympathischen Hemmfasern endet jedoch an den glatten Muskelzellen der Darmwand.

Es können drei Bewegungstypen unterschieden werden:
1. *Peristaltische Bewegung:* Kontraktionen der Ringmuskulatur pflanzen sich in Schnürwellen über mehr oder weniger lange Strecken fort (Abb. 15). Neben der Durchmischung ist vor allem der Weitertransport der Nahrung die wichtigste Aufgabe dieser Bewegungsform.
2. Bei der *Segmentation* kontrahieren sich die Ringmuskeln verschiedener Darmabschnitte maximal. Im Unterschied zur Peristaltik findet keine Fortpflanzung der Erregung statt.

3. *Pendelbewegung:* Durch abwechselnde Kontraktion von Längsmuskeln an gegenüberliegenden Seiten des Darmrohres führt der Darm pendelnde Bewegungen aus. Zweck dieser Motorik ist eine Verschiebung des Darminhaltes gegen die Mucosa.

Elektrophysiologisch zeigt die glatte Muskelzelle der Darmwand bedeutende Unterschiede gegenüber den quergestreiften Skelettmuskelfasern. Das *Membranruhepotential* (MRP) erweist sich mit etwa —50 mV gegenüber etwa —70 mV des Skelettmuskels als deutlich niedriger. Ebenso liegt das kritische *Schwellenpotential* um nur wenige mV unter dem MRP, was die relativ ungehinderte Fortpflanzung der Erregung von einer Zelle zur anderen ermöglicht (ephaptische – sprich: ep-haptische – Erregungsleitung). Die Dauer des Aktionspotentials der glatten Muskelfaser beträgt bis zu 15–20 msec (Skelettmuskel: 1–2 msec).

Auf Grund dieser elektrophysiologischen Eigenschaften ist die spontane Motorik eines isolierten Darmstückes leicht zu erklären: Zellen mit bevorzugter Depolarisation entwickeln bei Reizung verschiedenster Art (z. B. bei Dehnung der Darmwand) Aktionspotentiale, die sich weiter fortpflanzen.

Material: Meerschweinchen – Schere, Pinzette, Präparierbecken, Nadeln, 1000 ml-Flasche, 3 flache isolierte Wasserbäder,

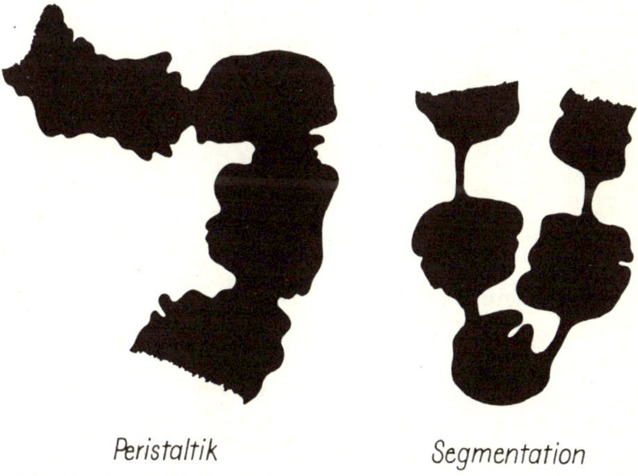

Abb. 15. Zwei verschiedene Muskelkontraktionen eines mit Kontrastbrei gefüllten Menschen-Dünndarmes (nach einer Röntgenaufnahme nach Schinz)

Thermometer – Säugerringer (siehe Anhang) oder 0,9%ige Kochsalzlösung, ev. Acetylcholin und Adrenalin.

VERSUCHSANLEITUNG: Zunächst wird ein wärmeisoliertes Wasserbad mit körperwarmem Ringer bereitgestellt. Sind alle Vorbereitungen abgeschlossen, wird das Meerschweinchen mechanisch getötet (siehe Anhang) und dessen Bauchhöhle geöffnet (Abb. 11).

AUFGABEN UND FRAGEN:

1. Beobachte die Kontraktion des Dünndarmes und versuche, die in der Theorie genannten Bewegungstypen zu finden!	Die Peristaltik wird überwiegen.
Versuche einer Kontraktionswelle entlang des Darmes zu folgen. Wird der Inhalt mit jeder Welle weiter transportiert?	Nein.
Bewegen sich auch Magen und Blinddarm?	Ja.

Bei längerer Beobachtung muß die Oberfläche mit Ringer angefeuchtet werden.

2. Zwei etwa 10–15 cm lange Stücke des Dünndarmes und ein ebensolanges Stück Enddarm (mit Kotballen) werden herausgeschnitten und in die warme Ringerlösung übertragen. Bewegt sich der Darm noch?	Ja. Intensität und Koordination der Bewegung sind jedoch vermindert.
Wie verhält sich der Enddarm?	Er zeigt vor allem Schiebebewegungen.
Wie reagiert ein Darmstück, wenn man es mit der Pinzette zwickt?	Der Reiz löst verstärkte Bewegung aus (siehe Theorie).

3. Stehen Adrenalin und Acetylcholin zur Verfügung, werden in zwei kleinen wärmeisolierten Behältern Hormonbäder in einer Verdünnung von circa 1:100000 hergestellt und mit je einem Darmstück beschickt. In Acetylcholin müßte eine Aktivierung, in Adrenalin eine Hemmung der Bewegung stattfinden (Abb. 16). Ist die Reaktion eindeutig festzustellen, können beide

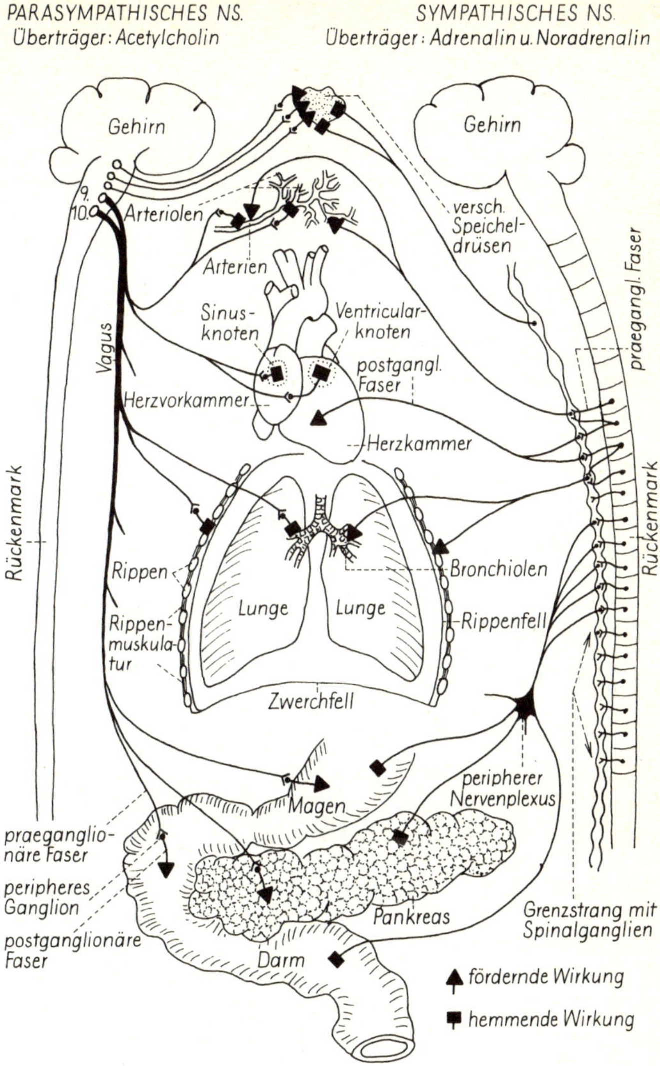

Abb. 16. Einfluß des vegetativen Nervensystems (parasympathisches und sympathisches) auf innere Organe des Wirbeltierkörpers

Darmstücke nach gutem Spülen in reiner Ringerlösung ausgetauscht werden.

4. Warum vermindert sich die körperliche und geistige Leistungsfähigkeit nach einer ausgiebigen Mahlzeit?	Durch Sättigung wird der Vagus in verstärktem Maße erregt, was zur Förderung der Verdauungs- und Verminderung der Kreislaufaktivität führt (Antagonismus).
5. Nenne andere autonome Bewegungssysteme!	Herz, Cilien
6. Wie könnte der Darminhalt unter gewissen Voraussetzungen ohne Muskulatur weiterbefördert werden?	Durch Cilienschlag, z. B. bei Tubellarien, Rotatorien, Muscheln.
7. Warum darf das Meerschweinchen nicht mit Chloroform getötet werden?	Betäubungsmittel würden die Erregbarkeit der Nervenfasern und Muskelzellen stark herabsetzen (siehe Versuch 8.6).
8. Warum bewegt sich der isolierte Darm?	Viele auf die Muskulatur einwirkende Reize erzeugen immer wieder lokale Kontraktionen, die sich über den ganzen Darm ausbreiten. Da jedoch viele solche Erregungszentren entstehen können, gibt es keine strenge Koordination der Bewegung.

2.4 *Aktivierung von Proenzymen der Bauchspeicheldrüse***

THEORIE: Inaktive Vorstufen von Proteasen sind bisher nur von Wirbeltieren und den in mancher Hinsicht ähnlichen Tintenfischen bekannt.

Bei den Wirbeltieren werden alle wichtigen Darmproteasen in der Bauchspeicheldrüse (Pankreas) produziert: die Vorstufen zweier Endopeptidasen: Trypsinogen und Chymotrypsinogen, und die zweier Exopeptidasen: die Carboxypeptidasen A und B. Bei der Aktivierung im Duodenum werden jeweils eine oder mehrere kurze Peptidketten vom Proenzym (= Zymogen) durch Hydrolyse abgespalten, wodurch das bisher »maskierte« aktive Zentrum offen nach außen zu liegen kommt. Erst jetzt erhält das

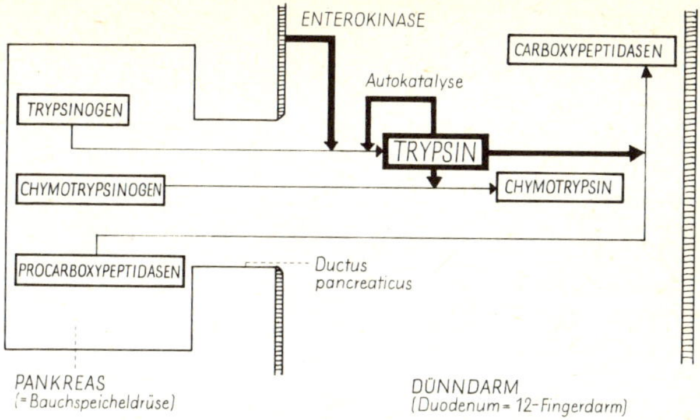

Abb. 17. Aktivierung der Pankreasproteasen im Dünndarm (Duodenum) der Wirbeltiere

Enzym seine typisch proteolytische Eigenschaft. Wie die Abb. 17 zeigt, nimmt bei der Aktivierung der Pankreasproteasen das Trypsin eine Schlüsselstellung ein. Seine Vorstufe wird zunächst durch eine Darm-Endopeptidase, die Enterokinase (Enteropeptidase) zum aktiven Enzym »verdaut«. Diese Aktivierung wird fortschreitend durch *Autokatalyse* verstärkt. Das Trypsin ist aber auch für die Aktivierung von Chymotrypsinogen und der Carboxypeptidasen verantwortlich.

Jede dieser Proteasen spaltet die Peptidketten an bestimmten Stellen (siehe Tabelle 3), und das Produkt dieser Verdauung reicht von Aminosäuren bis zu Oligopeptiden (Abb. 18). Das Vorkommen von Amino- und Dipeptidasen im menschlichen Pankreas scheint unsicher zu sein.

Die Darmschleimhaut selbst sezerniert wahrscheinlich außer der Enterokinase keine Proteasen. Die proteolytische Aktivität des reinen Darmsaftes stammt vielmehr von abgeschürften und zerstörten Epithelzellen, in denen vor allem Di-, Tri- und Aminopeptidasen enthalten sind.

Die Resorption der Spaltprodukte erfolgt in Form von Aminosäuren und Dipeptiden. Letztere werden in der Mucosa durch die vorhin erwähnten intrazellulären Dipeptidasen zu Aminosäuren hydrolysiert.

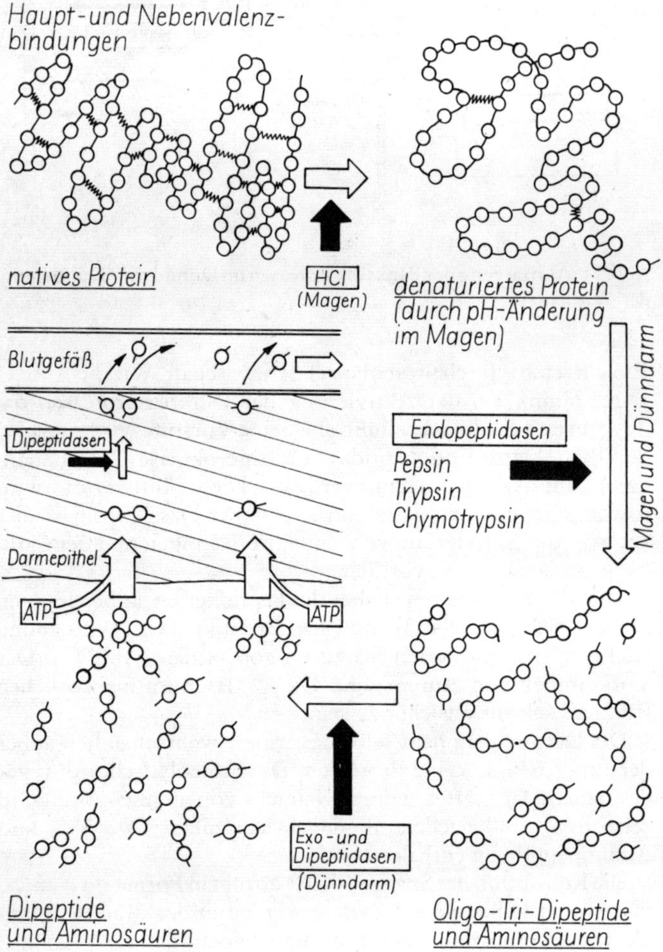

Abb. 18. Schematische Übersicht über die Proteinverdauung und -resorption im Verdauungstrakt der Wirbeltiere

Tabelle 3. Proteolytische Enzyme des Magen-Darm-Traktes bei Säugern

	Enzym	Vorkommen	pH-Opt.	spezifisch für die Spaltung folgender Peptidbindungen
Endo-peptidasen	Pepsin	Magen	1,5–2,5	-Glu↓Tyr- -Glu↓Phe- -Cys↓Tyr- -Tyr↓Cys-
	Trypsin Chymotrypsin	Pankreas Pankreas	7,5–8,5 7,5–8,5	-Lys↓R, -Arg↓R -Phe↓R, -Tyr↓R -Met↓R, -Try↓R
Exo-peptidasen	Carboxypeptidasen	Pankreas		best. endständige As. am $-COO^-$-Ende
	Aminopeptidasen	Darm, intrazellulär		best. endständige As. am $-NH_3$-Ende
	Dipeptidasen	Darm, intrazellulär		best. Dipeptide

Arg = Arginin
Cys = Cystein
Glu = Glutaminsäure
As = Aminosäuren
Lys = Lysin
Met = Methionin
Phe = Phenylalanin
Try = Tryptophan
Tyr = Tyrosin
R = Restkette

Die in diesem Kapitel erwähnte Zusammensetzung des Darm- und Pankreassaftes gilt für Mensch und Hund; bei anderen Wirbeltieren können sich u. U. Änderungen ergeben.

MATERIAL: Frosch – Zwei Reibschalen und Quarzsand, Eprouvetten, 3 Pipetten belichteter und entwickelter Filmstreifen, Schere, Pinzette, isoliertes Wasserbad – Phosphatpuffer pH 8,0, Eis

VERSUCHSANLEITUNG: Ein Frosch wird getötet, Pankreas und Dünndarm herauspräpariert. Vorsicht: Pankreas darf nie mit dem Darm in Berührung kommen, auch nicht auf dem Umweg über eine unsaubere Pinzette, da sonst die Aktivierung zu früh beginnt! Deshalb zuerst Pankreas herauspräparieren und in die Reibschale legen, dann erst mit dem Darm hantieren!

Der Darm wird der Länge nach aufgeschnitten, vom Inhalt gesäubert (mit einer Spritzflasche oder unter fließendem Wasser ausgespült), das erste Drittel mit der Schere zerstückelt und mit 5 ml Puffer in einer Reibschale mit Quarzsand zerrieben. Das Pankreas wird in 2,5 ml Puffer in der zweiten Reibschale homogenisiert. Den Überstand schütten wir in beschriftete Eprouvetten um. Die Homogenate sind bis zu Beginn des Versuches in Eis aufzubewahren. Es werden drei Ansätze hergestellt:

Ansatz P + D: 1 ml Pankreas- + 2 ml Darm-Homogenat
Ansatz P: Rest des Pankreashomogenates
Ansatz D: Rest des Darmhomogenates

Als Substrat dient ein Stück eines entwickelten Filmstreifens (siehe Versuch 2.1), das wir in jede der Eprouvetten geben. Die Ansätze werden in einem Wasserbad von 30–35 °C inkubiert. Nach 10–15 min zeigt sich die Reaktion.

AUFGABE: Zeichne in der folgenden Aminosäuresequenz (Teil der α-Kette des Hämoglobin A) die möglichen Spaltungen durch die drei in der obigen Tabelle angeführten Endopeptidasen ein und nenne die Zahl der daraus entstandenen Aminosäuren (7), Dipeptide (2), Tripeptide (2) und Oligopeptide (5):
Val-Leu-Ser-Pro-Ala-Asp-Lys-Thr-Asp-Val-Lys-Ala-Ala-Try-
-Gly-Lys-Val-Gly-Ala-His-Ala-Gly-Glu-Tyr-Gly-Ala-Glu-Ala-
-Leu-Glu-Arg-Met-Phe-Leu-Ser-Phe-Pro-Thr-Thr-Lys-Thr-
-Tyr-Phe-Pro-His-Phe-R

FRAGEN:

1. In welchem Ansatz findet eine Reaktion statt und was hat sich dabei im einzelnen abgespielt?

Bei sauberem Arbeiten darf sich nur der Ansatz P + D schwarz färben (siehe Theorie).

2. Welche Vorteile haben inaktive Vorstufen von Proteasen?

Die Speicherung aktiver Proteasen in großen Mengen würde die Gefahr einer Selbstverdauung mit sich bringen.

2.5 *Fettverdauung***

THEORIE: Neutralfette (Triglyceride) setzen sich aus einer Alkoholkomponente, dem 3-wertigen Glycerin, und drei Säurekomponenten, den Fettsäuren, zusammen. Auf Grund der hydrophoben Kohlenwasserstoffketten der Fettsäuren sind Triglyceride sehr wenig wasserlöslich. Versucht man Wasser und Fett zu mischen, setzt sich das Fett nach kurzer Zeit an der Oberfläche scharf vom Wasser ab. Da sich alle biochemischen Prozesse, also auch die Verdauung, im wäßrigen Milieu abspielen, hätten die fettspaltenden Enzyme, die Lipasen, keine Möglichkeit, solche Fette anzugreifen. Nun gibt es Substanzen, die durch ein ausgewogenes Verhältnis zwischen hydrophoben und hydrophilen Gruppen die Eigenschaft haben, sich so an Grenzflächen anzuordnen, daß die hydrophoben Teile in die Fettschicht und die hydrophilen in das Wasser ragen. Dadurch können sie eine durch Schütteln erzeugte Fettemulsion stabilisieren, indem sie einen Schutzmantel um einzelne Fetttröpfchen bilden und so deren Zusammenfließen verhindern.

Auch im Darm müssen die Fette emulgiert werden, und zwar übernimmt hier die an Glykokoll (Glycin) oder Taurin gebundene Cholsäure (Gallensäure) diese Funktion (Abb. 19 A). Diese Gallensäuren ordnen sich in sog. *Micellen* (Abb. 20) an und nehmen in ihrem *hydrophoben Zentrum* Glyceride und Fettsäuren auf. Erst diese fein emulgierten Fette können durch die Lipase hydrolysiert werden. Die Pankreaslipase kann aber nur die α- und α′-ständige Fettsäure abspalten (Abb. 19b), so daß als Endprodukte Monoglyceride und Fettsäuren aufscheinen. Ein geringer Prozentsatz wird unhydrolisiert resorbiert. Die Spaltprodukte verbleiben in der Micelle und werden direkt an die Darmschleimhaut abgegeben. Die Passage durch die Lipoproteinmembran dürfte wegen des lipophilen Charakters der Spaltprodukte keine Schwierigkeit bieten und wird einem Konzentrationsgradienten folgen. Behindert wird der Transport allerdings durch die negative Ladung der Fettsäuren, da sie durch die gleichsinnig geladene Membran abgestoßen werden.

Die zurückbleibenden Gallensäuren bilden entweder eine neue Micelle oder werden nach abgeschlossener Verdauung im unteren Teil des Ileum resorbiert. Die in der Darmschleimhaut vorhandene Lipase kann nun auch die Esterbindung der β-ständigen Fettsäuren lösen. Kurze Fettsäuren gelangen in das Pfortaderblut, während die langkettigen mit den resorbierten Monoglyceriden oder mit Glycerinphosphaten des Kohlenhydratstoffwechsels der Zelle zu Triglyceriden aufgebaut werden. Zum Transport durch die Lymphbahnen müssen die Neutralfette an ein Zellprotein angehängt werden (Lipoproteid). In der Leber findet dann mittels einer weiteren Lipase sowie durch β-Oxi-

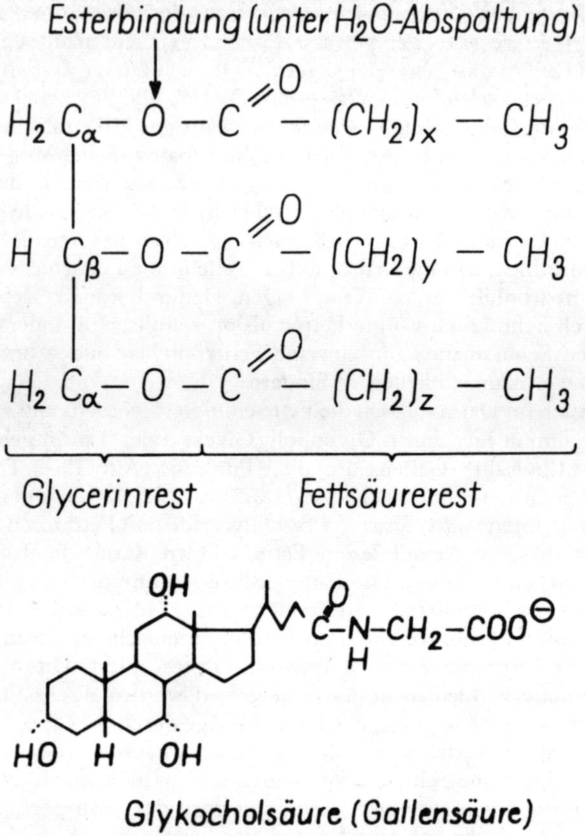

Abb. 19. A: Neutralfett (Triglycerid) B: Gallensäure (Glykocholsäure)

dation und Glycolyse der endgültige Abbau der Fette statt. (Unter β-Oxidation versteht man die stufenweise Verkürzung der Fettsäuren um jeweils ein C_2-Stück.)

MATERIAL: Maus – Eprouvetten, Eprouvettenständer, pH-Papier, Tropfpipetten, Reibschale und Quarzsand, Pinzette, Schere, isoliertes Wasserbad – Milch, Phenolphthaleïn (1%ig in 96%igem Alkohol), 0,1 N NaOH, Olivenöl, Galle

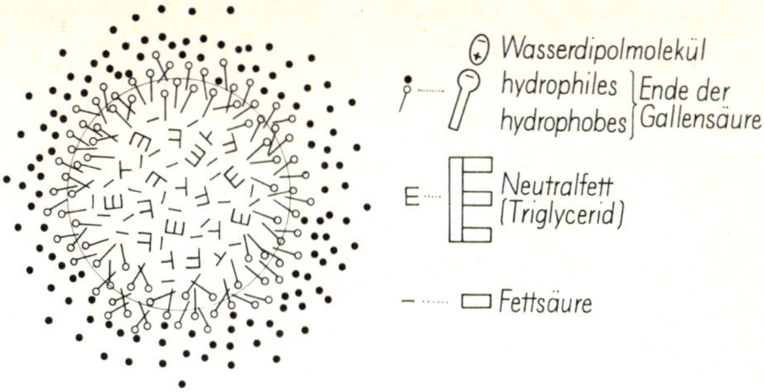

Abb. 20. Fettmicelle im Dünndarm

VERSUCHSANLEITUNG:

1. *Wirkung der Galle:*

Galle besorgt man sich im Schlachthof, oder man gewinnt sie von einem, bei einem anderen Experiment getöteten Meerschweinchen (im Kühlschrank lagern).

In zwei engen Eprouvetten (Durchmesser ca. 1 cm) werden folgende Ansätze hergestellt:

Ansatz 1: 1,5 ml H_2O + 3 Tropfen Olivenöl
Ansatz 2: 1 ml H_2O + 0,5 ml Galle + 3 Tropfen Olivenöl

Nach kräftigem Schütteln (Herstellen einer Emulsion) werden die Röhrchen zur Seite gestellt und nach frühestens 15 min kontrolliert. Man hält sie vor einen Schrifttext und versucht, durch die Flüssigkeit hindurch zu lesen. Mit dem Ansatz 1 wird dies relativ leicht gelingen, da sich das gesamte Öl an der Oberfläche gesammelt hat. (Meist hängen an den Seitenwänden noch einige Fetttröpfchen, die wir mit einer Nadel leicht entfernen können.) Bei Ansatz 2 hingegen ist durch die Wirkung der Gallensäure die Emulsion erhalten geblieben, so daß die Buchstaben nicht mehr zu erkennen sind. Natürlich kann die Galle nicht die gesamte Ölmenge emulgieren, so daß auch hier ein beträchtlicher Teil an der Oberfläche schwimmt.

2. *Fettverdauung durch die Pankreaslipase:*

Nachdem das isolierte Wasserbad auf 40 °C eingestellt worden ist, töten wir eine Maus, präparieren das Pankreas heraus und zerreiben es mit Quarzsand und 2,5 ml Wasser in einer Reibschale. Der Überstand (ca. 2 ml) wird in eine Eprouvette abgegossen.

In ein anderes Reagenzglas füllen wir ca. 3 ml Milch, setzen einige Tropfen einer 1%igen alkoholischen Phenolphthaleïnlösung hinzu und erhöhen mit verdünnter NaOH (0,1 N) tropfenweise den pH-Wert, bis eine deutliche Rosafärbung auftritt. Schließlich schütten wir noch unsere 2 ml Pankreashomogenat dazu (evtl. noch einmal NaOH zusetzen) und stellen die Eprouvette in das Wasserbad (Temperatur kontrollieren!). Schon nach einigen Minuten wird die Rosafärbung verschwinden, was auf eine pH-Erniedrigung schließen läßt. Der Vorgang kann mehrmals wiederholt werden, indem wir jedesmal mit NaOH die Ausgangssituation (Rosafärbung) herstellen.

FRAGEN:

1. Warum sinkt der pH-Wert in der Milch?

In der Milch befinden sich Fetttröpfchen in feinster Emulsion (auch Proteine können emulgierend wirken), so daß die Lipase Fettsäuren abspalten kann, die dann die Milch ansäuern.

2. Versuche 3 ml Wasser, die zuvor mit einigen Tropfen Phenolphthaleïn versetzt wurden, mit verdünnter NaOH zum Farbumschlag zu bringen. Braucht man für Wasser und Milch dieselbe Menge Lauge? Warum?

Nein. Für Milch braucht man mehr Lauge, weil sich in ihr Proteine befinden, die als Puffer wirken.

2.6 *Gärkammern bei Säugetieren***

THEORIE: Da kein einziges Säugetier körpereigene Cellulasen zu produzieren vermag, sind die Pflanzenfresser von der Tätigkeit der *Magen-Darm-Symbionten* abhängig. Aufgabe einer solchen Darmflora bzw. -fauna ist nicht nur die Verwertung eines an sich unverdaulichen, aber in großen Mengen anfallenden Nahrungsbestandteiles, der Zellulose, sondern auch der Aufschluß intakter Zellen. Nicht zuletzt liefern die Mikroorganismen selbst, besonders Ciliaten, dem Wirt beachtliche Eiweißmengen.

Die leistungsfähigste Gärkammer finden wir bei den Wiederkäuern (Pansen). Sie ist dem ganzen Verdauungsprozeß vorgeschaltet und gewährleistet dadurch eine optimale Verdauung und Resorption von Mikroorganismen und deren Stoffwechselprodukten. Zusätzlich produziert die Speicheldrüse der Wiederkäuer Harnstoff, der von den Ciliaten verarbeitet und in Form von Glykogen oder Eiweiß gespeichert wird. Das an sich unverwertbare Abfallprodukt des Proteinstoffwechsels (Harnstoff) kommt letzten Endes dem Wirt zugute, der die Ciliaten verdaut. Beim Rind liefern die Mikroorganismen insgesamt 25–35% des täglichen Eiweißbedarfes. In der Viehwirtschaft macht man sich diese Beziehung zunutze, indem Gaben von Ammoniumsalzen einen Großteil des Stickstoffbedarfes der Rinder decken sollen.

Sehr viel weniger leistungsfähig sind die Gärkammern der Nager, Pferde oder Schweine, da diese am Ende des Verdauungstraktes liegen (Blind- und Dickdarm). Da hier sowohl Verdauungs- als auch Resorptionstätigkeit minimal sind, kann die reiche Darmflora nicht voll ausgenutzt werden. Um wieviel weniger leistungsfähig der Blind- und Dickdarm des Pferdes gegenüber dem Pansen des Rindes ist, läßt sich am Kot der beiden Tiere erkennen. Der Pferdekot enthält noch sehr grobfaserige Pflanzenrückstände.

Viele Nagetiere behelfen sich auf andere Weise. Sie geben den in Farbe und Wassergehalt deutlich von den normalen Fäzes zu unterscheidenden Blinddarmkot gesondert ab und fressen ihn sofort wieder, um die von den Symbionten aufgeschlossene Nahrung bzw. die Bakterien selbst zu verwerten. Nicht zuletzt ist der Blinddarmkot durch den Gehalt an wichtigen Vitaminen (Vitamin K, B_1, B_{12}) für das Gedeihen dieser Tiere wichtig.

Bei der Kohlenhydratgärung entstehen vor allem niedrige Fettsäuren wie etwa die Essigsäure, weiter Milchsäure, Alkohole, H_2, CH_4 und CO_2. Neben dieser Gärung spielen sich je nach Eiweißgehalt der Nahrung auch Fäulnisprozesse ab, die natürlich bei Fleischfressern weit überwiegen. Die Spaltprodukte der bakteriellen Eiweißzersetzung sind niedrige Fettsäuren, Indol, Skatol, Phenol, Alkylamine, Diamine, Merkaptan, H_2S und NH_3.

Durch den Einfluß der Darmflora erhält auch der Kot seine charakteristische Konsistenz. Mit ihm werden beträchtliche Mengen von Mikroorganismen ausgeschieden, die beim Menschen $^1/_4$ bis $^1/_3$ der Trockensubstanz ausmachen.

Material: Maus – 2 kleine Eprouvetten (etwa 5–10 ml Fassungsvermögen), 1 große Eprouvette, Korkstoppeln, isoliertes

Wasserbad, pH-Papier, Tropfpipette, Schere, Pinzette, Bunsenbrenner, Eprouvettenzange – Glucose, Kresolrot, NaOH

VERSUCHSANLEITUNG: Eine 6%ige Glucoselösung wird mit einigen Körnern Kresolrot versetzt und tropfenweise verdünnte NaOH (etwa 0,1 N) bis zu einer purpurroten Färbung hinzugesetzt. Ein Wasserbad mit 40 °C wird bereitgestellt.

Die vorher reichlich gefütterte Maus wird getötet und der Blinddarm herauspräpariert, der Länge nach aufgeschnitten und auf einer glatten Unterlage ausgedrückt. Den Inhalt geben wir zusammen mit 2 ml gefärbter Glucoselösung in eine große Eprouvette und versuchen, ihn durch kräftiges Schütteln homogen zu verteilen. Größere Stücke, die sich nicht auflösen, können mit einer Spatel oder einem anderen geeigneten Gegenstand zerdrückt werden. Die Hälfte des aufgeschwemmten Blinddarminhaltes lassen wir über dem Bunsenbrenner aufkochen. Schließlich werden die beiden Proben (die aufgekochte und die unbehandelte) in die zwei kleinen Eprouvetten umgeschüttet und mit Glucoselösung bis zum Rand vollgefüllt, so daß die Röhrchen luftblasenfrei verschlossen werden können. (Dadurch müssen die entstehenden Gase in Lösung bleiben.)

Die Röhrchen werden nun in das Wasserbad gestellt und alle 15 min kontrolliert. In der Eprouvette mit unbehandeltem Blinddarminhalt bewirken die durch die Tätigkeit der Mikroorganismen entstehenden niedrigen Fettsäuren, Milchsäure und Kohlensäure ein Sinken des pH-Wertes der Glucoselösung. Da der Farbumschlag von Kresolrot in einem pH-Bereich von 7,0–8,8 liegt, wird hier nach einiger Zeit die weinrote Farbe in eine sattgelbe übergehen. Dies wird umso früher erfolgen, je geringer die Verdünnung des Blinddarminhaltes ist (bei 5–10 ml etwa in 30–45 min). Da in der aufgekochten Probe die Bakterien getötet wurden, findet dort keine Reaktion statt.

2.7 *Proteasen in Biowaschmitteln**

THEORIE: Mikroorganismen werden in vielfacher Weise wirtschaftlich genutzt, sei es in der Lebensmittelherstellung (alkoholische Gärung, Milchprodukte), in der Abwasserreinigung oder in der Medizin. Unter anderem gewinnt man in großen Kulturen bakterielle Enzyme; so z. B. Amylase zur Stärkeverzuckerung in Bäckereien, Textil- und Papierindustrien, Pectinasen als Klär- und Filtrationsmittel für Fruchtsäfte, Invertase zur Kunsthonigherstellung, Proteasen für Zahnpasten, für die Verhinderung der Biertrübung, als Verdauungshilfen und schließlich zur Waschmittelherstellung.

Die bakteriellen Proteasen unterscheiden sich von den tierischen unter anderem durch ihre wesentlich größere Temperaturtoleranz. So erleiden Proteasen von Bacillus thermoproteolyticus selbst bei 50–65 °C keinen Aktivitätsverlust und nach einstündigem Erhitzen auf 80 °C sind immer noch 50% der ursprünglichen Spaltkraft erhalten. Bakterielle Proteasen zeigen in der Regel auch geringe Substratspezifität. So ist die Protease einer Streptomyces-Art in der Lage, rund 80% aller Peptidbindungen zu hydrolysieren (vergleiche dazu tierische Proteasen in Versuch 2.4).

Zur Herstellung von Biowaschmitteln verwendet man meist Bacillus subtilis, Aspergillus niger, A. orycae oder Streptomyces-Arten.

Material: Eprouvetten, Wasserbad, Thermometer, Bunsenbrenner, belichteter und entwickelter Filmstreifen – Biowaschmittel, gewöhnliches Waschmittel

Versuchsanleitung: In zwei Eprouvetten werden je eine Lauge von Biowaschmittel und von gewöhnlichem Waschmittel angerichtet. Nachdem man die Eprouvetten in ein Wasserbad von circa 50 °C gestellt hat, wird in jede der beiden Lösungen ein Filmstreifen gegeben. Wenn Proteasen vorhanden sind, löst sich die geschwärzte Gelatineschicht.

Aufgaben: Koche eine neu angesetzte Lauge von Biowaschmittel über dem Bunsenbrenner einige Male auf und wiederhole den Versuch. Was geschieht?

Ausbaumöglichkeit: Änderung des pH-Wertes und der Versuchstemperatur.

2.8 *Resorption von Mineralsalzen***

Theorie: Dissoziierte Mineralsalze werden entweder passiv entlang eines Konzentrationsgradienten oder aktiv unter ATP-Verbrauch gegen ein solches Gefälle resorbiert. Die unlöslichen

Karbonate dissoziieren unter dem Einfluß der Magensäure, während die meist organisch gebundenen Phosphate durch Esterasen freigesetzt werden.

Die Geschwindigkeit der Resorption hängt von der Art des Mineralsalzes ab. Folgende Reihe drückt die abnehmende Aufnahmegeschwindigkeit einiger wichtiger Kationen bzw. Anionen im Darm aus:

$$K^+ > Na^+ > Ca^{++} > NH_4^+ > Mg^{++}$$
$$Cl^- > J^- > Br^- > NO_3^- > SO_4^{--} > PO_4^{---}$$

Sehr oft wird die Resorption eines Ions durch die Anwesenheit anderer Ionen herabgesetzt oder beschleunigt. Grund dafür kann die quellende oder entquellende Wirkung bestimmter Ionen oder die Bildung schwer löslicher Komplexe (z. B. Ca^{++} mit organischen und anorganischen Ionen) sein. Ebenso können organische Verbindungen die Resorptionsgeschwindigkeit verändern. Z. B. wird die Ca^{++}-Aufnahme nicht nur durch Na^+-Ionen, sondern auch durch Fette, Gallensäuren und Vit. D begünstigt, während die Na^+-Resorption vom Vorhandensein der Glucose abhängt. Fe^{+++} muß zuerst von der Magensäure zu Fe^{++} reduziert werden, bevor es im Dünndarm je nach Bedarf des Organismus aufgenommen wird.

Sowohl Mineralsalze als auch andere Stoffe werden im Dünndarm und hier besonders im Jejunum am stärksten resorbiert. Während in der Mundhöhle praktisch keine Resorption stattfindet, kann der Magen in gewissem Umfang Ionen aufnehmen. Mittels radioaktiver Isotope wurde festgestellt, daß Na^+, K^+, Cl^-, Br^- und J^- in abnehmender Geschwindigkeit die Magenschleimhaut passieren.

MATERIAL: Versuchsperson – Gelatinekapseln, Eprouvetten, Meßpipetten, Pipettierhilfe – Kaliumjodid, verd. Salzsäure (0,1 N), rauchende Salpetersäure, 1%ige Stärke: Die Stärke muß durch kurzes Aufkochen gelöst und mit verdünnter HCl angesäuert werden.

VERSUCHSANLEITUNG: Die Versuchsperson schluckt möglichst auf nüchternen Magen eine Gelatinekapsel, die 0,3 g Kaliumjodid enthält. Die Gelatineumhüllung bewirkt, daß das KJ erst im Magen freigegeben wird. Bei vollkommener Nüchternheit ist das Jod meist nach 20–30 min im Speichel nachzuweisen.

Aufgaben: Der Speichel der Versuchsperson wird unmittelbar nach dem Einnehmen der Kapsel und anschließend alle 15 min untersucht. Etwas Speichel wird im Reagenzglas mit 1–2 ml Stärkelösung vermischt und mit rauchender Salpetersäure (mittels einer Pipettierhilfe) unterschichtet. An der Berührungsfläche tritt noch bei einem Gehalt von 0,001% Jod ein tiefblauer Ring auf.

Wichtig:
1. Die VP muß, vor allem wenn der Versuch innerhalb einer Schulstunde durchgeführt werden soll, nüchtern sein, um eine rasche Resorption zu gewährleisten.
2. Personen, die an Schilddrüsenerkrankungen leiden, dürfen kein Kaliumjodid einnehmen.
3. Stärke nach dem Aufkochen unbedingt ansäuern.

Fragen:

1. Warum muß die Stärke angesäuert werden?	Dadurch wird die im Speichel befindliche Amylase gehindert, die Stärke zu spalten (siehe Versuch 1.2).
2. Was bewirkt die Salpetersäure?	Da im Speichel nur Jodid-Ionen auftreten, müssen diese durch HNO_3 zu atomarem Jod oxidiert werden: erst dann kommt es zur bekannten Jod-Stärke-Reaktion (siehe Versuch 1.1).
3. Wie kommt das Jod in den Speichel und auf welchem Wege verläßt es den Organismus?	Das Jod gelangt über den Blutkreislauf unter anderem in die Speicheldrüsen. Ausgeschieden wird es über die Nieren.
4. Wiederhole den Versuch mit einer VP, die eben eine größere Mahlzeit zu sich genommen hat. Wann tritt Jod im Speichel dieser Person auf?	Das ist abhängig von Art und Menge der Nahrung.
5. Untersuche den Harn der Versuchsperson nach Jod. Wann tritt Jod zum ersten Mal im Harn auf?	Nach ca. zwei Stunden.

Wann hat das eingenommene Jod den Körper vollständig verlassen?	Nach 36–60 Stunden.

2.9 *Zuckerresorption im Dünndarm****

Theorie: Die Zuckerresorption bei Wirbeltieren ist noch keinesfalls völlig geklärt. Ort der Resorption ist vor allem das Jejunum. Wie neueste Untersuchungen zeigen, reicht die Disaccharidaseaktivität im menschlichen Dünndarm nicht aus, um die anfallenden Kohlenhydrate bis zu den kleinsten Bestandteilen, den Monosacchariden, zu spalten. Offenbar werden zu einem recht beachtlichen Teil Disaccharide von den Epithelzellen resorbiert und hier endgültig hydrolysiert. Dafür spricht auch die hohe Konzentration verschiedenster Disaccharidasen in diesen Resorptionszellen.

Di- und Monosaccharide diffundieren zunächst entlang eines Konzentrationsgradienten aus dem Darmlumen in den Bürstensaum der Darmzellen, wo die Disaccharide in der sog. *Enzymzone* zu Monosacchariden hydrolysiert werden (Abb. 21). Das weitere Eindringen wird den Zuckern durch eine *Diffusionsschranke* verwehrt, es sei denn, sie können sich an ein Trägermolekül anhän-

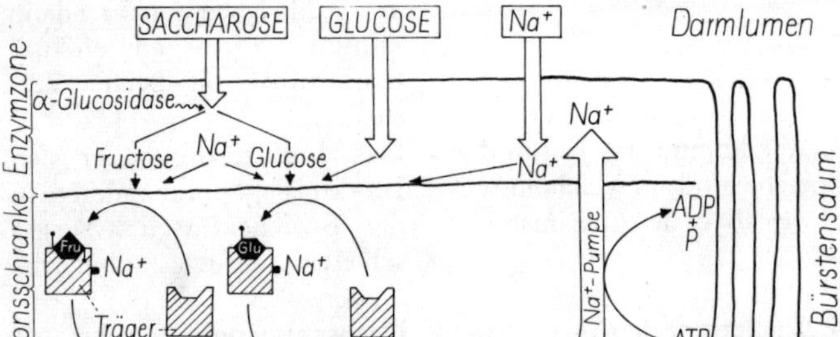

Abb. 21. Modell des Zuckertransportes durch die Darmwand eines Säugers

gen. Ob und in welchem Ausmaß dies geschieht, hängt von verschiedenen Faktoren ab. Erstens von der Art des Zuckers: Pyranosen werden den Furanosen (Abb. 6) vorgezogen; außerdem ist die Stellung der OH-Gruppe am C_2-Atom wichtig. Zucker, deren OH-Gruppe von der Ringebene nach unten ragt (z. B. Glucose), werden schneller resorbiert. Zweitens hängt der Zuckertransport vom Na^+-Gehalt des Darminhaltes ab. Na^+-Ionen, die ebenfalls entlang eines Konzentrationsgefälles in die Enzymzone des Bürstensaumes eindiffundieren, aktivieren wahrscheinlich molekulare Träger zur Aufnahme eines Zuckermoleküls. Der Träger schleust nun sowohl den Zucker als auch das Natrium durch die Diffusionsschranke und gibt beide an der anderen Seite wieder frei. Weil dadurch die Na^+-Konzentration innerhalb der Zelle zu hoch werden würde, muß das Natrium durch aktiven Transport wieder hinausgepumpt werden.

Material: Maus – Wasserbad, Thermometer, Schere, Pinzette, Nadel, Präparierbecken, Zwirn, Filterpapier, Injektionsspritze, Bunsenbrenner, Eprouvettenklammer, Eprouvettenständer, Eprouvetten – Glucose, Saccharose (5%ig mit etwas Kongorot angefärbt), Säugerringer oder 0,9%ige Kochsalzlösung (siehe Anhang), Fehlingsche Lösung A und B (Anhang)

Versuchsanleitung: Vor Versuchsbeginn wird ein isoliertes Wasserbad auf Körpertemperatur gebracht, in das wir eine Eprouvette mit etwa 10 ml Ringer oder 0,9%iger Kochsalzlösung stellen. Sodann wird eine Maus getötet und der Dünndarm vorsichtig herauspräpariert, ohne ihn zu verletzen. Die ersten 3 cm des Darmes (Duodenum) werden verworfen; verwendet werden bloß die folgenden 15 cm. Den Rest des Darmes halten wir in isotoner Lösung in Reserve.

Der nun zu verarbeitende Darm wird auf ein stark mit Ringer angefeuchtetes Filterpapier gelegt. Die Kanüle einer Injektionsspritze, die mit 5%iger kongorotgefärbter Saccharoselösung gefüllt ist, führen wir in das Darmlumen ein und binden das Darmende mit einem Zwirn an der Nadel fest. Nun wird der Darm vorsichtig mit der Zuckerlösung gefüllt, bis der Inhalt am gegenüberliegenden Ende herausquillt. Das Kongorot dient dazu, löchrige Stellen in der Darmwand anzuzeigen. Ist der Darm tatsächlich an einer Stelle beschädigt, so müssen wir links und rechts von dieser Stelle abbinden und den Darm dazwischen durchtrennen. Bei mehreren Löchern empfiehlt es sich, mit dem

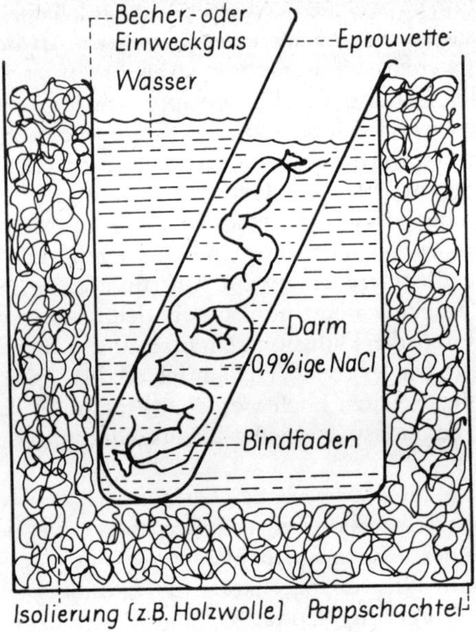

Abb. 22. Versuchsanordnung zur Zuckerresorption

in Reserve liegenden Darmstück weiterzuarbeiten bzw. eine neue Maus diesmal noch vorsichtiger zu präparieren.

Ist der Darm jedoch intakt, dann wird er an beiden Enden durch Doppelknoten fest abgebunden, mit Ringer gut gespült (besonders an den Enden) und in die Eprouvette im Wasserbad gegeben (Temperatur des Wasserbades kontrollieren und gegebenenfalls korrigieren) (Abb. 22). Sofort nach Inkubation des Darmes und dann alle 15 min wird ein Zuckertest nach Fehling (Theorie dazu siehe Versuch 1.1) durchgeführt: Eine Ringerprobe von etwa 2 ml wird mit je fünf Tropfen Fehling A und Fehling B versetzt und über dem Bunsenbrenner mehrmals aufgekocht. Bei Anwesenheit reduzierender Zucker entsteht eine rote Ausflockung, die zunächst eine Trübung erzeugt und bei längerem Stehenlassen sedimentiert. Führe auch einige Zuckertests mit reinem Ringer, mit Glucose und Saccharose durch.

Wichtig:

1. Der Versuch ist nur sinnvoll, wenn der Darm vollkommen dicht ist – also Vorsicht beim Präparieren!

2. Der Darm muß während der Präparation ständig feucht (Ringer) gehalten werden.
3. Bei diesem Versuch *in vitro* ist zu berücksichtigen, daß der Zucker einen unvergleichlich größeren Weg zurückzulegen hat als *in vivo*. Im lebenden Organismus braucht der Zucker bloß bis zu den Kapillaren zu diffundieren, um dann mit dem Blutstrom schnell weiterbefördert zu werden. In unserem Fall muß der Zucker jedoch das Gewebe aller Darmschichten (Mucosa, Submucosa, Muscularis und Serosa) durchdringen.

Die Zuckerresorption ist ein energieverbrauchender Prozeß, doch wird der hierfür benötigte Sauerstoff in dieser Versuchsanordnung praktisch kaum nachgeliefert. Die Zellen müssen mehr oder minder mit ihren Energiereserven auskommen. Es darf uns also nicht wundern, wenn sich der Zuckertransport relativ schnell verlangsamt bzw. zum Stillstand kommt.

FRAGEN:

1. Die Saccharose dürfte keine reduzierenden Eigenschaften aufweisen (siehe Abb. 6). Warum ist in manchen Fällen dennoch ein geringer Ausfall des roten Cu_2O zu beobachten?

Die Saccharose ist meist mit ihren Spaltprodukten verunreinigt, die für den positiven Ausfall des Zuckertestes verantwortlich sind.

2. Welcher Zucker wird schneller durch die Darmwand transportiert – Glucose oder Fructose?

Glucose wird als Pyranose mit einer OH-Gruppe, die am C_2-Atom nach unten zeigt, schneller resorbiert als die nur teilweise als Pyranose vorliegende Fructose mit einer am C_2-Atom nach oben zeigenden OH-Gruppe. Die Resorptionsgeschwindigkeit von Glucose zu Fructose verhält sich wie 100 zu 43.

2.10 *Trägermechanismen*****

THEORIE: Die Zelle steht mit ihrer Umgebung im Fließgleichgewicht. Ständig werden Stoffe eingeschleust, verarbeitet und wieder ausgeschieden. Dabei stellen die Zellmembranen eine wichtige Schranke dar. Die Durchlässigkeit dieser Stoffe hängt

u. a. von ihrer Molekülgröße, Lipoidlöslichkeit und Ladung ab. Können wichtige Stoffe diese Membran nicht passieren, sei es auf Grund der molekularen Struktur des permeierenden Stoffes oder aus Gründen ungünstiger Konzentrationsverhältnisse, dann müssen aktive (energieverbrauchende) Transporte und Trägermechanismen zum Einsatz kommen.

Man nimmt an, daß auch am aktiven Transport ein Träger *(Carrier)* beteiligt ist. Dieser muß jedoch erst unter Energieaufwand aktiviert werden; dadurch nimmt seine Affinität zum Substrat zu. An der anderen Seite der Membran wird in einer zweiten Reaktion diese Affinität wieder herabgesetzt, wodurch sich das Substrat vom Träger wieder trennt. Nach der Rückdiffusion ist der Träger erneut zum Transport bereit. Beim aktiven Transport kann im Gegensatz zum reinen Trägermechanismus eine Substanz gegen ein Konzentrationsgefälle transportiert werden *(Bergaufprozeß)*. Der Zuckertransport bei Wirbeltieren scheint eine Zwischenstellung einzunehmen, da zwar der Transport selbst ohne Energieaufwand abläuft, die dabei beteiligten Na^+-Ionen jedoch aktiv zurückgepumpt werden müssen. Im übrigen weiß man noch recht wenig über Transportvorgänge an den Zellgrenzen und die aufgestellten Theorien haben noch stark hypothetischen Charakter.

Sehr viel genauer informiert ist man über die Transportvorgänge im Blut. Hier ist es vor allem das Albumin (50–60% des Bluteiweißes), das in der Lage ist, verschiedene, z. T. schlecht lösliche Stoffe reversibel an sich zu binden. So ist es für den Transport von Fettsäuren, Bilirubin, Urobilin, Hämin, Harnsäure, Vitamin C, Farbstoffen, Metallen, Kationen und einigen Medikamenten (Penicillin) verantwortlich.

Diese »Vehikelfunktion« vieler Proteine kann an Hand eines einfachen Modells demonstriert werden.

MATERIAL: Eprouvetten, Eprouvettenständer, Becherglas, pH-Papier – Gelatine, Methylorgane (oder Bromphenolblau), Kongorot, Serum oder Albumin, NaOH

VERSUCHSANLEITUNG: Farblose Gelatineblätter werden in einem Becherglas mit Wasser über einem Bunsenbrenner zu einer etwa 5%igen Lösung erhitzt, die mit verdünnter NaOH tropfenweise auf ungefähr pH 7,5 gebracht (mit pH-Papier nachprüfen) und in noch heißem Zustand auf vier Eprouvetten zu je 4–5 ml verteilt wird. Außerdem stellen wir eine 0,5%ige Methylorange-

und eine 1%ige Kongorot-Lösung her, sowie 10 ml einer 7–8%igen Albuminlösung, oder wir beschaffen uns im Schlachthaus Rinderblut und gewinnen daraus wie in Versuch 4.5 das Serum.

Nach Erstarren der Gelatinelösung (evtl. in Fließwasser kühlen) wird diese mit folgenden Gemischen überschichtet:

Ansatz 1: 4 ml H_2O + 1 Tropfen Methylorange
Ansatz 2: 4 ml H_2O + 1 Tropfen Kongorot
Ansatz 3: 4 ml Serum + 1 Tropfen Methylorange
Ansatz 4: 4 ml Serum + 1 Tropfen Kongorot

Es ist nun die Einwanderung der Farbstoffe in die Gelatine zu beobachten. Deutliche Unterschiede treten bereits nach ca. zwei Stunden auf, es ist aber besser, zwölf bis 24 Stunden abzuwarten. Die Ergebnisse sind einige Tage hindurch sichtbar.

ERKLÄRUNG: Die Gelatine bildet ein lockeres Fasergeflecht, dessen Zwischenräume mit Quellwasser ausgefüllt sind. Methylorange, ein gut wasserlöslicher Farbstoff, dringt sehr leicht in dieses Geflecht ein. Kongorot hingegen bildet in wäßriger Lösung große, aus vielen Molekülen bestehende Aggregate, die vom Gel zurückgehalten werden. Löst man diese Farbstoffe in Serum oder Albumin, so diktiert das Protein die Diffusionsgeschwindigkeit der Farbstoffe im Gel, da sich deren Moleküle bei geeigneter Konzentration vollständig an die Proteinmoleküle binden. Für Kongorot bedeutet das eine Beschleunigung, für Methylorange eine Verlangsamung der Diffusion (Abb. 23).

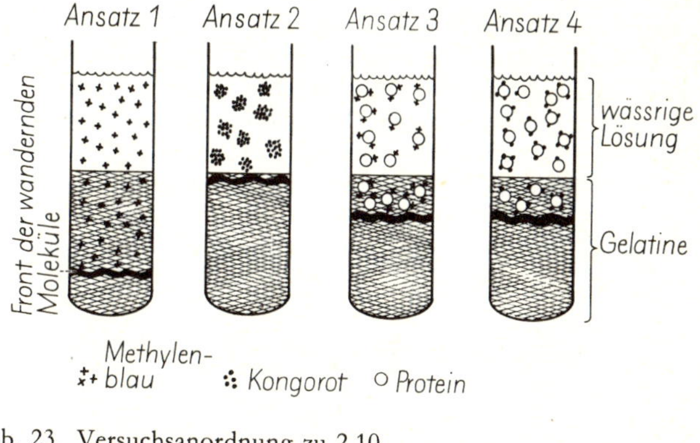

Abb. 23. Versuchsanordnung zu 2.10

3. Atmung

Einführung

Alle Organismen benötigen zur Aufrechterhaltung ihrer Lebensfunktionen Energie. Diese wird dem tierischen Organismus zum überwiegenden Teil in Form von chemischer Bindungsenergie mit der Nahrung zugeführt. In den Zellen werden die über die Verdauungsorgane resorbierten organischen Verbindungen weiter zerlegt, wobei Energie frei wird, die teilweise in der Form einer energiereichen Verbindung gespeichert, zum anderen Teil als Wärmeenergie freigesetzt wird.

»Atmung« ist ein vielschichtiger Begriff, der für die Bezeichnung verschiedenster Mechanismen, die mit *O_2-Aufnahme*, *O_2-Transport* und *Energiegewinnung* in Zusammenhang stehen, angewendet wird. Um Mißverständnissen vorzubeugen, wird im folgenden eine Unterteilung in *Gasaustausch*, *Gastransport* und *Zellatmung* vorgenommen (häufig werden der Gasaustausch auch als äußere, die Zellatmung als innere Atmung bezeichnet).

Gasaustausch: Der für die *aerobe* Atmung notwendige Sauerstoff diffundiert aus dem umgebenden Medium in die Zellen. Für den einzelligen Organismus ist das Medium in der Regel Wasser, für die Einzelzelle eines Vielzellers hingegen die Nachbarzellen und die Interzellularflüssigkeit. Da die Oberfläche lediglich mit der zweiten Potenz, das Volumen aber mit der dritten Potenz zunimmt, würde bei größeren Tieren die Gasdiffusion durch die Körperoberfläche nicht ausreichen, um alle Zellen optimal mit Sauerstoff zu versorgen. Es haben sich daher bei diesen Tieren spezielle Atmungsorgane (Lungen, Kiemen u. a.) ausgebildet, die durch Faltenbildungen und Einstülpungen ein Vielfaches der Körperoberfläche erreichen (siehe auch Kapitel 5: Diffusion).

Da bei Diffusionsstrecken von über 0,5 mm die O_2-Versorgung nicht mehr gewährleistet ist, hat sich bei größeren Tieren ein *konvektives Transportsystem* entwickelt, das den Sauerstofftransport von den Atmungsorganen zu den Zellen durchführt.

Gastransport: Der konvektive Transport von Sauerstoff von den Atmungsorganen zu den Zellen erfolgt mit dem Blut. Der Sauerstoff ist im Blutplasma physikalisch gelöst. Größere und stoffwechselaktivere Tiere könnten damit allerdings ihre Zellen

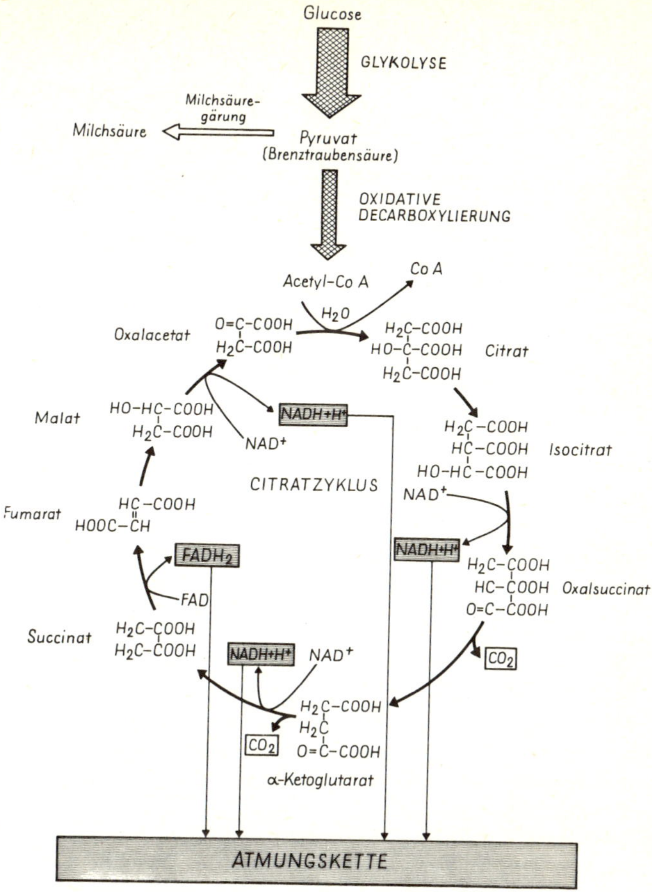

Abb. 24a. Schema des oxidativen Glucoseabbaus

nur ungenügend mit O_2 versorgen. Diese Tiere besitzen *respiratorische* Proteine (z. B. Haemoglobin, Haemocyanin), die in der Lage sind, relativ viel O_2 locker zu binden und in den Geweben wieder abzugeben (Näheres siehe im Kapitel 4: Blut und Blutkreislauf). Von den Kapillaren wandert der O_2 entsprechend dem Partialdruckgefälle durch Diffusion in die Zellen, wo dann im Verlauf der Zellatmung Energie freigesetzt wird. (Sinnge-

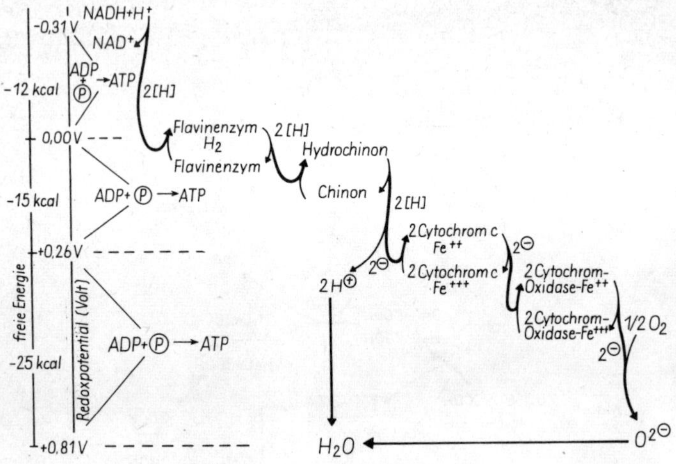

Abb. 24b. Schema der Atmungskette

mäß gilt das bisher Gesagte in umgekehrter Richtung auch für den CO_2-Transport und CO_2-Austausch an den Atmungsorganen.)

Zellatmung (Abb. 24): In den Zellen findet Energiegewinnung im häufigsten Fall unter Anwesenheit und Mitwirkung von Sauerstoff statt (= *aerobe Atmung*), doch kommt sie bei allen Tieren auch ohne Beteiligung von Sauerstoff vor (= *Gärung*). Auf letztere Form wird im Abschnitt 3.4: Atmungswärme näher eingegangen.

Ausgangsprodukt der Zellatmung ist im häufigsten Fall Glucose, eine C_6-Verbindung (siehe Abb. 6), die in der *Glykolyse* (= Abbau der Glucose) zu C_3-Verbindungen (Brenztraubensäure = Pyruvat) abgebaut wird.

In Abwesenheit von Sauerstoff wird aus der Brenztraubensäure unter Mitwirkung des Enzyms Lactatdehydrogenase (LDH) Milchsäure gebildet (= *Milchsäuregärung*).

Der bisher beschriebene Ablauf (Glykolyse) findet im Plasma der Zellen statt, in dem die für jeden Schritt notwendigen Enzyme, wahrscheinlich an irgendwelche Strukturen gebunden, vorhanden sind. Der weitere Abbau vollzieht sich an den Innenseiten der Membranen und in der Matrix von spezifischen Zellorganellen, den *Mitochondrien*.

Ist Sauerstoff vorhanden, so läuft die Zellatmung weiter: Die Brenztraubensäure wird durch *oxidative Decarboxylierung* zu Acetyl-Coenzym A (Acetyl Co-A = aktivierte Essigsäure) umgewandelt.

Im nächsten Schritt findet nun das Acetyl Co-A Eingang in den *Zitronensäurezyklus* (Krebszyklus), wobei jeweils ein Acetylrest auf ein Molekül Oxalessigsäure übertragen wird. Das Produkt daraus ist die Zitronensäure. Im weiteren Verlauf des Zitronensäurezyklus werden stufenweise Kohlendioxid und Wasserstoff abgespalten, bis am Ende wieder Oxalessigsäure hervorgeht. Die Oxalessigsäure wird also nicht verbraucht, sondern regeneriert und kann somit einen neuen Acetylrest übernehmen.

Das abgespaltene Kohlendioxid wird als Stoffwechselendprodukt über die Atmungsorgane ausgeschieden, während der Wasserstoff auf NAD^+ (Nicotin-amid-adenin-di-nucleotid) und FAD (Flavin-adenin-di-nucleotid) übertragen wird. Die Wasserstoffakzeptoren werden dabei reduziert:

$$NAD^+ + H_2 \rightarrow NADH + H^+$$
$$FAD + H_2 \rightarrow FADH_2$$

Während NAD^+ frei im Zellplasma vorkommt, ist FAD an die Membrane der Mitochondrien gebunden.

Die letzte Stufe der Zellatmung bildet die *Atmungskette* (Endoxidation), in deren Verlauf der Wasserstoff in einem mehrstufigen Prozeß oxidiert wird und als Wasserstoffion (H^+) hervorgeht. Die Elektronen des Wasserstoffs werden über eine Kette von Cytochromen (Änderung des Redoxpotentials!) auf molekularen Sauerstoff übertragen (das ist der Sauerstoff, der über die Atmungsorgane aufgenommen worden ist), der dadurch zum Sauerstoffion (O^{--}) reduziert wird. Im letzten Schritt wird H^+ durch O^{--} oxidiert:

$$2H^+ + O^{--} \rightarrow H_2O \text{ (Stoffwechselwasser)}$$

Ein Teil der im Laufe der Atmung freiwerdenden Energie wird durch Phosphorylierung von ADP (Adenosin*di*phosphat) zu ATP (Adenosin*tri*phosphat) gespeichert. Die Speicherung von Energie in der Form von ATP bietet den großen Vorteil, daß die erhaltene Energie nicht sofort verbraucht werden muß, und die Energie in dieser Form zu den Orten des Bedarfs ohne Verlust transportiert werden kann. Die nicht im ATP gespeicherte Energie wird als Wärmeenergie freigesetzt, ein Vorgang, der besonders bei den homoiothermen Tieren von großer Bedeutung für die Aufrechterhaltung der Körpertemperatur ist.

Die Wärmeproduktion kann außerdem noch gesteigert werden, indem die Atmungskette von der ATP-Bildung getrennt wird (Entkoppelung der Atmungskettenphosphorylierung). Dadurch kann die gesamte Energie unter Umgehung der ATP-Bildung in Wärme umgewandelt werden. Dieser Mechanismus ist für Winterschläfer nach dem Aufwachen von praktischer Bedeutung.

Versuche

3.1 *Messung des Sauerstoffverbrauchs von Landtieren*

THEORIE: Der Sauerstoffverbrauch eines Tieres ist ein Maß für seinen Energieumsatz. Als primäre Energiequelle können Kohlenhydrate, Fette und Eiweiße dienen. Für die Energiegewinnung aus O_2-ärmeren Verbindungen, vor allem den Fetten, muß relativ mehr Sauerstoff zur Verfügung gestellt werden, als bei Verwertung O_2-reicherer Verbindungen wie z. B. den Zukkern. Bei gleichbleibendem Energiebedarf ist der Sauerstoffbedarf somit abhängig von der Art der Energiequelle.

Messen wir zusätzlich zum O_2-Verbrauch die CO_2-Ausscheidung, dann lassen sich aus dem Verhältnis von abgegebenem Kohlendioxid zu aufgenommenem Sauerstoff Rückschlüsse auf die veratmete Substanz ziehen:

$$\frac{\text{abgegebenes } CO_2}{\text{aufgenommener } O_2} = \textit{Respiratorischer Quotient} \text{ (RQ)}$$

Tabelle 4. Einige Kenndaten für die *indirekte Kalorimetrie* (aus PENZLIN, *Kurzes Lehrbuch der Tierphysiologie*, 1970)

Nährstoff	Physikal. Brennwert kcal/g	Physiolog. Brennwert kcal/g	O_2-Verbrauch l/g	CO_2-Produktion l/g	RQ
Kohlenhydrat	4,1	4,1	0,82	0,82	1,00
Fett	9,4	9,4	2,02	1,43	0,71
Eiweiß	5,6	4,3	0,96	0,77	0,80

Bei der üblichen gemischten Kost des Menschen beträgt der RQ im Durchschnitt 0,82. Ein Liter Sauerstoff liefert bei der Verbrennung von Kohlenhydrat 5,05 kcal, bei der Verbrennung von Fett 4,65 kcal.

Tabelle 5. *Kalorisches Sauerstoffäquivalent* bei verschiedenen RQ-Werten

RQ	1,0	0,9	0,85	0,8	0,7
Kalorisches Äquivalent des Sauerstoffs kcal/g	5,05	4,92	4,86	4,80	4,65

Der tägliche Energiebedarf des Menschen beträgt in Ruhe zirka 24 kcal pro kg Körpergewicht bzw. 1680 kcal pro 70 kg.

Für die Größe des Sauerstoffverbrauchs bzw. des Stoffwechselumsatzes sind, sieht man von der Qualität der Nahrung ab, folgende Beziehungen von Bedeutung:

a. Die Stoffwechselintensität ist abhängig von der Lebensweise: Festsitzende oder träge Tiere haben einen geringeren Sauerstoffverbrauch als aktive.

b. Der Sauerstoffverbrauch erhöht sich bei mechanischer oder lokomotorischer Aktivität, beim Wachstum, bei der Schwangerschaft und anderen Entwicklungsvorgängen; auch die Aufrechterhaltung der Körpertemperatur bei homoiothermen Tieren erfordert mehr Energie und damit erhöhten Sauerstoffverbrauch.

Tabelle 6. Sauerstoffverbrauch einiger Tiere (nach verschiedenen Autoren)

	ml O_2/kg/h		ml O_2/kg/h
Pantoffeltierchen (Paramecium)	1000	Goldfisch	70
Teichmuschel (Anodonta)	2	Forelle	220
Tintenfisch (Octopus)	90	Maus (in Ruhe)	2500
Flußkrebs (Astacus)	40	(laufend)	20000
verschiedene Schmetterlinge		Ratte	950
(in Ruhe)	500–1000	Katze	440
(fliegend)	bis 100000	Mensch (in Ruhe)	200
		(bei schwerer Arbeit)	4000

c. Kleinere Tiere einer Verwandtschaftsgruppe haben in der

Regel eine pro Gewichtseinheit höhere Stoffwechselrate als größere Vertreter (Abb. 25).

d. Die Stoffwechselintensität poikilothermer Organismen steigt mit zunehmender Körpertemperatur (mit Ausnahmen), und zwar bei einer Temperaturerhöhung von 10 °C im Durchschnitt auf das zwei- bis dreifache (Temperaturkoeffizient $Q_{10} = 2-3$).

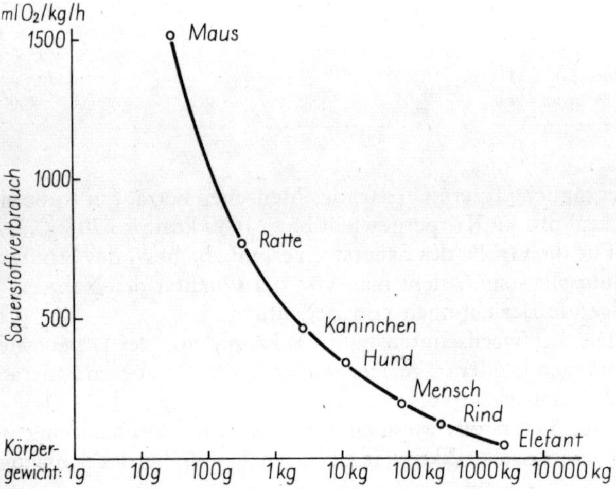

Abb. 25. Relative Stoffwechselaktivität verschieden großer Säugetiere (nach Brody, verändert nach Herter und Urich)

3.1.1 *Messung des Sauerstoffverbrauchs eines Frosches und Bestimmung des Respiratorischen Quotienten***

Material: 1 Respirometer (Anleitung zum Bau siehe im Anhang), temperaturkonstantes Wasserbad, Tropfpipette, Waage – 20%ige NaOH-Lösung – Frosch

Versuchsdurchführung: Ein Frosch wird in den Erlenmeyerkolben des Respirometers gesetzt, in dem sich zirka 10 ml Wasser befinden. In das NaOH-Gefäß kommen 2 bis 3 ml Natronlauge. Anschließend wird der Kolben bei geöffneter Schlauchklemme mit dem Gummistopfen verschlossen und in das Wasserbad gestellt. Es ist vorteilhaft, den Gummistopfen vorher leicht anzufeuchten, damit er luftdicht im Kolben sitzt. Nach ungefähr 5 min bringen wir den Stempel der Injektionsspritze in die obere Stellung und schließen die Schlauchklemme. Der Erlenmeyerkolben muß nun völlig luftdicht sein. Nachprüfen!

MESSUNG: Der Frosch verbraucht Sauerstoff und scheidet Kohlendioxid aus. Das Kohlendioxid wird von der Natronlauge nach der Gleichung

$$2\,NaOH + CO_2 \rightarrow Na_2CO_3 + H_2O$$

absorbiert. Die Folge ist, daß im Kolben ein Unterdruck entsteht, der ein Maß für die Menge des veratmeten Sauerstoffs ist. Infolge des Unterdrucks wird die Farblösung im Manometer angesaugt. Wir bringen nun am Glasrohr eine Strichmarke an und stellen in regelmäßigen Zeitabständen (alle 2 bis 5 min, je nach Atmungsintensität) mit Hilfe der Injektionsspritze die Farbsäule auf unsere Strichmarke zurück. Gleichzeitig notieren wir uns jeweils die genaue Uhrzeit und das jeweils verbrauchte Sauerstoffvolumen (nach jeder Korrektur an der Injektionsspritze ablesen). Nach vier bis sechs Ablesungen lösen wir die Schlauchklemme und öffnen den Kolben. Das Gefäß mit der Natronlauge wird entfernt und der Versuch ohne NaOH wiederholt. Da jetzt CO_2 nicht absorbiert wird, lesen wir an der Injektionsspritze die Differenz aus Sauerstoffverbrauch und Kohlendioxidabgabe ab. Nach vier bis sechs Ablesungen wird der Versuch wie oben beendet. Der Frosch wird anschließend sofort herausgenommen und gewogen.

AUFGABEN:

1. Trage die erhaltenen Werte in ein Diagramm ein (Abszisse: Zeit in Minuten; Ordinate: Sauerstoffverbrauch in ml seit Versuchsbeginn), verbinde die Punkte durch eine Gerade und bestimme die Steigung der Geraden in ml O_2-Verbrauch pro Stunde (Abb. 26).
2. Reduziere den Sauerstoffverbrauch auf Normverhältnisse (*STPD*-Bedingungen = *S*tandard, *T*emperature, *P*ressure, *D*ry). Da nach dem *Gasgesetz* $\frac{P \cdot V}{T}$ konstant ist, ist

$$\frac{p_0 \cdot V_0}{T_0} = \frac{p_1 \cdot V_1}{T_1} \quad \text{und} \quad V_0 = \frac{p_1 \cdot V_1 \cdot T_0}{T_1 \cdot p_0}$$

V_0 = Volumen des Gases bei 760 Torr und 273 °K
T_0 = 273 °K (absolute Temperatur)
p_0 = Luftdruck in Meeresniveau (760 Torr)
V_1, p_1, T_1 = Meßbedingungen
p_1 = Barometerdruck am Meßort

Da die Luft der Respirometerkammer mit Wasserdampf gesättigt ist, Wasserdampf aber ein ausgesprochen nichtideales Gas ist, wird der Wasserdampfdruck p_{H_2O} vom aktuellen Barometerdruck p_B abgezogen. Damit ist die Luft rechnerisch auf trocken reduziert (STPD-Bedingungen!).

Somit lautet die Gleichung:

$$V_0 = \frac{V_1 \cdot \frac{273}{T_1} (p_B - p_{H_2O})}{760}$$

(Wasserdampfsättigungsdruck für verschiedene Versuchstemperaturen siehe im Anhang, Tab. 21).

3. Beziehe die erhaltenen Sauerstoffverbrauchswerte auf Gramm Körpergewicht des Tieres. Gib den Sauerstoffverbrauch in Mikroliter O_2 / Gramm Körpergewicht / Stunde an.

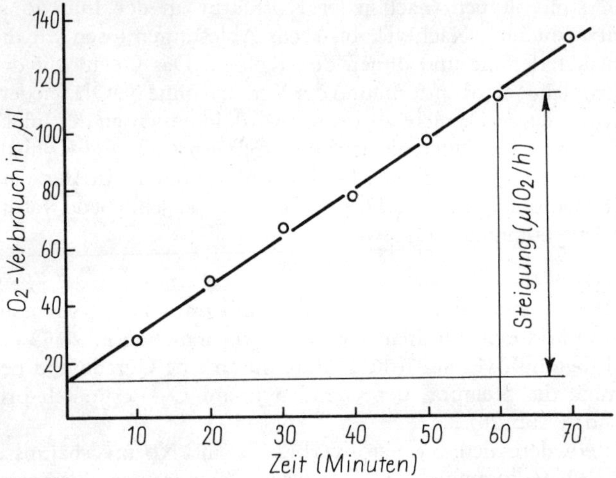

Abb. 26. Sauerstoffverbrauch eines Frosches. Die Steigung ist auf STPD-Bedingungen zu reduzieren und das Ergebnis auf das Körpergewicht zu beziehen

4. Berechne den Respiratorischen Quotienten RQ aus den Ergebnissen der beiden Versuche (mit und ohne NaOH) nach der Formel:

$$RQ = \frac{CO_2\text{-Abgabe}}{O_2\text{-Aufnahme}} = \frac{O_2 - (O_2 - CO_2)}{O_2}$$

O_2 . . . . . Meßergebnis aus dem Versuch mit NaOH
$(O_2 - CO_2)$. Meßergebnis aus dem Versuch ohne NaOH

5. Berechne den Sauerstoffverbrauch des Frosches pro Tag, ermittle in der Tabelle 5 das kalorische Äquivalent aufgrund des errechneten RQ und berechne daraus den mittleren täglichen Energieumsatz des Tieres in kcal/kg/Tag bzw. in cal/Tag/Tier.

WICHTIG:

1. Die Tiere dürfen keinesfalls mit der Natronlauge in Berührung kommen (stark ätzend)! Falls dies doch passiert, ist die entsprechende Hautstelle sofort im fließenden Wasser gründlich zu reinigen. Auch von der Kleidung sind NaOH-Spritzer sofort mit viel Wasser zu entfernen. Eventuell mit Essig neutralisieren!
2. Die Versuchstemperatur muß während der ganzen Meßdauer konstant bleiben. Ideal für solche Versuche sind automatisch thermostatisierte Wasserbäder.
3. Bei Föhn kann der Versuch wegen der kurzfristigen Luftdruckschwankungen nur schwer durchgeführt werden. Der Föhneinfluß läßt sich aber vermeiden, wenn geschlossene Meßsysteme verwendet werden. Hier wird der Druck des Tiergefäßes nicht gegen den äußeren Luftdruck korrigiert, sondern gegen ein Ausgleichsgefäß. (Anleitung zum Bau eines geschlossenen Respirometers siehe im Anhang, Abb. 194.)

3.1.2 *Vergleich des Sauerstoffverbrauchs eines homoiothermen Tieres (Maus) mit dem eines poikilothermen Tieres (Frosch) in Abhängigkeit von der Umgebungstemperatur**(*)

MATERIAL: 2 jeweils ungefähr gleich schwere Frösche und Mäuse – 4 Respirometer mit je mindestens 500 ml Kammervolumen (Anleitung zum Bau siehe im Anhang), 2 temperaturkonstante Wasserbäder (0 °C und 25 °C), 4 Stative mit Muffen und Klemmen, Waage, Tropfpipette – 20%ige NaOH-Lösung

VERSUCHSDURCHFÜHRUNG: Zwei Wasserbäder mit 0 °C (Eisbad) und 25 °C werden vorbereitet. In jedes der beiden Bäder stellen wir zwei unserer Respirometer, wobei die Erlenmeyerkolben mit Hilfe von Stativklemmen unter Wasser gehalten werden. In die vier Kolben geben wir je eine Maus und einen

Frosch bei jeweils 0 °C und 25 °C. In alle vier NaOH-Gefäße kommen je 1 bis 2 ml Natronlauge. Anschließend werden die Kolben wie im vorhergehenden Versuch verschlossen. Nach zirka 5 min werden die Schlauchklemmen geschlossen und die vier Manometersäulen mit Hilfe der Injektionsspritzen auf gleiches Niveau gestellt. Da uns in diesem Versuch lediglich der relative Sauerstoffverbrauch interessiert, können wir auf eine rechnerische Auswertung verzichten.

AUFGABEN:
1. Miß nach etwa 10 bis 15 min, wieviele ml Sauerstoff die Tiere in dieser Zeit verbraucht haben! Trage die Ergebnisse in ein Säulendiagramm ein!
2. Vergleiche die erhaltenen Werte untereinander (Abb. 27).
a. Die Maus hat einen höheren Sauerstoffverbrauch als der Frosch (Körpergewicht der Tiere ist zu berücksichtigen).
b. Die Maus hat bei 25 °C einen geringeren Sauerstoffverbrauch als bei 0 °C.
Der Frosch hat bei 25 °C einen höheren Sauerstoffverbrauch als bei 0 °C.

ERKLÄRUNG: Beim Frosch sinkt mit fallender Umgebungstemperatur auch die Körpertemperatur. Dadurch verlangsamt sich die Geschwindigkeit der Stoffwechselprozesse, was eine Verminderung des O_2-Verbrauchs nach sich zieht. Bei der Maus bleibt auch bei fallender Außentemperatur die Körpertemperatur konstant. Um aber die Körpertemperatur auch bei abnehmender Umgebungstemperatur konstant halten zu können, muß entsprechend mehr Wärme produziert werden, was sich im erhöhten Sauerstoffverbrauch bemerkbar macht.
3. Beobachte das Verhalten der Tiere während des Versuches!
a. *In der Wärme:* Der Frosch ist mehr oder minder lebhaft. Die Kehlatmung ist relativ rasch.
Die Maus bewegt sich ungezwungen und verhält sich völlig normal.
b. *In der Kälte:* Der Frosch sitzt ruhig. Die Kehlatmung ist langsam.
Die Maus atmet sehr rasch und heftig. Meist sitzt sie zusammengekauert auf den Hinterbeinen (= Verringerung der wärmeabstrahlenden Körperoberfläche und Verkleinerung der Bodenkontaktfläche).

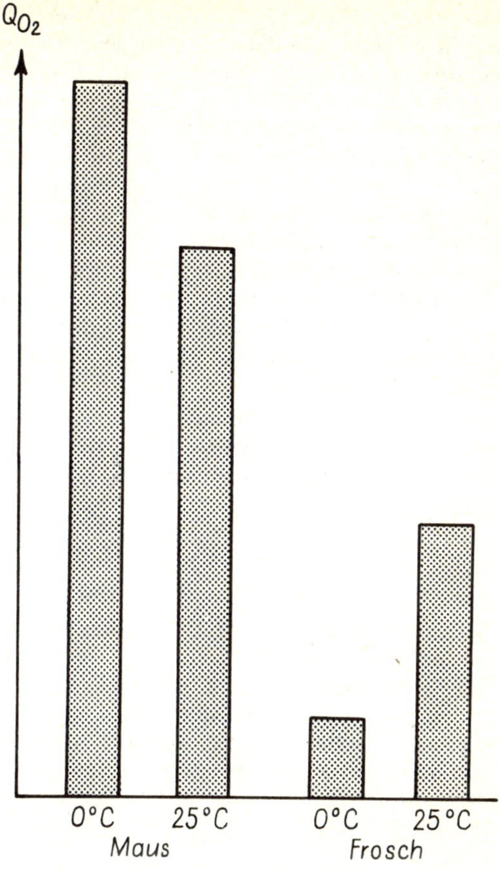

Abb. 27. Graphische Auswertung zu Versuch 3.1.2

3.2 *Quantitative Bestimmung des im Wasser gelösten Sauerstoffs mit der Winkler-Methode***

Mit Hilfe dieser Methode lassen sich eine Reihe von Versuchen aufbauen. Als Beispiel wird im nächsten Versuch der Sauerstoffverbrauch eines Fisches gemessen. Weitere Anwendungsbeispiele sind:

a. Untersuchung der Auswirkungen von Abwässern, Temperatur oder Chemikalien (z. B. Detergentien) auf den Sauerstoffgehalt natürlicher Gewässer (z. B. Freilanduntersuchungen im Rahmen eines Lehrausfluges).
b. Nachweis der verminderten Löslichkeit von Sauerstoff in Salzwasser (Vergleich von Meerwasser bzw. Kochsalzlösung mit Süßwasser).
c. Nachweis der Sauerstoffproduktion durch Wasserpflanzen: In zwei Gefäße wird abgekochtes Wasser gefüllt und nach dem Erkalten in eines davon Grünalgen gegeben. Die beiden Behälter werden luftdicht verschlossen und dem Licht ausgesetzt. Nach einigen Tagen werden Wasserproben aus beiden Gefäßen auf ihren Sauerstoffgehalt untersucht.

Material: einige 100 ml-Glasflaschen mit Schliffstopfen, Erlenmeyerkolben oder Becherglas (250 ml), 10 ml-Bürette (als Ersatz kann auch eine normale Meßpipette dienen), zwei 1 ml-Meßpipetten, eine 5 ml-Meßpipette mit Pipettierhilfe (für Salzsäure)

Reagenzien:
Konzentrierte Salzsäure
Mangan(II)chloridlösung: 40 g $MnCl_2$ mit destilliertem Wasser auf 100 ml auffüllen
Kaliumjodidhaltige Natronlauge: 33 g NaOH und 10 g Kaliumjodid mit dest. Wasser auf 100 ml auffüllen
0,01 N Natriumthiosulfatlösung: aus 0,1 N Stammlösung durch Verdünnen mit abgekochtem dest. Wasser herstellen. Bei längerer Aufbewahrung Zusatz von 1 ml 20%iger NaOH-Lösung (gegen CO_2) und 5 ml Isobuthylalkohol (gegen Bakterien und Pilze) pro Liter
1%ige Stärkelösung: Lösliche Stärke verwenden! Bei längerer Aufbewahrung Zusatz von 0,5 ml 40%iger Formaldehydlösung (Formol, Formalin) oder 0,5 g Benzoësäure pro 100 ml

Theorie und Ausführung: Das zu untersuchende Wasser wird in die vorher geeichte Schliffflasche gefüllt. Anschließend pipettiert man vorsichtig 1 ml Mangan(II)chloridlösung und darauf sofort 1 ml kaliumjodidhaltige Natronlauge auf den Boden der Flasche. Flasche sofort luftblasenfrei (wichtig!) verschließen, kräftig schütteln und den Niederschlag im Dunkeln absetzen lassen (5 bis 10 min).

Beim Zusatz der Reagenzien sind folgende Reaktionen eingetreten:

$$MnCl_2 + 2\,NaOH \rightarrow Mn(OH)_2 + 2\,NaCl$$

Der im Wasser gelöste Sauerstoff hat einen Teil des Mangan (II)-hydroxid zu Mangan(III)hydroxid oxidiert:

$$2\,Mn(OH)_2 + {}^1/_2\,O_2 + H_2O \rightarrow 2\,Mn(OH)_3$$

Nachdem sich der Niederschlag abgesetzt hat, öffnet man die Flasche, ohne den Niederschlag aufzuwirbeln, und fügt zirka 3 ml konzentrierte Salzsäure hinzu. Die Flasche wird wieder verschlossen und kräftig geschüttelt. Dabei löst sich der Niederschlag unter Ausscheidung von Jod:

$$2\,Mn(OH)_3 + 6\,HCl \rightarrow 2\,MnCl_2 + 6\,H_2O + Cl_2$$
$$2\,KJ + Cl_2 \rightarrow 2\,KCl + J_2$$

Nun wird der Flascheninhalt in einen Erlenmeyerkolben geschüttet und mit 0,01 N Natriumthiosulfatlösung austitriert, bis die gelbe Jodfarbe fast verschwunden ist:

$$2\,Na_2S_2O_3 + J_2 \rightarrow 2\,NaJ + Na_2S_4O_6$$

Dann werden einige Tropfen Stärkelösung zugesetzt. Das restliche Jod gibt mit der Stärke eine tiefblaue Färbung. Nun führt man die Titration bis zur völligen Entfärbung fort. Der Stärkezusatz dient nur der besseren Erkennung des Farbumschlages.

Berechnung des Sauerstoffgehaltes: 1 ml verbrauchte 0,01 N Natriumthiosulfatlösung entspricht einem Sauerstoffgehalt von 0,08 mg bzw. 0,056 ml. Mit Hilfe des bekannten Flaschenvolumens kann jetzt leicht der O_2-Gehalt des Wassers berechnet werden. Es ist dabei zu berücksichtigen, daß beim Zusatz von Manganchlorid und Natronlauge eine entsprechende Wassermenge aus der Flasche verdrängt worden ist. Die nachher zugesetzte Salzsäure braucht nicht mehr berücksichtigt zu werden, da zu diesem Zeitpunkt bereits der gesamte Sauerstoff des Wassers im Niederschlag gebunden ist.

3.3 *Messung des Sauerstoffverbrauchs eines Wassertieres (Winkler-Methode)***

THEORIE: Im Wasser lebende Tiere nehmen, genauso wie Landtiere, den Sauerstoff durch Diffusion in ihren Körper auf. Da wir aber wissen, daß in einem l Wasser beträchtlich weniger Sauerstoff vorhanden ist als in einem l Luft, könnte die Frage auftauchen, ob dadurch die O_2-Aufnahme im Wasser erschwert wird. Dies ist nicht der Fall, da die Gasdiffusion vom *Partialdruckunterschied* und nicht vom *Konzentrationsunterschied* abhängig ist. Dazu ein kleines Rechenbeispiel:

Auf Meeresniveau herrscht bekanntlich ein durchschnittlicher Luftdruck von 760 Torr. Nehmen wir an, die Luft bestünde aus reinem Sauerstoff, so wären in 1 l Wasser bei 0 °C maximal 49,2 ml O_2 gelöst (siehe Tabelle 7 A). Ist Wasser mit Sauerstoff gesättigt, dann müssen die O_2-Partialdrucke im Wasser und in der Atmosphäre gleich sein. Wir haben also bei gleichen Partialdrucken 49,2 ml O_2 im l Wasser und 1000 ml O_2 im l Atmosphäre. Nun besteht die Atmosphäre aber nur zu ca. 21% aus Sauerstoff, d. h. der Sauerstoffpartialdruck in der Luft ist 21% von 760 Torr,

Tabelle 7. Sättigungskoeffizienten von Sauerstoff und Kohlendioxid in Wasser verschiedener Salzgehalte (in ml Gas pro l Wasser)

A. Bei jeweils 760 Torr Gasdruck

Salzgehalt	0° C		12° C		24° C	
‰ NaCl	O_2	CO_2	O_2	CO_2	O_2	CO_2
0	49,2	1715	36,8	1118	29,4	782
29	40,1	1489	30,6	980	24,8	695
36	38,0	1438	29,1	947	23,6	677

B. Bei normalen atmosphärischen Bedingungen (159 Torr O_2 und 0,228 Torr CO_2)

Salzgehalt	0° C		12° C		24° C	
‰ NaCl	O_2	CO_2	O_2	CO_2	O_2	CO_2
0	10,30	0,514	7,70	0,335	6,15	0,234
29	8,39	0,446	6,40	0,294	5,19	0,208
36	7,95	0,431	6,09	0,284	4,93	0,203

das sind ca. 159 Torr. Bei 159 Torr und 0 °C ist Wasser bereits mit Sauerstoff gesättigt, wenn es 21% von 49,2 ml, also ca. 10,3 ml O_2 enthält (Tab. 7 B).

Weiter hängt die im Wasser gelöste Gasmenge auch von der Temperatur und vom Salzgehalt ab. Je höher die Temperatur und der Salzgehalt, desto weniger Gas löst sich im Wasser (siehe auch Tabelle 7), doch ändern sich die Sättigungspartialdrucke dabei nicht.

Wir haben soeben angedeutet, daß die O_2-Aufnahme durch Diffusion für Wassertiere nicht schwieriger als für Landtiere ist, und doch erfordert die Atmung im Wasser einen ungleich höheren Energieaufwand. Warum? Vergleichen wir einen Fisch und ein Säugetier miteinander, wobei wir annehmen, daß beide Tiere je 10 l O_2 pro Stunde verbrauchen und etwa 20% des vorhandenen O_2 ausnützen können:

a. *Säugetier:* Da 20% des vorhandenen O_2 ausgenützt werden können und 10 l benötigt werden, müssen pro Stunde 50 l O_2 durch die Lungen gepumpt werden. In einem l Luft befinden sich rund 0,2 l Sauerstoff. Somit müssen pro Stunde 250 l Luft umgewälzt werden, welche ein Gesamtgewicht von 0,325 kg haben.

b. *Fisch:* 50 l O_2 müssen pro Stunde die Kiemen passieren, damit 10 l aufgenommen werden können. Da aber bei angenommen 12 °C im l Wasser nur 7,7 ml O_2 enthalten sind, müssen pro Stunde rund 6500 kg Wasser durch die Kiemen gepreßt werden.

Ein Fisch muß also, um die gleiche Menge Sauerstoff aufnehmen zu können wie ein Säugetier, beinahe die 20000fache Atemarbeit verrichten. Allerdings bringen die Fische die notwendige Energie nicht immer zur Gänze selbst auf. Manche Tiere stellen sich beispielsweise mit geöffnetem Maul gegen eine Wasserströmung und können somit passiv ihre Kiemen mit O_2-reichem Wasser versorgen.

Wir können somit zusammenfassen: Die O_2-Diffusion ist abhängig vom Partialdruckunterschied zwischen Medium (Wasser oder Luft) und Blut. Das Druckgefälle ist in Wasser und Luft gleich groß. Die notwendige Energie für die Ventilation der Atemorgane ist aber im Wasser beträchtlich höher, bedingt durch die geringe O_2-Konzentration und das hohe spezifische Gewicht des Mediums.

MATERIAL: Versuchstier (Fisch) – Erlenmeyerkolben (1000 ml) mit doppelt durchbohrtem Gummistopfen, Glasrohr, Schlauch,

Schlauchklemme, Meßzylinder – Material und Reagenzien für die Durchführung der O_2-Bestimmung nach Winkler (siehe Winkler-Methode) – Magnetrührer mit Rührmagnet (wenn vorhanden)

VERSUCHSANORDNUNG: siehe Abb. 28.

VERSUCHSDURCHFÜHRUNG:
a. Bestimmung des Fischvolumens: Fülle den Meßzylinder zur Hälfte mit Wasser und setze den Fisch hinein. Notiere die Volumenänderung!
b. Eichung der Meßkammer: Fülle den Erlenmeyerkolben bis zum Rand mit Leitungswasser und verschließe ihn. Das überschüssige Wasser fließt durch die freie Bohrung im Gummistopfen ab. Schütte anschließend das Wasser in den Meßzylinder und bestimme das Volumen. Subtrahiere vom erhaltenen Wert das Fischvolumen.

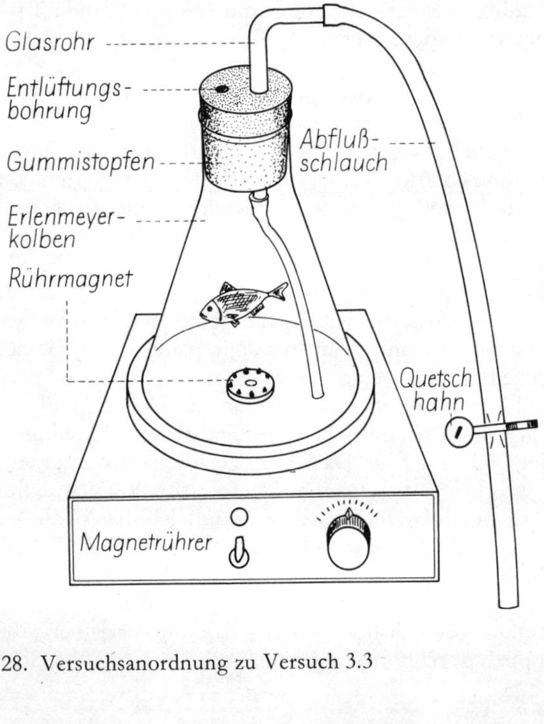

Abb. 28. Versuchsanordnung zu Versuch 3.3

c. Fülle den Kolben mit O_2-reichem aber nicht übersättigtem Wasser (an der Kolbenwand dürfen sich keine Luftblasen ansetzen). Günstig ist, bereits am Vortag eine große Vorratsflasche mit Wasser zu füllen und damit den Erlenmeyerkolben zu beschicken.
d. Bringe den Fisch und – falls vorhanden – den Rührmagnet in den Kolben und verschließe diesen luftblasenfrei. Die Schlauchklemme ist geschlossen. Zeit notieren! Halte mit Hilfe des Magnetrührers das Wasser ständig in leichter Bewegung.
e. Fülle aus der Vorratsflasche zwei bis drei Schliffflaschen mit Wasser und bestimme den O_2-Gehalt mit der Winkler-Methode. Berechne aus dem Ergebnis den Gesamtsauerstoffgehalt der Meßkammer.
f. Wenn der Fisch ca. 20 bis 40% des vorhandenen O_2 verbraucht hat (bei einem 20 g-Fisch nach 30 bis 60 min), werden zwei bis drei Schliffflaschen durch Öffnen der Schlauchklemme mit Wasser des Erlenmeyerkolbens gefüllt. Bestimme wieder den Gesamtsauerstoffgehalt der Meßkammer. Die Differenz zum vorhergehenden Wert entspricht dem O_2-Verbrauch des Versuchstieres. Gib den Wert in µl O_2-Verbrauch pro Gramm Körpergewicht und Stunde an (1 ml Fisch entspricht ca. 1 g).

Wichtig: Bevor das Wasser aus dem Erlenmeyerkolben abgelassen wird, muß unbedingt der Magnetrührer abgestellt werden, da sich sonst Sauerstoff aus der Atmosphäre im Wasser löst.

3.4 *Atmungswärme (Direkte Kalorimetrie)***(*)

Theorie: Wie wir bereits gehört haben, wird die bei der Zellatmung freiwerdende Energie zum Teil als ATP gespeichert und der Rest als Wärme an die Umgebung abgegeben. Was geschieht nun mit der im ATP enthaltenen Energie? Sie wird für energieverbrauchende Stoffwechselreaktionen verwendet, wie z. B. Wachstum, Muskeltätigkeit und andere chemisch-physikalische Prozesse. Beim ausgewachsenen Organismus, der kein Wachstum mehr zeigt, muß aber Gleichgewicht zwischen Energieaufnahme und Energieabgabe herrschen, d. h. es muß letzten Endes ebensoviel Energie abgegeben werden, wie aufgenommen wird. Eine Analyse der abgegebenen Energie aber zeigt, daß nur ein sehr kleiner Teil in der Form chemischer Verbindungen über Exkretionsorgane ausgeschieden wird. Der Hauptanteil der ursprünglichen ATP-Energie muß folglich auf dem Umweg über die Arbeitsleistung auch als Wärme abgegeben werden. *Die Wärmeproduktion ist also ein Maß für den gesamten Energieumsatz bzw. für die Gesamtstoffwechselintensität.*

Besonders deutlich ist diese Wärmeproduktion bei homoiothermen Tieren zu beobachten, die auf diese Weise ihre Körper-

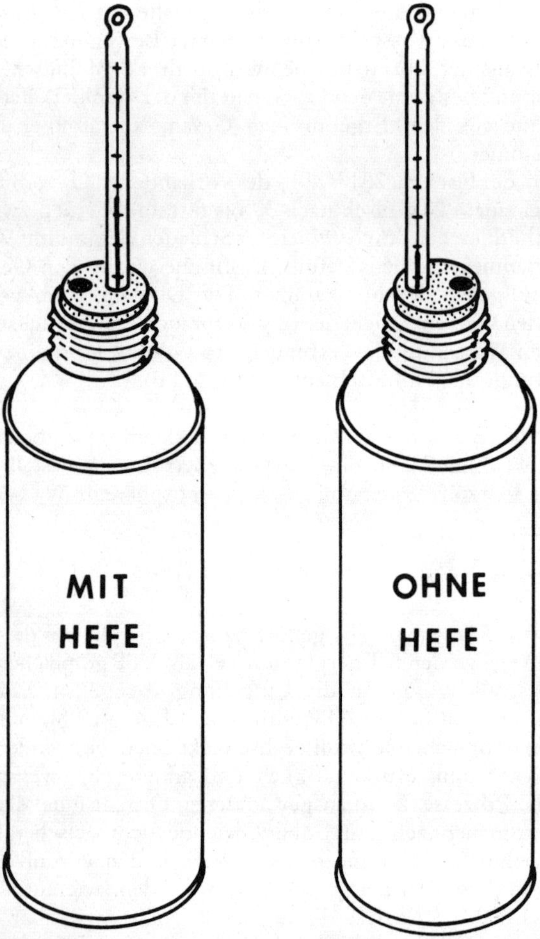

Abb. 29. Versuchsanordnung zu Versuch 3.4

temperatur über der Umgebungstemperatur halten können. Doch auch niedere Organismen, wie z. B. Bakterien, können beträchtliche Wärmemengen produzieren. Das beweisen jedes Jahr die zahlreichen Brände an Bauernhöfen, die durch Selbstentzündung von feucht eingelagertem Heu entstehen. Im Inneren von feuchtem Heu kann durch bakterielle Zersetzung die Temperatur über den Flammpunkt steigen. Diese Tatsache macht man sich auch in der Müllbeseitigung zunutze, wobei der Abfall schneller kompostiert und zugleich auch sterilisiert wird.

Im folgenden Versuch soll die Atmungswärme von Hefe gemessen werden.

MATERIAL: 2 Thermosflaschen (0,5 l) mit doppelt durchbohrten Korkstopfen, Becherglas (1000 ml), Meßzylinder (500 ml), 2 Thermometer – 25 g Bäckerhefe (oder äquivalente Menge Trockenhefe), ca. 100 g Zucker, warmes Wasser (35–40 °C)

VERSUCHSDURCHFÜHRUNG: In einem Becherglas werden ca. 900 ml einer 10%igen Zuckerlösung von 35 °C hergestellt. Davon gießt man 450 ml in eine der beiden Thermosflaschen und verschließt sie sofort mit dem Korkstopfen. In die restliche Zuckerlösung rührt man die Hefe ein, füllt diese Aufschwemmung in die zweite Thermosflasche und verschließt diese ebenfalls sofort. In je eine der beiden Bohrungen der Korkstopfen wird ein Thermometer so eingesetzt, daß es mehrere Zentimeter in die jeweilige Lösung eintaucht. Die zweite Bohrung dient dem Druckausgleich und bleibt daher offen (Abb. 29).

AUFGABEN:

1. Lese die Temperaturen an beiden Thermometern ab und wiederhole bei Verwendung von Trockenhefe die Ablesungen alle 10 bis 15 min (bei Frischhefe sind längere Zeitabstände zu wählen).
2. Berechne die während der Versuchsdauer freigesetzte Energiemenge (Annahme: spezifische Wärme der Zuckerlösung ist gleich der von Wasser). Berücksichtige dabei die Temperaturabnahme im Vergleichsgefäß (ohne Hefe).
3. Berechne aus der Anfangssteigung der Kurve (= Tangente der Kurve, die durch den Startpunkt geht; siehe Abb. 30) die Maximalleistung der Hefezellen und gib diese in Watt an ($1\ W = 0{,}239\ cal \cdot sek^{-1}$; $1\ cal \cdot sek^{-1} = 4{,}185\ W$).

FRAGEN:

1. Wie verhalten sich die Temperaturen der beiden Zuckerlösungen (mit und ohne Hefe) zueinander?

Siehe Diagramm, Abb. 30.

2. Warum steigt die Temperatur nicht linear mit der Zeit und warum ist nach genügend langer Versuchsdauer sogar wieder ein Temperaturabfall zu beobachten?

Es gibt bei allen Organismen eine bestimmte Temperatur, bei der die Stoffwechselprozesse mit maximaler Geschwindigkeit ablaufen. Eine weitere Temperaturerhöhung kann nur mehr hemmend oder sogar tödlich wirken. Außerdem sammeln sich nach einer gewissen Zeit Stoffwechselendprodukte in der Nährlösung an, die ebenfalls auf die Zellaktivität hemmend wirken. Auch der Mangel an Nährstoffen macht sich nach einiger Zeit bemerkbar.

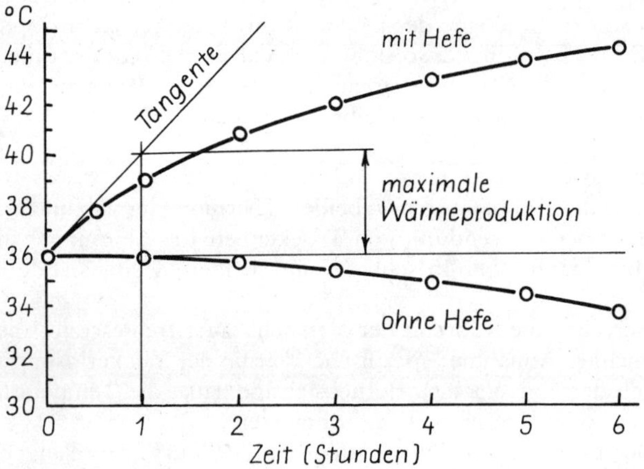

Abb. 30. Graphische Auswertung des Atmungswärmeversuchs (mit Frischhefe)

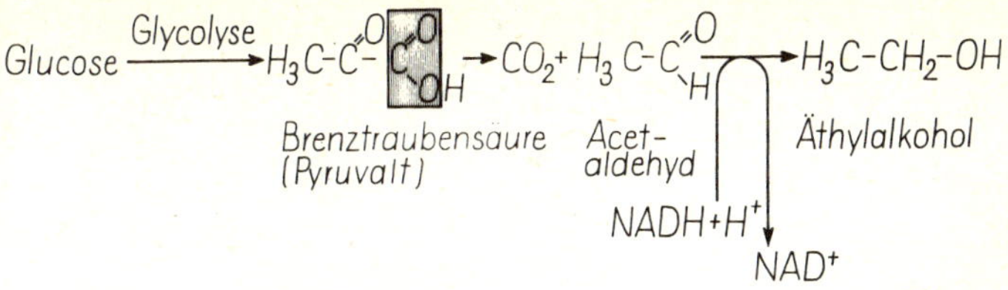

Abb. 31. Schema der alkoholischen Gärung

3. Während des Gärprozesses entweicht durch die offene Bohrung ein Gas. Um welches Gas handelt es sich und wie wird es gebildet? Rieche nach Beendigung des Versuches an der Hefelösung! Sie riecht nach Alkohol. Warum?

Eine Reihe von Hefearten kann Zucker zu Alkohol vergären, wobei Kohlendioxid als Gas entweicht (Abb. 31).

3.5 *Nachweis des Kohlendioxids in der Ausatmungsluft**

THEORIE: Bei der Zellatmung entsteht CO_2 (Abb. 24), das vom Blut zu den Lungen transportiert und dort an die Luft abgegeben wird. Die Ausatmungsluft enthält ca. 4 Vol.% Kohlendioxid, die Atmosphäre nur 0,03 Vol.%. Wird CO_2 in Wasser gelöst, so verbindet es sich mit Wasser zu Kohlensäure. Diese dissoziiert und das Wasser wird sauer:

$$CO_2 + H_2O \rightarrow H_2CO_3 \rightarrow H^+ + HCO_3^-$$

Diese Ansäuerung des Wassers kann leicht mit einem geeigneten Indikator nachgewiesen werden.

MATERIAL: 2 Gaswaschflaschen (oder zwei große Erlenmeyerkolben mit doppelt durchbohrten Gummistopfen), T-Rohr, Gummischlauch – Universalindikatorlösung (Ersatzindikator: 1%ige alkoholische Phenolphthaleïnlösung, der einige Tropfen Natronlauge zugesetzt werden; andere Indikatoren mit Umschlag im schwach sauren Bereich)

VERSUCHSANORDNUNG: Siehe Abb. 32. Die beiden Flaschen werden zu etwa einem Drittel mit Wasser gefüllt. Dem Wasser werden einige Tropfen Indikatorlösung zugesetzt, so daß es deutlich gefärbt ist.

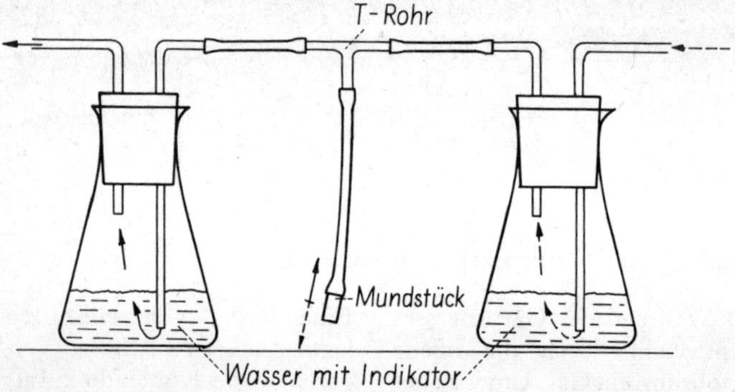

Abb. 32. Versuchsanordnung zu Versuch 3.5 (CO_2-Nachweis in der Atemluft). Die strichlierten Pfeile deuten die Strömungsrichtung der Luft während der Einatmung, die vollen Pfeile während der Ausatmung an.

VERSUCHSDURCHFÜHRUNG: Eine Versuchsperson atmet durch das Mundstück ein und aus. Die beiden Waschflaschen wirken wie Müllersche Ventile, d. h., die Einatmungsluft strömt nur durch die rechte Flasche, während die Ausatmungsluft nur durch die linke Flasche gedrückt wird. Infolge des CO_2-Gehaltes der Exspirationsluft (= Ausatmungsluft) wird das Wasser in der linken Flasche leicht sauer (pH 6–6,5). Der Farbumschlag des Indikators zeigt dies an. Das Wasser der rechten Flasche behält seine meist neutrale bis schwach alkalische Reaktion.

3.6 *Quantitative Bestimmung des Sauerstoff- und Kohlendioxidgehaltes der Luft***

THEORIE: Sauerstoff und Kohlendioxid sind zwei Gase, die mit dem Stoffwechsel der Tiere untrennbar verbunden sind. Luft setzt sich aus 20,9 Vol.% O_2, 78,1 Vol.% N_2, 0,03 Vol.% CO_2, 0,9 Vol.% Argon und Spuren anderer Gase zusammen, wobei die prozentuellen Anteile auf der Erde in allen Höhenstufen etwa gleich sind. Wie wir aber aus Erfahrung wissen, reicht der Sauerstoff in großen Höhen für eine normale Atmung nicht aus. Wir sprechen dann von einer »dünnen Luft«, womit wir ausdrücken wollen, daß in diesen Höhen die Zahl der Moleküle pro Volumeneinheit Luft kleiner ist als in der Niederung. Deshalb ist auf den Bergen auch der Luftdruck geringer als im Tal. Der Luftdruck wird von der Summe aller vorhandenen Gasteilchen hervorgerufen. Der Druckanteil, mit dem ein Gas am Gesamtdruck eines Gasgemisches beteiligt ist, entspricht seinem prozentuellen Volumenanteil und wird als der *Partialdruck* des Gases bezeichnet (= *Gesetz der Additivität der Partialdrucke* = *Daltonsches Gesetz*).

$$p = p_1 + p_2 + p_3 + \cdots + p_n$$

Da Sauerstoff mit etwa 21 Vol.% an der Luftzusammensetzung beteiligt ist, beträgt auch sein Partialdruck 21% vom Gesamtluftdruck. Bei einem Luftdruck von 760 Torr (1 Torr = 1 mm Quecksilbersäule) ist folglich der Sauerstoffpartialdruck p_{O_2} 159 Torr. In einer Höhe von 8000 m beträgt der Gesamtluftdruck nur mehr 290 Torr und der p_{O_2} folglich 60,5 Torr. Dieser Sauerstoffpartialdruck ist aber zu gering, um das Haemoglobin mit Sauerstoff zu sättigen. Sauerstoffmangelerscheinungen sind die Folge.

Im folgenden Versuch ist der Volumenanteil von Sauerstoff an Frischluft sowie der O_2- und CO_2-Gehalt von Alveolarluft und von Autoabgasen zu bestimmen.

MATERIAL: einige 20 ml-Meßpipetten, Schlauchklemmen, Gummischlauch, mehrere Injektionsspritzen (5 ml), Bechergläser, Stative mit Muffen und Klemmen – Pyrogallollösung (10% in 20%iger NaOH-Lösung), Behälter für Pyrogallol (Abb. 33b), NaOH-Lösung (20%ig), Paraffinöl (Paraffin flüssig), konzentrierte Kochsalzlösung

VERSUCHSANORDNUNG: Über das Mundstück der Pipetten wird ein ca. 6 cm langer Schlauch geschoben, der mit einer Schlauchklemme verschlossen ist. Die Pipetten werden mit der Spitze nach oben mittels Klemme und Muffe an je einem Stativ befestigt (Abb. 33a).

Sollen mehrere Messungen gleichzeitig laufen oder wird der Versuch häufiger durchgeführt, dann ist es vorteilhaft, mehrere Pipetten auf einer Kippvorrichtung anzubringen (Abb. 33c). Die Pipetten sind an den Leisten (B) mit Klammern befestigt, die Leisten mittels der Schraube (C) am Grundbrett (A) drehbar angeschraubt. Die Leisten (B) sind über die Leiste (D) miteinander gelenkig verbunden. Eine Horizontalbewegung von (D) bewirkt ein Kippen der Leisten (B) mit den daran befestigten Pipetten um den Drehpunkt (C).

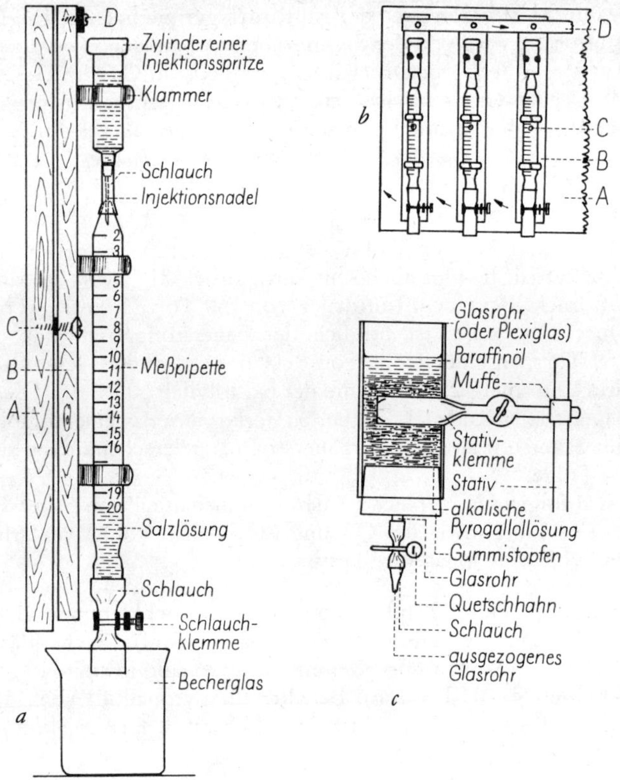

Abb. 33. Versuchsanordnung zu Versuch 3.6 (Luftanalyse)

Die Pyrogallollösung ist sofort nach dem Ansatz mit flüssigem Paraffin (Paraffinöl) zu überschichten, damit sie sich nicht vorzeitig mit Luftsauerstoff verbindet.

Wichtig: Der Versuch ist bei konstanter Raumtemperatur durchzuführen. Ebenso müssen alle Reagenzien Raumtemperatur haben. Während des Versuches dürfen die Meßpipetten nicht mit den Fingern berührt werden, da sonst Temperaturkonstanz nicht gewährleistet ist.

Vorsicht beim Arbeiten mit Natronlauge und alkalischer Pyrogallollösung! Stark ätzend! Spritzer von Haut und Kleidung sofort mit viel Wasser entfernen. Eventuell mit Essig neutralisieren.

VERSUCHSDURCHFÜHRUNG: Wir geben die zu untersuchende Luftprobe in eine Pipette und fügen Natronlauge hinzu. NaOH absorbiert CO_2 nach der Gleichung:

$$2\,NaOH + CO_2 \rightarrow Na_2CO_3 + H_2O$$

Somit hat sich unser Gasvolumen um den CO_2-Anteil verringert. Diese Differenz kann gemessen werden. Anschließend wird der Probe *Pyrogallol* [1-, 2-, 3-Trihydroxibenzol = $C_6H_3(OH)_3$] zugefügt. Pyrogallol hat die Eigenschaft, Sauerstoff zu absorbieren, wobei es unter Bräunung in Carbonat, Kohlendioxid, Essigsäure und andere Verbindungen übergeht. Da Pyrogallol in wäßriger Lösung sauer reagiert, wird es auch als Pyrogallussäure bezeichnet. Das Probenvolumen wird somit weiter abnehmen, und die Differenz zur vorhergehenden Messung gibt den Sauerstoffanteil an.

3.6.1 *Untersuchung von normaler Luft*

a. Die Schlauchklemme an jeder Pipette schließen.
b. Mittels einer Injektionsspritze wird von oben der Totraum der Pipetten bis zur 20 ml-Marke mit konzentrierter Kochsalzlösung gefüllt. (Das Kochsalz verhindert das Lösen von Sauerstoff im Wasser. Damit ist auch die Abgabe von Sauerstoff aus dem Wasser an die Atmosphäre ausgeschlossen.)
c. Injektionsspritze mit Nadel (ohne Stempel) mittels eines Schlauches als Verbindungsstück auf die Pipettenspitze aufsetzen.
d. In die Spritze ca. 1 ml NaOH-Lösung geben.
e. Pipette schräg stellen (ca. 45°).
f. Tropft NaOH nicht selbständig in die Pipette, so wird die Schlauchklemme vorsichtig gelöst, damit einige Tropfen Kochsalzlösung abrinnen können. Sobald der erste Tropfen NaOH an der Pipettenwand hinunterläuft, wird die Schlauchklemme wieder geschlossen. Die Natronlauge nimmt das CO_2 der Luftprobe auf, wodurch in der Pipette ein Unterdruck entsteht, der weiter NaOH nachsaugt, bis das gesamte CO_2 absorbiert ist.
g. Sobald keine Natronlauge mehr nachtropft, Pipette vertikal stellen und Flüssigkeitsstand ablesen. Bei normaler Luft wird kaum eine Änderung wahrzunehmen sein (0,03 Vol.%).
h. Nun werden der restlichen Natronlauge in der Spritze ca. 5 ml alkalische Pyrogallollösung zugesetzt und der Vorgang ab e. wiederholt. Tropft kein Pyrogallol mehr nach, dann wird

die Pipette wieder vertikal gestellt und die Differenz zur vorhergehenden Ablesung bestimmt.

3.6.2 *Untersuchung von Alveolarluft*

Die Pipette wird vollkommen mit Kochsalzlösung gefüllt. Anschließend wird, nach kräftigem Ausatmen, der Rest der in den Lungen verbliebenen Luft (= *Alveolarluft*) über einen dünnen Schlauch von oben vorsichtig in die Pipette gedrückt, wobei gleichzeitig die Schlauchklemme etwas geöffnet ist. Es wird also die Kochsalzlösung kontinuierlich durch Alveolarluft ersetzt. Bevor der Schlauch auf die Pipette gesetzt wird, muß natürlich auch die Schlauchluft durch Alveolarluft ersetzt werden. Diese etwas umständliche Prozedur ist notwendig, damit mit Sicherheit keine Fremdluft zur Probe gelangen kann.

Wenn die Kochsalzlösung die 20 ml-Marke erreicht hat, wird die Schlauchklemme geschlossen, die Injektionsspritze rasch aufgesetzt und NaOH-Lösung eingefüllt. Der weitere Vorgang ist gleich dem der vorhergehenden Messung ab e.

In den Lungen wird der Luft ca. 4 Vol.% Sauerstoff entnommen und etwa gleich viel Kohlendioxid zugeführt. Die Analyse der Alveolarluft wird folglich ca. 17% O_2 und 4% CO_2 ergeben.

3.6.3 *Untersuchung von Autoabgasen*

Die Abgase eines Autos werden in einen Plastiksack geleitet. Anschließend wird der Sack über die vollkommen mit Kochsalzlösung gefüllte Pipette gestülpt. Durch Öffnen der Schlauchklemme wird die Salzlösung bis zur 20 ml-Marke abgelassen, wobei das Gas aus dem Plastiksack in die Pipette gesaugt wird. Der weitere Vorgang ist gleich wie ab 3.6.1 c.

AUFGABEN:

1. Bestimme den Sauerstoff- und Kohlendioxidgehalt von reiner Luft, von Alveolarluft und von Autoabgasen.
2. Berechne den jeweiligen Partialdruck für CO_2 und O_2. Bei der Berechnung ist der tatsächliche Luftdruck am Meßort zu berücksichtigen. Falls kein Barometer zur Verfügung steht, kann

der mittlere Luftdruck auch nach folgender Formel berechnet werden:

$$p_h = p_o \cdot e^{-0,127\,h}$$

p_h = Luftdruck am Meßort
p_o = Luftdruck auf Meeresniveau (760 Torr)
h = Höhe des Meßortes über dem Meeresspiegel (in km)
e = 2,71828

3. Vergleiche die Abgase von Dieselmotoren und Benzinmotoren.
4. Bestimme den Respiratorischen Quotienten des Menschen

$$RQ = \frac{\text{Kohlendioxidabgabe}}{\text{Sauerstoffaufnahme}}$$

Tabelle 8. Zusammensetzung von reiner Luft (aus W. LEITHE, *Die Analyse der Luft und ihre Verunreinigungen.* Wissenschaftliche Verlagsgesellschaft, Stuttgart 1968)

Gas	Vol.%	Gas	ppm
Stickstoff	78,1	CO	$(1–20) \cdot 10^{-2}$
Sauerstoff	20,93	Ozon	$(0–5) \cdot 10^{-2}$
Argon	0,93	H_2	0,4–1
Kohlendioxid	0,03–0,04	CH_4	1,2–1,5
Krypton	0,0001	N_2O	0,25–0,6
Neon	0,0018	$NO + NO_2$	$(0–3) \cdot 10^{-3}$
Helium	0,0005	NH_3	$(0–2) \cdot 10^{-2}$
Xenon	0,00001		

Tabelle 9. Zusammensetzung von Autoabgasen (Otto-Motoren) (Aus W. LEITHE, a. a. O.)

	Leerlauf	Niedere Drehzahl	Hohe Drehzahl
Stickoxide	0–50 ppm	1000 ppm	4000 ppm
CO_2	6,5–8 Vol.%	7–11 Vol.%	12–13%
H_2O	7–10%	9–11%	10–11%
O_2	1–1,5%	0,5–2%	0,1–0,4%
CO	3–10%	3–8%	1–5%
H_2	0,5–4%	0,2–1%	0,1–0,2%
Kohlenwasserstoffe	300–8000 ppm	200–500 ppm	100–300 ppm

Bleiverbindungen: 60 mg/m^3

3.7 *Atemmechanik**

THEORIE: Da sich Lungen nicht aktiv dehnen können, müssen sie passiv erweitert werden, indem im Brustraum ein Unterdruck erzeugt wird. Dies geschieht durch Vergrößerung der Brusthöhle. Dafür sind mehrere Mechanismen verantwortlich:
a. Indem die nach unten durchhängenden Rippen angehoben werden, kann der Brustumfang und damit auch das Brustvolumen vergrößert werden. Für diese Arbeit sind in erster Linie die äußeren Zwischenrippenmuskeln zuständig (*costale Atmung*, Abb. 34).

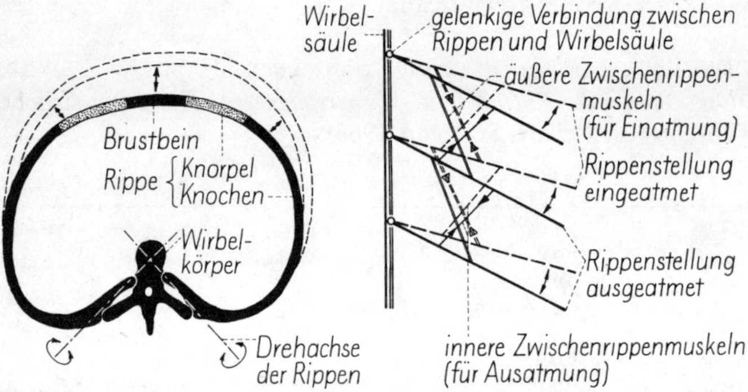

Abb. 34. Mechanismus der Brustatmung. Die Pfeile symbolisieren die kontrahierten Muskeln (nach J. PIIPER, verändert).
– – – – – – = eingeatmet
———— = ausgeatmet

b. Durch Abflachen des im Ruhezustand hochgewölbten Zwerchfells wird ebenfalls der Brustraum vergrößert (*abdominale Atmung*, Abb. 35).
c. Sodann können auch eine Reihe von Muskeln, die nicht direkt an der Atmung beteiligt sind, den Brustraum erweitern (z. B. Heben der Schlüsselbeine und Schulterblätter; Streckung der Brustwirbelsäule u. a.).

Das Ausatmen geschieht in der Regel passiv durch Erschlaffen der Muskulatur, doch kann der Brustkorb auch aktiv verkleinert werden: z. B. Anspannen der Bauchmuskeln (die Rippen werden dadurch heruntergezogen und die komprimierten Eingeweide drücken das Zwerchfell nach oben), Herunterziehen der Schultern und Rippen (innere Zwischenrippenmuskeln).

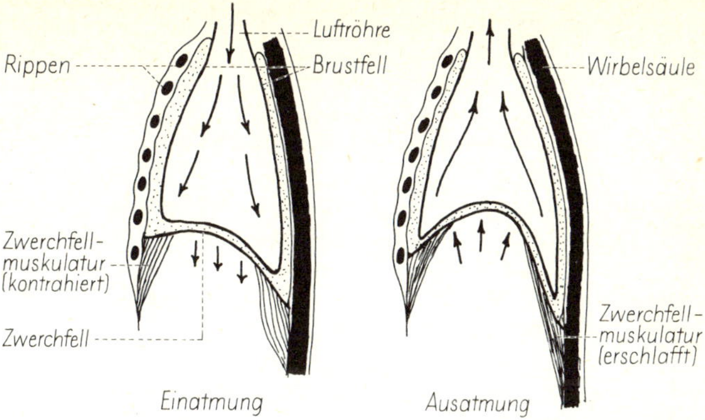

Abb. 35. Mechanismus der Zwerchfellatmung (nach D. G. MACKEAN, verändert)

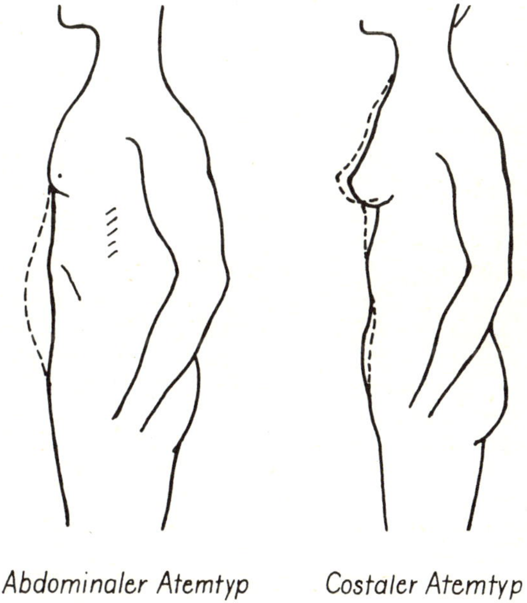

Abb. 36. Atemtypen nach HUTCHISON (verändert)
———— = ausgeatmet
– – – – – – = eingeatmet

Je nachdem, ob der Anteil der *Brustatmung* oder der *Zwerchfellatmung* (= Bauchatmung) überwiegt, spricht man von einem costalen bzw. abdominalen Atemtypus. In der älteren Literatur wird häufig der Mann als Beispiel für den abdominalen und die Frau für den costalen Atemtyp angeführt (Abb. 36). In letzter Zeit wird diese Ansicht nicht mehr so stark vertreten, doch ist statistisch gesehen die Unterscheidung berechtigt. Während der Schwangerschaft atmen Frauen fast ausschließlich costal, da der Uterus gegen das Zwerchfell drückt und dadurch die Bauchatmung behindert. Die abdominale Atmung bietet u. a. den Vorteil, daß durch das sich senkende Zwerchfell das Lebervenenblut ausgepreßt wird, was den Blutrückfluß zum Herzen unterstützt. Bei anstrengender Tätigkeit kommen mehrere Atemmechanismen in sinnvollem Zusammenspiel gleichzeitig zur Wirkung. Im Tierreich überwiegt die costale Atmung, die als die ursprünglichere angesehen wird.

Es wurde eingangs gesagt, daß die Lungen *passiv* durch Bildung eines Unterdrucks im Brustraum gedehnt werden. Das setzt voraus, daß die Brusthöhle luftdicht von der Außenwelt abgegrenzt ist. Der *intrapleurale Spalt* (Raum zwischen Lungen- und Brustfell) ist mit Flüssigkeit gefüllt. Dadurch wird ein beinahe reibungsfreies Gleiten des Lungenfells am Brustfell gewährleistet und außerdem müssen die Lungen den Volumenänderungen des Brustkorbs absolut folgen. Wäre der intrapleurale Spalt statt mit Flüssigkeit mit Luft gefüllt, so würden die Lungen aufgrund der Elastizität der Luft den Volumenänderungen des Brustkorbs nur unvollständig folgen.

Eine Öffnung des Brustkorbs verhindert das Aufbauen eines Unterdrucks und führt zum Stillstand der Atmung. Bei Operationen müssen daher die Lungen des Patienten *aktiv* ventiliert werden, indem Luft rhythmisch ein- und wieder ausgepreßt wird. Früher verwendete man Unterdruckkammern. Der Kopf des Patienten befand sich, durch eine Gummimanschette am Hals abgedichtet, außerhalb der Kammer. Der übrige Körper und die Operateure waren in der Kammer. Durch rhythmische Erzeugung eines Unterdrucks in der Kammer konnten die natürlichen Atemverhältnisse nahezu vollständig nachgeahmt werden.

Es ist auffallend, daß beim Öffnen des Brustkorbes die Lungen zusammenfallen (kann beim Sezieren eines Kleinsäugers gut beobachtet werden). Dies ist dadurch bedingt, daß selbst im ausgeatmeten Zustand im intrapleuralen Spalt ein kleiner Unterdruck erhalten bleibt. Der Grund dafür ist wohl, daß beim Neugeborenen etwa ab dem 8. Lebenstag der Brustkorb schneller wächst als die Lungen. Daraus ist auch erklärbar, warum die Lungen eines Neugeborenen beim Öffnen der Brust nicht zusammenfallen – die Vorspannung durch den Unterdruck fehlt. In der Medizin wird manchmal durch einen künstlichen Pneumothorax ein Lungenflügel aus therapeutischen Gründen vorübergehend stillgelegt.

MATERIAL: Lungenmodell nach DONDERS. Das Modell kann auch leicht selbst gebaut werden (Abb. 37).

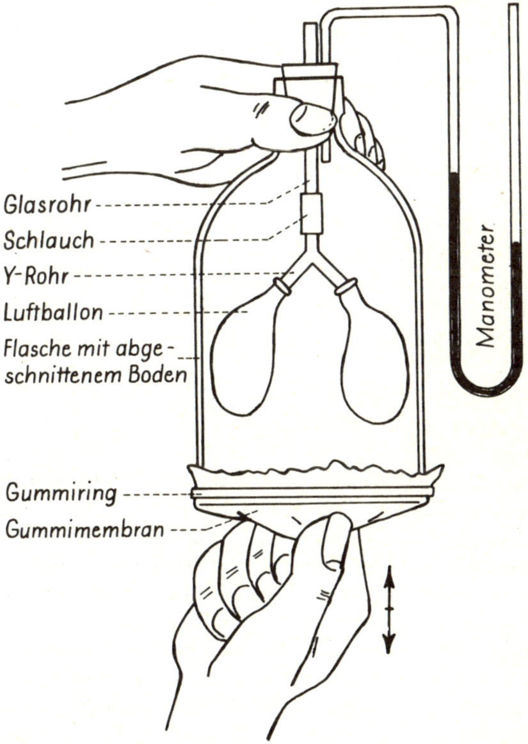

Abb. 37. Lungenmodell nach DONDERS

VERSUCHSDURCHFÜHRUNG:
1. Beobachte im *Selbstversuch* die in der Theorie genannten Atmungsformen. Achte auf die jeweils mitwirkenden Muskelgruppen und die sich verschiebenden Knochen. Bewege die Schultern nach verschiedenen Richtungen, bringe die Wirbelsäule durch Krümmen und Strecken in verschiedene Lagen und beobachte dabei die passiv hervorgerufenen Atembewegungen. Spanne die Bauchmuskeln an und versuche einzuatmen, ohne den Spannungszustand der Muskeln zu ändern.
2. *Modellversuch:* Durch Auf- und Abbewegen der Gummimembran entsteht in der Flasche wechselweise ein Über- und Unterdruck. Dadurch wird Luft durch das Glasrohr in die beiden Luftballone eingesaugt und wieder ausgestoßen. Das Flüssigkeitsmanometer zeigt die Druckschwankungen in der Flasche an (= Druckänderungen im intrapleuralen Spalt). Der Luftraum in der Flasche ist dem intrapleuralen Spalt, die Luft der intrapleuralen Flüssigkeit vergleichbar. Entfernt man das Manometer und läßt das Glasrohr frei münden, so kommt dies im Versuch einem Pneumothorax gleich. Bewegt man die Gummiplatte (Zwerchfell), so findet der Druckausgleich durch das Rohr statt. Die Luftballone (Lungen) werden nicht mehr ventiliert. Dieser Modellversuch zeigt anschaulich, daß die Lunge nicht aktiv atmet, sondern beatmet wird.
AUFGABE: Vergleiche die einzelnen Teile des Modells mit den natürlichen Atmungsorganen und erkläre die Zwerchfellatmung anhand des Modells.

3.8 *Atemvolumina des Menschen**

THEORIE: In Ruhe werden pro Atemzug etwa 500 ml Luft in die Lungen eingesaugt. Das ergibt bei einer durchschnittlichen Atemfrequenz von 15 pro min ein umgewälztes Minutenluftvolumen von 7,5 l. Bei schwerer körperlicher Betätigung steigen das *Atemvolumen* bis auf 3 l (6-facher Ruhewert) und die *Atemfrequenz* auf 30 pro min (doppelter Ruhewert). Dies ergibt ein maximales *Minutenvolumen* von 90 l (Adaptationsbreite der Atmung 1:12). Bei erhöhtem Sauerstoffbedarf wird also in erster Linie die Atemtiefe gesteigert. Eine starke Erhöhung der Atemfrequenz wäre unökonomisch, da erstens die Atemarbeit beträchtlich ansteigen würde und zweitens die Belastung durch den *Totraum* mit steigender Frequenz zunimmt. (Der Totraum ist das Volumen der respiratorisch inaktiven Teile des Atmungstraktes: Mund- und Nasenhöhle, Rachenraum, Trachea, Bronchien.)

Zur Verdeutlichung eine kurze Rechnung: Der Totraum beträgt ca. 0,17 l. Bei 0,5 l Atemvolumen und einer Atemfrequenz von 15 pro min beträgt das Atemminutenvolumen 7,5 l und die alveolare Ventilation (0,5 — 0,17) · 15 = 5 l/min. Bei rascher und oberflächlicher Atmung (0,4 l Atemvolumen und 19 Atemzüge pro min = 7,5 l Atemminutenvolumen) sinkt die alveolare Ventilation auf (0,4 — 0,17) · 19 = 4,4 l/min. Bei gleichem Minutenvolumen sinkt also mit steigender Atemfrequenz die alveolare Ventilation. Hingegen fördert erhöhtes Atemzugvolumen absolut und relativ die alveolare Ventilation.

Es wurde bereits der Begriff des Atem- bzw. Atemzugvolumens erwähnt. Damit wird die Luftmenge bezeichnet, die in Ruhe pro Atemzug umgewälzt wird. Durch tiefes Einatmen können zusätzlich 2 bis 3 l Luft aufgenommen (= *inspiratorisches Reservevolumen*), und durch maximales Ausatmen etwa 1,5 l zusätzlich ausgeatmet werden (= *exspiratorisches Reservevolumen*). Auch nach völligem Ausatmen bleiben immer noch 1,2 bis 1,5 l Luft in den Lungen und Atemwegen (= *Residualluft*).

Wird der Brustkorb geöffnet, so sinken die Lungen zusammen. Aber auch dann bleibt noch eine gewisse Luftmenge enthalten. Sie wird als *Minimalluft* bzw. der von ihr eingenommene Raum als *Minimalvolumen* bezeichnet. Das Vorhandensein der Minimalluft ist für den Gerichtsmediziner ein Zeichen dafür, daß ein totes neugeborenes Kind erst nach der Geburt gestorben ist (Schwimmprobe von Lungenstückchen), da Luft erst mit dem ersten Atemzug in die Lungen kommt.

Die weiteren Begriffe (*Vitalkapazität*, *Totalkapazität* u. a.) können der Abb. 38 entnommen werden. Die oben angegebenen Werte variieren natürlich in Abhängigkeit von Körpergröße, Geschlecht, Gewicht, Konstitution, Statur, Alter, Art und Ausmaß sportlicher Betätigung und anderen Faktoren.

MATERIAL: Versuchsperson – Spirometer, Nasenklemme (Wäscheklammer)

VERSUCHSANORDNUNG (Abb. 39): Das Spirometer kann leicht selbst gebaut werden. Als Unterteil verwendet man einen Pipettenbehälter. In den Boden wird ein Loch gebohrt, in das ein Kunststoffrohr wasserdicht eingesetzt wird. Der Atemschlauch

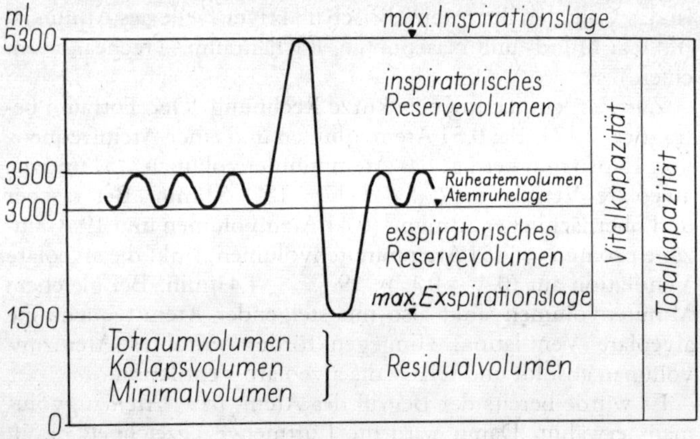

Abb. 38. Schema der Atemvolumina

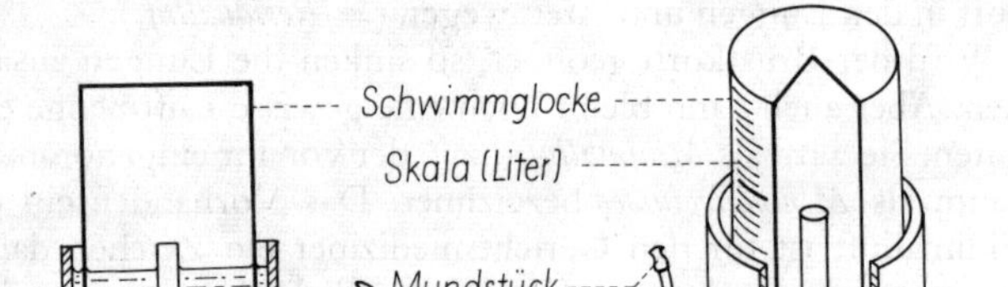

Abb. 39. Spirometer. Versuchsanordnung zu Versuch 3.8

kann durch eine zweite Bohrung im Fuß des Behälters nach außen geführt werden. Die Schwimmglocke wird möglichst leicht gebaut, um auf das Austarieren mit Gegengewichten verzichten zu können (Material: Kunststoff oder dünnes Alu-Blech). Die Volumenmaße werden außen an der Schwimmglocke aufgetragen (das Spirometer soll mindestens 5 l Luft aufnehmen können).

FUNKTIONSWEISE: Durch den Schlauch geblasene Luft sammelt sich an der Oberseite der Glocke und hebt sie proportional der hineingedrückten Luftmenge. Die erhaltenen Werte sind etwas zu niedrig, da durch das Gewicht der Glocke die in ihr enthaltene Luft leicht komprimiert wird. Der Fehler nimmt mit der Steighöhe der Glocke zu, da das relative Glockengewicht von der Eintauchtiefe abhängt. Die Fehler sind aber bei leichten Tauchglocken gering und können vernachlässigt werden.

VERSUCHSDURCHFÜHRUNG: Die Spirometerglocke wird zu Versuchsbeginn auf mittlere Höhe (ca. 2,5 l) gestellt. Eine Versuchsperson macht nun bei geschlossener Nase (Klemme!) durch das Mundstück des Atemschlauches einige normale Atemzüge. Die untere und obere Stellung der Glocke ist nach jedem Atemzug zu notieren. Dann atmet die Versuchsperson möglichst tief ein und anschließend möglichst tief aus. Auch dabei wird die Stellung der Glocke jeweils notiert.

AUFGABEN:
1. Bestimme von mehreren Personen Ruhevolumen, Vitalkapazität, sowie inspiratorisches und exspiratorisches Reservevolumen (die beiden zuletzt genannten Größen wurden früher auch häufig als *Speicher-* und *Ergänzungsluft* bezeichnet). Trage die Werte in ein Diagramm ein.
2. Untersuche die Vitalkapazität auf Grund der ermittelten Daten in Relation zu Geschlecht, Größe und Gewicht der Versuchspersonen.

3.9 *Regulation der Atmung beim Menschen***

THEORIE: Hauptaufgabe der Atmung ist es, einerseits die CO_2- und O_2-Spannung sowie den pH-Wert im Blut im normalen physiologischen Bereich konstant zu halten, andererseits zwischen Lungenbläschen und Blut sowie zwischen Blut und Körperzellen eine für den Gasaustausch optimale Partialdruckdifferenz aufrechtzuerhalten. Durch vermehrte Muskeltätigkeit erhöht sich z. B. der O_2-Bedarf, und es wird mehr CO_2 produziert, das aus dem Körper entfernt werden muß. Welche Mechanismen stehen zur Bewältigung dieser Aufgaben in erster Linie zur Verfügung?

a. Das *Herzminutenvolumen* wird erhöht. Dadurch kann in der Zeiteinheit mehr CO_2 abtransportiert werden, und es steigt die Partialdruckdifferenz zwischen Zellen und Blut. Als Folge davon diffundiert mehr CO_2 in das Blut. In umgekehrter Richtung gilt das gleiche für den Sauerstoff.

b. Durch Erhöhung der *Ventilationsfrequenz* der Lunge wird die Partialdruckdifferenz zwischen Lungenbläschen und Blut erhöht. Die Folge ist eine vermehrte Nettodiffusion von CO_2 nach außen bzw. von O_2 in das Blut.

Im Schlaf, bei Bewußtlosigkeit und während einer Narkose laufen die Atembewegungen gleichmäßig weiter. Diese Tatsache legt die Vermutung nahe, daß irgendwo ein Organ vorhanden sein muß, das die rhythmischen Kontraktionen der Atemmuskulatur steuert. Dieses Organ ist das *Atemzentrum* in der Medulla oblongata (verlängertes Mark), das als Schrittmacher funktioniert, indem es die Atemmuskulatur rhythmisch zur Kontraktion anregt. Wie wird nun die Atmung im einzelnen an die tatsächlichen Erfordernisse des Körpers angepaßt? (Abb. 40)

Als erstes sei hier der sogenannte *Hering-Breuer-Reflex* (reflektorische Selbststeuerung der Atmung) erwähnt, der in erster Linie für die alternierende Abfolge von Einatmen und Ausatmen verantwortlich ist. Er überlagert die Eigenrhythmik des Atemzentrums. In der Lungenwand befinden sich Streckrezeptoren, die dem Atemzentrum den Kontraktionszustand der Lunge melden, und auf Grund dieser Meldungen wird die Lunge abwechselnd gefüllt und entleert. Damit ist aber lediglich gesichert, daß nach dem Einatmen wieder ein Ausatmen folgt und umgekehrt. Dem variierenden O_2-Bedarf des Körpers kann auf diese Weise noch nicht entsprochen werden. Diese Aufgabe übernehmen eine Reihe chemosensibler Rezeptoren, die vor allem auf Änderungen der O_2- und CO_2-Konzentration sowie des pH-Wertes des Blutes reagieren. Diese Rezeptoren befinden sich vorwiegend im Aortenbogen und Carotissinus. Sie wirken über afferente Nervenbahnen auf das Atemzentrum. Ebenso wirken pH-Änderungen im Liquor des 4. Hirnventrikels sowie pH-Abfall und CO_2-Anstieg im Medullabereich direkt auf das Atemzentrum.

Man könnte auf Grund von scheinbar gemachten Erfahrungen der Meinung sein, daß in erster Linie O_2-Mangel atmungsanregend wirkt bzw. Atemnot hervorruft. Durch einen relativ einfachen Versuch könnte man sich aber davon überzeugen, daß dies nicht der Fall ist. Läßt man eine Versuchsperson in einen Plastiksack atmen, so daß sie ihre eigene Ausatmungsluft ständig wieder einatmen muß, so wird der O_2-Gehalt der Luft sinken und der CO_2-Gehalt in etwa gleichem Maße zunehmen. Bereits

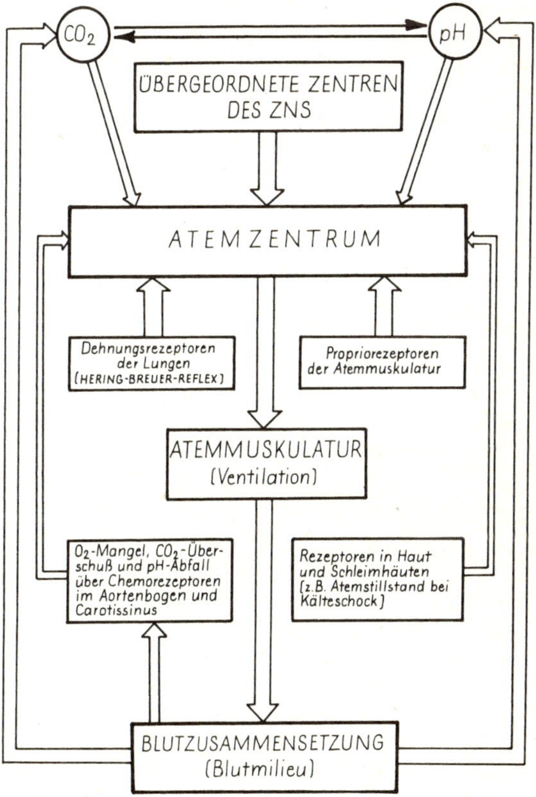

Abb. 40. Übersicht über die wichtigsten Faktoren, die bei der Atemregulation das Atemzentrum beeinflussen

nach wenigen Minuten wird Atemnot eintreten und das umgewälzte Luftvolumen pro Zeiteinheit steigen. Würde man jedoch in das System eine Waschflasche mit Kalilauge einschalten, die das CO_2 absorbiert, so würde zwar wiederum der O_2-Gehalt der Luft sinken, der CO_2-Gehalt jedoch niedrig bleiben. Die Versuchsperson merkt den O_2-Mangel nicht. Sie fühlt sich sogar relativ frisch und kräftig. In der weiteren Folge tritt eine Blaufärbung der Haut ein *(Cyanose)* und bald darauf folgt Bewußtlosigkeit. Läßt man die VP während des Versuches fortlaufende Zahlenreihen aufschreiben, so verändert sich bald das Schriftbild, es treten Fehler auf und schließlich wird die Schrift total unleserlich und besteht nur mehr aus sinnlosem Gekritzel.

O_2-Mangel wirkt nur sehr schwach atmungssteigernd. Erst bei einem O_2-Partialdruck von 100 Torr (entspricht ca. 3000 m über dem Meeresniveau) beginnt das Atemminutenvolumen langsam zu steigen, das erst bei 40 Torr (ca. 8500 m) den doppelten Ruhewert erreicht (Abb. 41). CO_2-Überschuß führt hin-

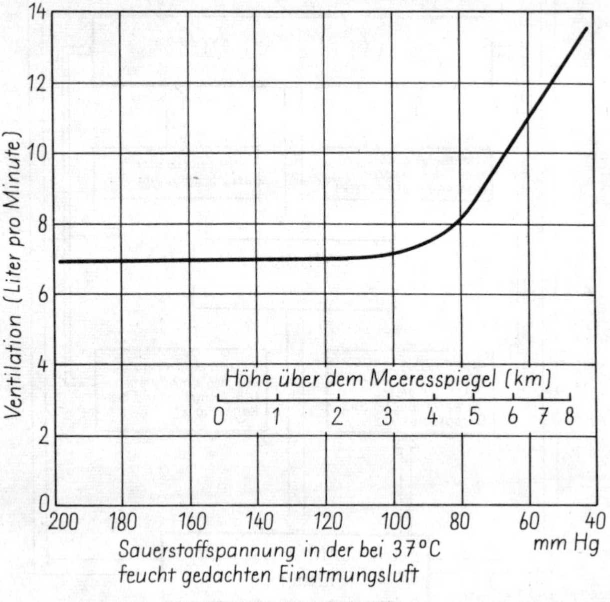

Abb. 41. Änderung der Ventilationsgröße bei abnehmendem O_2-Partialdruck in der Einatmungsluft. Erst bei einem p_{O_2} unter 100 mm Hg steigt die Lungenventilation geringfügig (nach Th. Benzinger).

gegen sehr schnell zu Atembeschwerden. Bereits eine Beimengung von 6% CO_2 zur normalen Atemluft erhöht die Ventilationsrate auf den vier- bis fünffachen Wert. Im Extremfall können Ventilationssteigerungen auf mehr als das zehnfache des Ruhewertes registriert werden (Abb. 42). Diesen stark atmungsfördernden Reiz des CO_2 macht man sich auch bei der künstlichen Beatmung zunutze, indem man dem Sauerstoff einige Prozent Kohlendioxid beimengt.

Von großer Bedeutung ist das CO_2 auch für das Einsetzen der selbständigen Atmung Neugeborener. Im Uterus ist der Fetus über den Plazentarkreislauf mit dem Blutkreislauf der Mutter verbunden, so daß für genügenden Gasaustausch gesorgt ist. Die ersten Atembewegungen setzen erst ein, wenn der Plazentarkreislauf unterbrochen wird und damit die CO_2-Spannung im Blut ansteigt, bis die Reizschwelle des Atemzentrums erreicht ist. Werden bei Geburtsschwierigkeiten die Nabelgefäße abge-

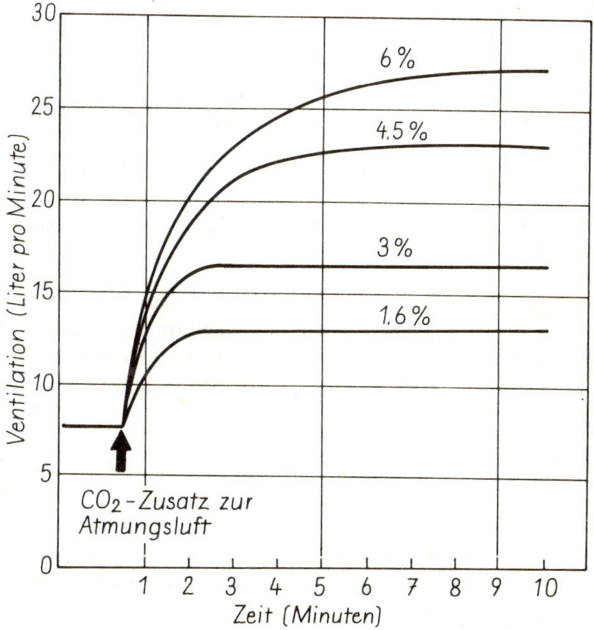

Abb. 42. Zunahme der Ventilationsgröße infolge Beimengung von Kohlendioxid zur Atmungsluft. Die Umstellung benötigt je nach Konzentration 2 bis 7 Minuten (nach W. R. HESS, leicht verändert).

klemmt, so setzen die Atembewegungen vorzeitig ein, und es dringt Fruchtwasser in die Lungen, was zum Ersticken des Kindes führen kann.

Außer den genannten Faktoren können auch andere, aus der Körperperipherie sowie von höheren Niveaus des ZNS kommende Signale auf das Atemzentrum wirken. Angst, Schreck und Schmerz können teilweise hemmend, teilweise fördernd die Atmung beeinflussen, ebenso chemische Reize (Abb. 43), z. B. Salmiakgeist zur Anregung der Atmung Bewußtloser und Temperaturreize (ein kalter Wasserguß ruft zuerst Atemhemmung, dann Einatmen hervor). Auch Husten und Niesen sind spezielle Reizantworten des Atemapparates. Schließlich muß auch noch die willkürliche Beeinflussung der Atmung erwähnt werden, der aber enge Grenzen gesetzt sind. Wir können Atemtiefe und Atemfrequenz beeinflussen. Halten wir die Luft an, dann kommt sehr bald der Punkt, an dem die Reize der Chemorezeptoren auf das Atemzentrum stärker sind als der Wille, und wir müssen wieder einatmen.

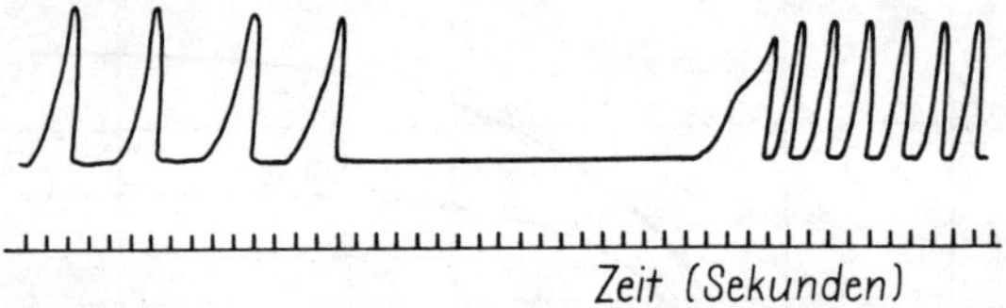

Abb. 43. Atemhemmung durch Vorhalten von Chloroformdämpfen (nach SCHÜTZ)

Auf langfristige Regelmechanismen (z. B. Erhöhung der Zahl der roten Blutkörperchen sowie des Haemoglobingehaltes bei längerem Hochgebirgsaufenthalt) soll hier nicht näher eingegangen werden, da sie mit den Versuchen nicht in direktem Zusammenhang stehen.

MATERIAL: Mehrere Plastiksäcke (mindestens 5 l Inhalt), ca. 0,5 m Schlauch (20 bis 25 mm ∅), Fahrradschlauch, ca. 2 m Gummischlauch (5 bis 8 mm ∅), kleiner Trichter, Schlauchklemme, T-Rohr, Nasenklemme, breites Gummiband, 2 Flüssigkeitsmanometer, Stoppuhr, bequemer Sessel (nach Möglichkeit mit Armstützen).

Falls die Ergebnisse simultan als Kurven aufgeschrieben werden sollen, werden anstatt der Flüssigkeitsmanometer folgende Geräte zusätzlich benötigt (Abb. 44):

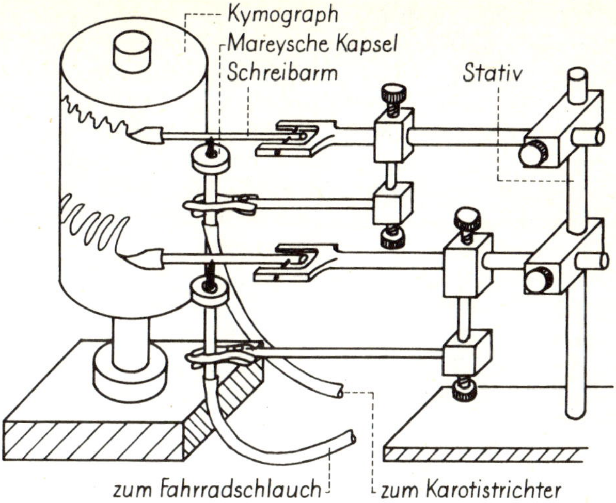

Abb. 44. Atemregulation: Versuchsanordnung zur simultanen Aufzeichnung von Herzschlag und Atmung

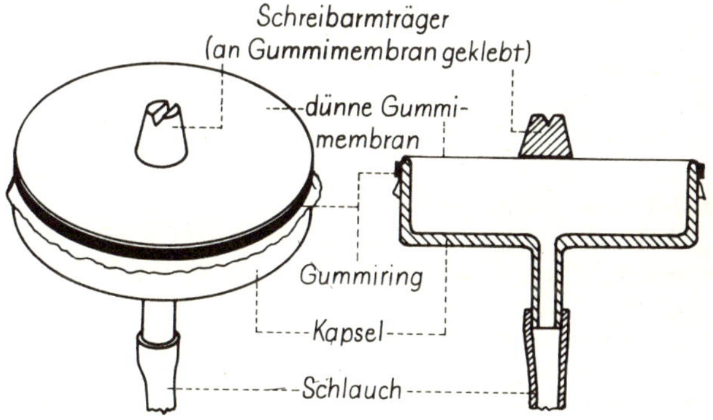

Abb. 45. Mareysche Kapsel. Detailzeichnung

2 Mareysche Kapseln (Abb. 45) mit entsprechenden Halterungsvorrichtungen (Stative und Klemmen) und Schreibhebel, Kymograph, Berußungseinrichtung, Fixiermittel für das Rußpapier (z.B. Fixierspray, Isolierlack oder andere schnell trocknende Lacke), Registrierpapier (weißes Glanzpapier).

Versuchsaufbau (Abb. 46): Einer bequem sitzenden Versuchsperson wird ein Fahrradschlauch um die Brustmitte gelegt und entsprechend befestigt. Er soll so fest sitzen, daß er die Versuchsperson gerade nicht beengt oder stört. Das Ventil des Fahrradschlauches (ohne Ventileinsatz) wird über einen dünnen Gummischlauch mit einem Flüssigkeitsmanometer verbunden. In den Verlauf dieses Schlauches wird über ein T-Rohr eine kurze Schlauchabzweigung zwischengeschaltet und mit einer Schlauchklemme verschlossen. Ein kleiner Trichter wird mit der weiten Öffnung über einer der beiden Halsschlagadern auf die Haut gesetzt und mit einem Gummiband befestigt. Vom Abflußrohr des Trichters führt ein weiterer Schlauch zu einem zweiten Manometer. Der Trichter muß luftdicht am Hals aufsitzen, doch darf aus verständlichen Gründen das Gummiband nicht zu straff gespannt sein.

Funktionsweise: Beim Einatmen entsteht im Fahrradschlauch ein Überdruck, der auf das Manometer übertragen wird. Je tiefer eingeatmet wird, desto höher steigt die Flüssigkeitssäule. Es können somit relative Atemtiefe und Atemfrequenz abgelesen werden. Ähnlich funktioniert auch die Ableitung des Herzschlages. Mit jeder Herzkontraktion wölbt sich die Haut über der Halsschlagader vor. Dadurch entsteht im Trichter ein leichter Überdruck, der über den Schlauch auf ein zweites Manometer übertragen wird und im Rhythmus des Herzschlages die Flüssigkeitssäule hebt und senkt.

Versuchsdurchführung:
1. *Anhalten der Atmung* (künstliche Apnoe): Mit der Stoppuhr wird festgestellt, wie lange eine Versuchsperson den Atem anhalten kann:
a. ohne Vorbereitung
b. mit vollen Lungen
c. in ausgeatmetem Zustand
d. nach Hyperventilation
e. nach körperlicher Arbeit (20 Kniebeugen)
f. während körperlicher Arbeit (Kniebeugen)
Nach jedem Versuch ist der Versuchsperson eine Ruhepause von einigen Minuten einzuräumen. Versuche die verschiedenen Ergebnisse physiologisch zu deuten!
2. *Atmung und Herzschlag in Abhängigkeit von CO_2- und O_2-Gehalt der Luft:* Eine bequem sitzende Versuchsperson wird auf die

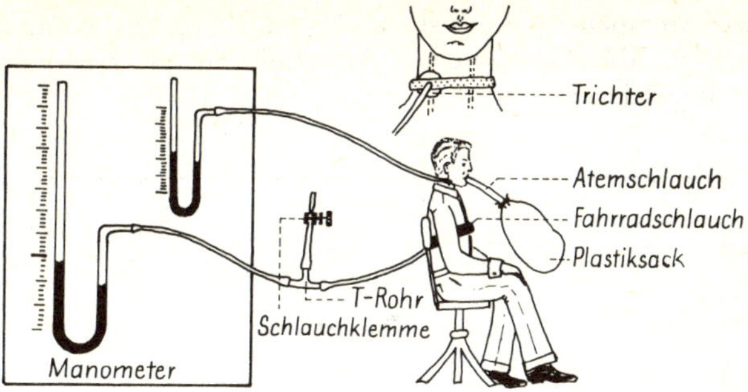

Abb. 46. Versuchsanordnung zu Versuch 3.9 (Atmungsregulation)

vorher beschriebene Weise (Abb. 46) an die Manometer angeschlossen. Die Nase wird mit einer Klemme (Wäscheklammer) verschlossen. Durch den kurzen Schlauchansatz des T-Rohres wird etwas Luft in den Fahrradschlauch geblasen.

a. Die Versuchsperson atmet bei geschlossenen Augen (oder liest leise einen beliebigen Text) normal und ruhig. An den beiden Manometern werden abgelesen und notiert:

Atemfrequenz
relative Atemtiefe
Herzfrequenz

b. Die Versuchsperson atmet durch einen dicken Schlauch in einen Nylonsack ein und aus. Der CO_2-Gehalt der Luft wird steigen, der O_2-Gehalt abnehmen. Etwa alle 15 sec sind die oben genannten drei Größen zu bestimmen (zwei bis drei Beobachter notwendig). Der Versuch wird abgebrochen, sobald sich bei der Versuchsperson starke Atemnot bemerkbar macht.

Wurde die Registrierung automatisch mit einem Kymographen vorgenommen, so wird zu Versuchsende das berußte und beschriebene Papier vorsichtig abgenommen und fixiert (mit Fixierspray oder durch einen dünnflüssigen Lack durchziehen. Lack nicht mit Pinsel auftragen! Das Einstellen des richtigen Schreibdruckes erfordert etwas Übung und Geduld.)

AUFGABEN:

1. Trage die Ergebnisse aus dem zweiten Versuchsteil in einem Diagramm gegen die Zeit auf (= mit steigendem CO_2-Gehalt). Siehe auch Musterdiagramm Abb. 47. Wurde ein Kymograph verwendet, so werden für alle 10 sec Herz- und Atemfrequenz

sowie Atemtiefe ausgemessen und ebenfalls im Diagramm eingetragen. Abb. 48 zeigt einen Ausschnitt aus einer Kymographenaufzeichnung.

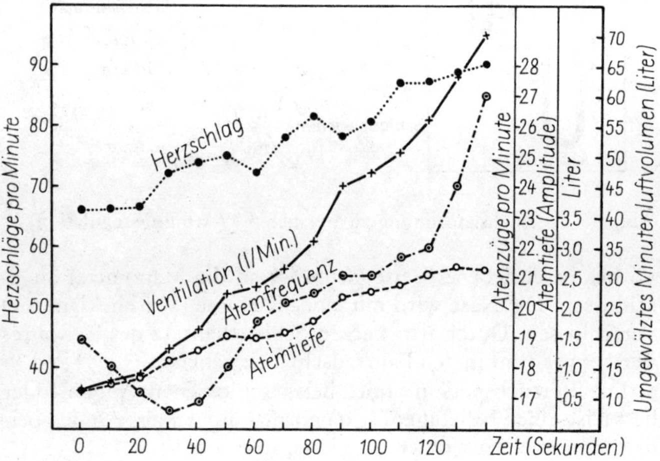

Abb. 47. Atemregulation gegen steigenden CO_2-Partialdruck der Atemluft. Graphische Auswertung zu Versuch 3.9

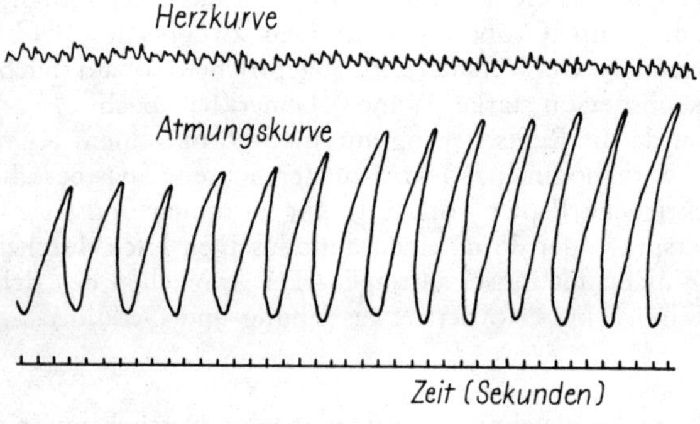

Abb. 48. Atmungsregulation: Ausschnitt einer Kymographenaufzeichnung. Die Versuchsperson atmet die eigene Ausatmungsluft wieder ein. Von links nach rechts: Zunahme der CO_2-Konzentration und Abnahme der O_2-Konzentration

2. Berechne für jeden Kurvenpunkt das umgewälzte Luftvolumen pro min unter der Annahme, daß in Ruhe (= ohne Plastiksack) der Wert für die relative Atemtiefe 500 ml entspricht (kann eventuell vorher mit dem Spirometer gemessen werden – siehe Versuch 3.8) und die relative Atemtiefe direkt proportional mit dem tatsächlichen Atemvolumen steigt.
3. Versuche mit Hilfe des in der Theorie Gesagten die Ergebnisse zu interpretieren. Welche Atemmechanismen ließen sich bei der Versuchsperson beobachten, um den erhöhten CO_2- und verminderten O_2-Gehalt zu kompensieren?

4. Blut und Blutkreislauf

Einführung

Alle Zellen des tierischen Organismus brauchen Nährstoffe und Sauerstoff und produzieren verschiedene, in größerer Konzentration giftige Stoffwechselprodukte, die ständig fortgeschafft und an die Außenwelt abgegeben werden müssen.

Was den Gasaustausch anbelangt, so genügt zur Versorgung sehr kleiner Organismen die Diffusion durch die Körperoberfläche. Auch die Nahrungsaufnahme kann bei sehr kleinen oder bei sessilen und inaktiven Organismen (z. B. Einzellern, Schwämmen) auf ähnliche Weise funktionieren. Bei Plattwürmern ist der Darm stark verzweigt und verteilt so die Nährstoffe im Körper. Bei größeren und höher entwickelten Tieren übernehmen Flüssigkeitssysteme den Transport von Nährstoffen und Stoffwechselprodukten zwischen Außenwelt und Zellen, sowie zwischen einzelnen Geweben und Organen.

Im tierischen Organismus schließen die Zellen nicht überall dicht aufeinander. Die dadurch entstehenden Spalten- und Hohlräume sind mit einer Flüssigkeit gefüllt, in der Stoffe gelöst sind und Zellen frei schwimmen können. Aus dieser Interzellularflüssigkeit hat sich, funktionell gesehen, das Blut und aus den Spaltenräumen das Blutgefäßsystem entwickelt. Damit die Interzellularflüssigkeit ihre Aufgaben als Transportsystem erfüllen kann, muß sie bewegt werden. Bei Plattwürmern z. B. erfolgt dies lediglich durch die Körperbewegung; bei anderen Tieren (z. B. Arthropoden) finden sich kontraktile Gefäßabschnitte, die die Interzellularflüssigkeit ansaugen und wieder in das Lückensystem hineinpressen (= *offenes Blutgefäßsystem*). Bei den höher entwickelten Gruppen der Vertebraten und Cephalopoden, aber auch bei Polychaeten und Nemertinen ist das Gefäßsystem ganz oder weitgehend geschlossen, und die kontraktilen Gefäßabschnitte sind zu leistungsfähigen Pumporganen (*Herzen*) differenziert. In diesem differenzierten Zirkulationssystem hat das Blut folgende wichtige Aufgaben:

a. Transport des Sauerstoffs von den Atmungsorganen zu den Geweben,

b. Transport des Kohlendioxids von den Geweben zu den Atmungsorganen,

c. Übernahme und Verteilung von Nährstoffen,

d. Transport von Abbauprodukten zu den Exkretionsorganen,
e. Verteilung von Hormonen,
f. Transport von Wärmeenergie und Mitwirkung bei der Regulierung der Körpertemperatur,
g. Mitarbeit bei der Aufrechterhaltung des Wasser- und Elektrolythaushaltes.

Sekundär als Schutzfunktionen bildeten sich aus:
h. Bildung von Abwehrstoffen (Antikörper und Antitoxine),
i. Schutz bei Verletzungen durch Bildung von Blutgerinnseln zum Wundverschluß.
(Siehe auch die Theorie-Abschnitte zu den folgenden Versuchen und das Kapitel 9: Das Herz.)

Versuche

4.1 *Bestimmung der Sauerstoffkapazität von Blut**

THEORIE: Der respiratorische Farbstoff *Haemoglobin* (Hb) setzt sich aus vier Untereinheiten zusammen, die jede aus einem Proteinanteil, dem *Globin*, und einer prosthetischen Gruppe, dem *Haem*, bestehen. Während der Globinanteil artspezifisch ist und daher in seiner Aminosäuresequenz variieren kann, bleibt das Haem konstant. Es ist Aufgabe des Hb, die O_2-Kapazität und damit das O_2-Transportvermögen des Blutes zu steigern. Da jedes Haem ein Molekül O_2 bindet, können von einem Hb-Molekül vier Moleküle O_2 aufgenommen werden. Haem besteht im wesentlichen aus einem Tetrapyrrolring (Porphyrinring) mit einem zweiwertigen Eisenatom (Fe^{++}) im Zentrum. An dieses Eisenatom wird der Sauerstoff locker gebunden, so daß er auch leicht wieder abgegeben werden kann, wobei der Sauerstoff wahrscheinlich gegen Wasser ausgetauscht wird. Das Eisen bleibt aber immer zweiwertig! (Abb. 49) Statt Sauerstoff können aber auch andere Moleküle vom Hb gebunden werden, was zu Vergiftungserscheinungen führt. Ein bekanntes Beispiel dafür ist Kohlenmonoxid (CO), das mit Hb eine stabilere Verbindung eingeht als O_2. Dadurch kann sich das Blut bereits bei relativ geringen Konzentrationen mit CO sättigen, so daß der Sauerstofftransport zusammenbricht. Da es sich dabei aber um eine Gleichgewichtsreaktion handelt, kann durch reichliche O_2-Zufuhr das CO wieder vom Hb verdrängt werden. Anders verhält es sich bei Vergiftungen, die zu einer Änderung der Wertigkeit des Eisens führen. Bei Cyanidvergiftungen wird das Eisen beispielsweise aus seinem zweiwertigen Zustand (Fe^{++}) in den dreiwertigen Zustand (Fe^{+++}) übergeführt – das Haem wird zum *Haemin* oxidiert.

Haemoglobin ist im Tierreich weit verbreitet; es findet sich in allen Wirbeltieren (mit Ausnahme einiger Fische), Nemertinen, Phoroniden, Echiuroiden, in den meisten Anneliden, sowie in einigen Krustaceen (z. B. Artemia, Daphnia, Triops, Apus), Insekten (Chironomus-Larven) und Mollusken (z. B. Solen, Planorbis).

MATERIAL: Kleines Respirometer (mit 50 ml-Erlenmeyerkolben, Abb. 50), Gefäß mit ca. 2 ml Inhalt (z. B. Fingerhut), Wasserbad (Raumtemperatur), Thermometer, 3 Meßpipetten – 0,1%ige Na_2CO_3-Lösung, 6%ige Lösung Ferricyanid (Rotes Blutlaugensalz) in 0,1 N NaOH-Lösung, defibriniertes Rinderblut. (Defibrinierung: Blut wird mit einigen kleinen Glaskugeln geschüttelt, bis das Fibrin ausfällt. Verhindert die Blutgerinnung.)

VERSUCHSANORDNUNG: Abb. 50.

VERSUCHSDURCHFÜHRUNG: In den Erlenmeyerkolben des Respirometers werden 3 ml Na_2CO_3-Lösung und 1 ml defibriniertes Blut pipettiert. Das kleine Gefäß (Fingerhut) wird mit 1 ml

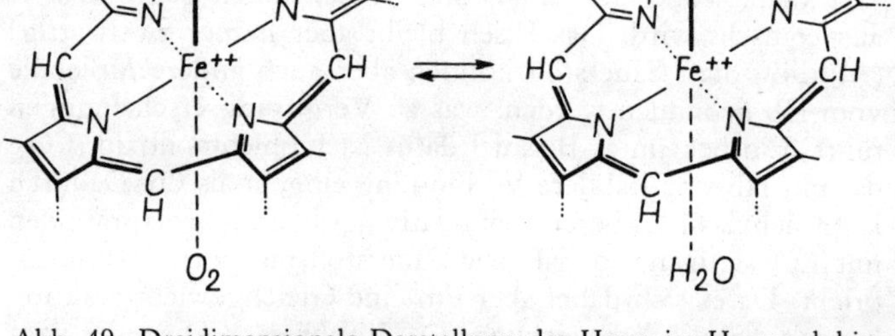

Abb. 49. Dreidimensionale Darstellung des Haem im Haemoglobin; links im oxigenierten, rechts im desoxigenierten Zustand

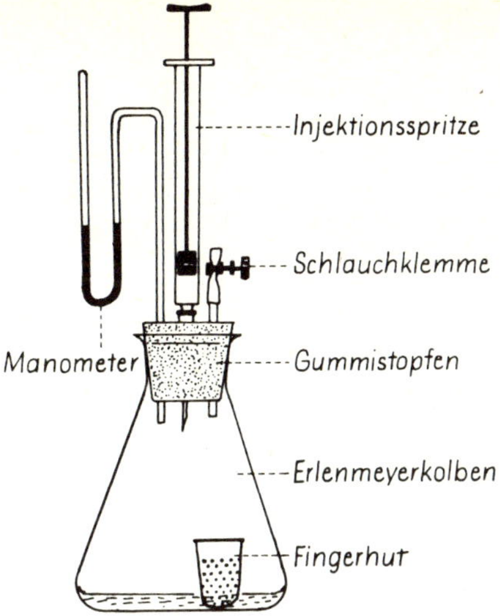

Abb. 50. Versuchsanordnung zu Versuch 4.1 (Bestimmung der O_2-Kapazität von Rinderblut)

Ferricyanid-Lösung gefüllt und mit einer Pinzette vorsichtig auf den Boden des Erlenmeyerkolbens gestellt. Nun wird der Kolben mit dem Gummistopfen verschlossen und (vorerst noch mit offener Schlauchklemme) vorsichtig in das Wasserbad gestellt. Nach ca. 10 min Temperaturausgleich mit dem Wasserbad wird die Schlauchklemme geschlossen, der Erlenmeyerkolben am Hals gefaßt und leicht geschüttelt, so daß das Gefäß mit der Ferricyanid-Lösung umfällt. Das Ferricyanid reagiert mit dem Hb, wobei das Eisen vom zweiwertigen Zustand (= *Haemoglobin* bzw. *Oxihaemoglobin*) in den dreiwertigen Zustand (= *Haemiglobin* bzw. *Methaemoglobin*) übergeht. Dabei wird der gebundene Sauerstoff freigesetzt. Die Folge ist eine Druckerhöhung im Reaktionsgefäß, wodurch die Manometersäule im äußeren Schenkel des U-Rohres steigt.

Nach etwa 2 min leichtem Schütteln ist der gesamte Sauerstoff freigesetzt. Durch Ansaugen mit der Injektionsspritze wird der Meniskus der Manometersäule wieder in die Originalstellung zurückgebracht, an der Skala der Injektionsspritze das O_2-Volumen abgelesen und rechnerisch auf Normverhältnisse (STPD-Bedingungen) reduziert:

$$V_0 = V \frac{p_B - p_W}{760} \cdot \frac{273}{273 + t}$$

V_0 = Volumen bei Normverhältnissen
V = abgelesenes Volumen
p_B = Luftdruck (aktueller Barometerdruck)
p_W = Wasserdampfsättigungsdruck bei der gewählten Experimentaltemperatur (siehe Anhang, Tab. 21)
t = Experimentaltemperatur (°C)

WICHTIG: Das zu untersuchende Blut muß O_2-gesättigt sein. Es ist daher vor dem Versuch in einem großen Erlenmeyerkolben kreisend zu bewegen.

AUFGABEN:
1. Berechne nach der oben angegebenen Formel die O_2-Kapazität von Rinderblut und gib diese in Volumprozent an (Normalwert: 14–15 Vol. % O_2).
2. Berechne aus V_0 den Eisengehalt von Rinderblut und gib diesen in mg/100 ml Blut an. Atomgewicht von Fe 55,85. (Normalwert: ca. 36,1 mg Fe/100 ml Blut).
3. Berechne den Hb-Gehalt von Rinderblut und gib diesen in g/100 ml Blut an (Beachte, daß ein Molekül Hb vier Eisenatome enthält!). Molekulargewicht von Hb .... 68000. (Normalwert: 11 g Hb/100 ml Blut).

4.2 *Haemocyanin – Oxihaemocyanin**(*)

THEORIE: Haemocyanin ist ein respiratorischer Farbstoff *(Atmungspigment)*. Es besteht ebenfalls wie das Haemoglobin aus einem Proteinanteil und einer prosthetischen Gruppe, die aber kein Porphyrin ist. Eisen ist durch Kupfer ersetzt, wobei jeweils ein Cu^+ und ein Cu^{++} zusammen ein Molekül Sauerstoff zu binden vermögen. Das Molekulargewicht (MG) von Haemocyanin beträgt 1 bis 7 Mio. Im oxigenierten Zustand ist es blau, im desoxigenierten Zustand farblos. Es tritt nie in Blutzellen auf (wie z. B. Haemoglobin), sondern ist immer kolloidal gelöst. Haemocyanin konnte in einer Reihe von Tieren nachgewiesen werden, nämlich in Gastropoden, Cephalopoden, Xiphosuren, Arachniden und Crustaceen.

MATERIAL: Einige größere Weinbergschnecken – Wasserstrahlpumpe, Eprouvettenständer, dickwandiges Reagenzglas mit doppelt durchbohrtem Gummistopfen, Glasrohr (in die Bohrungen passend), Gummischlauch, Schlauchklemme, Pinzette, kleine Schere, Siedesteinchen oder einige Glassplitter

VERSUCHSANORDNUNG: Abb. 51.

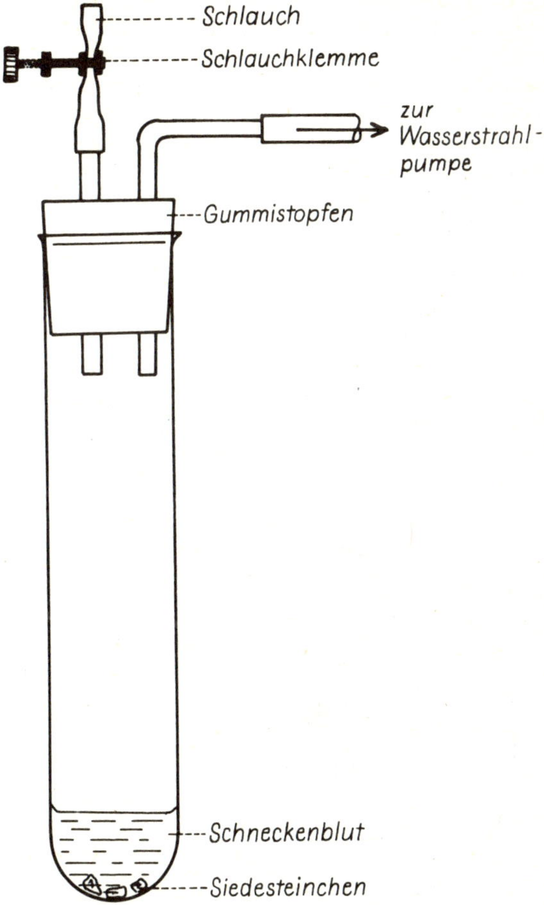

Abb. 51. Versuchsanordnung zu Versuch 4.2 (Desoxigenierung von Schneckenblut)

Versuchsdurchführung: Das Blut wird wie folgt gewonnen: Mit einer kräftigen Pinzette wird ein kleines Loch (zirka 3 mm ∅) in die zweite Windung der Schneckenschale gebrochen (Abb. 52). Dadurch wird eine Randvene der Lunge freigelegt. Die Vene wird mit einer feinen Schere oder spitzen Pinzette geöffnet und das heraustropfende Blut im Reagenzglas aufgefangen. Wichtig: Das umgebende Gewebe darf nicht verletzt werden! Die Menge des heraustropfenden Blutes kann gesteigert werden, indem man mit einem Finger auf die in die Schale zurückgezogene Schnecke drückt.

Im durchfallenden Licht ist die opaleszierende blaue Farbe des Blutes deutlich erkennbar, die auf den Haemocyaningehalt zurückzuführen ist (2–4% bei der Weinbergschnecke).

Bevor das Reagenzglas mit dem Gummistopfen verschlossen wird, sind einige Siedesteinchen oder Glassplitter hinzuzufügen, damit das Blut beim Evakuieren nicht zu stark schäumt. Nun wird die Schlauchklemme geschlossen und die Proberöhre unter Schütteln evakuiert. Bedingt durch den verminderten Luftdruck gibt das Blut unter Aufschäumen seinen Sauerstoff ab. Die blaue Farbe verschwindet. Vergleiche das desoxigenierte Blut mit einer oxigenierten Kontrolle. Anschließend wird das Reagenzglas mit dem reduzierten Blut geöffnet und kräftig geschüttelt. Das Haemocyanin sättigt sich wieder mit Sauerstoff und nimmt die blaue Farbe des Oxihaemocyanins an.

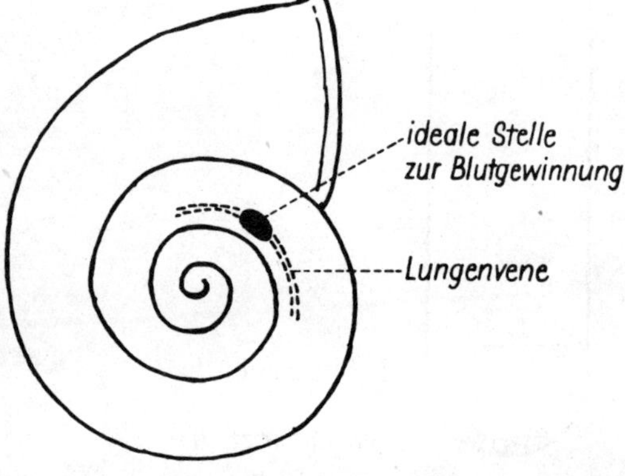

Abb. 52. Ideale Stelle für die Blutentnahme bei der Weinbergschnecke

4.3 *Volumpuls**

Theorie: Da mit jedem Herzschlag Blut in das Gefäßsystem gepreßt wird, nimmt das Volumen der Organe metachron mit der Herzkontraktion ständig zu und ab. Die Volumenzunahme hängt dabei ab von der Quantität der Gefäßversorgung, der Elastizität der Blutgefäße, der Temperatur sowie der diastolisch-systolischen Druckdifferenz im untersuchten Körperteil.

Diese Volumenänderungen können sehr einfach mit einem sogenannten *Plethysmographen* nachgewiesen werden. Ein Plethysmograph besteht im wesentlichen aus einer starren, mit Wasser gefüllten Röhre, die einseitig geschlossen ist. In diese Röhre wird das zu untersuchende Körperglied (Finger, Unterarm, Unterschenkel) hineingesteckt und mit einer Manschette wasserdicht abgeschlossen. An einer Stelle des Rohres befindet sich eine kleine Bohrung, in der ein Kapillarrohr steckt. Durch die rhythmischen Volumenänderungen wird das Wasser in der Röhre verdrängt und steigt im Kapillarrohr auf und ab. Über Schwimmer und Registriervorrichtung können die Daten auch auf einen Kymographen übertragen und aufgezeichnet werden. Der Plethysmograph wurde früher in der Medizin häufig als diagnostisches Hilfsmittel zur Messung der Durchblutung von Körperextremitäten verwendet.

Material: Zylinder einer 10 ml-Injektionsspritze, an dessen Konus mit einem dünnen Schlauch eine Glaskapillare befestigt ist (als Ersatz kann auch ein fingerdickes Glasrohr dienen, bei dem ein Ende zu einer Kapillare ausgezogen ist), Farblösung (z. B. Tinte), warmes Wasser

Versuchsdurchführung: Ein passender Finger wird unter Wasser bis mindestens über das erste Fingerglied in die Injektionsspritze gesteckt (Abb. 53). Anschließend wird der Finger vertikal nach oben gehalten, wobei der Wassermeniskus ungefähr in der Mitte der Glaskapillare stehen soll. Die Pulsation läßt sich besser beobachten, wenn das Wasser der Kapillare durch eine wässerige Farblösung (z. B. Tinte) ersetzt wird.

Aufgabe: Beobachte den Wassermeniskus. Er hebt und senkt sich im Rhythmus des Herzschlags, bedingt durch die rhythmische Zu- und Abnahme des Fingervolumens. Beobachte den Meniskus bei Normalatmung, bei angehaltenem Atem, nach

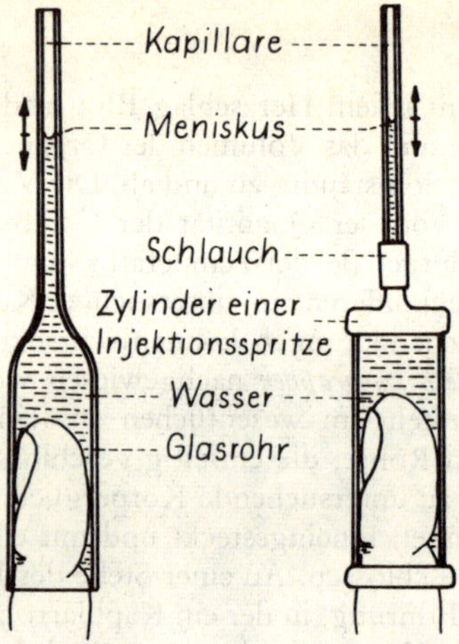

Abb. 53. Einfacher Plethysmograph. Versuchsanordnung zu Versuch 4.3

Hyperventilation sowie bei starkem Fingerdruck auf die Pulsader.

WICHTIG:

1. Der Finger muß dicht im Glasrohr sitzen. Die Blutzufuhr darf aber nicht behindert sein.
2. Verwende nach Möglichkeit warmes Wasser. Kaltes Wasser bedingt eine Verengung der peripheren Blutgefäße. Die Folge ist eine verminderte Amplitude der Meniskusschwankungen.
3. Der Plethysmograph muß luftblasenfrei mit Wasser gefüllt sein. Eventuell einen Tropfen Netzmittel zusetzen (Pril, Photo-flo).

4.4 *Demonstration der Venenklappenfunktion**

THEORIE: Venen besitzen im Innern in Abständen lappenartige Gebilde, die *Venenklappen* (Abb. 54), die das Zurückströmen des Blutes in die Körperperipherie verhindern. Die Arbeitsweise dieser Klappen gleicht der von Rückschlagventilen (Abb. 55). In der vorgegebenen Strömungsrichtung (herzwärts) ist der Strömungswiderstand nahezu = 0, da das Blut die Klappen zur Seite drückt und somit ungehindert passieren kann. In der ent-

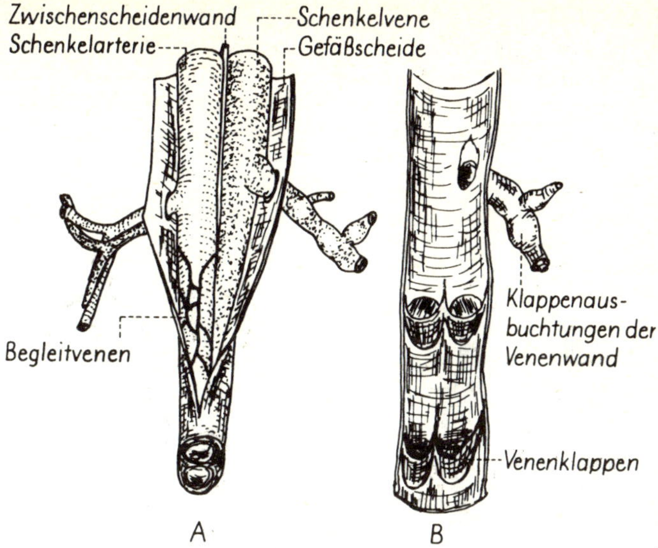

Abb. 54. A: Die aufgeschnittene Gefäßscheide der Arteria und Vena femoralis (Mensch) B: Die Venenklappen an der aufgeschnittenen Vena femoralis (Mensch)

gegengesetzten Richtung ist der Widerstand unendlich, da im zurückströmenden Blut die Klappen wie Segel im Wind aufgebläht werden und die Vene hermetisch abschließen.

Hier erhebt sich die Frage, warum denn das Blut zurückfließen sollte. Die Herzpumpe preßt doch das Blut in das Arteriensystem, von dem es über die Kapillaren in das venöse System übertritt. Damit ist ja eindeutig die Fließrichtung festgelegt. Das ist richtig, doch darf ein wichtiger Faktor nicht übersehen werden – die Reibungsverluste an den Gefäßwänden. Da sich die Gefäße in ihrem Verlauf mehr und mehr aufspalten, steigt der Gesamtquerschnitt und als Folge davon sinkt die Fließgeschwindigkeit, die in der Aorta des Menschen 400–2000 mm pro sec, in den Kapillaren nur mehr 2 bis 5 mm pro sec beträgt. Dieser langsame Blutfluß in den Kapillaren ermöglicht einen guten Stoffaustausch. Mit zunehmender Aufspaltung der Blutgefäße steigt aber auch deren Oberfläche und diese bedingt eine Erhöhung der Reibungswiderstände (Abb. 56). Allein die Kapillaren der Leber würden aufgeschnitten und nebeneinandergelegt eine Fläche von 400 m² bedecken. (Die Kapillarlänge in der Muskulatur des Menschen beträgt rund 100 000 km.) Da aber der Widerstand der 4. Potenz des Rohrdurchmessers umgekehrt proportional ist, fällt der Blutdruck in den Arteriolen und Kapillaren so stark ab, daß der Druck, mit dem das Blut aus den Kapillaren in die Venen ge-

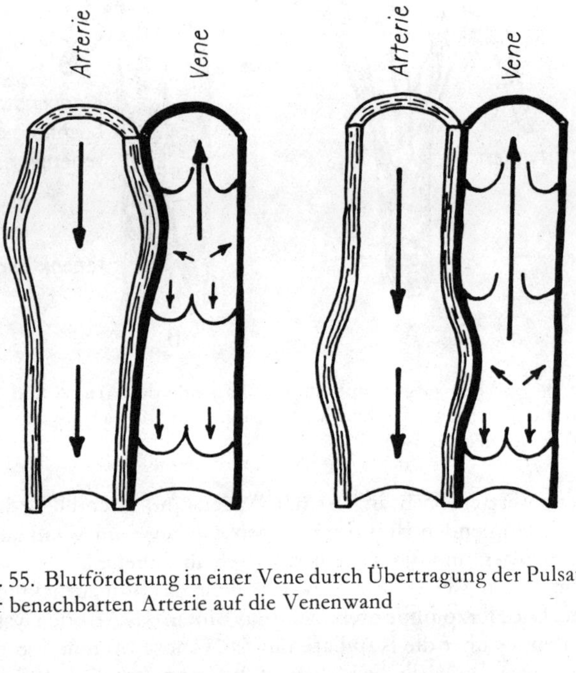

Abb. 55. Blutförderung in einer Vene durch Übertragung der Pulsation einer benachbarten Arterie auf die Venenwand

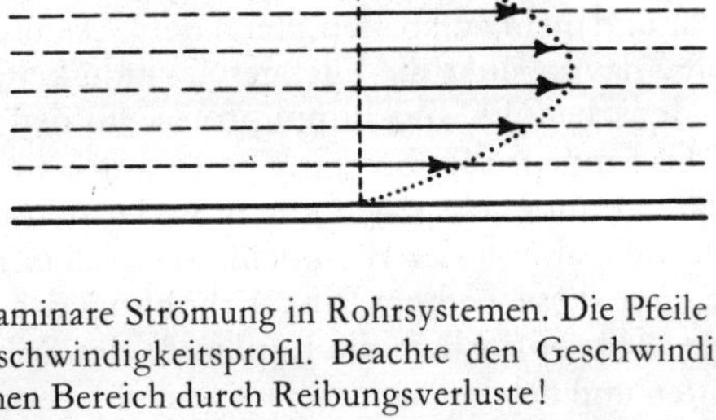

Abb. 56. Laminare Strömung in Rohrsystemen. Die Pfeile symbolisieren das Geschwindigkeitsprofil. Beachte den Geschwindigkeitsabfall im wandnahen Bereich durch Reibungsverluste!

trieben wird, keinesfalls ausreichen würde, um es zum Herz zurücktransportieren zu können (Abb. 57). Hier greifen die Venenklappen mit mehreren Funktionen helfend ein:

a. Das Zusammenspiel zwischen Venen und Venenklappen mit den benachbarten pulsierenden Arterien hat die Funktion einer zusätzlichen Pumpe (Abb. 55). Die durch den systolischen Druck bedingte lokale Ausbuchtung der Arterienwand wandert die Gefäße entlang und ruft in benachbarten Venenabschnitten ebenfalls einen Druckanstieg hervor. Dadurch wird die *distal* liegende Venenklappe geschlossen. Der Überdruck kann folglich nur in *proximaler* Richtung abgebaut werden, indem das Blut herzwärts weitergeschoben wird.

b. Die Venenklappen unterbinden einen Rückfluß des Venenblutes beim Auftreten von negativen Drucken und verhindern damit einen Blutrückstau.

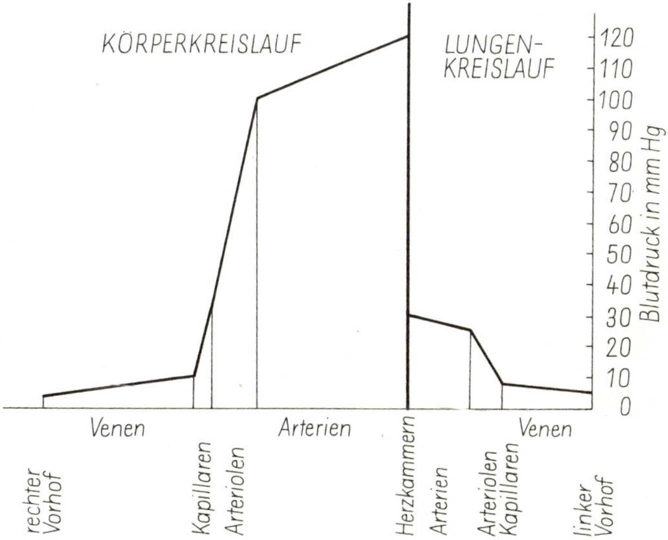

Abb. 57. Schema des systolischen Blutdrucks im Lungen- und Körperkreislauf. Die Druckkräfte für die Blutbewegung im Körperkreislauf stammen nur zum (größeren) Teil unmittelbar vom Herzen. Der kleinere Teil stammt mittelbar durch Energieübertragung von den Arterien auf die Venen unter Zuhilfenahme der Venenklappen (nach Bohnenkamp und Klepzig). Beachte den starken Druckabfall in den Arteriolen und Kapillaren des Körperkreislaufs!

c. Auf den Fußvenen würde ohne Venenklappen ein hydrostatischer Druck von ca. 100 Torr lasten (Höhendifferenz Herz-Fuß ca. 130 cm beim erwachsenen Menschen). Dieser Überdruck könnte einerseits zu Überdehnungen der Gefäße und andererseits zu unerwünschten Rückdiffusionen von Blutinhaltsstoffen in die Gewebe führen. Die Klappen bewirken eine Kompartimentierung der Venen, wodurch der hydrostatische Druck um mehr als eine Zehnerpotenz herabgesetzt wird. Mangelhaft arbeitende Venenklappen sowie erschwerter Blutrückfluß (z. B. bei Schwangerschaft oder stehender Tätigkeit) kann zur Bildung von »Krampfadern« führen.

MATERIAL: Versuchsperson – kräftiges Stoffband, Stauschlauch oder Arterienbinde

VERSUCHSDURCHFÜHRUNG: Um den Oberarm einer Versuchsperson wird nahe dem Ellbogengelenk eine Staubinde angelegt. Die Hand der VP hält einen Gegenstand fest umschlossen. Die Binde soll so fest angezogen sein, daß der venöse Blutstrom unterbunden ist, der arterielle Blutstrom jedoch noch ungehindert funktionieren kann, was sich durch Fühlen des Pulses leicht feststellen läßt. Durch das Abbinden des venösen Blutstromes treten, bedingt durch die Blutstauung, an der Innenseite des Unterarmes und am Handrücken die Venen deutlich hervor. Häufig sind an ihren Verzweigungsstellen Knoten sichtbar, unter denen die Venenklappen liegen. Man drückt mit dem Finger einen dieser Knoten fest nieder und streicht mit einem Finger der anderen Hand das Blut herzwärts aus der Vene. Der Venenabschnitt bleibt blutleer, da die Klappen ein Zurückströmen des Blutes verhindern und ein Nachströmen durch den Fingerdruck unterbunden wird. Erst wenn der Finger von der Venenklappe abgehoben wird, füllt sich der Venenabschnitt wieder mit Blut.

WICHTIG: Zum Abbinden keine Schnur verwenden!

4.5 *Das Wirbeltierblut und seine Hauptbestandteile*

THEORIE: Blut besteht im wesentlichen aus einem flüssigen Anteil, dem *Blutplasma*, und den darin schwimmenden *Blutzellen*. Die Hauptbestandteile des Plasmas sind: Wasser (90%), Plasmaeiweiß (7%), Glucose (Blutzucker), Fette, Lipoide, Stickstoffverbindungen, Milchsäure und Ionen (N^+, Ca^{++}, Cl^-, HCO_3^-

u. a.) sowie Hormone und Enzyme. Unter den Eiweißanteilen ist das *Fibrin* hervorzuheben, das in Zusammenarbeit mit anderen Faktoren für Blutgerinnung und Wundverschluß verantwortlich ist. Entfernt man das Fibrin aus dem Blutplasma, so erhält man *Blutserum*. Die meisten Plasmainhaltstoffe sind lediglich Transportgut.

An geformten Blutbestandteilen sind in erster Linie Blutzellen (*Erythrocyten* und *Leukocyten*) und Blutplättchen *(Thrombocyten)* zu erwähnen.

MATERIAL: Einige Erlenmeyerkolben, Becherglas, Glaskugeln (5–8 mm ∅) – Stickstoffgas (Flaschengas), 0,75%ige Natriumoxalatlösung, 0,75%ige Calciumchloridlösung, Rinderblut (wird frisch vom Schlachthof geholt und an Ort und Stelle gegen Gerinnung behandelt)

VERSUCHE:

1. *Defibriniertes Blut:* Man läßt das Blut aus der Halsschlagader des Rindes direkt in einen Erlenmeyerkolben fließen, der einige Glaskugeln enthält. Das Blut ist sofort an Ort und Stelle mit den Kugeln einige Minuten kräftig zu schütteln. Dabei fällt das Fibrin als schwammartiges Netzwerk aus. Später wird das Fibrinnetz herausgenommen und mit Wasser gut gespült. Es bleibt eine weiße Fasermasse zurück, die in getrocknetem Zustand jahrelang aufbewahrt werden kann. Der ursprüngliche schwammartige Zustand kann jederzeit wieder erreicht werden, indem man das getrocknete Fibrin für 24 Stunden in Wasser legt. Das fibrinfreie Blut (Blutzellen + Serum) kann im Kühlschrank bis zu zehn Tagen aufbewahrt werden.
2. *Oxalatblut:* Frisch entnommenes Blut wird in einem Erlenmeyerkolben mit einigen ml Natriumoxalatlösung (1,5–2 ml pro 100 ml Blut) gut gemischt. Oxalatblut gerinnt nicht.
3. *Blutkuchen:* Frisches Blut wird in ein Becherglas gefüllt und stehen gelassen. Bereits nach wenigen Minuten setzt die Blutgerinnung ein. Nach einiger Zeit zieht sich das Fibringerüst des Blutkuchens unter Ausscheidung von Serum zusammen.
4. *Fibringewinnung aus Blutkuchen:* Blutkuchen wird in ein Leinensäckchen gegeben und im Fließwasser gründlich ausgewaschen, bis das weiße Fibrinnetzwerk übrigbleibt.
5. *Blutgerinnung von Oxalatblut:* Oxalatblut wird zentrifugiert oder 24 Stunden stehengelassen. Das Plasma (Überstand) wird im Verhältnis 1:1 mit 0,75%iger Calciumchloridlösung gemischt

und ca. 30 min stehengelassen. Die Calciumionen heben die gerinnungshemmende Wirkung des Oxalats auf. Dieser Versuch soll demonstrieren, daß die gerinnungshemmenden Faktoren im Blutplasma enthalten sind. Der Versuch ist selbstverständlich auch mit Vollblut durchführbar. (Eine ausführliche Beschreibung der Blutgerinnung befindet sich im *dtv-Atlas zur Biologie*, Band 2.)

6. *Plasmagewinnung:* Oxalatblut wird zentrifugiert oder 24 Stunden stehen gelassen. Der hellgelbe Überstand ist Blutplasma. Wenn während der Vorbehandlung des Blutes einige Erythrocyten geplatzt sind, ist der Überstand durch das ausgetretene Haemoglobin rötlich gefärbt.

7. *Serumgewinnung:* Defibriniertes Blut oder Blutkuchen werden zentrifugiert. Der Überstand ist Serum (Serum ist fibrinfreies Plasma).

8. *Oxigeniertes* (= O_2-reiches) *Blut:* Defibriniertes Blut wird in einem Erlenmeyerkolben in dünner Schicht kreisend bewegt, so daß sich das Blut mit Sauerstoff sättigen kann. Die Sauerstoffsättigung wird schneller erreicht, wenn das Blut im Verhältnis von ca. 1:10 mit O_2-reicher 0,9%iger NaCl-Lösung verdünnt wird. Oxigeniertes Blut ist hellrot.

9. *Desoxigeniertes* (= O_2-armes) *Blut:* Defibriniertes Blut wird mit Stickstoff durchperlt. Steht N_2-Flaschengas nicht zur Verfügung, so kann man sich auch mit folgender Versuchsanordnung helfen (Abb. 58): Drei Waschflaschen werden hintereinander geschaltet. In die erste Flasche kommt alkalische Pyrogallollösung (10%ig in 20%iger NaOH-Lösung), in die zweite Flasche Leitungswasser und in die dritte Flasche Blut. Die dritte Flasche

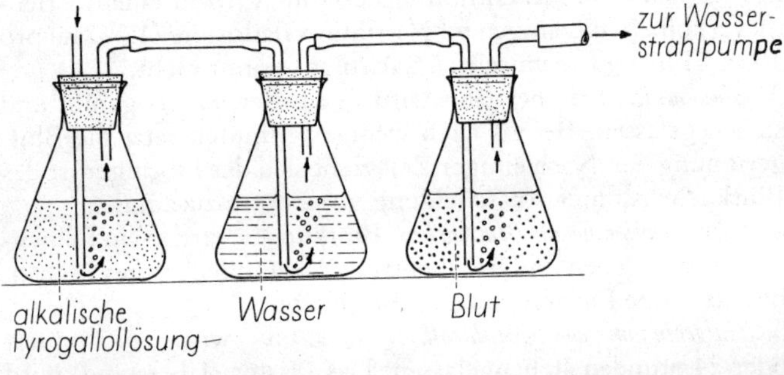

Abb. 58. Versuchsanordnung zu Versuch 4.5 (Desoxigenieren von Blut)

wird an eine Wasserstrahlpumpe angeschlossen. Luft strömt in die erste Flasche, wo ihr vom Pyrogallol der Sauerstoff entzogen wird. In der zweiten Flasche wird aus der O_2-freien Luft das mitgerissene Pyrogallol ausgewaschen. Durch die dritte Flasche, die das Blut enthält, strömt somit fast reiner Stickstoff. O_2-freies Blut ist dunkelrot bis schwarzrot.

4.6 *Bestimmung der osmotischen Resistenz von Erythrocyten***(**)
(Zugleich ein Versuch zur Demonstration des Unterschiedes zwischen »Molarität« und »Osmolarität«)

THEORIE: Die Wände lebender Zellen können bis zu einem gewissen Grad als *semipermeabel* bezeichnet werden. »Bis zu einem gewissen Grad« deshalb, weil es exakt semipermeable Wände in der Natur nicht gibt. Für unseren Versuch ist dies jedoch ohne Bedeutung.

Bringt man einen Tropfen Blut in destilliertes Wasser, so entsteht eine rote und klare Lösung. Wiederholt man den Versuch mit einer 0,9%igen Kochsalzlösung, so erhält man eine trübe Flüssigkeit. Lassen wir beide Proben einige Stunden stehen, so wird sich die erste Probe nicht verändern. In der Kochsalzprobe hingegen finden wir ein aus roten Blutkörperchen bestehendes Sediment und darüber eine klare, farblose Flüssigkeit. Was ist in den beiden Proben vor sich gegangen?

Der Zellinhalt von Erythrocyten hat eine *osmotische Konzentration*, die etwa der einer 0,9%igen Kochsalzlösung entspricht. Bringt man die Erythrocyten in destilliertes Wasser, so strömt aufgrund des *osmotischen Gradienten* Wasser in die Zellen. Die Zellen blähen sich auf und platzen. Dabei wird das Haemoglobin (Hb) frei und wir erhalten eine klare Hb-Lösung.

Im zweiten Fall entspricht die osmotische Konzentration der Salzlösung etwa der des Zellinhalts. Es wird in der Zeiteinheit folglich ebensoviel Wasser in die Zellen strömen wie hinaus. Die Blutkörperchen bleiben intakt. Das Ergebnis ist eine trübe Aufschwemmung von Erythrocyten. Läßt man die Probe stehen, so sinken die Blutkörperchen ab und im Überstand bleibt die reine Salzlösung mit dem Blutplasma. Die Senkungsgeschwindigkeit wird auch in der Medizin als diagnostisches Hilfsmittel verwendet (= *Blutsenkung*), da aus ihrer Größe auf verschiedene krankhafte Veränderungen geschlossen werden kann.

Der *osmotische Wert* einer Lösung ist abhängig von der Zahl der gelösten Teilchen (= *Osmolarität*). In der Medizin wird häufig eine 0,9%ige NaCl-Lösung für Infusionen verwendet, da die Osmolarität dieser Lösung etwa der der Blutflüssigkeit gleicht. Ein kleines Beispiel soll die Zusammenhänge näher erläutern:

Stellen wir uns die Aufgabe, für eine Infusion soll statt einer NaCl-Lösung eine Glucoselösung gleicher Osmolarität verwendet werden. Es müssen also gleich viele gelöste Teilchen pro Volumeneinheit vorhanden sein.

Das Molekulargewicht (MG) von NaCl beträgt 58,44, wobei im MG, ausgedrückt in Gramm, immer $6{,}023 \cdot 10^{23}$ Moleküle (= *Loschmidtsche Zahl*) vorhanden sind. In einer 0,9%igen NaCl-Lösung sind pro Liter 9 g NaCl gelöst, was etwa $0{,}929 \cdot 10^{23}$ Molekülen NaCl entspricht. Da aber NaCl in verdünnter Lösung vollständig in Na^+ und Cl^- dissoziiert, sind pro l 0,9%iger NaCl-Lösung $1{,}858 \cdot 10^{23}$ gelöste Teilchen vorhanden.

Glucose hat das MG 198,18. Um im l Glucoselösung $0{,}929 \cdot 10^{23}$ gelöste Moleküle zu haben, müssen 30,6 g Glucose gelöst sein. Da aber Glucose im Gegensatz zu NaCl nicht dissoziiert, müssen $30{,}6 \cdot 2 = 61{,}2$ g Glucose gelöst werden, um $1{,}858 \cdot 10^{23}$ gelöste Teilchen pro l zu erhalten. Eine 6,12%ige Glucoselösung hat folglich denselben osmotischen Wert wie eine 0,9%ige NaCl-Lösung (in der Humanmedizin werden meist 5%ige Glucoselösungen verwendet).

Material: Eprouvettenständer, 16 Eprouvetten, Tropfpipette (für Blut), Blockschälchen, 3 Meßpipetten (für Wasser, NaCl und Glucose), Filzschreiber, Mulltupfer – 1%ige NaCl-Lösung, 6%ige Glucoselösung, destilliertes Wasser, Äther-Alkoholgemisch (1:1), Heparin (5000 I. E./ml), sterile Blutlanzetten.

Versuchsdurchführung:

1. Beschrifte die Eprouvetten mit den untenstehenden Angaben und stelle sie geordnet in zwei Reihen hintereinander in den Eprouvettenständer. Die Gläser der ersten Reihe werden mit je 2 ml Glucoselösung gefüllt (aus der Stammlösung verdünnen):

Eprouvette Nr.	1	2	3	4	5	6	7	8
% Glucose	0,5	1	1,5	2	2,5	3	3,5	4

Die Gläser der zweiten Reihe werden mit je 2 ml NaCl-Lösung beschickt (aus der Stammlösung verdünnen):

Eprouvette Nr.	1	2	3	4	5	6	7	8
% NaCl	0,2	0,25	0,3	0,35	0,4	0,45	0,5	0,6

2. Gib in das Blockschälchen einen Tropfen Heparin.

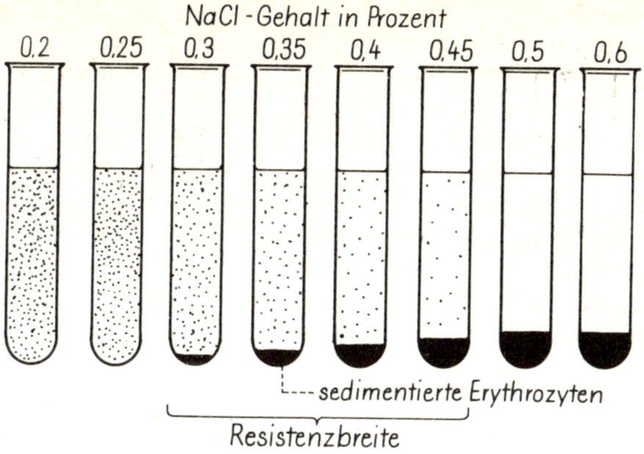

Abb. 59. Osmotische Resistenz von Erythrocyten in NaCl-Lösungen verschiedener Konzentrationen

3. Reinige eine Fingerspitze mit Tupfer und Alkohol-Äther-Gemisch und setze mit der Blutlanzette eine kleine Wunde.
4. Sauge das hervorquellende Blut mit der Pipette ab und vermische es im Blockschälchen mit dem Heparin *(Gerinnungshemmung)*.
5. Bringe mit der Pipette je 1 bis 2 Tropfen des Blut-Heparin-Gemisches in jede der Eprouvetten und schüttle diese kurz.
6. Notiere nach ca. 10 min Wartezeit die Trübung in jeder Eprouvette (trüb ++ + — —— klar).
7. Lasse die Proberöhren über Nacht stehen (oder zentrifugiere), damit die Erythrocyten vollständig sedimentieren können. Jetzt ist das Ergebnis noch deutlicher zu sehen (Abb. 59):
a. Die gesamte Probe ist rot und durchsichtig: Erythrocyten sind bald nach Einbringen der Blutprobe geplatzt.
b. Die Probe ist nur im unteren Teil durchsichtig und rot gefärbt; Überstand ist farblos: Erythrocyten sind erst nach teilweiser Sedimentierung geplatzt (in zentrifugierten Proben kann dieses Stadium nicht beobachtet werden).
c. Scharf abgegrenztes, rotes Sediment (= intakte Erythrocyten); Überstand rötlich: ein Teil der roten Blutkörperchen ist intakt (= jüngere Zellen), ein Teil ist geplatzt (= ältere Zellen).
d. Scharf abgegrenztes rotes Sediment; Überstand farblos: alle Zellen sind intakt geblieben.

Aufgaben:

1. Wie groß ist die osmotische Resistenzbreite der Erythrocyten in der NaCl-Reihe? (Geringste NaCl-Konzentration, bei der noch intakte Zellen vorhanden sind = Minimalresistenz; höchste Konzentration, bei der noch einige Zellen geplatzt sind = Maximalresistenz; Normalwert ca. 0,3–0,46%.)
2. Wie verhalten sich die Erythrocyten in gleichprozentigen NaCl- und Glucoselösungen? Deute die unterschiedlichen Reaktionen (siehe auch Theorie)!
3. Rechne die Prozentangaben in Molaritäten bzw. Osmolaritäten um und vergleiche erneut!

5. Diffusion

Einführung

Alle Moleküle sind oberhalb des *absoluten Nullpunktes* in dauernder Bewegung, wobei die Einzelmoleküle durch Zusammenstoßen mit benachbarten ständig ihre Bewegungsrichtung ändern. Die Energie, die dabei frei wird, bestimmt den Wärmeinhalt eines Körpers, oder anders ausgedrückt: die Temperatur eines Körpers ist abhängig von der Größe der Molekülgeschwindigkeit. Diese thermische Bewegung kann als sogenannte *Brownsche Bewegung* im Mikroskop beobachtet werden. Betrachtet man eine kolloide Lösung oder eine feine Suspension, so sieht man eine wimmelnde Bewegung der Teilchen, ähnlich der von Spermien. Diese Zitterbewegung beruht auf den ständigen Zusammenstößen und den daraus resultierenden Richtungsänderungen der Moleküle, wobei allerdings die Einzelkollisionen nicht zu sehen sind, da sich die Moleküle in Flüssigkeiten nur wenig mehr als um den Moleküldurchmesser fortbewegen können, ohne einen Zusammenstoß zu erleiden. Außerdem ist die Zahl der Kollisionen pro Sekunde zu hoch, um wahrgenommen werden zu können. (Luftmoleküle erfahren während einer Sekunde einige Milliarden Zusammenstöße. Der Weg, den ein Molekül zwischen zwei Zusammenstößen zurücklegt, wird als *mittlere freie Weglänge* bezeichnet und beträgt für Luft bei normalen Bedingungen ungefähr 10^{-7} m.) Sind jedoch mehrere Kollisionen hintereinander so gerichtet, daß durch Summation eine deutliche Nettobewegung des Kolloidteilchens zustandekommt, dann kann sie gesehen werden. Abb. 60 gibt davon einen ungefähren Eindruck. Wenn wir lange genug warten, wird sich also jedes Molekül um eine gewisse Strecke vom Ausgangspunkt entfernt haben, wobei der zurückgelegte Weg ebenso wie die Richtung lediglich von den Gesetzen der Wahrscheinlichkeit abhängen (= *Diffusion*).

Es ist leicht verständlich, daß die zurückgelegte Entfernung pro Zeiteinheit um so größer ist, je weniger dicht die Moleküle gepackt sind, weil sich dann die Zahl der Zusammenstöße verringert. Außerdem ist der zurückgelegte Weg pro Zeiteinheit um so größer, je schneller sich die Moleküle bewegen, d. h. je höher die Temperatur ist. Somit steigt auch die *Diffusionsgeschwindigkeit* proportional mit der Temperatur und umgekehrt proportional mit der Moleküldichte. Es ist daher in Flüssigkeiten eine geringere Diffusionsgeschwindigkeit zu erwarten als in Gasen. Schichten wir zwei verschieden dichte Lösungen übereinander, z. B. konzentrierte Kupfersulfatlösung unter reines Wasser, dann werden sich diese beiden Flüssigkeiten durch Diffusion vollkommen vermischen, wenn wir nur lange genug warten. Von welchen Faktoren hängt diese gleichmäßige Verteilung der $CuSO_4$- Moleküle über den gesamten zur Verfügung stehenden Raum ab?

1. Nettodiffusion erfolgt von hoher zu niedriger Konzentration. (Selbstverständlich erfolgt Diffusion nach allen Richtungen, doch werden in der Zeiteinheit mehr Moleküle aus dem Bereich der höheren Konzentration herausdiffundieren als umgekehrt. Daraus ergibt sich die oben genannte Nettodiffusion.)
2. Die Größe der Nettodiffusion hängt vom Konzentrationsgradienten ab.
3. Die Diffusionsgeschwindigkeit ist proportional der Temperatur (Wärmebewegung der Moleküle).

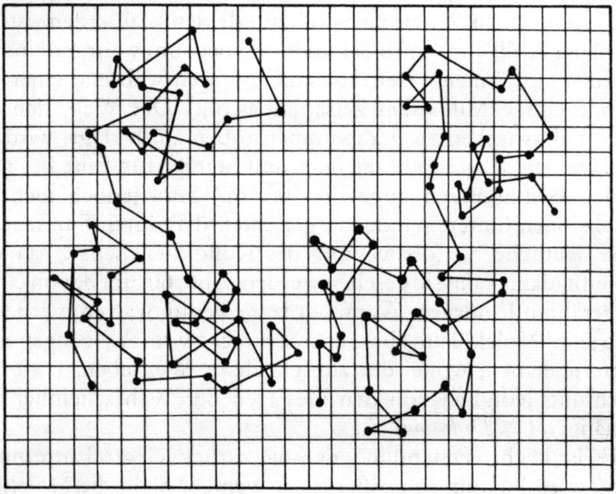

Abb. 60. **Brownsche Bewegung zweier Teilchen von $5 \cdot 10^{-4}$ mm** Durchmesser. Die Punkte geben die Positionen nach je 30 sec an. Die Linien, die die einzelnen Punkte verbinden, geben nicht den tatsächlichen Weg an, sondern den Nettoweg, der innerhalb je 30 sec zurückgelegt worden ist. Ein Teilstrich des Rasters entspricht $3 \cdot 10^{-3}$ mm.

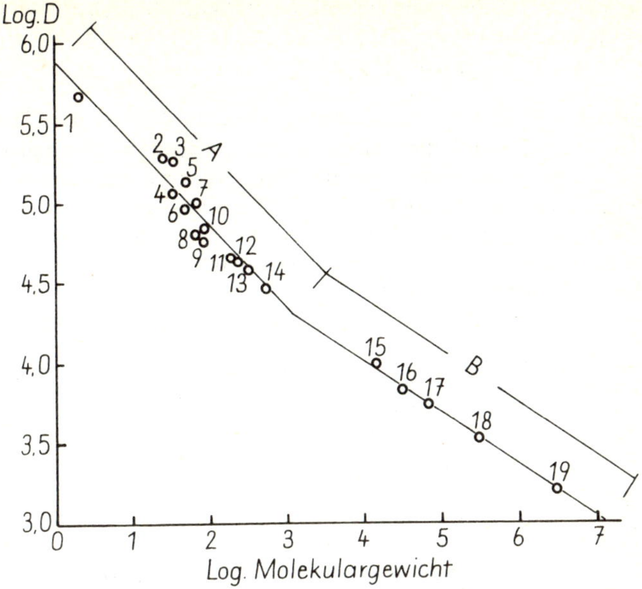

Abb. 61. Diffusionskoeffizient D als Funktion des Molekulargewichtes (nach STEIN) (Temperatur 20° C)

A: $D \cdot \sqrt[2]{MG} = $ konstant; B: $D \cdot \sqrt[3]{MG} = $ konstant. 1. Wasserstoff 2. Stickstoff 3. Sauerstoff 4. Methanol 5. Kohlendioxid 6. Azetamid 7. Harnstoff 8. Butanol 9. Amylalkohol 10. Glyzerin 11. Chloralhydrat 12. Glucose 13. Lactose 14. Raffinose 15. Myoglobin 16. Lactoglobulin 17. Haemoglobin 18. Edestin 19. Erythrokruorin

4. Die Diffusionsgeschwindigkeit ist umgekehrt proportional der Wurzel des Molekulargewichts. (Größere Moleküle diffundieren langsamer als kleine. Die Molekülgeschwindigkeit von O_2 und N_2 beträgt zwischen zwei Kollisionen bei Raumtemperatur durchschnittlich 500 m/s, von Wasserstoff hingegen ca. 1 800 m/s; siehe auch Abb. 61).

5. Die Diffusionsgeschwindigkeit ist umgekehrt proportional der Viskosität des Lösungsmittels.

6. Die Diffusion ist umgekehrt proportional der Diffusionsstrecke (je größer die Diffusionsstrecke, desto weniger Moleküle werden in der Zeiteinheit das Ziel erreichen).

Auf Grund der oben genannten Punkte läßt sich folgende Beziehung aufstellen:

$$\frac{dm}{dt.A} = -D \cdot \frac{dC}{dx}$$

Dieses sog. *Ficksche Diffusionsgesetz* lautet in Worten: Die Zahl der Moleküle (dm), die in der Zeiteinheit (dt) durch die Flächeneinheit (A) diffundieren, ist direkt proportional dem Konzentrationsunterschied (dC) und dem Diffusionskoeffizienten (D), sowie umgekehrt proportional der Diffusionsstrecke (dx). Das Minuszeichen bedeutet, daß der Nettostrom von hoher zu niederer Konzentration erfolgt.

dC = Konzentrationsgradient entlang der Diffusionsstrecke. (Bei gegebener Diffusionsstrecke x, z. B. Membrandicke, wird statt dC die Differenz $C_2 - C_1 = \Delta C$ eingesetzt. Bei Gasen wird der Konzentrationsunterschied als Partialdruckdifferenz angegeben.)

A = Diffusionsfläche

$\frac{dm}{dt.A}$ = $[Mol \cdot sec^{-1} \cdot cm^{-2}]$ Wird als *Flux* oder *Nettoflux* bezeichnet (Nettoflux = Influx — Efflux; Nettoeinstrom = = Einstrom — Ausstrom). Der Flux gibt die Zahl der Moleküle an, die die Diffusionsflächeneinheit in der Zeiteinheit in einer bestimmten Richtung durchwandern (Abb. 62).

D = Diffusionskoeffizient (beinhaltet folgende Größen: Gaskonstante, Temperatur, Loschmidtsche Zahl, Viskosität des Lösungsmittels, Molekülradius).

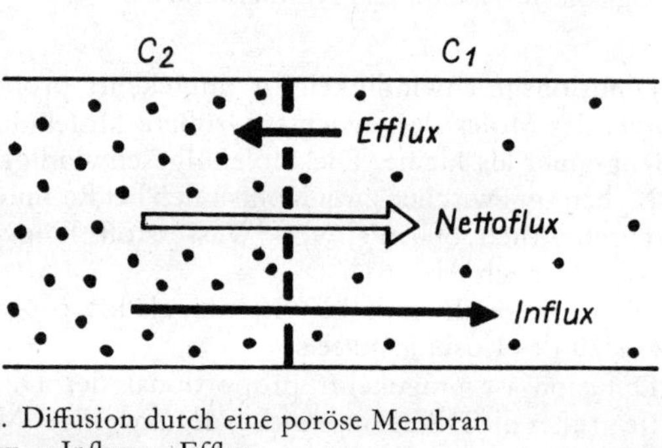

Abb. 62. Diffusion durch eine poröse Membran
Nettoflux = Influx — Efflux

Versuche

5.1 *Diffusion in Flüssigkeiten*****

MATERIAL: 2 Eprouvetten, Eprouvettenständer, Meßpipette – konzentrierte Kupfersulfatlösung, Haemoglobinlösung (aus käuflichem Haemoglobinstaub oder aus haemolysiertem Blut herstellen)

VERSUCHSDURCHFÜHRUNG: Fülle in beide Eprouvetten einige ml Wasser. Unterschichte nun mit Hilfe einer Pipette das Wasser einer Proberöhre mit Kupfersulfatlösung, in der anderen mit Haemoglobinlösung (es erleichtert das Unterschichten wesentlich, wenn der Hb-Lösung etwas Zucker zur Erhöhung des spezifischen Gewichtes zugesetzt wird). Lasse die Proben einige Tage vollkommen erschütterungsfrei stehen und beobachte in regelmäßigen Zeitabständen, in welcher Probe die Vermischung durch Diffusion schneller voranschreitet.

5.2 *Diffusion von Gasen**

Die Gasdiffusion geht wegen der großen Molekülabstände und der damit verbundenen größeren Beweglichkeit der Moleküle wesentlich rascher vor sich als die Diffusion in Flüssigkeiten. Der folgende Versuch eignet sich daher für Demonstrationen besonders gut.

MATERIAL: Plexiglasrohr (ca. 50 mm ∅, 600 mm lang) mit zwei passenden Gummi- oder Korkstopfen, Stativ mit Muffe und Klemme, flaches Schälchen (in das Rohr passend), Tropfpipette, Stoppuhr, schmale Holzleiste (ca. 500 mm lang), Universalindikatorpapier – Salmiakgeist (NH_3-Lösung), eventuell konzentrierte Salzsäure und Eisessig

VERSUCHSAUFBAU: (Abb. 63) Das Plexiglasrohr wird am Stativ befestigt und auf einer Seite verschlossen. Auf eine Holzleiste, an deren Stirnseite eine Zentimetereinteilung angebracht ist, wird ein Streifen Indikatorpapier über die gesamte Länge gelegt und mit Wasser gut befeuchtet. Diese Leiste und ein flaches Gefäß werden in die Röhre geschoben, die nun auch auf der zweiten Seite verschlossen wird. Oberhalb des Schälchens befindet sich im Rohr eine kleine Bohrung, durch die verschiedene Gase in wäßriger Lösung eingebracht werden können.

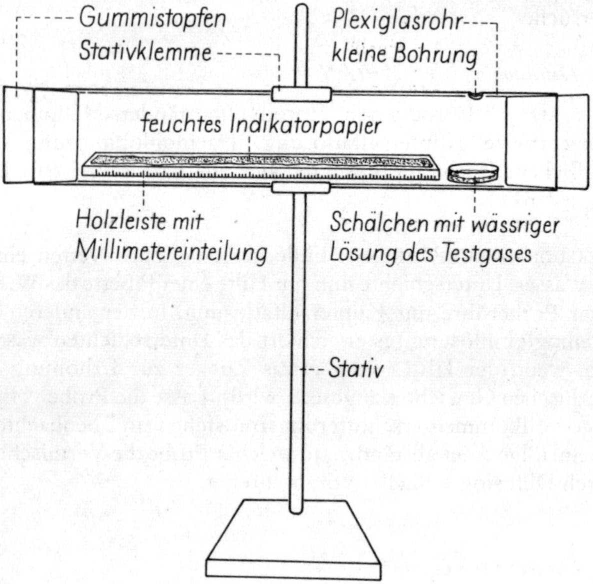

Abb. 63. Versuchsanordnung zu Versuch 5.2 (Gasdiffusion)

VERSUCHSDURCHFÜHRUNG: Durch die kleine Bohrung im Plexiglasrohr werden 2–3 ml Salmiakgeist in das Schälchen pipettiert. Der entweichende NH_3 (= Ammoniak) diffundiert zum anderen Rohrende und löst sich dabei im Wasserfilm des Indikatorpapiers. Dadurch wird das Wasser alkalisch und bewirkt einen Farbumschlag des Indikators. Die Wanderungsgeschwindigkeit der Farbumschlagsfront kann gut beobachtet werden. Sie ist ein Maß für die Diffusionsgeschwindigkeit.

AUFGABE:

1. Miß anfangs in kürzeren (10 bis 30 sec), dann in längeren (1 bis 2 min) Zeitabständen die vom Gas zurückgelegte Strecke, bezogen auf den Startpunkt.
2. Trage in einem Diagramm die zurückgelegte Strecke gegen die Zeit auf und zeichne die Kurve.
3. Teste verschiedene, in wäßriger Lösung basische oder saure Gase, z. B. HCl, CH_3COOH (nach jedem Versuch ist das Rohr gründlich zu reinigen). Vergleiche die Diffusionsgeschwindigkeiten in Relation zum Molekulargewicht.

6. Wasserhaushalt und Exkretion

Einführung

Alle Lebensprozesse spielen sich in wäßrigen Lösungen von bestimmter Ionenstärke ab. Während *extrazelluläre* Flüssigkeiten sehr oft der Zusammensetzung des Meerwassers ähneln, wobei Na^+ und Cl^- Ionen überwiegen (außer bei Insekten), sind *intrazelluläre* Flüssigkeiten, in denen K^+ und Proteinanionen dominieren, ganz anders zusammengesetzt. Intra- und extrazelluläre Räume werden von *Membranen* begrenzt, an denen verschiedene Regelmechanismen wirksam sind, um gegen die Gesetze der *Diffusion* und *Osmose* das Konzentrationsungleichgewicht zu erhalten. Die dabei auftretenden Prozesse beruhen auf *aktiven Transport-* und *Trägermechanismen* oder *selektiver Permeabilität* von Membranen. Während sich die Regelung zwischen intra- und extrazellulärem Raum an allen Membranen abspielen muß, stehen zur Erhaltung des Ungleichgewichtes zwischen Innen- und Außenmedien nur bestimmte Organe wie Nieren, Kiemen, Haut oder Darm zur Verfügung, die außerdem noch für die Exkretion der Stoffwechsel-Abfallprodukte verantwortlich sind.

Betrachten wir die Probleme des Wasserhaushaltes bei Tieren in verschiedenen Lebensräumen (Abb. 64).

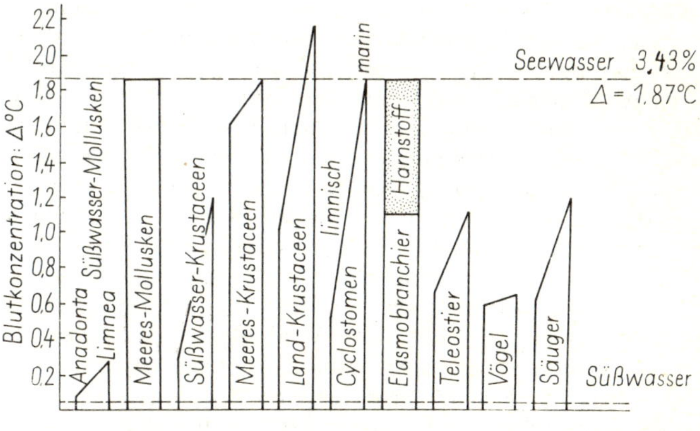

Abb. 64. Blutkonzentration verschiedener Tiergruppen
Δ °C = Gefrierpunktserniedrigung

1. *Marine Tiere:* Die meisten Evertebraten besitzen eine zum Seewasser *isosmotische* Körperflüssigkeit. Ändert sich die Konzentration des Meerwassers, so machen die *poikilosmotischen* Vertreter diese Schwankungen mit, während bei den *homoiosmotischen* Regelmechanismen auftreten. Solche Schwankungen im Salzgehalt des Wassers ertragen *euryhaline* Tiere (z. B. im Gezeitenbereich oder im Brackwasser) ohne Schaden, während die sog. *stenohalinen* Tiere gegenüber Konzentrationsänderungen sehr empfindlich sind.

Anders ist die Situation bei den marinen Knochenfischen und all jenen Wirbellosen, deren Blut *hyposmotisch* zum Medium ist, denn ihrem Körper wird ständig Wasser entzogen. Um dieser »Austrocknung« zu entgehen, trinken diese Tiere Seewasser, wobei das Salz im Darm resorbiert wird und das Wasser osmotisch nachströmt. Das Salz muß natürlich auf schnellstem Wege und mit möglichst geringem Wasserverlust wieder entfernt werden. Da bei Fischen die Nieren nicht sehr leistungsfähig sind und nur einen stark hyposmotischen Harn erzeugen, übernehmen die Kiemen diese exkretorische Funktion.

Die Knorpelfische lösen das Problem auf eine andere Weise. Ihr Blut besitzt zwar dieselbe Ionenkonzentration wie das der Knochenfische, durch den hohen Gehalt an Harnstoff erreicht es jedoch den osmotischen Wert des Seewassers. Für die Regelung der Ionenbilanz ist die Rektaldrüse verantwortlich.

2. *Süßwassertiere:* Im Süßwasser liegen die Verhältnisse gerade umgekehrt. Das Blut ist stets hyperosmotisch zum Medium, so daß ständig Wasser in den Organismus einströmt. Um die Blutkonzentration trotzdem konstant zu halten, muß die Niere große Mengen eines stark verdünnten Harns abgeben. Da gleichzeitig aber auch Ionen verloren gehen, muß dieses Defizit durch die Aufnahme von Salzen mit der Nahrung bzw. durch Austausch von NH_4^+ und HCO_3^- gegen Na^+ und Cl^- an den Kiemen (Fische, Krebse) ausgeglichen werden. Krebse und Insekten schützen sich noch durch eine wasserundurchlässige Kutikula.

3. *Landtiere:* Viele terrestrische Tiere weichen dem Wasserproblem aus, indem sie sich vorwiegend in wassergesättigter Luft aufhalten (z. B. Bodentiere, Amphibien). Alle anderen, die trockene Biotope bewohnen, müssen Schutzmaßnahmen gegen allzustarke Verdunstung ergreifen. Das Wasser geht vor allem über Haut und Atemwege sowie mit Kot und Harn verloren. Insekten machen durch die dünne Wachsschicht der Kutikula und Reptilien durch einen dicken Hornpanzer ihre Haut für

Wasser weitgehend undurchlässig. Da bei diesen Gruppen der Stickstoff in Form der unlöslichen Harnsäure abgeschieden wird, ist auch der Wasserverlust durch den Harn sehr gering (siehe Versuch 6.3). Den größten Verlustposten im Wasserhaushalt dieser Tiere stellt oft die Atmung. So entfallen bei Locusta, einer Heuschrecke, 70% des gesamten Wasserverlustes auf die Tracheenatmung.

Säuger verfügen über eine sehr leistungsfähige Niere, die eine starke Eindickung des Harns ermöglicht. Die wüstenbewohnende Känguruhratte kann dem Harn soviel Wasser entziehen, daß die Salzkonzentration auf 7% und die Harnstoffkonzentration auf 23% ansteigt.

Da Wasser auch zur Thermoregulation benötigt wird, steigt bei Tieren mit Schweißdrüsen der Wasserverlust bei Überhitzung des Körpers um ein Vielfaches. So erhöht sich die Schweißproduktion beim Menschen von normal $^1/_2$ l auf etwa 10 l pro Tag bei schwerer Arbeit.

Das Wasserdefizit wird meist mit der Nahrung, vor allem aber durch Trinken ausgeglichen. Meeresvögel und Reptilien, deren Nieren nicht so leistungsfähig wie die einiger Säuger sind, scheiden die durch Nahrung und Seewasser aufgenommenen Salzmengen über spezielle Salzdrüsen aus. So enthält das aus den Nasenhöhlen der Silbermöwe fließende Sekret bis zu 10% NaCl.

Viele weichhäutige Tiere, wie Regenwürmer oder Amphibien, trinken kein Wasser, sondern nehmen es über die Haut auf. Einige Insekten (z. B. Mehlkäfer, Flöhe) sind sogar in der Lage, der ungesättigten Luft Wasser zu entziehen. Manche Tiere können überhaupt auf eine Wasseraufnahme in flüssiger Form verzichten (z. B. Mehlkäfer, Känguruhratte). Sie begnügen sich mit dem in der trockenen Nahrung gebundenen Wasser und dem bei der Atmung freiwerdenden Oxidationswasser. Beim Verbrennen von 100 g Fett fallen 107 g, von 100 g Kohlenhydraten 55 g und von 100 g Eiweiß 43 g Wasser an.

Exkretionsorgane: Die im Dienste des Ionen- und Wasserhaushaltes sowie der Exkretion stehenden Organe arbeiten vom Protonephridium der Plathelminthen bis zur Niere der Säuger prinzipiell auf dieselbe Weise: Zunächst wird die Körperflüssigkeit unter Druck durch eine Membran filtriert (proteinfreies Ultrafiltrat) bzw. bei Metanephridien über einen Wimperntrichter eingestrudelt. Zusätzlich werden von den umliegenden Zellen verschiedene Substanzen in das Lumen des Nierenkanals *(Tubulus)* sezerniert, so z. B. Harnsäure oder K^+ in den Malpighischen Gefäßen der Insekten. Gleichzeitig beginnt die Rückresorption brauchbarer organischer Stoffe (z. B. Zucker, Aminosäuren) sowie verschiedener Ionen, insbesonders Na^+ und Cl^-. Diesem aktiven Ionenstrom folgt passiv das Wasser nach. Teilweise werden Ionen durch einen Austauschmechanismus aus den Exkretionskanälen zurückgewonnen. In den distalen Tubuli der Säugernieren werden z. B. Protonen gegen Na^+-Ionen ausgetauscht. Der gleichzeitig in das Lumen diffundierende Ammoniak neutralisiert die Protonen zu Ammoniumionen. Je nach Anforderung und Art des Tieres wird ein zum Blut hypo- oder hyperosmotischer Harn gebildet, der neben Salzen vor allem Harnsäure, Harnstoff oder ein anderes Abfallprodukt des Proteinstoffwechsels enthält.

Die am einfachsten gebauten »Nieren« sind die *Protonephridien* der Plathelminthen, Nemertinen und Aschelminthen. Sie beginnen mit einer Wimpernflamme, der abführende Kanal mündet einzeln oder in einem Sammelkanal nach außen.

Metanephridien finden sich in ihrem ursprünglichen Bauplan bei den Anneliden. Der mit einem Wimperntrichter beginnende, gewundene Kanal mündet erst im nächsten Segment nach außen. Die Nieren der Arthropoden (Maxillar-, Antennen-, Labial- und Coxaldrüsen) und Mollusken sind wahrscheinlich von solchen Nephridien abzuleiten.

Bei Insekten sind an der Grenze zwischen Mittel- und Enddarm zwei bis mehrere hundert Ausstülpungen, die *Malpighischen Gefäße*, exkretorisch wirksam. Die Reabsorption der brauchbaren Produkte findet hauptsächlich im Rektum statt.

Die *Niere* der Wirbeltiere ist aus mehreren tausend bis Millionen von *Nephronen* (*Bowmansche Kapseln*, *Glomeruli* und *Tubuli*) aufgebaut. Bei Säugern und in geringem Maße auch bei Vögeln wird die Wasserrückresorption in der *Henleschen Schleife* mit Hilfe des *Gegenstromprinzips* verstärkt.

Nicht nur in diesen typischen Nierenorganen, sondern auch an anderen Stellen des Körpers finden Exkretionsprozesse statt, so in den *Kiemen* der Fische und Krustaceen (NH_3, Salze) oder in der *Leber* der Wirbeltiere (Haemoglobinabbau und -exkretion über den Darm). Selbst die *Haut* ist in vielen Fällen in der Lage, NH_3 und Salze auszuscheiden (der Schweiß der Säuger enthält etwa 1% feste Bestandteile, vorwiegend NaCl). Schließlich muß man noch das CO_2 als Exkretionsprodukt erwähnen, das als leicht diffundierendes Gas den Körper über die Atemorgane und über die Haut verläßt.

6.1 *Wasserresorption im Darm****

THEORIE: Das durch Transpiration und Exkretion verlorengegangene Wasser wird von vielen terrestrischen Tieren in Form von Trinkwasser ergänzt. Auch das in der Nahrung enthaltene Wasser deckt einen mehr oder minder großen Teil des Defizits. Allerdings stehen die aufgenommenen Wassermengen (Mensch: 1,5 l pro Tag) in keinem Verhältnis zu den von den Verdauungsdrüsen in das Darmlumen sezernierten (Mensch: etwa 7 l pro Tag).

Die *Wasserresorption* steht in engem Zusammenhang mit der *Salzresorption*. Bei einem zur Körperflüssigkeit nicht isosmotischen Darminhalt folgen sowohl Na^+- wie Wasserfluß zunächst den Gesetzen der Diffusion, bis ein Gleichgewichtszustand erreicht ist. Bei isosmotischen Verhältnissen muß jedoch Na^+ aktiv in die Darmzellen gepumpt werden. Diesem dadurch ent-

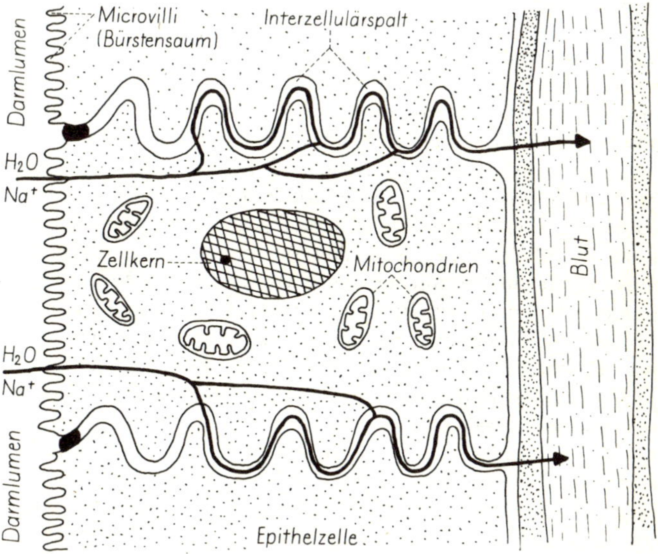

Abb. 65. Na^+- und Wasserresorption im Darm der Wirbeltiere (nach DIAMOND, 1962)

stehenden Konzentrationsgradienten folgt nun das Wasser passiv nach. Beide werden schließlich über Interzellulärspalten abtransportiert (Abb. 65).

Während in Mundhöhle, Magen und Duodenum die Wassersekretion durch die Verdauungsdrüsen überwiegt, wird im Dünndarm der größte Teil des Wassers dem Körper wieder zugeführt. Der Mensch vermag in 20 bis 25 min bis zu einem l Wasser aus dem Dünndarm aufzunehmen. Die Resorption kann künstlich durch nicht resorbierbare Salze (Na_2SO_4, $MgSO_4$) oder durch Hemmung der Natriumpumpe (z. B. durch Hg_2Cl_2) verhindert werden. Auch bei Diarrhöe kommt es durch vermehrte Darmsekretion und gesteigerte Darmperistaltik zu einer nur unvollkommenen Rückresorption des Wassers. Anlaß dafür können nervöse Einflüsse, Kältereize, Infektionen oder verdorbene Speisen sein.

MATERIAL: Maus oder Meerschweinchen (je nach Genauigkeit der Waage) – Analysenwaage, Trockenschrank oder starke Lampe, Petrischale, Filterpapier, mehrere Uhrschälchen, Pinzette, Schere

VERSUCHSANLEITUNG: Eine gut gefütterte Maus (oder ein Meerschweinchen) wird getötet und der Verdauungstrakt herauspräpariert. Davon werden folgende Organe der Reihe nach abgeschnitten und deren Inhalt auf vorher genau gewogene Uhrschälchen ausgedrückt: 1. Magen, 2. Duodenum, 3. mittleres Stück des Dünndarms, 4. Dünndarmende, 5. Blinddarm, 6. Enddarm (Abb. 66). Es soll stets darauf geachtet werden, daß der gesamte Inhalt eines Teilstückes gewonnen wird. Außerdem müssen wir ein Verdunsten des Wassers vor dem Wiegen verhindern, indem wir die Proben sofort in eine feuchte Petrischale (mit nassem Filterpapier auskleiden) geben. Auf einer Analysenwaage stellen wir nun möglichst genau das Frischgewicht unserer Proben fest und geben diese anschließend in einen Trockenschrank bei ca. 80 °C. Steht kein solcher zur Verfügung, können wir uns mit einer starken Lampe behelfen. Sind die Proben bis zur Gewichtskonstanz getrocknet, messen wir das Trockengewicht. Mit Hilfe des vor dem Versuch ermittelten Leergewichtes der Uhrschälchen können wir die Absolutwerte für Frisch- (FG) und Trockengewicht (TG) und schließlich auch den prozentuellen Anteil des TG am FG errechnen, den wir dann in das Diagramm der Abb. 66 eintragen.

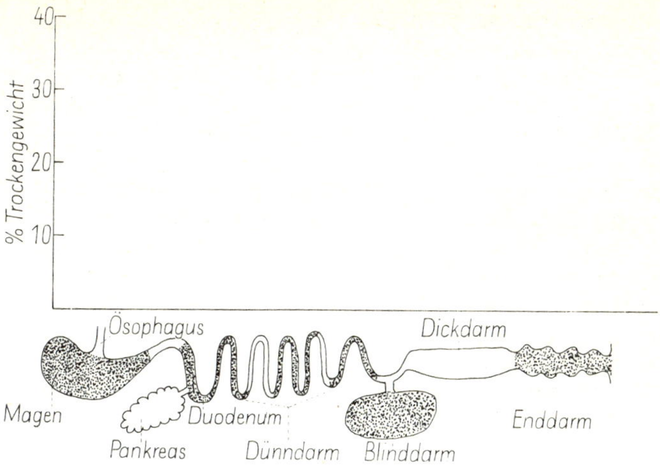

Abb. 66. Wassergehalt des Darminhaltes einer Maus: Die punktierten Teile werden herauspräpariert und das Trockengewicht des Inhaltes bestimmt. Die Werte in % Trockengewicht sind in das Diagramm einzutragen.

6.2 *Transpiration****

THEORIE: Die Verdunstung an einem feuchten Körper hängt vom Wasserdampfgehalt der Luft ab. Die *relative Luftfeuchtigkeit* (rLF) ergibt sich aus dem Verhältnis der tatsächlichen Feuchtigkeit (f) in Gramm Wasserdampf pro cm^3 Luft zur unter gegebenen Bedingungen maximal möglichen (f_0):

$$rLF = f/f_0 \cdot 100$$

Oder anders ausgedrückt: das *Sättigungsdefizit* der Luft

$$s = f_0 - f.$$

Die Geschwindigkeit der Entwässerung wird von verschiedenen Faktoren wie Temperatur, Oberfläche und Konvektion entscheidend beeinflußt.

Da beim Übergang vom Wasser- zum Landleben die Tiere oft über keinen leistungsfähigen *Verdunstungsschutz* verfügen, müssen sich solche Lebewesen auf feuchte Biotope mit annähernd wassergesättigter Luft beschränken (Amphibien, viele Bodentiere). Es ist im wesentlichen nur zwei Tierstämmen, den Arthropoden und den Wirbeltieren, gelungen, auch die trockenen Gebiete des Festlandes in breiter Front zu erobern. Bei anderen

Gruppen sind es höchstens einige Spezialisten, die sich der Trockenheit anpassen konnten.

Ein Frosch mit seiner feuchten Haut würde pro Tag in 22 °C bei trockener Luft 75% seines Körpergewichtes verlieren. Manche Reptilien hingegen schränken die Permeabilität für Wasser durch eine dicke Hornschicht so weit ein, daß unter denselben Bedingungen pro Tag durchschnittlich nur 0,1–0,3% des Körpergewichtes durch Verdunstung verlorengehen. Bei Insekten ist es die Wachsschicht, bei Vögeln das Feder- und bei Säugern das Haarkleid, das die Verdunstung in erträglichen Grenzen hält.

Da bei *Verdunstung* von Wasser der Umgebung Wärme entzogen wird, kann diese Erscheinung zur Temperaturregulation des Körpers genützt werden. Bei den meisten Tieren ist der Wasserverlust ein rein passiver Prozeß, einige sind jedoch in der Lage, durch aktive Schweißabsonderung die Verdunstung an der Hautoberfläche (manche Säuger) oder durch Hyperventilation der Lunge die Verdunstung über die Atemluft bedeutend zu erhöhen (Vögel, Säuger). Der Hund kann durch Hecheln das umgesetzte Luftvolumen von 2 auf 75 l/min steigern.

Zum Verdunsten von 1 g Wasser müssen bei 20 °C 586 cal aufgebracht werden, die vorwiegend der Flüssigkeit bzw. dem feuchten Körper entzogen werden. Der *Wärmeverlust* durch Verdunstung (Q_v) läßt sich nach der Gleichung

$$Q_v = A\beta\,(p_0 - p_1)$$

berechnen, wobei A die Fläche, β die Verdunstungszahl in $cal \cdot cm^{-2} \cdot sec^{-1} \cdot Torr^{-1}$ und $(p_0 - p_1)$ die Differenz des Dampfdruckes zwischen Flüssigkeitsoberfläche (p_0) und Luft (p_1) bedeuten sollen. Demnach ist selbst in gesättigter Luft eine Transpiration möglich, wenn die Temperatur des Körpers höher ist als die der Luft. Bei Windstille bildet sich um jeden feuchten Körper eine Hülle relativ wassergesättigter Luft, die die Verdunstungsrate an der Oberfläche bedeutend herabsetzen kann. Wird diese Isolierschicht durch Luftströmungen ständig zerstört, dann bleibt das Dampfdruckgefälle erhalten, d. h. es kann wesentlich mehr Wasser verdunsten.

Material: 2 Frösche und 2 Eidechsen – Wasserstrahl- oder Aquariumpumpe, 8 weithalsige Flaschen, 8 Gummistopfen, Gummischläuche, Glasrohre, Luftfeuchtigkeitsmeßstreifen, Waage (auf $\frac{1}{10}$ g genau), Filterpapier oder Zellstoff, Ausströmsteinchen (für Aquarien), Schlauchklemmen, Styroporplatte, Thermometer – Kieselgur oder $CaCl_2$

Versuchsanleitung: Frösche und Eidechsen läßt man vor dem Versuch eine Woche lang hungern (Haltung siehe Anhang). Einen Tag vor Versuchsbeginn werden die Frösche auf feuchtes Filterpapier gesetzt (nicht in Wasser halten!)

Versuchsanordnung: Abb. 67. Versenkt man die Versuchsgefäße in einer 5 cm dicken Styroporplatte, so ist ein sicherer Halt gewährleistet. Will man Korkstopfen verwenden, müssen die Poren mit Wachs abgedichtet werden. Die Seitenteile isoliert man am besten mit einem Stück Fahrradschlauch, das man über den Korken zieht.

Bevor die Tiere in die Kammern gesetzt werden, zwingt man durch mehrmaliges kurzes Drücken auf den Bauch die Eidechsen zur Kot- und die Frösche zur Harnabgabe. Anschließend werden die Tiere auf $\frac{1}{10}$ g genau gewogen (Frösche vorher abtrocknen). Der durch die Wasserstrahl- oder Aquariumpumpe erzeugte Luftstrom soll langsam erfolgen und kann mit der Schlauchklemme reguliert werden. Da das kurze Durchperlen der Luft durch das Wasser zur Sättigung mit Wasserdampf nicht ausreicht, muß durch Abdecken mit Filterpapier dafür gesorgt werden, daß der Frosch in der feuchten Kammer nicht direkt vom Luftstrom getroffen wird. Nur so ist annähernd eine Gewichts-

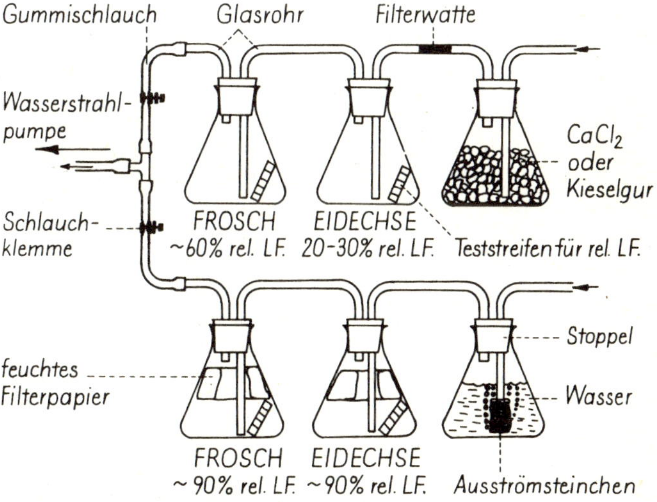

Abb. 67. Versuchsanordnung zu 6.2

konstanz zu erreichen. In der trockenen Kammer mit der Eidechse stellt sich eine rLF von etwa 30% ein, während es im »Froschgefäß« durch ständige Verdunstung des Tieres zu einer Erhöhung der Luftfeuchtigkeit auf etwa 60% kommt. Nach etwa 1,5 Stunden wird abermals das Gewicht der Tiere bestimmt.

WICHTIG:
1. Beachte genau die Vorbehandlung der Tiere.
2. Da trotz aller Vorkehrungen die Luft in der feuchten Kammer noch ein Sättigungsdefizit aufweist, verliert auch dieser Frosch etwas an Gewicht, aber wesentlich weniger als der trockengehaltene. Ergeben sich bei der Eidechse vor und nach dem Versuch Gewichtsdifferenzen, so ist dies allein auf Meßfehler zurückzuführen.

AUFGABEN:
1. Bevor die Frösche zum zweiten Mal abgewogen werden, stelle ihre Körpertemperatur fest. Ein möglichst genaues Thermometer wird im Versuchsgefäß an den Frosch gedrückt (z.B. in die Beuge zwischen Körper und Hinterbein), ohne ihn dabei mit den Händen zu berühren.
2. Drücke den Verlust an Körpergewicht in Prozent aus und deute die Ergebnisse.
3. Setze den trockengehaltenen Frosch nach dem Versuch in einen Behälter mit 1–2 cm hohem Wasserstand und wiege ihn nach einiger Zeit wieder ab.

FRAGEN:

1. Wie verhalten sich die beiden Frösche? Suche eine Erklärung für die Unterschiede.

Der »feuchte« Frosch verhält sich meist ruhig, während der »trockene« Frosch entweder aufgeregt einen Ausweg sucht oder sich ganz eng zusammenkauert, um durch eine möglichst kleine Oberfläche die Verdunstung einzuschränken.

2. Auf welchem Wege hat der zuerst trocken gehaltene Frosch im Wasserbecken Wasser aufgenommen?

Amphibien nehmen prinzipiell das Wasser osmotisch über die Haut und nicht über den Verdauungstrakt auf.

AUSBAUMÖGLICHKEITEN: Messung der Verdunstungskälte an einem Modell**

Material: Stativ mit Zubehör, 2 Thermometer, Gaze oder Stoffrest, Ventilator, 2 flache Wasserbecken (mindestens 2 l Fassungsvermögen) – Öl

Versuchsanleitung:

1. Zwei Thermometer werden an einem Stativ befestigt und ein Stück Gaze um die Thermometerspitze gewickelt (Abb. 68). Feuchten wir die Gaze eines der beiden Thermometer mit Wasser von Raumtemperatur an, so sinkt durch Verdunstung des Wassers die Temperatur langsam ab. (Vermeide im Versuchsraum jegliche Zugluft.) Hat sich die Temperatur auf einen Gleichgewichtszustand eingependelt, schalten wir in einem Abstand von 20–40 cm einen Ventilator ein. Durch den Luftstrom wird das verdampfende Wasser schneller abtransportiert, so daß die Temperatur um ein weiteres Stück fällt.
2. In zwei flache Becken werden je zwei Liter möglichst heißes Wasser gefüllt. Die Wasseroberfläche eines der Becken wird mit etwas Öl überschichtet. Prüfe mit zwei in den Wasserbädern

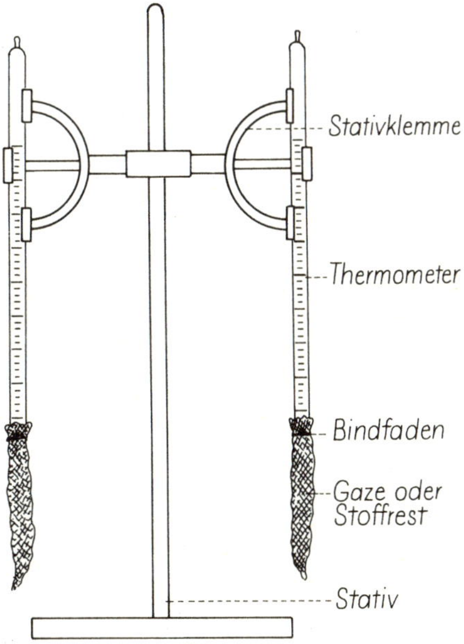

Abb. 68. Versuchsanordnung zu 6.2 (Ausbaumöglichkeit)

liegenden Thermometern den zeitlichen Temperaturabfall. Da im ölüberschichteten Wasser keine Verdunstung stattfinden kann und damit auch keine Verdampfungswärme abgeführt wird, kühlt es viel langsamer aus als das nicht überschichtete Wasser. Allerdings wirkt das Öl auch als Wärmeisolator und vermindert so die Wärmestrahlung.

6.3 *Stickstoffexkretion***

THEORIE: Die Eliminierung des Stickstoffs, der beim Abbau von Aminosäuren, Purin- und Pyrimidinbasen in Form von Ammoniak anfällt, kann wegen seiner Giftigkeit zu einem komplizierten und energieaufwendigen Prozeß werden.

Die meisten *wasserlebenden Tiere* sind in der Lage, den im Blut als NH_4^+ vorliegenden Stickstoff über Haut oder Kiemen an das Wasser abzugeben *(Ammonotelie)*, da das Ammoniumion gut löslich ist und rasch diffundiert. Unter den terrestrischen Tieren ist eine Ammoniakexkretion nur bei Asseln und einigen Pulmonaten bekannt.

Die meisten *Landtiere* sind jedoch gezwungen, den Ammoniak mit relativ großem Energieaufwand zu entgiften, da sie ihn nicht genügend schnell abtransportieren können bzw. mit Wasser sparen müssen. So stellen sich z. B. die Amphibien nach der Metamorphose von einer ammonotelischen auf eine ureotelische (Harnstoff) Exkretion um. Auch der Lungenfisch muß, wenn er in seiner Schlammkapsel die Trockenheit überdauert, den Ammoniak in Harnstoff umwandeln. Erst in dieser Form kann der Stickstoff gefahrlos gespeichert werden. Die Umwandlung geschieht in einem eigenen Stoffwechselkreislauf, dem *Harnstoffzyklus.* Für die Herstellung von 1 Mol Harnstoff werden 4 Mol ATP und 1 Mol CO_2 benötigt, wobei allerdings durch ein Nebenprodukt 3 ATP wieder zurückgewonnen werden. Somit reduziert sich der Nettoaufwand auf 1 ATP pro Mol Harnstoff. Als Ammoniakdonatoren dienen Glutamin- und Asparaginsäure, die somit eine zentrale Stellung im Aminosäurenstoffwechsel einnehmen. Eine solche *ureotelische Exkretion* finden wir bei Haifischen, terrestrischen Amphibien und allen Säugetieren sowie bei einigen Wirbellosen. Da Harnstoff selbst in hoher Konzentration ungiftig ist, kann er leicht gespeichert (Lungenfisch) oder sogar zur Aufrechterhaltung des osmotischen Gleichgewichts herangezogen werden (Selachier). Die Ausscheidung muß jedoch stets in wäßriger Lösung erfolgen, was die Eindickung des Harns erschwert, da der Harnstoff dessen osmotischen Wert stark erhöht.

Im Gegensatz dazu wird bei *uricotelen* Tieren (Vögel, Reptilien, Insekten, terrestrische Gastropoden) der Stickstoff in Form der schwerlöslichen *Harnsäure* gebunden, die vier Stickstoffatome enthält (Abb. 69). Im neutralen und basischen Milieu liegt die Harnsäure als Na- oder K-Urat vor und ist zwischen pH 7–8 bis zu einer Konzentration von 0,13‰ löslich. Mit zunehmender Ansäuerung sinkt jedoch die Löslichkeit, bei einem pH-Wert von 4–5 etwa auf 0,007‰. Insekten machen sich diese Eigenschaft zunutze, indem sie die in die Malpighischen Gefäße sezernierte Harnsäure im Rektum durch Ansäuerung und Wasserentzug ausfällen. Da in den Exkretionsorganen der Großteil der Harnsäure kristallin vorliegt, kann diese keine osmotische Aktivität mehr entfalten und ermöglicht somit eine starke Eindickung des Harnes, der bei den Sauropsiden als weißer Brei sich deutlich von den braunen Fäzes unterscheidet. Auch der Mensch gibt pro Tag 0,5 g Harnsäure (im Vergleich zu 20 g Harnstoff) ab, die jedoch vom Purinstoffwechsel stammt. Der Stickstoff der Pyrimidinbasen wird in Form von Harnstoff ausgeschieden.

Bei einer krankhaft gesteigerten Purinsynthese kann beim Menschen der Harnsäuregehalt des Blutes stark ansteigen. Durch die schon bald eintretende Übersättigung lagern sich Harnsäurekristalle in den Gelenken ab und führen zu schmerz-

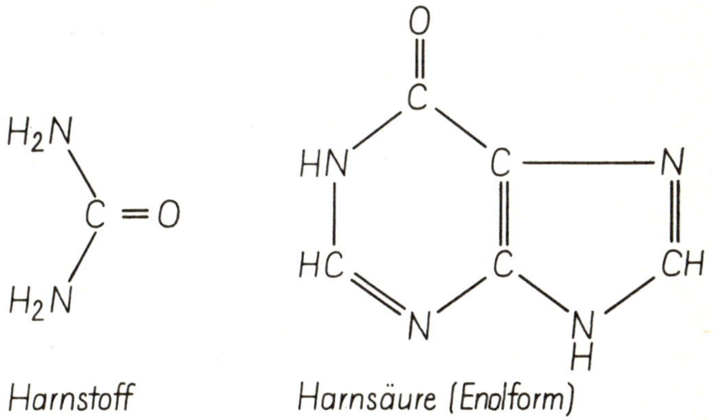

Abb. 69. Harnstoff und Harnsäure

haften Entzündungen (Gicht). Bei uricotelen Tieren kommt es hingegen regelmäßig zu Ablagerungen von Harnsäure, z. B. in den Fettkörpern von Insekten, in den Uratzellen von Collembolen und Schaben oder in den Nierensackzellen winterruhender Landschnecken.

Harnsäure wird bei den Wirbeltieren sowohl in der Leber als auch in den Nieren gebildet (Harnstoff nur in der Leber), bei Insekten findet die Synthese in den Fettkörpern statt.

Spinnen scheiden das ebenfalls schwer lösliche Guanin als Endprodukt des Proteinstoffwechsels aus *(Guanotelie)*. Diese Verbindung finden wir auch in den Iridocyten der Fische und im Tapetum mancher Wirbeltieraugen.

Unter anderen Exkretionsprodukten verschiedenster Herkunft, die entweder in geringer Menge oder vermehrt nur bei gewissen Tiergruppen auftreten, wären das Kreatinin, Trimethylaminoxid (marine Fische), Schwefelsäureester, Glucuronide und Glucoside, Hippursäure (pflanzenfressende Säuger) und die Ornithursäure (Vögel) zu nennen.

MATERIAL: 20–30 Asseln, Sauropsidenkot – 50 ml-Flasche oder Erlenmeyerkolben, Stopfen, Draht, kleines Plastikröhrchen, Filterpapier, Eprouvetten, Eprouvettenständer, Eprouvettenklammer, Bunsenbrenner, Indikatorpapier, Reibschale – 0,1 N NaOH, 1 N HCl, Bromthymolblau, Harnstoff

VERSUCHSANLEITUNG:

1. *Ammoniakproduktion bei Asseln:* Es werden 20–30 Asseln in eine etwa 50 ml fassende Flasche (Abb. 70) gesperrt. Der Boden soll mit feuchtem Filterpapier ausgelegt sein. Die Natronlauge resorbiert das bei der Atmung der Asseln frei werdende CO_2. Zwischen Stopfen und Flaschenhals klemmen wir ein mit Bromthymolblau getränktes Filterpapier. (Bromthymolblau in Aqua dest. auflösen, da der pH-Wert des Leitungswassers oberhalb (blau), der des destillierten Wassers unterhalb (gelb) des Umschlagpunktes des Indikators liegt.) Der gelbe Streifen läuft im Gefäßinnern nach einiger Zeit (15–20 min) blau an, was auf eine Ammoniakproduktion der Asseln schließen läßt.

WICHTIG: Dieser Versuch kann im Herbst und Winter wegen der verminderten NH_3-Ausscheidung der Asseln nicht durchgeführt werden.

2. *Harnstoff:* Eine Spatelspitze Harnstoff wird in einer Eprouvette über dem Bunsenbrenner trocken erhitzt. In das dabei ent-

stehende Gas halten wir ein feuchtes Indikatorpapier, das sich tiefblau färbt. Um welches Gas handelt es sich? (Es entweicht Ammoniak.) Überprüfe den Geruch des Gases.

3. *Harnsäure:* Einige Stücke vom weißen, getrockneten Vogel- oder Reptilienharn werden in einer Reibschale pulverisiert und in zwei Eprouvetten gegeben. Die erste wird mit Wasser gefüllt, die zweite mit 0,1 N NaOH. Während im Wasser die Harnsäure ungelöst bleibt, löst sich in der Lauge ein Großteil in Form von Na-Urat. Fügen wir einige Tropfen 1 N HCl hinzu, so fällt die Harnsäure in weißen Flocken wieder aus.

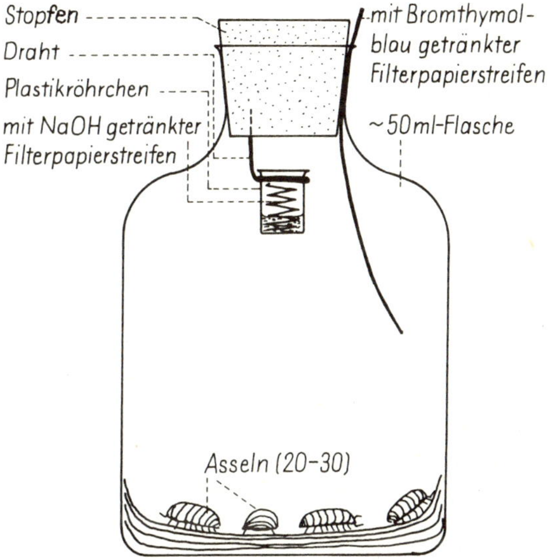

Abb. 70. Versuchsanordnung zur NH_3-Produktion von Asseln

7. Steuerung und Regelung in der Biologie

Einführung

In der Einführung zum Kapitel Sinnesphysiologie wird kurz auf die Methode der *black box-Analyse* in der Biologie hingewiesen. Die dazugehörige Abb. 131 stellt ein *Blockschaltbild* dar. Das heißt, daß die »black box« und der »Beobachter« schematisch in Blöcken dargestellt und ihre Beziehungen untereinander mit Pfeilen gekennzeichnet werden.

Diese graphische Darstellung von Systemen erleichtert das Verständnis biologischer Zusammenhänge. Das oben genannte Beispiel für die black box-Analyse beschreibt den Vorgang einer *einfachen Kopplung*. Die Eingangsgrößen sind dabei mit den Ausgangsgrößen über ein oder mehrere Teilsysteme verbunden. Dieses Prinzip der einfachen Kopplung ist in gesteuerten Vorgängen verwirklicht, wobei die Eingangsgrößen die Ausgangsgrößen beeinflussen (Abb. 71).

Den Wirkungsablauf der Steuerung nennt man *Steuerkette*. Wird etwa die Straßenbeleuchtung in Abhängigkeit von der Tageshelligkeit eingeschaltet, dann handelt es sich um einen

Abb. 71. Schema einer Steuerkette

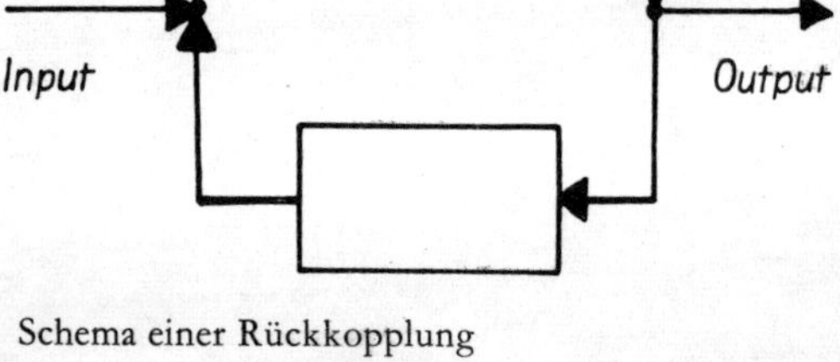

Abb. 72. Schema einer Rückkopplung

Steuerungsvorgang. Wirkt die Ausgangsgröße auf die Eingangsgröße zurück, so liegt eine *Rückkopplung* vor (Abb. 72). Die Rückkopplung ist das Grundprinzip aller Regelmechanismen, deren Aufgabe darin besteht, Systeme in stabilen Zuständen zu erhalten, indem die Abweichungen von einem »Normzustand« ausgeglichen werden. Steuerungen und Regelungen sind in allen biologischen Bereichen anzutreffen.

Eine Eingangsgröße durchläuft ein Teilsystem *(Regelstrecke)* und erfährt dadurch eine bestimmte Veränderung, die über ein *Meßglied* dem *Regler* mitgeteilt wird. Der Regler vergleicht diesen Wert *(Istwert)* mit dem *Sollwert*, den ihm die *Führungsgröße* eingegeben hat. Ergibt sich eine Differenz zwischen Istwert und Sollwert, dann wirkt der Regler über das *Stellglied* auf die Regelstrecke ein, um den gewünschten Sollwert zu erreichen. Diese Differenz zwischen Istwert und Sollwert kann durch *Störgrößen* verursacht sein, die auf die Regelstrecke einwirken (Abb. 73).

Um diese abstrakte Vorstellung etwas zu erläutern, betrachten wir einen Thermostat: In einem Raum (Regelstrecke) soll die Temperatur konstant 20° C (Sollwert) bleiben. Ein Thermometer (Meßglied) registriert die jeweilige Raumtemperatur (Istwert). Sinkt diese unter dem Einfluß eines plötzlichen Wetterumschwungs (Störgröße) unter 20° C, dann wird der Schalter eines Heizaggregats (Stellglied) betätigt, das so lange arbeitet, bis die gewünschte Temperatur im Raum wieder erreicht wird. – Ein analoges biologisches Beispiel ist die Konstanthaltung der Körpertemperatur bei Warmblütern (Abb. 74).

Die Rückkopplung auf die Eingangsgrößen wird dann *kom-*

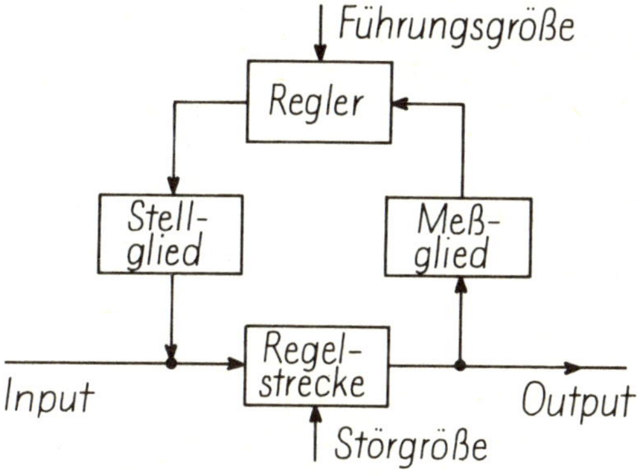

Abb. 73. Schema eines Regelkreises

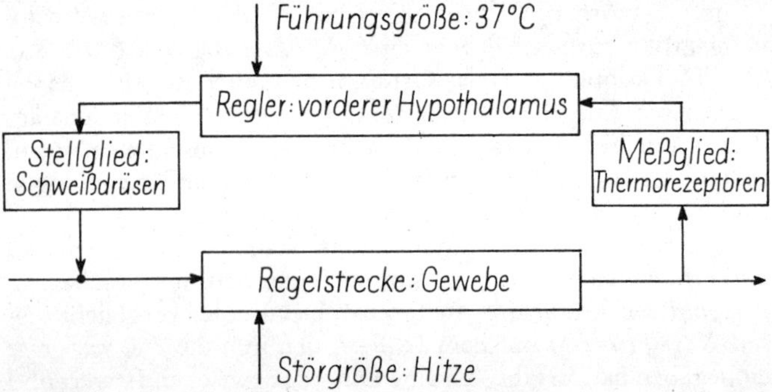

Abb. 74. Schema zu einer Möglichkeit der Körpertemperaturregelung bei Warmblütern

pensierend (= negativ) genannt, wenn sie Störgrößen auszuschalten versucht. Eine Rückkopplung ist *kumulativ* (= positiv), wenn sie die Störgrößen zu den Eingangsgrößen addiert.

Steuer- und Regelmechanismen sind nur möglich, wenn zwischen den Teilsystemen (Steuergröße, Stellglied, Regler, usw.) ein Fluß von *Nachrichten* aufrechterhalten wird. Diese Nachrichten werden durch energetische oder materielle *Träger* in der Form von *Signalen* übertragen. Biologische Signale sind innerhalb eines Organismus elektrische Impulse (z. B. Aktionspotentiale in Nerven) oder Hormone.

Zwischen zwei oder mehreren Organismen dienen unter anderem Schallwellen oder Duftmoleküle als Nachrichtenträger. An Stelle von Nachricht wird im Alltag auch der Begriff *Information* verwendet. In der Informationstheorie hingegen ist Information durch jenen Teil einer Nachrichtenmenge definiert, der die Unwissenheit des Nachrichtenempfängers verringert. Der Rest einer solchen Nachrichtenmenge, die sog. *Redundanz*, ist dem Empfänger schon bekannt und dient der Sicherung der Informationsübertragung vor Störeinflüssen (z. B. Rauschen).

Für den Regelvorgang ist die Art und Weise, mit der Signale in den einzelnen Teilsystemen vom Eingang auf den Ausgang übertragen werden, von großer Wichtigkeit. Man nennt diese Teilsysteme auch *Übertragungsglieder* und untersucht sie mit den Methoden der black-box-Analyse.

Es wird davon ausgegangen, daß das Eingangssignal Xi und das Ausgangssignal Xo Funktionen der Zeit sind. Die Ausgangsfunktion wird durch die Eingangsfunktion bestimmt und hat keinen rückwirkenden Einfluß auf diese. Das Verhalten eines Übertragungsgliedes kann durch die Zuordnung von Eingangs- und Ausgangsfunktionen bestimmt und durch *Übertragungsfunktionen* mathematisch beschrieben werden. Bei einfachen, also linearen Übertragungsgliedern unterscheidet man hauptsächlich drei Verhaltensweisen:

1. Proportionales Verhalten: Xo ist Xi proportional. Man spricht dann von einem Proportionalglied *(P-Glied)*.
2. Integrales Verhalten: Xo ist dem zeitlichen Integral von Xi proportional. Das Glied wird Integrationsglied *(I-Glied)* genannt.
3. Differenzierendes Verhalten: Xo ist dem zeitlichen Differentialquotienten von Xi proportional. Es handelt sich also um ein differenzierendes Glied *(D-Glied)*.

Beispiele für solche verschiedene Typen von Übertragungsgliedern sind *phasische* und *tonische* Rezeptoren. Phasische Rezeptoren verhalten sich so wie D-Glieder, tonische wie P-Glieder und phasisch-tonische wie PD-Glieder (Abb. 75).

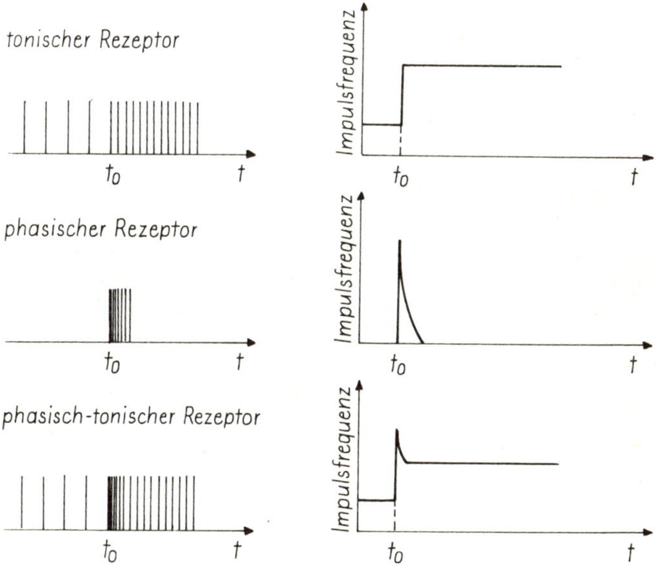

Abb. 75. Veränderung der Impulsfrequenz von verschiedenen Rezeptortypen durch einen sprungförmigen Reiz zur Zeit t_0

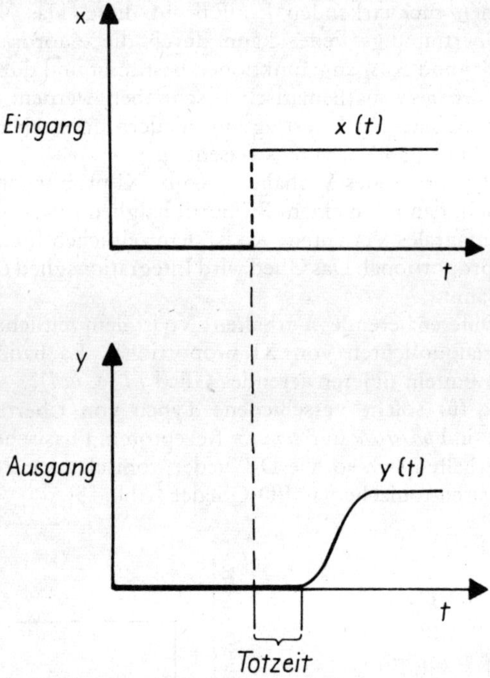

Abb. 76. Darstellung der Totzeit eines Systems bei Eingabe einer Sprungfunktion

Die Geschwindigkeit der Signalübertragung in den einzelnen Gliedern eines Steuer- oder Regelsystems ist immer endlich. Die Zeit, die zwischen einem Reiz oder einer Störung und der Antwort des Systems vergeht, wird *Totzeit* genannt (Abb. 76). Ist die Totzeit länger als die zwischen verschiedenen Störeinflüssen verstreichende Zeit, dann kann das System trotz Rückkopplung die Wirkung der Störgröße nicht kompensieren. Das System beginnt immer stärker zu oszillieren, es wird *instabil.*

7.1 *Reaktionstest* **

Theorie: Die Glieder eines Regelkreissystems benötigen eine gewisse Zeit für die Übertragung eines Signals (Totzeit). In einem Regelkreis summieren sich dann die Totzeiten der Teilsysteme.

An Hand eines einfachen Reaktionstests beim Menschen wollen wir diese Gesamttotzeit bestimmen.

Material: Versuchsperson, Versuchsleiter – Bleistift, roter Farbstift, Lineal mit Zentimetereinteilung, Uhr mit Sekundenzeiger – eine drehbare Trommel, deren Oberfläche mit einem Millimeterpapier bespannt ist; der Durchmesser der Trommel sollte etwa 15–25 cm betragen; sie befindet sich in einem Gehäuse, das nach hinten zu offen ist, auf der Vorderfront sind zwei mit Feststellschrauben verstellbare Blenden eingefügt, die nur einen schmalen Spalt freigeben (Abb. 77).

Versuchsanleitung: Der Versuchsleiter zeichnet auf dem Millimeterpapier der Schreibtrommel eine rote Linie ein, die

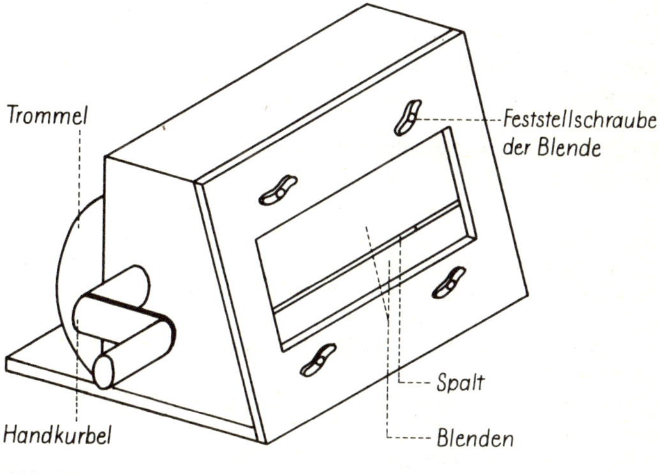

Abb. 77. Versuchsaufbau zum Reaktionstest

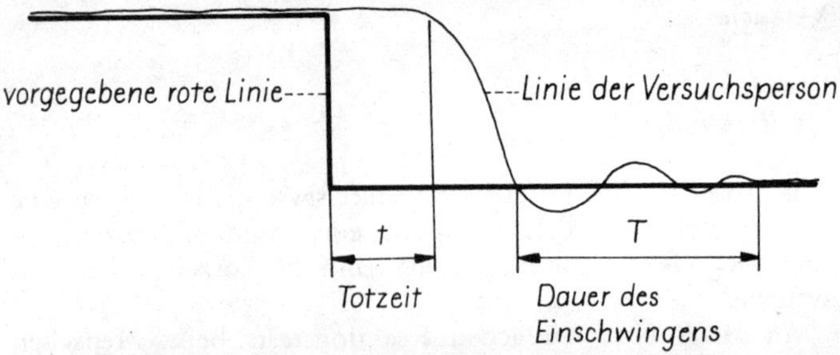

Abb. 78. Aufzeichnung eines Reaktionstests

je nach Größe der Trommel vier bis sechs Sprünge in ihrem geraden Verlauf zeigt. Die Sprünge sollen verschieden groß sein (1–3 cm), immer nur im gleichen Abstand voneinander erfolgen (Abb. 78) und einmal nach links und dann wieder nach rechts gehen, so daß der Anfang und das Ende der Linie genau zusammenlaufen.

Der Versuchsleiter sitzt der Versuchsperson gegenüber und bewegt die Trommel mit möglichst gleichmäßiger Geschwindigkeit (6–10 sec je Umdrehung).

Die Versuchsperson sitzt vor der Vorderseite des Geräts und versucht durch den Spalt der Blenden mit dem Bleistift der roten Linie genau zu folgen. Es werden drei Versuche gemacht, wobei die Trommel je Versuch fünf volle Umdrehungen macht. Nach jedem Versuch werden die für die Lösung der Aufgaben wichtigen Werte gemessen und die Bleistiftlinien der Versuchsperson ausradiert.

Wichtig: Die Drehgeschwindigkeit der Trommel soll richtig gewählt sein und konstant bleiben.

Aufgaben:

1. Bestimme die Drehgeschwindigkeit der Trommel mit der Uhr bei allen drei Versuchen, und berechne den Mittelwert daraus.
2. Berechne den Trommelumfang.
3. Miß alle Totzeitstrecken (Abb. 78) und bilde den Mittelwert davon.
4. Berechne die mittlere Totzeit (=Reaktionszeit) mit Hilfe der bereits gewonnenen Daten.
5. Fertige ein Regelkreisschema über diesen Reaktionsvorgang an (Abb. 73).

6. Finde andere Beispiele für Regelvorgänge in der Biologie und stelle sie in Blockschaltbildern dar.

Frage:
Wie ist nach Sprüngen der roten Linie dieses »Einschwingen« des Bleistiftstriches beim Nachfahren zu erklären? (Abb. 78)

Der Regler (Zentralnervensystem) in diesem System versucht die Störgröße (Sprung im Verlauf der roten Linie) so gut wie möglich zu kompensieren. Diese Kompensation fällt aber zu stark aus, so daß der Bleistiftstrich der Versuchsperson etwas über die rote Linie hinausführt. Beim Versuch des Reglers, diese Abweichung in die andere Richtung wieder zu korrigieren, kommt es zu dem gleichen Vorgang wie beim ersten Regelversuch, nur in weit schwächerer Form. Dieses Pendeln nennt man Einschwingen auf einen neuen stabilen Zustand.

Wenn die Versuchsperson nicht imstande wäre, mit dem Bleistift der roten Linie nach einem Sprung zu folgen, dann würde sie ständig Wellen zeichnen, ähnlich denen während der Zeit des Einschwingens. Man nennt diesen Vorgang allgemein »Oszillieren« eines Regelsystems.

7.2 *Lesbarkeit eines Textes* *

Material: Versuchsperson, Versuchsleiter – Schrifttext

Versuchsanleitung:
1. Die Versuchsperson hält mit ruhigen, ausgestreckten Armen einen gut leserlichen Schrifttext. Dann beginnt sie den Text zu

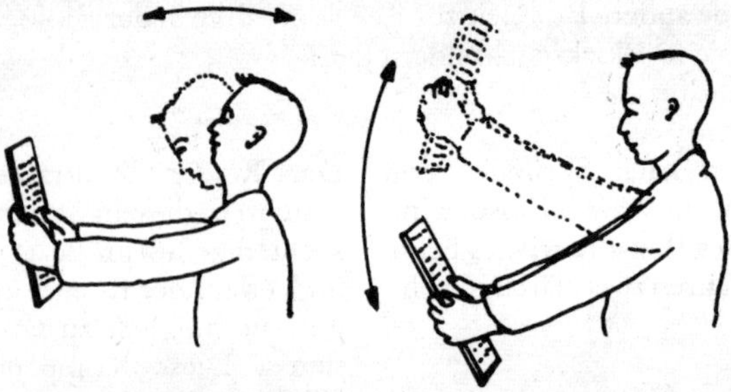

Abb. 79. Skizze zu Versuch 7.2

lesen und bewegt dabei den Kopf mit mittlerer Geschwindigkeit auf und ab (Abb. 79).

2. Die Versuchsperson hält den Kopf still und bewegt den Text mit den ausgestreckten Armen auf und ab, während sie den Text liest. Die Bewegungsgeschwindigkeit und der Blickwinkel zum Text sollten dabei gleich groß sein wie im 1. Versuchsteil.

3. Nun setzt sich der Versuchsleiter der Versuchsperson gegenüber und hält den Text so, daß er sich in der gleichen Position zur Versuchsperson befindet wie in den zwei vorhergehenden Versuchen. Die Versuchsperson beginnt wieder den Text zu lesen, und der Versuchsleiter bewegt ihn in möglichst gleicher Weise auf und ab, wie es die Versuchsperson selbst getan hat.

FRAGEN:

1. Unter welchen Versuchsbedingungen kann die Versuchsperson den Schrifttext gut, wann nur sehr schwer lesen?

Die Lesbarkeit des Textes ist unter den Versuchsbedingungen im 1. Versuchsteil am besten, in den Versuchsteilen 2 und 3 etwa gleich schlecht.

2. Was ist die Ursache für diese unterschiedliche Lesbarkeit, obwohl in allen drei Versuchen die Augen in gleicher Weise von den Augenmuskeln bewegt werden?

Für die Lesbarkeit des Textes im ersten Versuchsteil wirken zwei Dinge mit:

a. Mit den Signalen an die Halsmuskeln werden gleichzeitig Signale an die Augenmuskeln gegeben, die ja für das Verfolgen des Textes den Augapfel bewegen müssen.

b. Propriorezeptoren an den Halswirbelgelenken melden

dem Zentralnervensystem ihre Stellung zueinander. Das Zentralnervensystem gibt daraufhin sofort Befehle an die Augenmuskeln weiter, die entsprechend reagieren.

Diese beiden Punkte beweisen, daß das Auge nicht erst eine winzige stattgefundene Bewegung des Schrifttextes registrieren muß, um mit einer Eigenbewegung zu reagieren, sondern ohne diesen Zeitverlust eine genaue Fixierung des Textes vornehmen kann. Im 2. und 3. Versuch liegen offensichtlich keine solche Hilfen vor, und das Feststellen der Textbewegung durch das Auge selbst benötigt soviel Zeit, daß der bewegte Text nicht mehr fixiert werden kann und verschwommen erscheint.

AUFGABE: Fertige je ein Blockschaltbild über die Vorgänge der drei Versuchsteile an.

8. Das Nervensystem

Einführung

Jedes Lebewesen, ja jede einzelne Körperzelle, muß sich mit einer Vielzahl von physikalischen und chemischen Faktoren auseinandersetzen, deren Gesamtheit wir als Umwelt bezeichnen. Betrachten wir z. B. eine Nervenzelle: ihre Umwelt ist die Gewebeflüssigkeit, deren physikalische und chemische Eigenschaften sich verändern können. Als Variable kommen beispielsweise die stoffliche Zusammensetzung, Ionenkonzentration, Temperatur und Veränderungen des elektrischen Feldes in Frage.

Die Kontaktstelle zwischen Zelle und Umwelt ist die *Zellmembran*. Sie hat die wichtige Eigenschaft, daß sie gegenüber den chemischen Umweltfaktoren eine recht unterschiedliche Durchlässigkeit (= *Permeabilität*) aufweist. So kann die Membran dem Eindringen einiger Ionen sehr großen Widerstand entgegensetzen, während andere Ionen unbehindert ins Zellinnere wandern. Diese Durchlässigkeit ist von den spezifischen Eigenschaften der Zellmembran abhängig, die sich aber selbst wieder unter dem Einfluß zusätzlicher Faktoren verändern können (z. B. Adaptation, Erregung).

Der Kontakt zwischen Organismus und Umwelt umfaßt den Austausch von Stoffen und Energien, die sowohl für die Stoffwechselvorgänge als auch für den wechselseitigen Austausch von Signalen bzw. Nachrichten verwendet werden (siehe Abb. 80). Wir wollen uns mit letzterem Aspekt näher auseinandersetzen.

Lebewesen haben die verschiedensten Mechanismen zum Austausch von Nachrichten entwickelt. Die folgenden Beispiele sollen es erleichtern, die allgemeinen Bedingungen einer Nachrichtenübermittlung zu verstehen. (Definitionen der Begriffe siehe Kap. 7: Steuerung und Regelung in der Biologie.)

Die Sprache ist für Menschen das wichtigste Hilfsmittel, um mit anderen Menschen einen Nachrichtenaustausch herzustellen; wird die Entfernung zu groß, dann verwenden sie dazu Schriftzeichen; aber auch Trommelschläge und Rauchzeichen können eine ähnliche Funktion haben. Heute bedienen wir uns technischer Hilfsmittel wie der Telegrafie und des Funks, um Nachrichten zu übermitteln. Damit ein Nachrichtenaustausch möglich ist, müssen jedoch einige Voraussetzungen erfüllt sein:

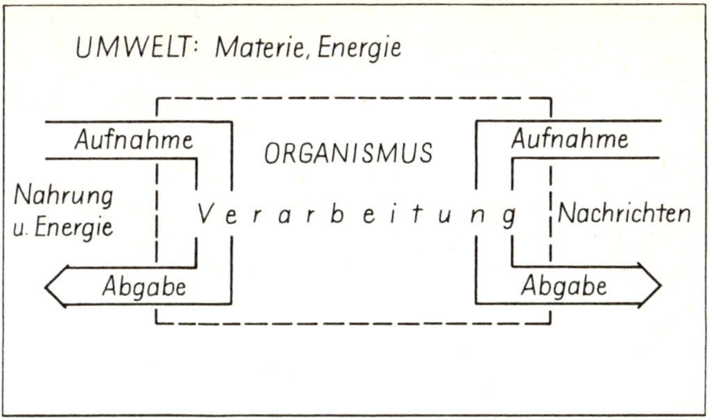

Abb. 80. Schema der Beziehung zwischen Organismus und Umwelt: Der Organismus ist kein von der Umwelt unabhängiges System; er ist zur Aufrechterhaltung seiner Lebensfunktionen auf einen Energie- bzw. Informationsstrom angewiesen, der auf materiellem und energetischem Austausch basiert

a. Alle Nachrichten werden mit den verschiedensten Hilfsmitteln in einer bestimmten energetischen oder materiellen Form festgelegt (z. B. Laute, Schriftzeichen, elektrische Impulse usw.). Den energetischen oder materiellen Träger einer Nachricht bezeichnet man allgemein als *Signal*.
b. Die Signale erhalten erst durch ihre gesetzmäßige Zuordnung zu bestimmten Tatbeständen ihre Bedeutung. Diese gesetzmäßige Zuordnung zu bestimmten Tatbeständen nennt man *Code*.
c. Erst das Zusammenwirken einer Signal*quelle* (= *Sender*) und eines Signal*empfängers* über einen sogenannten *Kanal* gewährleistet eine Nachrichtenübermittlung.
d. Ein Empfänger kann nur dann eine Nachricht verstehen, wenn ihm der Code bekannt ist.

Um nochmals zu der nachrichtenmäßigen Beziehung Organismus–Umwelt zurückzukehren: der Organismus kann Signale aufnehmen, im eigenen System weiterleiten und auch Signale abgeben; er kann somit Empfänger-, Kanal- und Sender-Eigenschaften haben.

Bei der Nachrichtenübermittlung werden Signale weitergeleitet. Einige bekannte Signale in vielzelligen tierischen Organismen sind chemische Substanzen (wie Hormone und *messenger RNS*) und elektrische Impulse an der Membran der Nervenzelle.

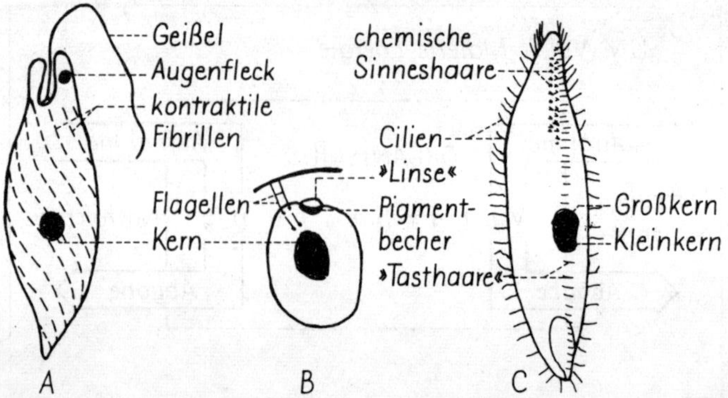

Abb. 81. Strukturen mit Empfänger-, Kanal- und Sender-Eigenschaften bei Einzellern. A: Euglena (Flagellata); B: Eudorina; C: Trachelophyllum (Ciliata) (B und C aus Hyman nach Mast, Gelei)

Bei den Protisten (= Einzellern) führt eine einzige Zelle alle biologischen Aufgaben durch. So wird unter anderem auch der Nachrichtenaustausch mit der Umwelt von dieser einen Zelle geleistet. Bei den Flagellaten (= Geißeltierchen) sind diese Leistungen teilweise an bestimmte Zellstrukturen gebunden. So hat der Augenfleck die Funktion eines Lichtempfängers (siehe Abb. 81), während der Zellmembran wahrscheinlich die Bedeutung des Kanals zukommt. Die Geißeln übernehmen die Aufgabe des *Effektors*. Der Effektor wirkt auf den Lebensraum ein und verändert damit die Umwelt des Organismus.

Definierte biologische Aufgaben sind bei den Metazoen (= Vielzellern) einzelnen Zellen oder auch Zellverbänden (Geweben, Organen) übertragen. Das große Repertoire möglicher Leistungen wird bei spezialisierten Zellen (oder Geweben) weitgehend auf eine einzige Funktion eingeschränkt. Die Nervenzelle (= das *Neuron*, NZ) hat in höher entwickelten Tieren die spezifischen Aufgaben der Aufnahme, Leitung, Verarbeitung und Speicherung von Nachrichten übernommen. Der Mensch besitzt ca. 15 Milliarden Neurone. Trotz großer Mannigfaltigkeit der Formen können an Neuronen bestimmte morphologische Strukturen mit spezifischen Funktionen abgegrenzt und auf ein allgemeines Schema zurückgeführt werden (siehe Abb. 82).

Man bezeichnet den zentralen Bereich der Zelle mit dem Zellkern als *Soma*. Vom Soma nehmen zwei Arten von Zellfortsätzen ihren Ausgang, meist mehrere *Dendriten* und ein *Neurit* (= *Ner-*

venfaser, *Axon*). Soma und Dendriten dienen der Aufnahme, Umwandlung und Verarbeitung von Signalen. In diesen Strukturen verursachen bestimmte Signale der Umwelt Veränderungen der physikalisch-chemischen Eigenschaften, die man als *Erregung* (im weiteren Sinn) bezeichnet. Alle Signale, die eine Erregung auslösen, werden *Reize* genannt. Durch das Auslösen der Erregung stellen Reize eine Signalverbindung zwischen der Zelle (bzw. dem Organismus) und der Umwelt her.

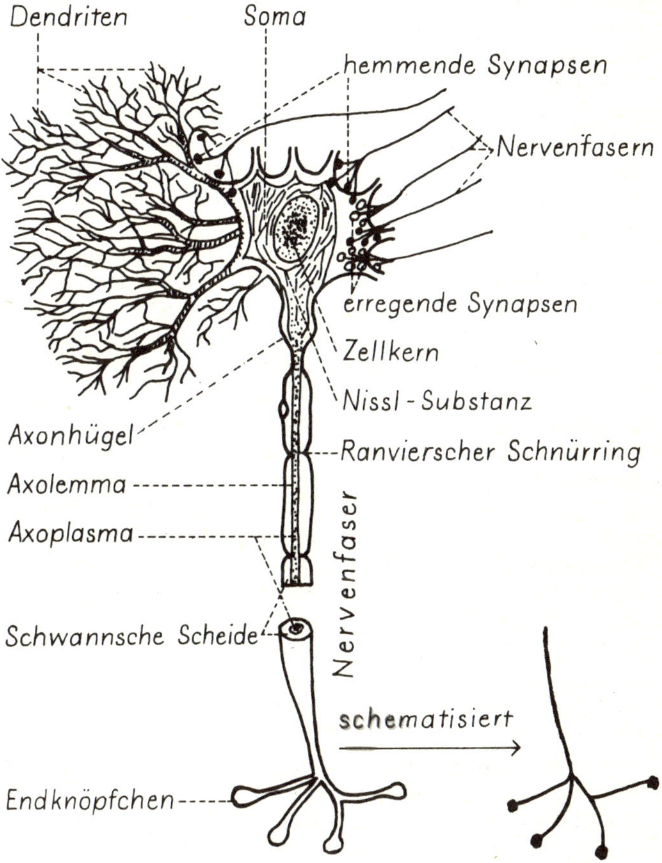

Abb. 82. Schema einer Ganglienzelle (Nervenzelle) von Vertebraten. Rechte Bildseite stark vereinfacht

Die Erregung kann z. B. als Änderung des O_2-Verbrauchs in der Zelle oder als Veränderung der Spannung (= des *Potentials*) eines elektrischen Feldes mit entsprechenden Methoden an der Zellmembran gemessen werden. Eine Erregung wird von reversiblen Prozessen begleitet, welche sich vorerst nur auf den Soma-Dendriten-Bereich beschränken. Sind in diesem rezeptorischen Teil des Neurons einige Voraussetzungen erfüllt (siehe unten), dann kann eine Erregung auch auf den Neuriten übergreifen. Zu den Voraussetzungen gehört unter anderem, daß die Intensität der Erregung im Soma-Dendriten-Abschnitt eine *Schwelle* überschreitet. Die Erregung des Neuriten kann dann mit einer elektronischen Registriereinrichtung (z. B. Oszillograph) als *Aktionspotential* (= *AP*, *Nervenimpuls*, *Erregungswelle*, englisch: *spike*) veranschaulicht werden. Das AP ist eine Erregung, die nicht auf den Reizort beschränkt bleibt, sondern weiterwandert. Auf dem Weg entlang der Nervenfasermembran wird das AP immer wieder neu gebildet, seine Intensität nimmt daher nicht mit der Entfernung vom Reizort ab.

Was aber geschieht, wenn die lokale Erregung die vorhin erwähnte Impulsschwelle nicht erreicht, oder wenn das *Ruhepotential* erhöht statt verringert wird? In Abb. 83 ist zu erkennen, daß in beiden Fällen die Bildung eines AP unterbunden und somit die Weiterleitung der Erregung blockiert wird.

Wir haben festgestellt, daß im Axon einmal ein Impuls (= AP) ausgelöst (abgefeuert) werden kann, daß jedoch ein anderes Mal die Impulsauslösung unterbleibt. Wir unterscheiden somit im Axon zwei Zustände, nämlich »Impuls« und »Nicht-Impuls« (bzw. die Phase des Feuerns – »Alles« – und die Phase der Ruhe – »Nichts« –) und kennzeichnen sie der Einfachheit halber mit den Symbolen »1« und »0«. Leser, die mit der Elektronik vertraut sind, wissen, daß auch in elektronischen Rechenanlagen lediglich »1«- und »0«-Zustände verwendet werden. Nachdem aber diese Maschinen in der Lage sind, logische und mathematische Rechenoperationen durchzuführen, hat sich die Modellvorstellung entwickelt, das NS könne das in ähnlicher Weise leisten.

Wir wissen bereits, daß das AP vom rezeptorischen Bereich der Nervenzelle seinen Ausgang nimmt und entlang der Axonmembran zum distalen Ende geleitet wird. Bei einem Vergleich mit der Abb. 84 finden wir, daß sich das Axon in feine Ästchen aufspaltet, und diese Ästchen manchmal an ihren Enden birnenförmig anschwellen. Diese Schwellungen bezeichnet man als *Endknöpfchen*. Bei der Betrachtung eines dieser Endknöpfchen

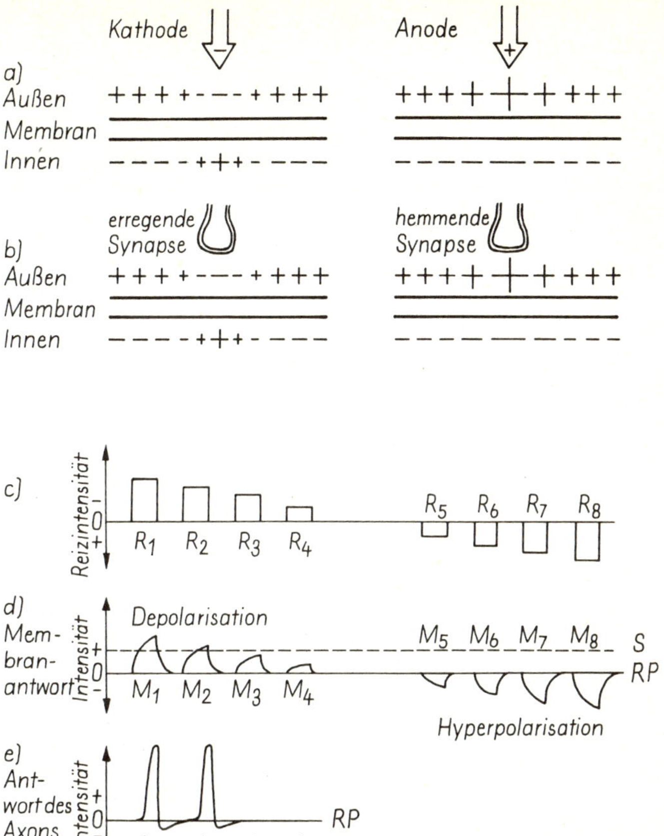

Abb. 83. Schema einer durch elektrische a. und synaptische b. Reizung ausgelösten Veränderung der Ladungsverteilung an der Nervenzellmembran. In c. sind Rechteck-Reizimpulse (R_1-R_8) von verschiedener Intensität und Polarität aufgetragen, die entsprechende Membranantworten (M_1-M_8) in d. auslösen. Die Reize R_1-R_4 rufen einen Abbau des Membranpotentials hervor (= Depolarisation), während R_5-R_8 eine Verstärkung des Membranpotentials über das Ruhepotentials (RP) hinaus bewirken. Lediglich die Antworten M_1, M_2 überschreiten den Schwellenwert S, bei dem im Axon die »wandernden« Aktionspotentiale A_1, A_2 auftreten (e.)

im Elektronenmikroskop (vgl. Abb. 84) sieht man unter anderem in seinem Innern eine große Anzahl von Bläschen. Es wurde festgestellt, daß bei jedem Eintreffen eines Aktionspotentials eine bestimmte Menge des Inhalts dieser Bläschen an die Umgebung abgegeben wird. Da der Bläscheninhalt spezifische Nachrichten von einer Zelle auf eine andere überträgt, sprechen wir von *Transmittersubstanzen* (= Überträgerstoffen). Die Anzahl der Impulse pro Zeiteinheit, also deren Frequenz, und die Menge der von den Endknöpfchen eines Axons freigesetzten Transmittersubstanz sind kausal verknüpft. Während die Bedeutung der Signale im Axon durch einen *Frequenzcode* festgelegt ist, erhalten die Signale an den Endknöpfchen ihren Informationsgehalt durch die Anzahl der freigesetzten Transmittermoleküle (*Amplitudencode*).

Man bezeichnet jenen Bereich, an dem es zur Übertragung von Signalen von einer Zelle auf die nächste folgende kommt, als *Synapse*. Eine Besonderheit vieler Synapsen besteht darin, daß an ihnen die Signale nur in eine Richtung geleitet werden. Bei

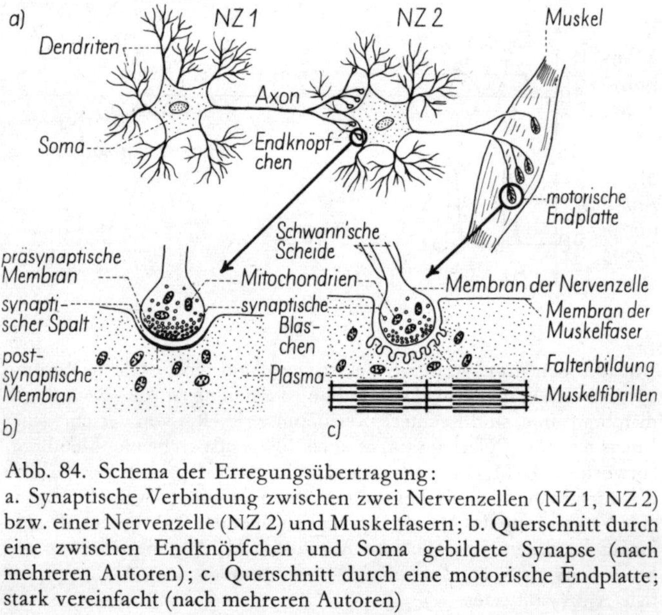

Abb. 84. Schema der Erregungsübertragung:
a. Synaptische Verbindung zwischen zwei Nervenzellen (NZ 1, NZ 2) bzw. einer Nervenzelle (NZ 2) und Muskelfasern; b. Querschnitt durch eine zwischen Endknöpfchen und Soma gebildete Synapse (nach mehreren Autoren); c. Querschnitt durch eine motorische Endplatte; stark vereinfacht (nach mehreren Autoren)

einer analysierenden, kybernetischen Betrachtung übernimmt das Endknöpfchen die Funktion eines Senders, während der submikroskopische Interzellularraum (= *synaptischer Spalt*) als Kanal fungiert. Die Empfänger der Transmittersubstanzen sind rezeptorische Teile benachbarter Zellen (z. B. Nerven-, Muskel-, Drüsenzellen).

Die Gesamtheit aller Neurone eines Organismus wird unter dem Begriff *Nervensystem* (= NS) zusammengefaßt. Die Nervenzellen vieler Hohltiere (z. B. des Süßwasserpolyps) liegen verstreut im gesamten Organismus und ihre Axone überkreuzen sich. Man spricht bei dieser Anordnung des Nervensystems von einem *diffusen Nervennetz*. Nervennetze treten bei den meisten Tiergruppen auf. So spielen sie bei den Vertebraten für die Regulation der vegetativen Funktionen eine wichtige Rolle.

In der Entwicklungsgeschichte der Tiere (= *Phylogenese*) läßt sich die Tendenz erkennen, den Nachrichtenaustausch immer sicherer zu gestalten und zu beschleunigen sowie eine leistungsfähige Nachrichtenverarbeitung zu entwickeln.

Einen wesentlichen Fortschritt in dieser Richtung erreichten die Organismen mit der Entwicklung der AP. Diese Signalform ist von der Reizstärke unabhängig und wird praktisch ohne Energieverlust über lange Strecken geleitet; zudem eignet sie sich vorzüglich für logische Operationen. Eine Beschleunigung des Signalaustausches konnte bei einer *kontinuierlichen Erregungsleitung* auf Grund physikalischer Gesetze durch die Zunahme des Axondurchmessers gefunden werden. Der Mechanismus einer springenden (= *saltatorischen*) *Erregungsleitung* bringt neben der Erhöhung der Leitungsgeschwindigkeit auch bei geringen Axonquerschnitten Vorteile mit sich, etwa die Einsparung von Energie und eine gesteigerte Sicherheit in der Erregungsleitung, da die Stromdichte an den *Ranvierschen Schnürringen* höhere Werte erreicht.

Der von den höher entwickelten Organismen eingeschlagene Weg zum Ausbau der Nachrichtenverarbeitung findet seinen Ausdruck in der räumlichen und funktionellen Konzentration der Nervenzellen zu einem *zentralen Nervensystem* (= ZNS). Anatomisch können wir feststellen: Dendriten, Somata und Endknöpfchen der meisten Neurone treten in enge räumliche Beziehungen und bilden in bestimmten Körperabschnitten zentrale Ganglienmassen. In diesen sind die Möglichkeiten für wechselseitige synaptische Kontakte beträchtlich erweitert und erleichtert. In eigenen Zentren (= *Ganglien*) werden alle Neurone zusammengefaßt, die ähnliche Reizarten aufnehmen. Zusätzliche Nervenzellen, die *Schaltneurone*, verbinden die Ganglienmassen untereinander. Eine Folge der Zentralisation ist die Ausbildung von langen Leitungsbahnen, die bis an die Körperperipherie reichen.

Bei einem Vergleich in der Entwicklung und Ausbildung des ZNS kann man zwischen höheren Evertebraten und Vertebraten beträchtliche Ähnlichkeiten feststellen. In beiden Gruppen kommt es zur Ausbildung eines *primären Gehirns* an jenen Stellen, wo sich ein Riech- oder ein Sehzentrum entwickelte. Das Riechzentrum stellt stammesgeschichtlich gesehen das älteste Zentrum dar; in ihm entstanden bei Evertebraten und Vertebraten die ersten *Assoziationszentren*. Mit dem Auftreten der Assoziationszentren sind *Gedächtnis*leistungen korreliert. Erst sekundär verschmelzen andere sensible und motorische Ganglien mit dem primären Gehirn.

Auch im Bau des Bauchmarks von Insekten und des Rückenmarks der Vertebraten kann man in einigen Punkten eine Übereinstimmung erkennen.

Das immer komplizierter werdende anatomische Bild der Nervenanordnung läßt sich mit einer Zunahme der Leistungsfähigkeit des Nervensystems korrelieren. Die niedrigste Stufe der Nachrichtenverarbeitung ist durch die automatische Beantwortung von Reizen über einen einfachen *Reflexbogen* (siehe 8.7: Reflexe) gekennzeichnet. Die auf einem höheren Niveau stehenden *reflektorischen Kombinationszentren* verbinden und koordinieren die Tätigkeiten der einfachen *Reflexzentren*. Diesen wiederum übergeordnet sind *sensible* und *motorische Zentren*, welche eine Feinkoordination durchführen.

Innerhalb der Tierwelt haben es Vertreter dreier Gruppen in der Entwicklung des ZNS zu besonders hohen Leistungen gebracht: die Insekten, die Kopffüßer (z. B. Tintenfische, Kraken) und die Wirbeltiere.

Versuche

8.1 *Darstellung des Nervensystems von Arthropoden**

Theorie: Am Nervensystem höher entwickelter Tiere (z. B. Arthropoden, Vertebraten) unterscheidet man zwischen dem ZNS und dem *peripheren Nervensystem*. Zum ZNS gehören Gehirn und Bauchmark bzw. Rückenmark. Das periphere NS wird durch Sinnesorgane, Nervennetze und Neurone gebildet, die verstreut im Körper zu finden sind.

Das ZNS der Arthropoden ist in seinem Aufbau einer Strickleiter vergleichbar (Abb. 85). In jedem Segment liegen zwei Ganglien, die sowohl anatomisch als auch funktionell durch eine *Kommissur* miteinander verbunden sind und so ein *Ganglien-*

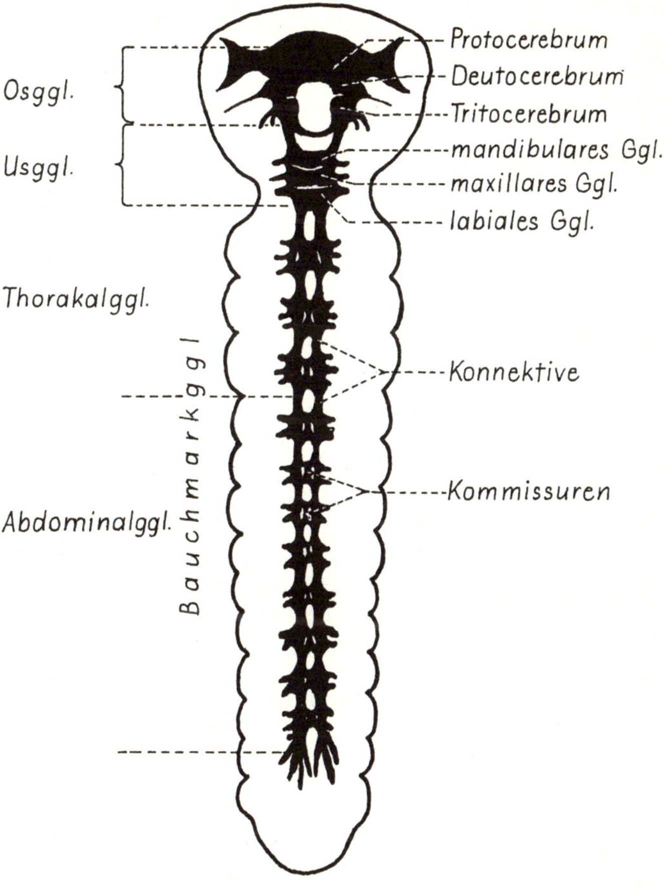

Abb. 85. Schema eines Insektennervensystems. Ggl. = Ganglion, Osggl. = Oberschlundganglion, Usggl. = Unterschlundganglion (nach mehreren Autoren)

paar bilden. Die Verbindungen zu den Ganglienpaaren in den benachbarten Segmenten erfolgt über *Konnektive*, die auf beiden Seiten der Körperachse verlaufen.

Das Gehirn (= *Cerebralganglion*) der Arthropoden besteht aus dem *Ober-* und *Unterschlundganglion*. Das Bauchmark (= BM) beginnt mit der Ganglienmasse des ersten Thorakalsegments (= Thoraxsegments, Brustsegments) und erstreckt sich bis zum Ganglion des letzten Abdominalsegments (= Hinterleibsegments).

Am Aufbau eines Ganglions sind Nervenzellen – sie werden in diesem Fall als *Ganglienzellen* bezeichnet – und *Gliazellen* (z. B. *Schwannsche Zellen*) beteiligt. Die Somata der NZ liegen am Rande des Ganglions, während zahlreiche Dendriten und Nervenendigungen mit den Endknöpfchen in den zentralen Bereich des Ganglions hineinragen und dort ein dichtes Geflecht bilden (= *Neuropil*, Nervengeflecht, Nervenfilz). Im Neuropil kommt es zu den verschiedenartigsten synaptischen Kontakten zwischen einer großen Anzahl von Neuronen.

Mit der hier verwendeten Methode der Methylenblau-Färbung werden besonders die Axone lebender Nervenzellen selektiv blau dargestellt. Ist das Präparat gut angefärbt, dann liefert ein Ganglion des Bauchmarks ein sehr vereinfachtes Bild von Verbindungen, wie sie in einer viel größeren Komplexität im Gehirn auftreten. Mit dem Absterben der Nervenzellen verblaßt die Färbung.

MATERIAL: adulte Landasseln (Oniscus, Porcellio, Armadillidium) oder andere Arthropoden, Anneliden – Binokular, (möglichst) Aquariumpumpe, feine spitze Schere, feine Pinzette, ein flacher Glasbehälter (ca. 100 ml Inhalt), ein Glasschälchen, Tropfpipette – Methylenblau-Lösung, »Asselringer«-Lösung (siehe Anhang 13.1)

ZEIT: Färbedauer mehr als 30 min; Färbung bleibt dann ca. 2 Stunden gut erhalten.

VERSUCHSANLEITUNG:
a. Stelle die für den Versuch benötigte Farblösung bereits einen Tag vor dem Versuch her. Ermögliche einen guten Luftzutritt (große Oberfläche oder Durchperlen mit Luft) mit Hilfe einer Aquarienpumpe.
b. Präparation: das Tier wird durch Dekapitieren getötet. Mit der feinen Pinzette entfernt man die Eingeweide (Darm und

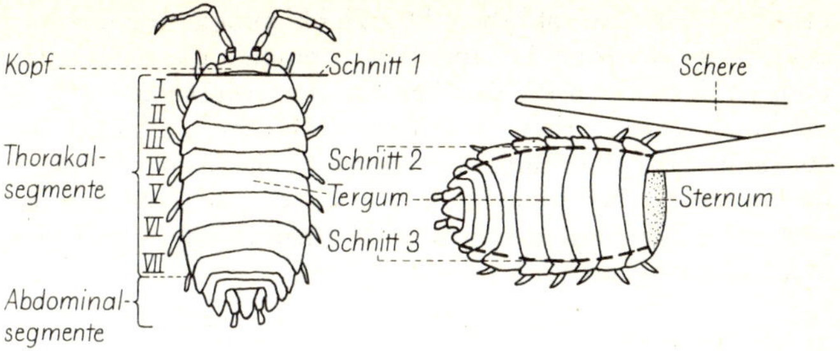

Abb. 86. Präparation von Asseln zur Darstellung des Nervensystems und des Herzens. Nach dem Dekapitieren (Schnittlinie 1) werden die Eingeweide entfernt und dann Schnitt 2 und Schnitt 3 durchgeführt, um den Rückenteil völlig vom Bauchteil zu trennen.

Leberschläuche) durch die Öffnung des Rumpfes, welche nach Abtrennung des Kopfes entstanden ist. Hierauf schneidet man das Tier beidseitig lateral an den Tergiten bis zum Körperende auf (siehe Abb. 86). Die dorsale Körperhälfte wird von der ventralen abgehoben. Unter dem Binokular entfernt man Reste des Darmtraktes sowie die Gonaden. Beide Körperhälften werden in der Methylenblau-Lösung untergetaucht und nach ca. 30 min (oder später) auf ihre Färbung hin geprüft.

WICHTIG: Um ein sicheres Gelingen der Färbung zu erreichen, sollte die Farblösung aus ihren Stammkomponenten immer frisch angesetzt werden. Direkte Sonnenbestrahlung und größere Temperaturänderungen vermeiden; zwei bis vier Tiere präparieren. Die Ergebnisse werden durch Einleiten von Luft in die Farblösung wesentlich verbessert. Tiere sollten ca. 1 Stunde vor der Demonstration des NS in der Farblösung eingelegt sein.

AUFGABE: Verwende das am besten angefärbte Präparat und stelle folgende Teile des NS fest: ZNS, peripheres NS, Bauchmark, Konnektive, Kommissuren, Bauchmarkganglien, Neuropil, Nervenstamm, Nerven, Nervenfaser (vgl. Abb. 87).

AUSBAUMÖGLICHKEITEN:

1. An der dorsalen Hälfte kann das Arthropodenherz gezeigt werden (siehe 9.1 und Abb. 109).
2. Herstellen eines Dauerpräparates: nur sehr gut angefärbte Tiere verwenden, da sich die Objekte während der Weiterbe-

handlung teilweise entfärben. Das Tier kommt zur Fixierung in eine 8%ige wäßrige Lösung von Ammoniumheptamolybdat und verbleibt darin 24 Stunden. Die Fixierflüssigkeit wird in mehrmals gewechseltem destilliertem Wasser 6 Stunden lang ausgewaschen. Überführen des Präparates in absoluten Isopropylalkohol (= Isopropanol), welcher nach 3 min, 10 min und nach 1 Stunde ausgetauscht wird. Aufbewahrung des Objekts in abs. Isopropanol.

8.2 *Das Ostwald-Lilliesche Modell der Erregungsleitung***

THEORIE: Beim Einlegen eines Eisendrahtes in eine entsprechend verdünnte Salpetersäure kommt es zwischen Fe und HNO_3 zu einer zeitlich begrenzten Reaktion. Dabei entwickeln sich Gase, und an der Oberfläche des Drahtes bildet sich eine Eisenoxid-Schicht, die das darunterliegende blanke Eisen vor weiteren Angriffen der Salpetersäure schützt. Der dünne Film

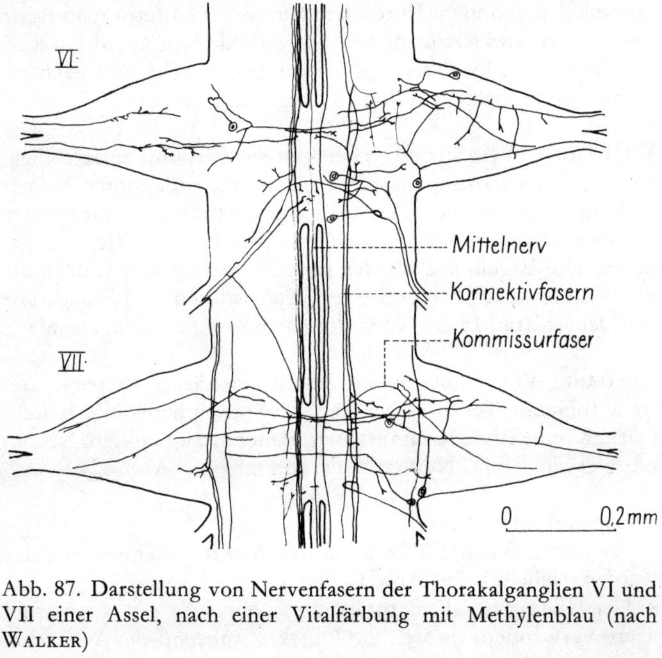

Abb. 87. Darstellung von Nervenfasern der Thorakalganglien VI und VII einer Assel, nach einer Vitalfärbung mit Methylenblau (nach WALKER)

des Eisenoxids wirkt wie eine isolierende Membran zwischen der Säure und dem »passiven« Eisen.

»Reizt« man die Membran chemisch, elektrisch, thermisch oder mechanisch, werden ihre Eigenschaften verändert, und sie verliert die Fähigkeit der Isolierung. Die Salpetersäure kann dadurch mit dem passiven Eisen in Kontakt treten, und es erfolgt an der Stelle erneut eine Reaktion. Das reagierende (= aktive) Eisen zeigt gegenüber dem benachbarten passiven Eisen jedoch einen Ladungsüberschuß. Zwischen den beiden Abschnitten entwickelt sich eine elektrische Spannung, Ladungen fließen in benachbarte Bereiche ab, es entsteht ein Stromfluß (siehe Abb. 88). Dieser wirkt als »Reiz« und verändert die Membran derart, daß die HNO_3 zum passiven Eisen vordringen und mit ihm reagieren kann. An der ursprünglich aktiven Stelle des Drahtes sind inzwischen die chemischen Prozesse so weit fortgeschritten, daß dort eine neue Isolierschicht gebildet worden ist, unter der sich passives Eisen befindet. Lokale Stromkreise verursachen somit ein Weiterwandern einer »Aktivitätswelle« in alle Richtungen vom Reizzentrum aus.

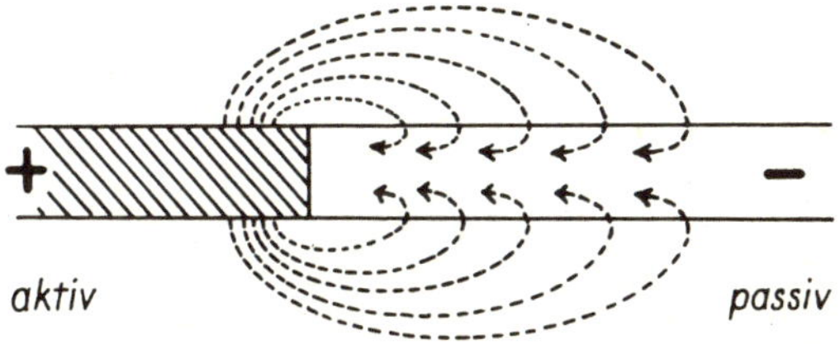

Abb. 88. Schema zur »Aktivitätswelle« am Eisendrahtmodell. An der Grenzfläche zwischen aktivem und passivem Eisen treten ungleiche elektrische Ladungsverteilungen auf, die ein in die Salpetersäurelösung reichendes dreidimensionales elektrisches Feld (gestrichelte Linien) erzeugen. Die Stärke des elektrischen Feldes, dargestellt durch die Dichte der Linien, nimmt kontinuierlich mit der Entfernung ab, weil sich mit zunehmender Distanz der elektrische Widerstand erhöht. Das an der Kathode eintretende elektrische Feld bewirkt nach Erreichen eines Schwellenwertes die chemische Reduktion des Eisens und somit seine Aktivierung. Diese Schwelle wird aber nur in benachbarten Bereichen der Grenzfläche überschritten, woraus sich fortwährend eine Verschiebung der Grenzfläche und somit das Wandern der »Aktivitätswelle« ergibt (nach Lillie).

In der folgenden Tabelle werden Nervenfaser und Eisendrahtmodell miteinander verglichen:

Nervenfaser (= Axon, Neurit)	Modell
Membran	Eisenoxid-Schicht
Membran-Außenseite: Gewebeflüssigkeit, Überschuß an Na^+-Ionen	verdünnte HNO_3
Membran-Innenseite: Axoplasma	blankes Eisen
Membran verhindert während der Ruhephase das Eindringen der Na^+-Ionen.	Unverletzte Eisenoxidschicht verhindert Eindringen der Salpetersäure.
Bei Änderung der Membraneigenschaften während der Erregung können Na^+-Ionen in das Axoplasma einströmen.	Bei Schädigung der Eisenoxidschicht kann HNO_3-Lösung mit dem blanken Eisen reagieren (»passives« Fe wird zu »aktivem« Fe).
Erregung des Axon als AP am Oszillographen sichtbar	»Aktivitätswelle« durch Bildung von Gasen (NO_2, N_2O_2) sichtbar
Weiterleitung des AP durch lokale Stromkreise	Weiterleitung der »Aktivitätswelle« durch lokale Stromkreise
Kontinuierliche Erregungsleitung bei markarmen Fasern	kontinuierlich wandernde »Aktivitätswelle«
Die Geschwindigkeit der Erregungsleitung ist u. a. abhängig vom Durchmesser des Axon und der Temperatur.	gilt sinngemäß
Myelinisierte Nervenfaser	Ein in einer HNO_3-Lösung liegender Eisendraht, der in seinem eng anliegenden Glasröhrchen steckt
Ranvierscher Schnürring: Membran liegt frei an der Oberfläche und ist an dieser Stelle nicht von der Myelinscheide bedeckt.	Spalt zwischen den Enden zweier Glasröhrchen, an dem die Eisenoxidschicht frei liegt
Die Myelinscheide wirkt wie ein hochwertiger Isolator, daher sind elektrische Reize nur am Schnürring unmittelbar erregend wirksam.	Ein eng anliegendes Glasrohr übernimmt die Funktion eines Isolators. Ein »Aktionsstrom« kann daher den Eisendraht überwiegend erst am Isolatorende verlassen.

Nervenfaser (= Axon, Neurit)	Modell
Das AP springt von einem Schnürring zum benachbarten Schnürring über, da die Membran nur an diesen Stellen einen geringen elektrischen Widerstand aufweist.	Die nächsten Stellen, an denen die lokalen elektr. Stromkreise das Fe aktivieren können, befinden sich an den glasfreien Zwischenräumen.
Saltatorische Erregungsleitung	Sprungartiges Ausbreiten der »Aktivitätswelle«
Membran befindet sich nach dem Abfeuern eines AP in einer Phase der Erholung.	Modell befindet sich nach der Erzeugung einer »Aktivitätswelle« für längere Zeit (bis Stunden) in einer »Erholungsphase«.
In bestimmten Abschnitten der Erholungsphase kann kein weiteres AP entstehen. Fällt in diesem Abschnitt ein neuer Reiz, dann entsteht keine oder nur eine lokal beschränkte Erregung (Refraktärzeit)	Während der Erholungsphase verursacht ein zweiter »Reiz« keine oder nur eine lokal beschränkte Ausbreitung der »Aktivitätswelle«.

MATERIAL: alte Pinzette, altes Skalpellmesser oder scharfes Metallstück, säurefeste Unterlage (am besten ein kleines Becken), zwei saubere und trockene Eisennägel (bzw. Eisendrähte) von etwa 8 cm Länge – Eprouvettenständer, Uhr, Glasbehälter mit Deckel (Mindestgröße: l = 10 cm, h = 4 cm, b = beliebig), Tropfpipette, Rührstab. Ein englumiges Glasröhrchen (l = = 1,5 cm), in das das gewählte Eisenstück gerade hineinpaßt, Eprouvette – konzentrierte HNO_3 (= 65 Gew. %, D = 1,42), Aqua dest., verdünnte HNO_3 (siehe Versuchsanleitung).

WICHTIG: Achtung auf Salpetersäure. Versuch kann oft wiederholt werden. Nur sauberes und trockenes Eisen verwenden. Je größer die Abmessungen gewählt werden, desto besser ist die Beobachtung möglich.

VERSUCHSANLEITUNG (siehe Abb. 89):
1. Feststellen der entsprechenden Verdünnung der HNO_3: zu 30 ml Aqua dest. werden 70 ml der konzentrierten HNO_3 gegossen. Vorsicht: Wärmeentwicklung beim Durchmischen! Einlegen eines Nagels in die Lösung. Die Gasentwicklung soll innerhalb von 10 sec beendet sein. Ist dies nicht der Fall, dann werden mit einer Tropfpipette einige ml der konz. HNO_3 nachgeschüttet, bis die Reaktion zum Stillstand kommt. Wird nun

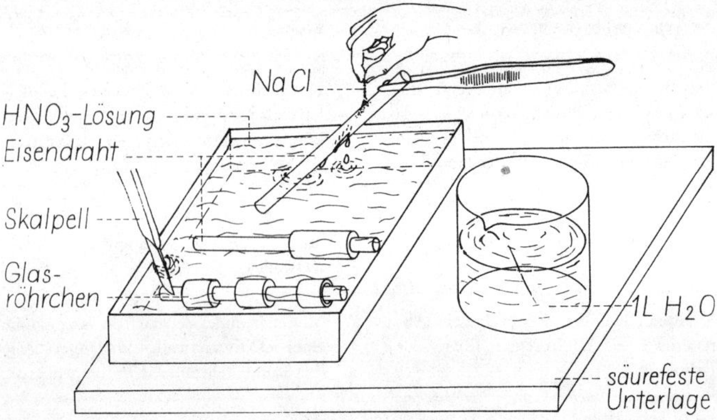

Abb. 89. Anordnung zum Versuch 8.2

der in die Lösung eingetauchte Nagel mit dem Skalpell geritzt, dann muß eine »Aktivitätswelle« (lokal oder fortgeleitet) sichtbar sein. 3 min warten und dann den Eisendraht erneut ritzen. Es sollte eine bis an die Enden des Nagels wandernde »Aktivitätswelle« zu beobachten sein. Trifft dies nicht zu, dann werden der Lösung etwa 5 ml Aqua dest. hinzugefügt und vermischt. Kontrolle nach weiteren 3 min.

2. Einlegen der beiden Eisennägel in die verdünnte HNO_3-Lösung. Nach etwa 3 min werden beide Nägel »gereizt« und ihr Verhalten bei verschiedenen Bedingungen beobachtet.

Aufgaben:

1. Bestimme die Geschwindigkeit der Aktivitätswelle für beide Nägel.
2. Bestimme die ungefähre Zeit, wann die Erholungsphase beendet ist. Der zweite »Reiz« wird nach 5, 10, 15 ... sec gegeben.
3. Zeige die saltatorische Weiterleitung der Aktivitätswelle: ein Draht wird in das Glasröhrchen gesteckt, dieses zur Mitte hin verschoben und erneut in die Lösung eingelegt (Luftblasen durch schräges Eintauchen vermeiden).
4. Vergleiche das Modell mit der Nervenfaser (siehe oben).

Ausbaumöglichkeiten:

1. Chemische Reizung: der Nagel wird aus der Säure genommen, man läßt ihn abtropfen und legt dann einige NaCl-Kristalle auf seine Oberfläche. Es entsteht ebenfalls eine beidseitig geleitete Aktivitätswelle.

2. Einfluß der Temperatur auf die Leitungsgeschwindigkeit: Lösung und Nagel werden separat in den Kühlschrank gegeben und auf ca. 4 °C abgekühlt. Nagel abtrocknen und in gekühlte Lösung legen. Es können Leitungsgeschwindigkeit und Erholungsphase gemessen und mit den bei Zimmertemperatur bestimmten Werten verglichen werden.
3. Mehrere Glasröhrchen (l = 1,5 cm) werden am Nagel aneinandergereiht und die saltatorische Erregungsleitung beobachtet.

8.3 *Die Erregung im Beinnerv des Frosches**

Theorie: An der Membran einer Nervenfaser kann man auf Grund ihres elektrisch-chemischen Verhaltens zwei Phasen unterscheiden, die Phase der Ruhe und die des Feuerns. In der Ruhephase läßt die Membran nur schwer Na^+-Ionen in das Innere des Axons eindringen, während K^+-Ionen nahezu unbehindert durch die Membran wandern können. Dennoch kommt es aus verschiedenen Gründen nicht zu einer Gleichverteilung der K^+-Ionen

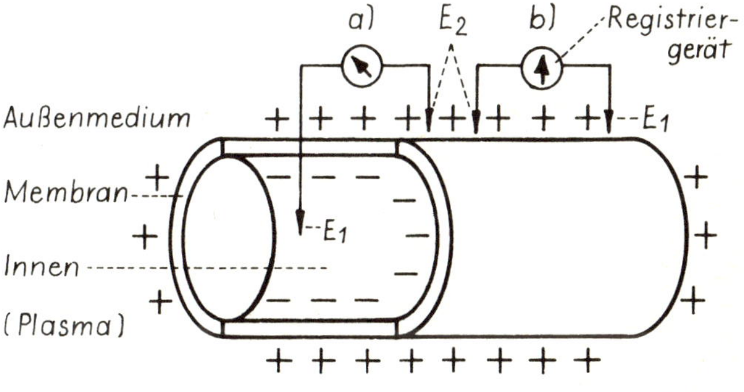

Abb. 90. Schematische Darstellung der Ableittechniken:
a. Bei der intrazellulären Ableitung wird eine sehr dünne Elektrode (E_1) durch die Membran ins Zellinnere gestoßen, während die Elektrode E_2 außerhalb der Zelle bleibt. Schließt man beide Elektroden an ein elektrisches Registriergerät, dann zeigt dieses eine Spannung an, die zwischen der Membraninnenseite und der Membranaußenseite besteht. Im unerregten Zustand der Zelle wird diese Membranspannung Ruhepotential genannt. b. Bei der extrazellulären Ableitung befinden sich beide Elektroden (E_1, E_2) außerhalb der Zelle, wo gleiche Ladungsverteilungen herrschen. Es ist daher an der unerregten Zelle keine Spannung zwischen beiden Elektroden festzustellen.

an beiden Membranseiten. Die *selektive* Permeabilität (= Durchlässigkeit) der Membran ist dafür verantwortlich, daß sich Ionen an ihren beiden Seiten unterschiedlich verteilen und das *Ruhepotential* erzeugen. Mittels *intrazellulärer* Ableitung kann man feststellen, daß die Außenseite der Membran positiv gegenüber der Innenseite ist (siehe Abb. 90).

Bei entsprechender Reizung (vgl. Abb. 83) wird die Membran des Axons erregt. Als Folge davon verändert sich die Permeabilität kurzzeitig, Ionen (besonders Na^+, K^+) diffundieren entlang ihrer Konzentrationsgradienten und transportieren Ladungen durch die Membran (vgl. Abb. 91). Dabei verändert sich die Spannungsdifferenz zwischen Zellinnerem und Zelläußerem, das

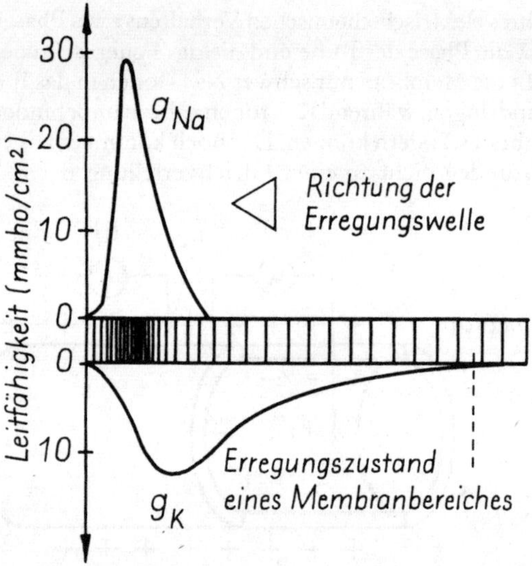

Abb. 91. Änderung der Leitfähigkeit (g) für Na und K in einer Erregungswelle, die einen bestimmten Membranbereich erfaßt hat. Die Dichte der Schraffur gibt ein vereinfachtes Bild der Stärke der Erregung wieder.

Während der Erregung ändert sich die Leitfähigkeit für Na^+ und K^+-Ionen. Diese folgen dann ihren Diffusionsgradienten, wobei vorerst Na^+ sehr rasch in die Zelle einströmt, während K^+ etwas verzögert aus der Zelle in das Außenmedium abfließt. Der kurzzeitige Ionenfluß, der lediglich einige tausendstel Sekunden andauert, bewirkt eine Änderung der Spannungsverhältnisse, die dann in Abb. 92 dargestellt werden (nach Hodgkin und Huxley)

Potential wird abgebaut (vgl. Abb. 92), und schließlich tritt sogar eine umgepolte Spannung auf. Diese kurzzeitige Spannungsänderung an der Membran wird *Aktionspotential* (= AP) genannt.

Der Nervus ischiadicus (= Beinnerv) besteht aus einer großen Anzahl von Nervenfasern, welche in einer Bindegewebshülle eingebettet liegen (vgl. Abb. 93). Bei starker Reizung dieses Nervs feuern alle Axone ihre AP ab. Registrieren wir daher mit der *extrazellulären* Ableittechnik nach Reizung des Nervs eine elektrische Spannungsschwankung, so setzt sich diese aus den mehr oder weniger gut synchronisierten AP aller gereizten Axone zusammen. Wir registrieren ein Summenpotential.

MATERIAL: Frosch: Nerv-Muskel-Präparat (siehe Anhang 13.4.1) – Galvanometer (Mindestempfindlichkeit 10^{-7} Ampère) oder Oszillograph (Mindestempfindlichkeit 1 mV), Registrierelektroden (siehe Anhang 13.5.2), Kondensator – spitze Pinzette,

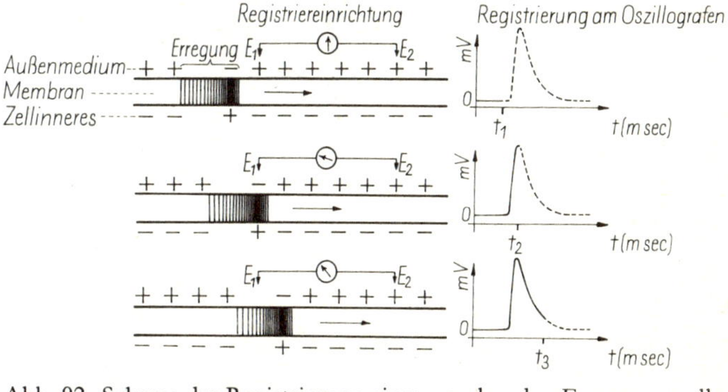

Abb. 92. Schema der Registrierung einer wandernden Erregungswelle (eines Aktionspotentials) mit der extrazellulären Ableittechnik zu den Zeitpunkten t_1, t_2, t_3. Der ausgezogene Teil der Kurve entspricht etwa einer bis zum entsprechenden Zeitpunkt durchgeführten Registrierung. Zum Zeitpunkt t_1 (oberstes Bild) hat die Erregung noch nicht die Elektrode E_1 erreicht. Zwischen E_1 und E_2 besteht keine elektrische Spannung. Zum Zeitpunkt t_2 (mittleres Bild) erreicht der Gipfel der Erregungswelle die Elektrode E_1. An dieser Stelle treten gegenüber E_2 stark unterschiedliche Ladungsverteilungen auf, woraus eine elektrische Spannung zwischen beiden Punkten resultiert, die das Meßgerät anzeigt. Zum Zeitpunkt t_3 (unterstes Bild) ist der Gipfel der Erregung überschritten und die zwischen E_1 und E_2 herrschende Spannung wird wieder abgebaut

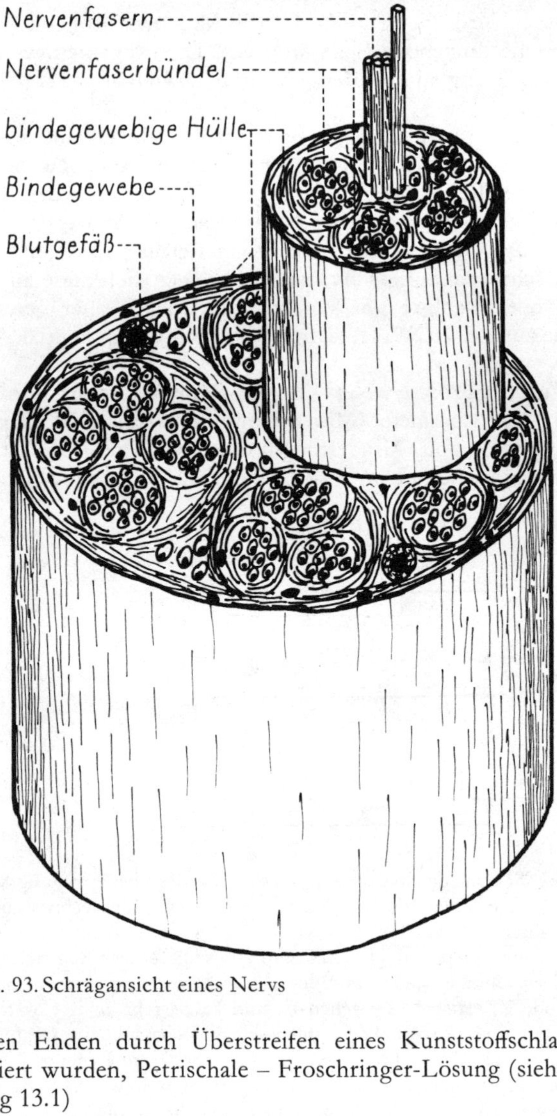

Abb. 93. Schrägansicht eines Nervs

deren Enden durch Überstreifen eines Kunststoffschlauches isoliert wurden, Petrischale – Froschringer-Lösung (siehe Anhang 13.1)

VERSUCHSANORDNUNG: Die Bedingungen für die extrazelluläre Ableitung sind an jener Stelle im Raum zu überprüfen, wo auch der Versuch durchgeführt werden soll. Das Elektrodenkabel wird an das Meßgerät angeschlossen, die Elektroden enden jedoch frei. Nach Einschalten des Geräts beobachtet man bei größter Empfindlichkeit die Anzeige.

Sind am Oszillographenschirm die 50-Hz-Sinus-Schwingungen des Stromnetzes zu beobachten und stärker als 2 mV (milli-Volt), dann kann diese Störung durch elektronische Filter vermindert bzw. eliminiert werden. Bei einem Eingangswiderstand des Oszillographen von 1 Megaohm wird ein solches Filter durch die Verbindung des + Pols mit dem — Pol über einen Kondensator von ca. 0,1 Mikrofarad hergestellt. Der genaue Wert des Kondensators kann nach der Formel $f = \frac{1}{2\pi \cdot R \cdot C}$ berechnet werden. (f = Frequenz in Hertz, R = Eingangswiderstand des Meßgerätes, C = zu berechnende Kondensatorkapazität.)

Zum Versuch legt man den freipräparierten Nerv über die beiden Elektroden und befeuchtet ihn mit Ringer (siehe Abb. 94). Die Elektroden haben etwa einen Abstand von 1 cm und befinden sich am peripheren Teil des Nervs. Die mechanische Reizung zur Auslösung der Erregung erfolgt in der Nähe des Fadens mit der isolierten Pinzette. Bei jedem weiteren Reiz muß die Reizstelle um die Breite der Pinzette näher zu den Elektroden verschoben werden.

Wichtig: Überprüfe die Ableitanlage und verwende bei Bedarf ein entsprechendes Filter. Verbindungskabel möglichst kurz halten (max. 50 cm lang). Entferne alle Metallteile aus der Nähe der Elektroden. Der Versuch sollte so aufgebaut werden, daß bei

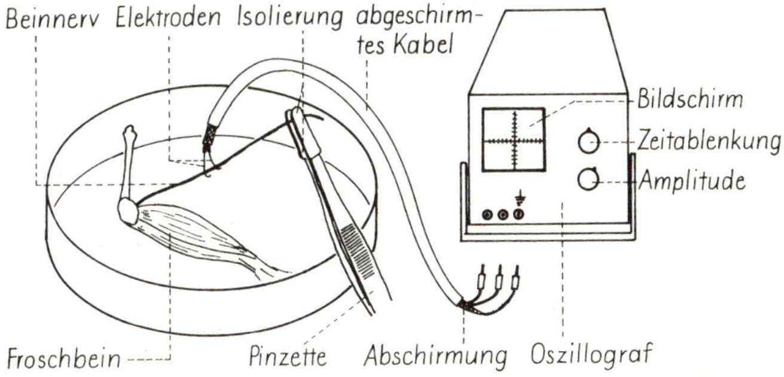

Abb. 94. Aufbau zu Versuch 8.3: Ableitung einer elektrischen Spannung während der Erregung des Beinnervs nach mechanischer Reizung

Reizung sowohl das Zucken des Muskels als auch der Ausschlag am Meßgerät zu beobachten sind.

Aufgaben: Beobachte die Muskeln des Unterschenkels und das Registriergerät bei mechanischer Reizung des Nervs. Die Richtung des Ausschlags am Meßgerät ist abhängig vom Anschluß der Elektroden am Registriergerät.

Fragen:

1. Wie kann man das Ruhepotential messen?	Nur mit der intrazellulären Ableittechnik. Eine speziell angefertigte Elektrode wird dabei in das Innere der Faser gestoßen.
2. Kann man mit der extrazellulären Ableitung feststellen, ob sich der Nerv in der Ruhephase befindet?	Ja. Es besteht jedoch zwischen den beiden Elektroden kein Potential (vgl. Abb. 90).
3. Wird bei mechanischer Reizung dem Präparat Strom zugeführt?	Bei Reizung mit isolierter Pinzette nicht.
4. Wo entsteht der Strom bzw. die Spannung, welche wir messen?	An den Membranen vieler Axone.
5. Stellt in unserem Versuch die Muskelzuckung einen Nachweis für die Erregungen im Nerv dar?	Ja. Die Erregungen (APs) der Axone wurden über Synapsen auf Muskelfasern übertragen und verursachten deren Kontraktion (vgl. Versuch 8.4).

Ausbaumöglichkeiten:
Die Ableitbedingungen können durch die Verwendung sogenannter »abgeschirmter Kabel« und durch Erdung verbessert werden. Beim Erden darauf achten, daß jeder Metallteil nur eine Verbindung zur Erde aufweist, da sonst Erdschleifen und somit erneut Störungen entstehen.

8.4 *Die Nerv-Muskel-Beziehung**

Theorie: Die Axone, die Nachrichten von den Rezeptoren zum ZNS leiten, werden als *afferente*, jene, die Nachrichten vom ZNS an die Erfolgsorgane (= Effektoren) übermitteln, als *efferente Nervenfasern* bezeichnet. Die efferenten motorischen Axone übertragen ihre Erregung an Synapsen mit Hilfe von Transmittersubstanzen (z. B. Acetylcholin) auf Muskelfasern und aktivieren diese. Man bezeichnet diese Synapsen auch als *motorische Endplatten* (siehe Abb. 84).

Jedes Axon hat nur zu einer bestimmten Anzahl von Muskelfasern (jeweils abhängig vom entsprechenden Muskel) synaptischen Kontakt. Bei Erregung eines Axons werden alle von ihm innervierten Muskelfasern gleichzeitig aktiviert, sie bilden somit eine funktionelle Einheit (= *motorische Einheit*).

Zur Auslösung der Erregung im Axon werden elektrische Rechteckimpulse verwendet (siehe Abb. 83). Das im Anhang beschriebene Reizgerät liefert derartige Reizimpulse und gibt die Möglichkeit, verschiedene Größen des Reizes (z. B. Reizspannung, Reizfrequenz) zu verändern.

Ab einer Reizspannung von ca. 0,3 V bis 0,5 V können am Muskel, synchron zum jeweiligen Reiz, zuckende Fasern beobachtet werden. Das Zucken dient in den folgenden Versuchen als Nachweis dafür, daß im Nerv APs entstanden sind. Diese Spannung gibt gleichzeitig jenen Schwellenwert an, bei dem möglicherweise in nur einem Axon eine fortgeleitete Erregung entsteht und nur eine motorische Einheit aktiviert wird. Eine Erhöhung der Reizspannung führt dazu, daß die Schwellenwerte weiterer Axone erreicht werden, so daß auch sie in Erregung geraten und zusätzliche motorische Einheiten aktivieren.

MATERIAL: Frosch: Nerv-Muskel-Präparat (siehe Anhang 13.4.1) – Reizgerät, Reizelektroden (siehe Anhang 13.5), Kabel mit Krokodilsklemmen, Stativ mit Haltevorrichtungen bzw. Muffen und Klemmen (siehe Abb. 95) – Froschringer-Lösung (siehe Anhang 13.1)

VERSUCHSANORDNUNG (siehe Abb. 95): Der Oberschenkelknochen wird waagrecht so an einer Stativklemme befestigt, daß der Unterschenkel schlaff herabhängt. Hierauf legt man den freipräparierten Beinnerv über die Elektroden und fixiert diese in ihrer Halterung. Das gesamte Präparat mit Ringerlösung besprühen. Stativ erden.

WICHTIG: Versuch nicht bei Gewitter durchführen, da die starken elektrischen Felder der Atmosphäre bereits Muskelkontraktionen (Tetanus) auslösen können und keine klaren Beobachtungen erlauben. Präparat mit Ringer feucht halten.

AUFGABE: Beobachte die Muskeln des Unterschenkels und notiere ihr Verhalten bei folgenden Bedingungen: Einzelreize (Frequenz der Reizimpulse weniger als 1 Hz). Erhöhe langsam, ausgehend vom Null-Wert, die Reizintensität.

FRAGEN:

1. Ab welcher Reizintensität entsteht am Axon eine fortgeleitete Erregung (AP), so daß die motorische Einheit aktiviert und eine Zuckung von Muskelfasern zu beobachten ist?

Der Schwellenwert liegt meist zwischen 0,3 bis 0,5 V, er ist jedoch von mehreren Faktoren abhängig (Zustand des Nervs, äußere Bedingungen).

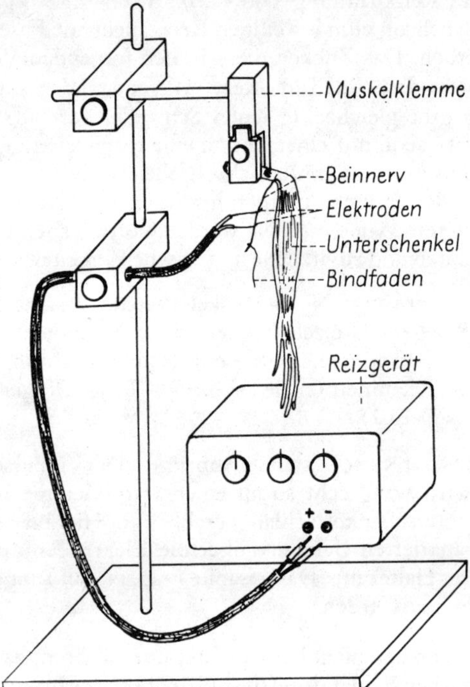

Abb. 95. Aufbau zu Versuch 8.4: Elektrische Reizung des Beinnervs

2. Warum wird die Muskelzukkung bei Erhöhung der Reizintensität stärker?	Bei zunehmender Reizintensität werden die Schwellenwerte anderer Axone überschritten und somit weitere motorische Einheiten aktiviert.
3. Unter welchen Reizbedingungen (Einzelimpulse) ist die stärkste Muskelkontraktion zu erwarten?	Alle motorischen Einheiten müssen gleichzeitig aktiv sein.

AUSBAUMÖGLICHKEITEN:
1. An diesem Präparat können mit geringfügigen Änderungen weitere Nerven- bzw. Muskelversuche durchgeführt werden (8.6, 10.3, 10.4).
2. Untersuche den Reizimpuls am Oszillographen und stelle seine Variablen fest (Polarität, Intensität, Dauer, Abstand).

8.5 *Mechanische Nervenverletzungen**

THEORIE: Bei mechanischer Reizung der Nervenfaser wird deren Membran durch Quetschen in ihrer Struktur verändert. Dabei können an der gereizten Stelle ihre physiologischen Eigenschaften in Abhängigkeit von der Reizstärke verloren gehen. Die selektive Permeabilität der Membran wird teilweise oder ganz aufgehoben, wobei Na^+-Ionen an der geschädigten Stelle dauernd in das Axoplasma diffundieren können. Der Konzentrationsunterschied, und damit auch die Potentialdifferenz zwischen Außenseite und Innenseite der Membran ist daher im verletzten Bereich geringer als an der intakten Membran. Das Ruhepotential erreicht auch nicht mehr seine ursprüngliche Stärke, und bei einer Erregung wandern an dieser Stelle weniger Na^+-Ionen in das Innere des Axons, die lokalen elektrischen Ströme sind geringer und das elektrische Feld schwächer (vgl. Abb. 88 u. 96). Überschreitet eine stark beschädigte Membran eine gewisse Längenausdehnung, dann wird das elektrische Feld der Erregung zu schwach, um nach der verletzten Stelle erneut ein AP auslösen zu können. Quetschungen können somit zu einer Unterbrechung der Erregungsleitung führen.

MATERIAL: Frosch: Nerv-Muskel-Präparat (siehe Anhang 13.4.1) – Reizgerät, Reizelektroden (siehe Anhang 13.5), Kabel mit Krokodilsklemmen, Stativ mit Haltevorrichtung (bzw. 2 Muffen und 2 Klemmen), breite Pinzette, Filterpapier – Froschringer-Lösung (siehe Anhang 13.1)

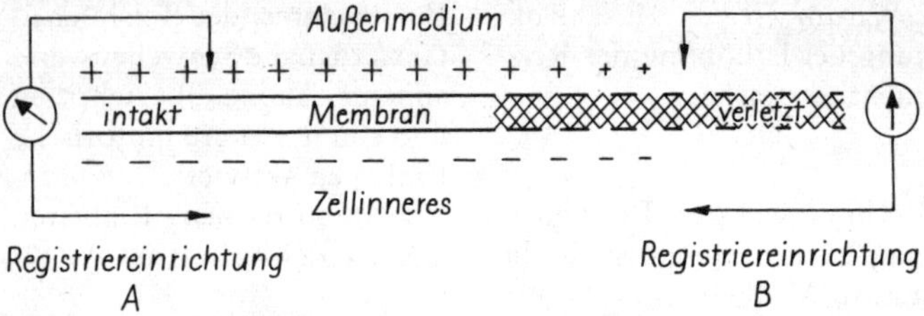

Abb. 96. Schema einer Nervenverletzung; intrazelluläre Ableitung. a. Die Membran ist intakt und zeigt das Ruhepotential; b. Die Membran wurde verletzt, sie verliert zunehmend ihre Fähigkeit zur Aufrechterhaltung des Ionen-Ungleichgewichtes, woraus eine Spannungsverringerung resultiert. An der gezeichneten Ableitstelle herrscht bereits keine elektrische Spannung mehr

VERSUCHSANORDNUNG: siehe Versuch 8.4 sowie Abb. 95.

WICHTIG: Der Nerv sollte im gequetschten Bereich mit Filterpapier getrocknet werden, damit sich das elektrische Feld des Reizimpulses nicht durch die Ringerlösung über die verletzte Stelle ausbreitet und die Membranen nach der beschädigten Stelle erregt.

AUFGABEN:

1. Stelle mit Einzelreizen jene Reizspannung fest, bei der ein deutliches Muskelzucken zu erkennen ist (Schwellenwert). Notiere diesen Wert.
2. Hierauf wird der Nerv zwischen Muskel und Elektroden (in Elektrodennähe) mit der Pinzette gequetscht. Beschreibe das Verhalten des Muskels während der mechanischen Reizung und bei anschließender elektrischer Reizung.
3. Quetsche den Nerv stark auf einer Länge von etwa 1 cm und beantworte die folgenden Fragen.
4. Ändere die Lage der Elektroden und lege sie nach der verletzten Stelle an den intakten Nerv. Bestimme erneut den Schwellenwert.

FRAGEN:

1. Ist die Weiterleitung von APs an die intakte Membran der Nervenfaser gebunden?	Ja. Sobald das Ausmaß der Membranschädigung eine bestimmte Größe überschreitet, werden keine APs mehr weitergeleitet.

2. Warum sind Verletzungen der Wirbelsäule so gefährlich?	Nerven können gequetscht oder abgetrennt werden und somit kann die Erregungsleitung unterbrochen werden. Dies kann zu Lähmungen bestimmter Körperregionen führen.

8.6 *Die Wirkung der Narkose auf den Nerv**

Theorie: Verschiedene chemische Stoffe, welche unter den Begriffen »Narkotika« und »Anästhetika« zusammengefaßt werden, können die Erregbarkeit von Neuronen beeinflussen und deren Membranpermeabilität verändern. Die von Ärzten verwendeten Mittel zur lokalen Betäubung wirken direkt auf die Axone und blockieren deren Erregungsleitung. Die Substanzen werden jedoch erst einige Zeit nach Applikation wirksam, da sie durch Bindegewebe und Gewebeflüssigkeit diffundieren müssen, bevor sie die Nervenmembranen erreichen. Der zeitliche Verlauf der Wirkung eines Betäubungsmittels (z. B. Diäthyläther) kann am Beinnerv des Frosches beobachtet werden, indem man die Reizschwelle verfolgt.

Material: Frosch: Nerv-Muskel-Präparat (siehe Anhang 13.4.1) – Reizgerät, Reizelektroden (siehe Anhang 13.5), Kabel mit Krokodilsklemmen, Stativ mit Haltevorrichtung (bzw. Muffe und Klemme), spitze Pinzette, Uhr, ein ca. 20 cm langes Schlauchstück, Filterpapier, ein Glasröhrchen (etwa 2 cm lang, 5 mm Durchmesser), Petrischale, Tropfpipetten – Äther (= Diäthyläther), Froschringer-Lösung (siehe Anhang 13.1)

Versuchsanordnung (siehe Abb. 97): Lege das Präparat auf das feuchte Filterpapier in die Petrischale und ziehe mit der Pinzette den Faden, an dem der Nerv befestigt ist, durch das Glasrohr. Hierauf wird das Röhrchen so gedreht, daß der anhaftende Nerv oben liegt. Die Elektroden werden in der Nähe des Fadens am Nerv angelegt und so befestigt, daß kein Kontakt zum Filterpapier besteht.

Wichtig: Im Röhrchen soll sich zu Beginn des Versuchs keine Ringerflüssigkeit befinden. Äther ist feuergefährlich.

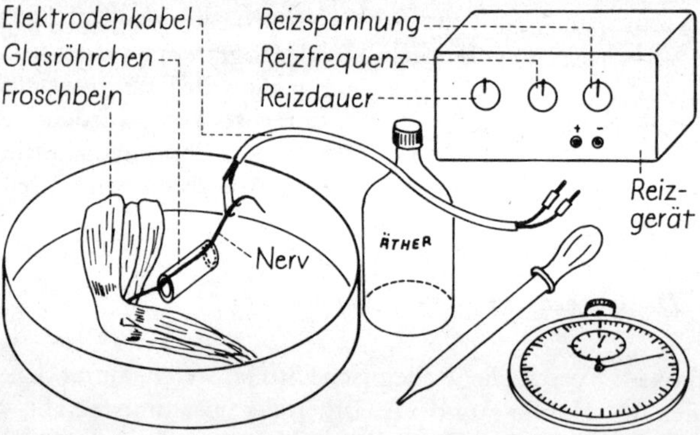

Abb. 97. Aufbau zu Versuch 8.6: Betäubung des Beinnervs am Nerv-Muskel-Präparat des Frosches mit Äther

AUFGABEN:

1. Stelle mit Einzelreizen den Schwellenwert der Reizspannung fest, bei dem ein deutliches Muskelzucken zu erkennen ist, und notiere den Wert.
2. Auf den Boden des Röhrchens wird ein Tropfen Äther gegeben und die Zeitmessung begonnen. Reize den Muskel und notiere den Zeitpunkt, bei welchem das Muskelzucken nachläßt.
3. Erhöhe die Reizstärke, bis wiederum ein deutliches Zucken zu beobachten ist und notiere Zeiten sowie die geänderten Werte der Reizintensität.
4. Ist eine Reizspannung von etwa 3 bis 5 V erreicht, wird das Glasröhrchen ausgeblasen (Schlauch verwenden) und mit Ringer durchspült, um den Äther zu entfernen. Wurden nur geringe Mengen des Äthers verwendet, dann erübrigt sich dieser Schritt, da die Wirksamkeit der Narkose bereits früher abnimmt.
5. Stelle weiterhin den Schwellenwert fest und fasse die Ergebnisse in einem Diagramm zusammen (Ordinate: Schwellenspannung, Abszisse: Zeit).

FRAGEN:

1. Wie verändert sich im Versuch der Schwellenwert des narkotisierten Nervs?

Mit beginnender Narkosewirkung nimmt der Schwellenwert zu, bei abnehmender Wirkung fällt der Schwellenwert ab.

2. Gewinnen die Nervenfasern nach einer Narkose ihre volle Funktionsfähigkeit wieder?	Wenn das Narkosemittel richtig dimensioniert wurde, ja. (Genaue Zeitangaben sind jedoch schwer zu machen, da die Dauer der Wirkung von vielen Faktoren abhängt.)
3. Können an völlig narkotisierten Organismen Reflexe (siehe 8.7) untersucht werden?	Nein. Obwohl Betäubungsmittel verschieden wirken, wird dennoch immer an bestimmten Stellen im Organismus die Weiterleitung der Erregung unterbrochen.

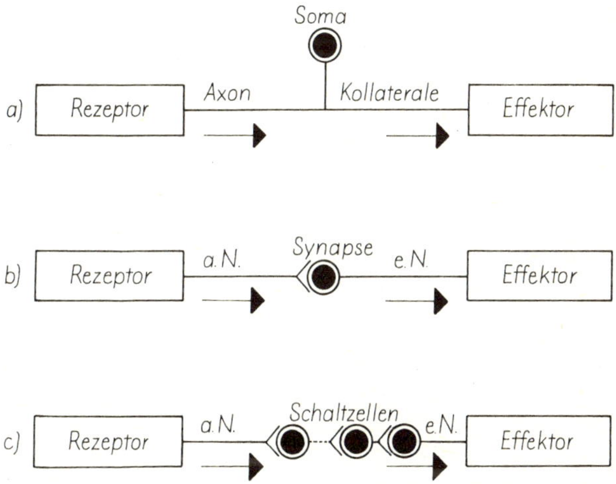

Abb. 98. Schemata von Reflexbögen
a. Asynaptischer Reflexbogen: Über einen Seitenast des Axons, die Kollaterale, wird die Erregung auf den Effektor übertragen (Axonreflex); b. Monosynaptischer Reflexbogen: Eine sensible Faser ist über eine Synapse mit einem efferenten Neuron verbunden. Beispiele dafür stellen Reflextätigkeiten der Tentakel von Aktinien oder der Hoffmannsche Sehnenreflex (= Teil des Patellarreflexes) dar; c. Polysynaptischer Reflexbogen: Schaltzellen stellen die Verbindung zu anderen Teilen des NS her und ermöglichen es, die Reflextätigkeit erregend oder hemmend zu beeinflussen (z. B. Wischreflex). a. N. = afferentes Neuron; e. N. = efferentes Neuron. Pfeile geben die Richtung der Erregungsleitung an.

Einführung: Der einfachste Ablauf einer Nachrichtenverarbeitung im Organismus erfolgt über den *Reflexbogen* und hat eine Reaktion, den Reflex, zur Folge. Der Reflexbogen (= Reflexbahn) nimmt seinen Anfang am entsprechenden *Rezeptor*, in dem eine Erregung ausgelöst wird, er umfaßt weiterhin die zur Erregungsleitung benötigten *nervösen Bahnen*, und endet am *Effektor*. Die nervöse Verbindung zwischen Rezeptor und Effektor kann sehr vielfältig ausgebildet sein (vgl. Abb. 98). Je mehr Schaltneurone und Synapsen die Erregung passieren muß, um am Effektor eine Reaktion auszulösen, desto ausgeprägter sind die Möglichkeiten des Organismus, zusätzliche Nachrichten in den Reflexbogen einzuschleusen, von »starren« Reflexhandlungen loszukommen und den Reflex zeitlich, räumlich oder intensitätsmäßig zu beeinflussen. Dies verleiht den Reflexhandlungen eine gewisse Plastizität.

Reflexe werden nach verschiedenen Gesichtspunkten klassifiziert. Eine häufig verwendete Form der Gegenüberstellung ist die Unterscheidung von *Eigenreflexen* und *Fremdreflexen*. Man spricht von Eigenreflexen, wenn z. B. Muskelkontraktionen durch im Muskel selbst gelegene Rezeptoren (Muskelspindeln, Sehnenspindeln) ausgelöst werden. Fremdreflexe sind Reflexe, bei denen nicht im Muskel liegende Rezeptoren eine entsprechende Muskeltätigkeit verursachen. Weitere Unterschiede können aus Ta-

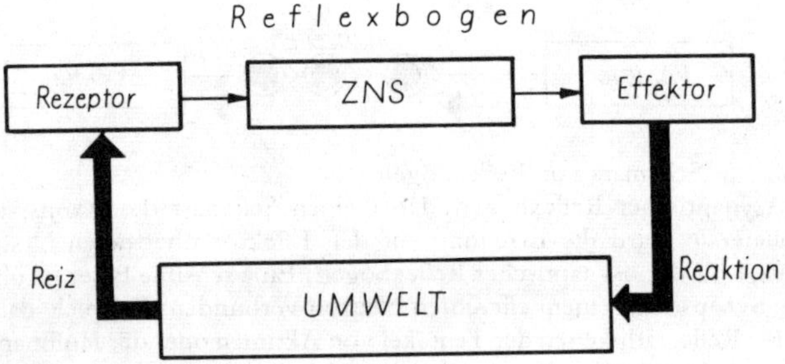

Abb. 99. Schema zum Funktionskreis eines Reflexbogens. In vielen Fällen wirkt die von einem Reiz über einen Reflexbogen ausgelöste Reaktion so auf die Umwelt ein, daß der auslösende Reiz mit verändert wird. Wir haben es dann in Wirklichkeit nicht mit einem Reflex-»bogen«, sondern mit einem (in sich zurücklaufenden) Funktionskreis zu tun

belle 10 entnommen werden. Die Gegenüberstellung von *unbedingten* (= angeborenen) Reflexen und *bedingten* (= erlernten) Reflexen wird besonders in der Psychologie verwendet.

Viele Reflexe (z. B. Wischreflex, Hustenreflex usw.) wirken auf ihren auslösenden Reiz zurück und verändern die Reizsituation. In diesem Falle wird die Umwelt mit in das Geschehen einbezogen, der Reflexbogen schließt sich zu einem *Funktionskreis* (vgl. Abb. 99). Reflexe können dann eine Grundlage von biologischen *Regelkreisen* sein.

Tabelle 10. Unterschiede zwischen Fremd- und Eigenreflexen

	Fremdreflex	Eigenreflex
Synapsenzahl	polysynaptisch	mono- oder polysynaptisch
Reflexbahn	Ausbreitung abhängig von der Reizintensität	isoliert
Reflexzeit	relativ lang: abhängig von der Reizintensität	relativ kurz; konstant
Reflexerfolg	Tetanus	Einzelzuckung
Reizsummation	deutlich	gering
Ermüdbarkeit	deutlich	sehr gering

(Aus: dtv-Atlas zur Biologie, Band 2)

8.7.1 *Patellarreflex**

THEORIE: In den Skelettmuskeln des Menschen treten zwei verschiedene Sinnesorgane auf; es sind dies die in den Muskelfasern eingebettet liegenden *Muskelspindeln* und die an den sehnigen Enden des Muskels vorkommenden *Sehnenspindeln*. Beide Rezeptoren reagieren auf Veränderungen des Dehnungszustandes von Muskeln.

Wird durch eine rasche äußere Einwirkung (Schlag) die Sehne des Musculus quadriceps (= Strecker des Unterschenkels) in ihrer Länge verändert (gedehnt), dann kommt es u. a. zur Reizung der Muskelspindeln des M. quadriceps (siehe Abb. 100).

Der Rezeptor wird erregt und sendet Impulse über seine afferenten Fasern zum Rückenmark. Schaltneurone nehmen diese Erregung auf und übermitteln sie – sehr vereinfacht dargestellt – an die motorischen Fasern des M. quadriceps und veranlassen ihn zur Kontraktion.

MATERIAL: Versuchsperson – Sessel, Reflexhammer

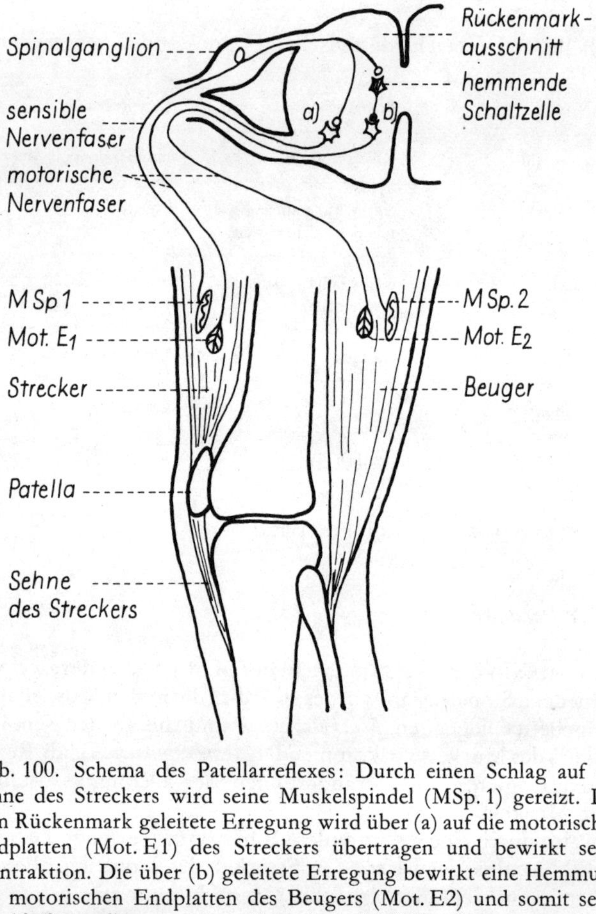

Abb. 100. Schema des Patellarreflexes: Durch einen Schlag auf die Sehne des Streckers wird seine Muskelspindel (MSp. 1) gereizt. Die zum Rückenmark geleitete Erregung wird über (a) auf die motorischen Endplatten (Mot. E1) des Streckers übertragen und bewirkt seine Kontraktion. Die über (b) geleitete Erregung bewirkt eine Hemmung der motorischen Endplatten des Beugers (Mot. E2) und somit seine Erschlaffung, die von seiner Muskelspindel (MSp. 2) registriert wird.

Versuchsanleitung: Die VP sitzt auf einem Sessel und überkreuzt die Beine. Die Sehne des Unterschenkelstreckers verläuft über die Kniescheibe zum Wadenbein. Durch einen leichten Handkantenschlag auf die Sehne knapp unterhalb der Kniescheibe wird am locker hängenden Bein der Reflex ausgelöst.

Aufgaben:
1. Zeige an mehreren Personen den Patellarreflex. Wähle jene Person, bei der die Demonstration gut gelang. Diese VP soll durch Willensanstrengung versuchen, den Reflex zu verhindern.
2. Zeichne den (vereinfachten) Reflexbogen.

Frage:

Ist der Patellarreflex ein Eigenreflex?	Ja. Rezeptor und Effektor gehören demselben Muskel an.

8.7.2 *Reflexe bei Fröschen***

Theorie: Reflexe haben unter anderem die Aufgabe, bestimmte Körperteile vor schädlichen Umwelteinflüssen zu schützen. Beim Frosch kann dies dadurch geschehen, daß der entsprechende Körperteil (z. B. ein Bein) ruckartig aus dem Gefahrenbereich gezogen wird (Bein-Anziehreflex), oder daß Partikel und ätzende Substanzen von der Haut abgewischt werden (Wischreflex). Dabei werden in der Haut liegende Rezeptoren (Chemorezeptoren, Tastkörperchen) in Erregung versetzt, und Axone leiten die Impulse in sensiblen Bahnen vom peripheren zum zentralnervösen Anteil des Reflexbogens. Dort wird die Erregung übertragen und gelangt zum effektorischen Teil des Reflexbogens, den Skelettmuskeln. Ein Reflex kann jedoch nur dann ablaufen, wenn alle Teile des Reflexbogens intakt sind und die Erregung übermitteln.

Material: Frosch – kräftige Schere, feine Schere, kräftige Pinzette, Stativ mit Haltevorrichtung (Muffe und Klemme), Präparierunterlage, lange Präpariernadel (etwa 5 cm), Spritzflasche mit Leitungswasser, Becherglas (ca. 1 l)

Versuchsanordnung: Ein gezielter, kräftiger Schlag mit dem Hinterkopf des Frosches auf eine Tischkante betäubt das Tier. Sodann wird ein Blatt der starken Schere in die Mundöffnung des Frosches eingeführt und bis an die Mundwinkel geschoben.

Das andere Scherenblatt wird hinter die Ohrregion zurückgedreht. Mit einem raschen Schnitt trennt man den Gehirnschädel vom Tier ab und zerstört darin das Gehirn (Nadel verwenden). Das nun als *spinaler Frosch* (= Rückenmarksfrosch) bezeichnete Tier wird an seinem Unterkiefer in der Stativhaltevorrichtung eingeklemmt. Reizung erst nach 5 bis 10 min, wenn die Beine schlaff herabhängen. Dieser Zeitraum soll eingehalten werden, da durch die Abtrennung des Gehirns ein Schock entsteht, welcher erst allmählich abklingt.

Wichtig: Das Rückenmark wird erst am Ende des Versuchs ausgebohrt. Die schlaff herunterhängenden Beine sollen sich nicht gegenseitig berühren. Tier nicht unnötig anfassen oder bewegen. Bei sehr heftigen Reaktionen den Frosch mit der Hand solange festhalten, bis er sich wieder beruhigt hat. Töten des Frosches, Präparationen an diesem Tier, sowie Ausbohren des Rückenmarks sollten nicht vor Schülern durchgeführt werden, da durch abwehrende Bewegungen des Frosches sehr leicht der fälschliche Eindruck einer Tierquälerei entsteht.

Aufgaben:

1. Kneife kurz mit der Pinzette in die Zehenspitzen des Frosches. Beobachte die Reaktion des gesamten Tieres auf verschieden starke Reize (siehe Abb. 101).
2. Verschiedene Stellen des Körpers werden mechanisch gereizt, so auch der Rücken in der kopfwärtigen Verlängerung der beiden Darmbeine. Bei Reizung der Bauchhaut in Höhe des Schultergürtels sind oft zusätzliche Armreflexe zu beobachten.
3. Reize rasch hintereinander beide Beine und beobachte deren Reaktionen. Wird das zweite Bein zu einem Zeitpunkt gereizt, zu dem sich das erste Bein noch in der Kontraktionsphase befindet, so erfolgt im später gereizten Bein ebenfalls der Anziehreflex. Das zuerst gereizte Bein wird jedoch sofort entspannt, bedingt durch eine antagonistisch wirkende, zentralnervöse Hemmung.
4. Zu den folgenden Präparationen wird das Tier von der Halterung genommen:

a. Die beidseitig aus der Wirbelsäule austretenden Spinalnerven ziehen u. a. durch die Rückenmuskulatur zur Haut und versorgen dorsale Bereiche. Die Nerven werden beidseitig bis hin zum Beckengürtel durchschnitten, indem man die Rückenhaut mit der Pinzette abhebt und mit einer Schere sämtliche nervösen Verbindungen zwischen Muskulatur und Haut abtrennt.

b. An der Dorsalseite eines Oberschenkels hebt man mit der Pinzette die Haut ab und schneidet sie auf einer Länge von etwa 2 cm auf. Durch Fingerdruck und mit Hilfe der Schere wird an dieser Stelle der Beinnerv freigelegt.

5. Reizt man die Froschhaut im vorderen Bereich der Wirbelsäule, dann kann kein Reflex mehr ausgelöst werden, da die

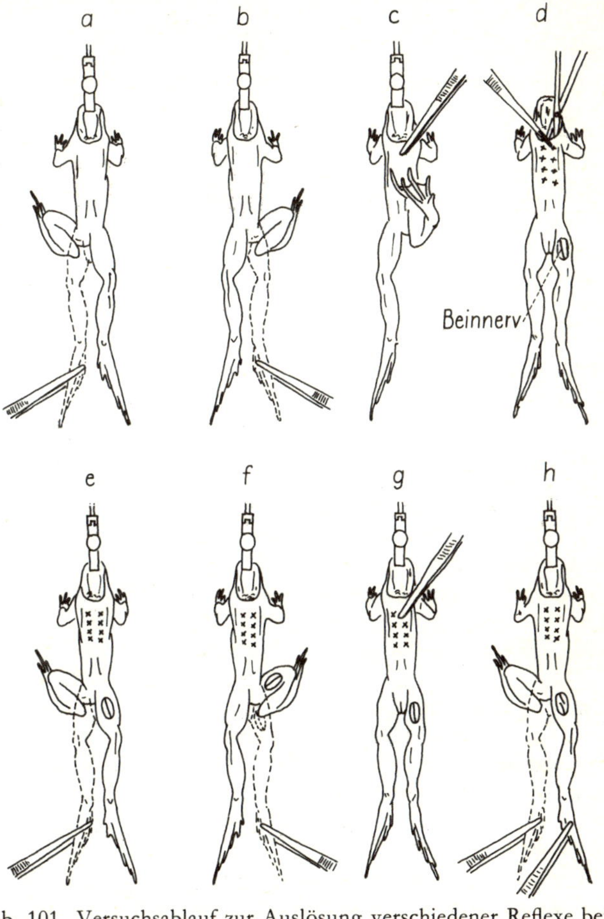

Abb. 101. Versuchsablauf zur Auslösung verschiedener Reflexe beim Frosch (siehe Text). Die am Rücken gezeichneten x geben schematisch die ungefähre Lage von Hautnerven wieder, die in d durchtrennt wurden. Der in d freigelegte Beinnerv wird bei h durchschnitten.

sensiblen Bahnen des Reflexbogens unterbrochen wurden. Durch Kneifen des Fußes sowie anderer Körperteile ist jedoch weiterhin ein Auslösen der Reflextätigkeit möglich.

6. Der freigelegte Beinnerv wird durchschnitten. Ein Auslösen des Anziehreflexes durch Kneifen der Zehen ist nur mehr am intakten Bein möglich. Mit dem Durchtrennen des Beinnervs wurden sowohl afferente als auch efferente Reflexbahnen unterbrochen.

Bei Reizung der Bauchseite zeigen beide Beine Reaktionen; am verletzten Bein ist jedoch nur der Oberschenkel fähig, aktive Bewegungen durchzuführen.

7. Zerstöre mit der Nadel das gesamte Rückenmark. Die bisher festgestellten Reflexe lassen sich nicht mehr hervorrufen, da der zentrale Anteil aller Reflexbögen vernichtet worden ist.

FRAGEN:

1. Sind Form und Stärke der Reflexe von verschiedenen Parametern (Reizintensität, Eigenschaften des ZNS) abhängig?	Ja. Wir konnten beobachten, daß bei schwachen Reizen das Bein nur wenig von der Reizstelle entfernt wird, daß jedoch bei starken Reizen u. U. auch das andere Bein mit in die Reaktion einbezogen wird.
2. Bieten Reflexe die Möglichkeit, bestimmte Teile des NS auf ihre Funktionstüchtigkeit hin zu überprüfen?	Ja. Durch geschicktes Vorgehen kann festgestellt werden, in welchem Teil der Reflexbahn Defekte auftreten.
3. Sind Reflexversuche an völlig narkotisierten Individuen möglich?	Nein. Reflexe geben aber die Möglichkeit, den Grad der Betäubung festzustellen.

AUSBAUMÖGLICHKEITEN:

1. Überprüfe, ob der Bein-Anziehreflex auch am intakten Tier gezeigt werden kann. Der Frosch wird unter den Achseln mit Daumen und Zeigefinger angefaßt und frei in der Luft gehalten. Nachdem er sich beruhigt hat, werden die Zehenspitzen leicht mechanisch gereizt.

2. Versuche einen Frosch auf den Rücken zu legen. Es gelingt meistens nicht, der Frosch zeigt den Umkehrreflex.

9. Das Herz

Einführung

Das Herz ist in seiner Funktion mit einer Pumpe vergleichbar und hat die Aufgabe, Blutflüssigkeit durch bestimmte Bahnen des Körpers zu treiben. Das Blut kann entweder in einem systemgeschlossenen Gefäß zirkulieren *(geschlossener Kreislauf)* oder über weite Strecken die Gefäße verlassen und in einem Lückensystem den Körper durchströmen *(offener Kreislauf)*. Wir finden bei vielen Tierarten oft zusätzliche, in das Kreislaufsystem eingebaute *Nebenherzen*, wie die *Lateralherzen* des Regenwurms, *akzessorische Herzen* bei Insekten und Spinnen, *Kiemenherzen* bei Tintenfischen oder die *Lymphherzen* des Frosches (siehe Abb. 106).

Vorerst wollen wir den Bau und die Arbeitsweise des Herzens einiger ausgewählter Tiergruppen vergleichen. Nemertinen (= Schnürwürmer) und Anneliden (= Borstenwürmer) besitzen meist dorsal gelegene, *kontraktile Gefäße*, welche die Blutflüssigkeit in peristaltischen Wellen kopfwärts schieben. Bei anderen höherstehenden Tiergruppen ist die Kontraktionsfähigkeit meist auf einen zentral gelegenen, morphologisch differenzierten Abschnitt des Gefäßsystems beschränkt, der als Herz bezeichnet wird.

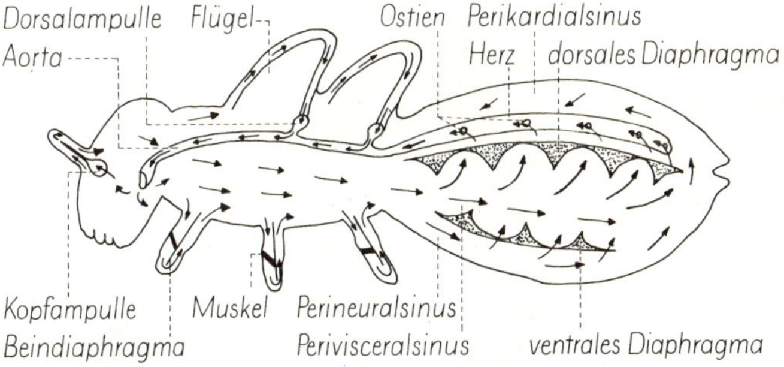

Abb. 102. Blutkreislauf eines Insekts mit vollständig entwickelten pulsierenden Organen. Die Pfeile geben den Verlauf des Blutstroms an. »Ampullen« sind akzessorisch pulsierende Organe, die die Blutzirkulation in peripher liegenden Körperteilen (z. B. Flügel, Antennen) unterstützen (nach WEBER).

Das *Arthropodenherz* wird vom kontraktilen Dorsalgefäß der Anneliden abgeleitet. Es kann langgestreckt röhrenförmig bis gestaucht sackförmig gestaltet sein und ist an seinem Hinterende meist geschlossen (siehe Abb. 102). Dieses Herz kann als eine einheitlich pulsierende Kammer aufgefaßt werden, welche die Hämolymphe über eine Anzahl von Ostien aus dem Perikardialsinus entnimmt und in die Aorta preßt. Ostien sind kompliziert gebaute, schlitzförmige Öffnungen in der Herzwand (siehe Abb. 103). Ihre ins Herzinnere reichenden Ränder schließen sich beim Zusammenziehen des Herzmuskels durch den dabei im Herzen entstehenden Überdruck. Sie sind daher in ihrer Funktion Rückschlagventilen vergleichbar.

Das Herz der Mollusken und Vertebraten besteht aus mehreren Abschnitten und ist im sogenannten *Herzbeutel* (= *Perikard*) befestigt (siehe Abb. 104). Die Blutzufuhr erfolgt immer über *Venen*. Bei Fischen und Amphibien z. B. ist dem Herz ein Stau-

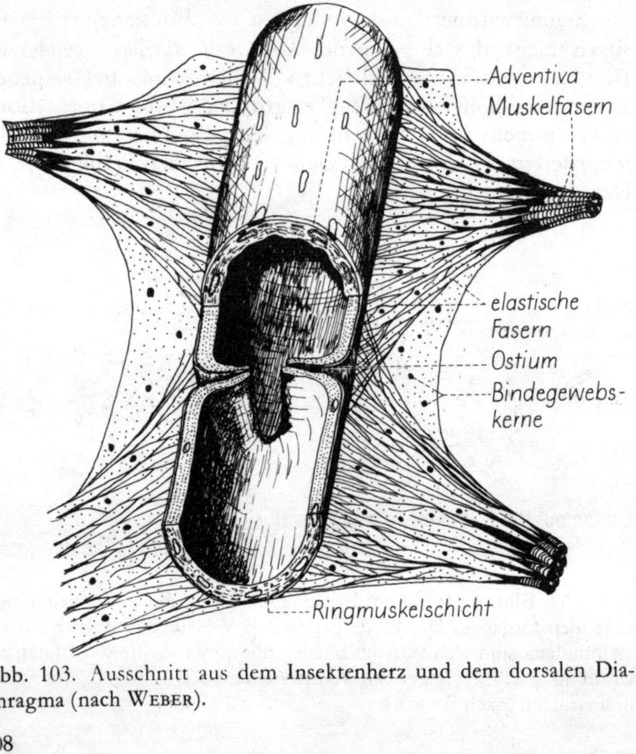

Abb. 103. Ausschnitt aus dem Insektenherz und dem dorsalen Diaphragma (nach WEBER).

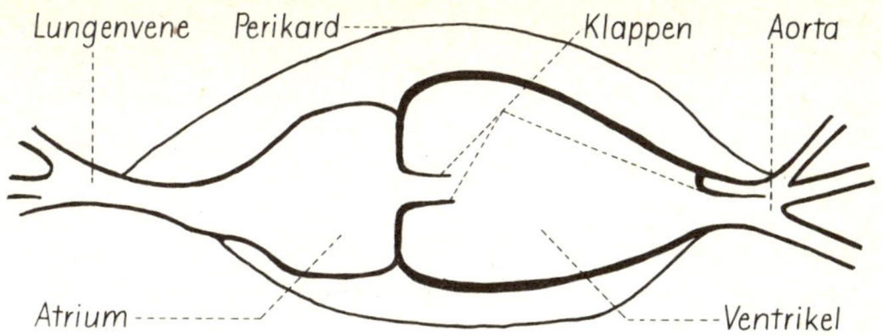

Abb. 104. Herz von Helix pomatia (Weinbergschnecke) (verändert aus Wilbur und Yonge, nach Ripplinger, Nold)

raum vorgelagert, in den die Körpervenen münden. Dieser Abschnitt stellt die Verbindung zur *Herzvorkammer* (= *Vorhof*, *Atrium*) her und wird *Venensinus* (= Sinus venosus) genannt. Bei anderen Tieren, so bei vielen Mollusken und Säugern, münden die Venen direkt in die Vorkammern, die ihrerseits wieder das Blut der *Kammer* (= *Ventrikel*) zuführen. Diese leistet den Großteil der Pumparbeit und preßt die Blutflüssigkeit in die *Arterien* (= z. B. Aorta, Lungenarterie). An mehreren Abschnitten des Herzens und des Gefäßsystems sind verschieden gestaltete Ventile ausgebildet (z. B. Herzklappen, Venenklappen), die dem Blut die Strömungsrichtung vorgeben und den Rückfluß verhindern.

Am gesunden Herzen wechseln einander die Phasen der Kontraktion (= *Systole*) und der Erschlaffung (= *Diastole*) ab. Dieser Mechanismus bewirkt, daß sich auch der Blutdruck in der Herzvorkammer und der Herzkammer dauernd ändert. Befindet sich der Ventrikel in der Diastole, dann entsteht im Atrium durch die dort einsetzende Kontraktion der Muskelfasern ein Überdruck (siehe Abb. 105). Zwischen Vorhof und Kammer herrschen dann unterschiedliche Druckverhältnisse, wodurch die in der Trennwand gelegenen Klappen geöffnet werden. Das Blut wird durch den im Atrium herrschenden Überdruck, aber auch durch den Unterdruck, der bei der Erschlaffung der Ventrikelmuskeln entstanden ist, in die Kammer getrieben. Gelangt hierauf der Ventrikel in die Kontraktionsphase, dann entsteht in ihm ein Überdruck, da gleichzeitig im Atrium die Erschlaffungsphase einsetzt. Die Klappen zwischen Atrium und Ventrikel schließen sich, und das Blut kann den Ventrikel nur durch eine zu diesem Zeitpunkt unversperrte Arterie verlassen.

In der Ausgestaltung des Herzens lungenatmender Wirbeltiere läßt sich die Tendenz erkennen, ein Vermischen des sauerstoffarmen und des sauerstoffreichen Blutes zu verhindern. Eine Trennung dieser Blutströme ist im Amphibienherz noch unvollständig durchgeführt (siehe Abb. 106). Bei Vögeln und Säugern hingegen entstand im Zuge der Weiterentwicklung des Kreislaufsystems ein Herz, das sich eigentlich aus zwei muskulösen Hohlorganen zusammensetzt. Jedes Hohlorgan besteht aus Atrium und Ventrikel und entspricht einer Herzhälfte. Während der rechte Herzteil das O_2-arme Blut zur Lunge pumpt, preßt die linke Herzhälfte das aus den Lungen kommende, mit O_2 angereicherte Blut in den Körper. Funktionell betrachtet pulsieren jedoch beide Vorkammern gemeinsam, genau so, wie sich beide Kammern gleichzeitig kontrahieren.

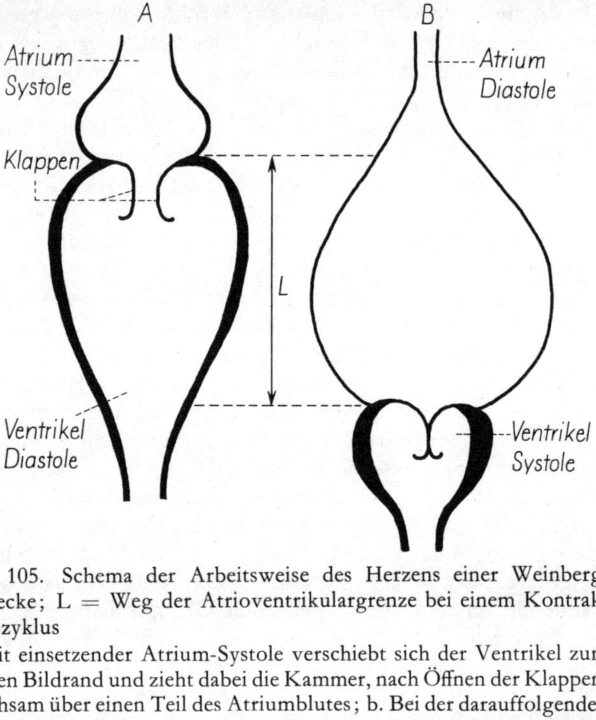

Abb. 105. Schema der Arbeitsweise des Herzens einer Weinbergschnecke; L = Weg der Atrioventrikulargrenze bei einem Kontraktionszyklus

a. Mit einsetzender Atrium-Systole verschiebt sich der Ventrikel zum oberen Bildrand und zieht dabei die Kammer, nach Öffnen der Klappen, gleichsam über einen Teil des Atriumblutes; b. Bei der darauffolgenden Ventrikel-Systole verschiebt sich die Atrioventrikulargrenze an den unteren Bildrand, das Atrium wird gedehnt und Blut aus den Venen angesaugt

Die Herzmuskelkontraktionen verursachen ein dauerndes Öffnen und Schließen der Herzklappen, sie verändern laufend die Geschwindigkeit des Blutstroms im Kreislaufsystem. Beide Faktoren sind mitverantwortlich dafür, daß mechanische Schwingungen entstehen, die sich auf den gesamten Brustraum übertragen. Ein Teil dieser Schwingungen liegt im hörbaren Bereich; sie können als *Herztöne* (eigentlich Herzschall) wahrgenommen werden. Diese Herztöne werden vom Arzt als diagnostische Hilfen verwendet, da Veränderungen ihres Charakters und zusätzliche *Herzgeräusche* Störungen der Herztätigkeit, besonders jener der Herzklappen, anzeigen.

Bei unseren Versuchen mit Froschherzen werden wir beobachten können, daß diese auch dann pulsieren, wenn sie völlig

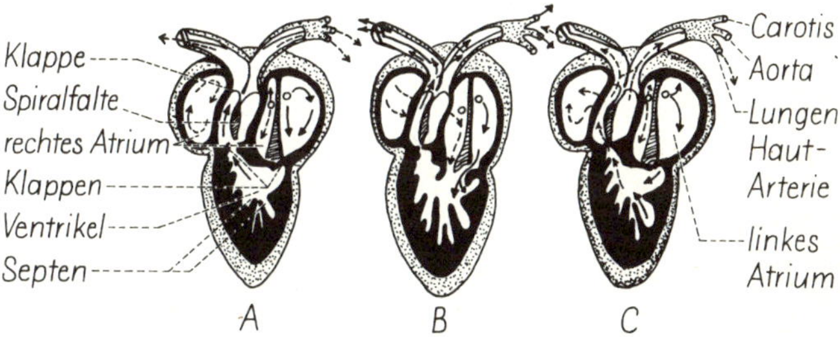

Abb. 106. Schema des Blutstroms im Froschherzen (nach Baer). Durchgehende Pfeile stellen O_2-reicheres, die gestrichelten Pfeile O_2-ärmeres Blut dar

a. Gegen Ende der Kammersystole wird auch das zwischen den Ventrikelsepten liegende O_2-reichere Blut in den Herzbulbus gepreßt und durch die Spiralfalte in die Carotis gelenkt. Die Atrien befinden sich mittlerweile in der Phase der Diastole, so daß Blut in sie einströmen kann. Der Sinus venosus mündet im rechten Atrium, die Lungenvene im linken;. b. Nach Füllung der Atrien setzt deren Kontraktion ein, die Klappen zum erschlaffenden Ventrikel werden geöffnet und beide Blutströme ergießen sich in die Kammer. Das O_2-reichere Blut besetzt auf Grund der herrschenden Strömungsverhältnisse vorwiegend den Raum zwischen den Ventrikelsepten und der linken Kammerhälfte und wird dort gleichsam vom O_2-ärmeren Blut, das den übrigen Raum einnimmt, überschichtet; c. Bei der folgenden Ventrikelkontraktion schließen sich die Klappen und als erstes wird das O_2-ärmere Blut in den Bulbus befördert. Die Spiralfalte leitet das unter hohem Druck stehende Blut vorwiegend in die Aorta und Lungen-(bzw. Haut-)arterie und lenkt dann, mit nachlassendem Druck, den Blutstrom in die Carotis vom Körper getrennt sind. Man nennt diese Erscheinung, welche bei vielen Tierarten nachgewiesen worden ist, die *Automatie* (= *Autonomie*, *Autorhythmie*) des Herzens. Das selbständige Schlagen zeigt uns, daß die zum Auslösen der Muskelkontraktionen benötigte Erregung (vgl. Kap. 10: Der Muskel) im Herzen selbst entstehen muß und nicht vom ZNS oder anderen Körperteilen stammen kann. Genauere Untersuchungen haben ergeben, daß die Fähigkeit der Erregungsbildung lokal auf bestimmte Bereiche des Herzens beschränkt ist. Diese Stellen werden *Automatiezentren* (= Erregungsbildungszentren) genannt. Die Erregung nimmt als elektrischer Impuls von derartigen Zentren ihren Ausgang und greift beim Menschen mit einer Geschwindigkeit von 0,8 bis 3 m/sec auf benachbarte Bezirke über (siehe Abb. 107). Die beiden wichtigsten Automatiezentren der Wirbeltiere sind der *Sinusknoten*, welcher an der Einmündung der Venen in das Atrium liegt und der *Atrioventrikularknoten* (= *AV-Knoten*), der sich am Übergang vom Atrium zum Ventrikel befindet.

Der vom Sinusknoten ausgehende elektrische Impuls (= Erregung) ist vor allem für die Kontraktion der Atrien verantwortlich, während die Erregung des AV-Knotens die Ventrikelsystole veranlaßt. Bei genauer Beobachtung der Herztätigkeit läßt sich erkennen, daß Atrien und Ventrikel zwar nacheinander schlagen, aber dennoch mit gleicher Frequenz arbeiten. Eingehendere Untersuchungen mit Hilfe der *Stanniusschen Ligaturen* (siehe

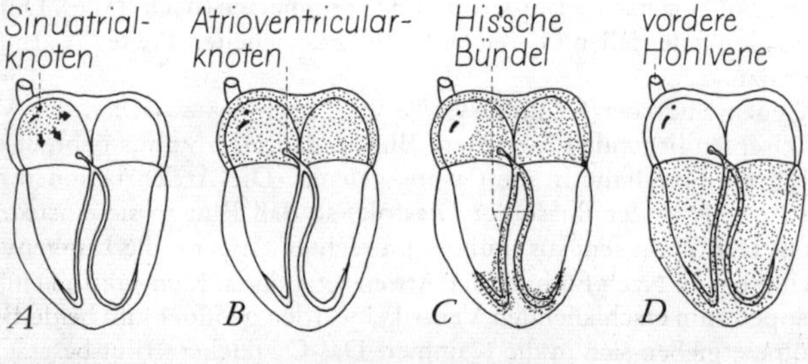

Abb. 107. Die Ausbreitung der Erregung im Säugerherzen (aus FLOREY, nach RUSHMER). Erregte Regionen punktiert gezeichnet. Die im Sinuatrialknoten (= Sinusknoten, Keith-Flack-Knoten) entstehende Erregung (A) breitet sich über die Atrien aus (B). Der Atrioventrikularknoten (= AV-Knoten, Aschoff-Tawara-Knoten) wird nach einer kurzen Verzögerung aktiviert. Dieser sendet dann über die His'schen Bündel (= Purkinje-System) Impulse zur Herzspitze (C), von wo aus sie sich über den gesamten Ventrikel ausbreiten (D)

Versuch 9.2) und anderer Methoden haben das vorerst erstaunliche Ergebnis geliefert, daß sich die Spontanfrequenzen beider Automatiezentren beträchtlich unterscheiden, wenn sie voneinander isoliert werden. So ist die Entladungsfrequenz des Sinusknotens bedeutend höher als jene des isolierten AV-Knotens. Man mußte daraus schließen, daß der Sinusknoten im gesunden Herzen und unter natürlichen Bedingungen die Entladungsfrequenz des AV-Knotens steuert. Der Sinusknoten fungiert als sogenannter »Schrittmacher« des gesamten Herzens, er legt die Frequenz der gesamten Herzaktivität fest.

Die Erregung von Muskel-(und Nerven-)Zellen ist begleitet von veränderlichen elektrischen Strömen und Spannungen, welche sich auch über die Körperoberfläche ausbreiten und dort mit entsprechenden technischen Einrichtungen aufgezeichnet werden können (vgl. Kap. 8: Das Nervensystem). Der Arzt registriert den Erregungsablauf des Herzens in Form eines *Elektrokardiogramms* (= EKG). Mit diesen Aufzeichnungen hat er unter anderem die Möglichkeit, die Erregungsbildung und die Erregungsausbreitung zu kontrollieren.

Mit der Kontraktion des Ventrikels wird bei einem ruhenden Menschen ein Schlagvolumen von etwa 60–80 cm³ Blut in das Gefäßsystem gepumpt. Während der Systole wird normalerweise nicht der gesamte Inhalt ausgestoßen, es bleibt das sog. *Reservevolumen* im Ventrikel zurück. Wenn wir eine Herzfrequenz von 70 Schlägen/min annehmen, dann entspricht die in einer min von einem Ventrikel geförderte Blutmenge (= *Minutenvolumen*) etwa 5 l. Berechnungen ergaben, daß die bei körperlicher Ruhe vollbrachte Leistung des Herzens etwa 10 kpm/min ausmacht.

Die Aktivität der Organismen ist außerordentlichen Schwankungen unterworfen; dementsprechend verändert sich der Bedarf an Stoffwechselprodukten und an Sauerstoff. Eine Möglichkeit, den gesamten Kreislauf an die entsprechenden Erfordernisse anzupassen, besteht in der Regulierung des Blutstroms durch die Herzaktivität.

Wir wissen aus eigener Erfahrung, daß sich bei anstrengender körperlicher Arbeit zumindest die Herzfrequenz erhöht. Diese Modifikation der Herztätigkeit wird teilweise über das ZNS durch Vermittlung der Herznerven ausgelöst. Sowohl *sympathische* als auch *parasympathische Nervenfasern* des vegetativen Nervensystems versorgen das Herz höherer Vertebraten (siehe Abb. 108). Die Innervation der parasympathischen Vagusfasern beschränkt sich am Herzen hauptsächlich auf die Automatiezentren, so daß durch sie vornehmlich die Erregungsbildung (Herzfrequenz) und die Erregungsleitung beeinflußt werden können. Während der Erregung des Vagus wird in seinen Endknöpfchen Acetylcholin (= ACh) freigesetzt, welches auf die Herztätigkeit hemmend einwirkt. Die Fasern des Sympathicus (N. accelerans) verteilen sich hingegen über das gesamte Herz und versorgen vor allem die Muskelfasern des Ventrikels. Das von den sympathischen Fasern abgeschiedene Adrenalin (bzw. Noradrenalin)

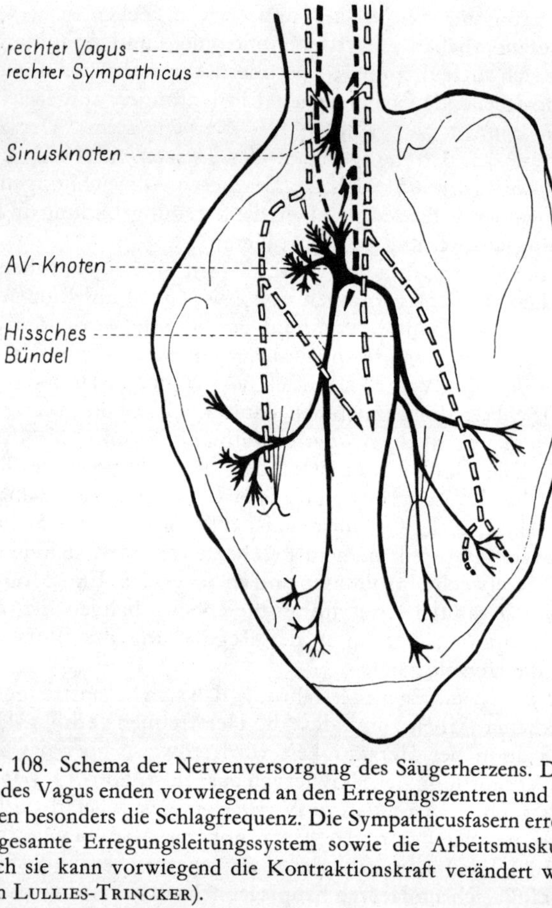

Abb. 108. Schema der Nervenversorgung des Säugerherzens. Die Fasern des Vagus enden vorwiegend an den Erregungszentren und beeinflussen besonders die Schlagfrequenz. Die Sympathicusfasern erreichen das gesamte Erregungsleitungssystem sowie die Arbeitsmuskulatur. Durch sie kann vorwiegend die Kontraktionskraft verändert werden (nach LULLIES-TRINCKER).

übt auf die gesamte Herztätigkeit einen fördernden Einfluß aus. Durch Erregung des Sympathicus läßt sich besonders die Kontraktionskraft der Herzkammer variieren. Bei kräftigeren Systolen wird auch jeweils das Reservevolumen mit ausgestoßen, was zu einer Erhöhung des Minutenvolumens führt.

Ein völlig isoliertes Herz ist frei von nervösen Beeinflussungen und schlägt somit in seiner Eigenfrequenz: Diese ist jedoch von mehreren Faktoren abhängig, wie beispielsweise der Temperatur oder dem Füllungszustand (z. B. bei Mollusken). Vergleicht man damit das Herz im Organismus, so ist dessen Möglichkeit der Anpassung an vorübergehend erhöhte Anforderungen des Kreislaufs durch »aktive« Änderung der Frequenz, des Schlagvolumens, des Blutdrucks über zentralnervöse Mechanismen erheblich erweitert. Bei dauernd erhöhten Anforderungen nimmt zusätzlich die Herzgröße durch Erweiterung *(Dilatation)* und durch gesteigertes Wachstum der Herzmuskelzellen *(Hypertrophie)* zu, wodurch sich innerhalb gewisser Grenzen eine Steigerung der Leistungsfähigkeit erreichen läßt. Bei erschöpfender körperlicher Arbeit beträgt das Herzminutenvolumen eines untrainierten Menschen etwa 20 l/min gegenüber etwa 35 l/min eines trainierten, der das Reservevolumen zu mobilisieren vermag. Durch vernünftiges Training können die gesamten Leistungsreserven des Organismus erheblich verbessert werden.

Versuche

9.1 *Herzen bei verschiedenen Tiergruppen*

9.1.1 *Pulsierendes Dorsalgefäß bei Tubifex sp.**

Die Beobachtung eines pulsierenden Dorsalgefäßes wird am durchscheinenden Schlammröhrenwurm Tubifex sp. durchgeführt. Dieser in Tierhandlungen leicht erhältliche Oligochaet (= Wenigborster) eignet sich besonders zur Untersuchung des Gefäßsystems und der Blutbewegung.

Material: Tubifex sp. – Mikroskop, Objektträger, Deckglas, Tropfpipette – kaltes Wasser (Eiswürfel)

Versuchsanordnung: Die Tiere werden mit der Pipette sehr kaltem Wasser entnommen, auf einen Objektträger gebracht und mit einem Deckglas bedeckt. Betrachte die Tiere im Mikroskop und erneuere nach einiger Zeit das kalte Wasser.

Aufgaben:
1. Wähle ein leicht zu beobachtendes Tier und versuche Dorsal-, Dorsoventral- und Ventralgefäß zu unterscheiden. Skizziere das Gefäßsystem.
2. Stelle die Strömungsrichtung des Blutes fest und trage diese durch Pfeile in der schematischen Skizze ein.
3. Bestimme die Schlagfrequenz des kontraktilen Dorsalgefäßes, am besten zu Beginn der Untersuchung in »eiskaltem Wasser« und später, wenn sich die Temperatur durch die Wärmestrahlung der Lichtquelle erhöht hat.

9.1.2 *Arthropodenherz**

Das Herz von Asseln ist ein, mit Spiralmuskeln versehener, dorsal gelegener Sack. Er ist durch Bindegewebebänder befestigt und liegt im *Perikardialsinus*. Dieser, mit Hämolymphe erfüllte Raum, wird durch eine *Perikardialmembran* (= *Perikardialseptum*, *dorsales Diaphragma*) vom übrigen Körper abgegrenzt.

An Herzen von Krustazeen befinden sich mehrere Nervenzellen, wobei eine die Aufgabe des Schrittmachers übernimmt. Die Nervenversorgung kann durch eine Methylenblau-Färbung dargestellt werden (siehe Abb. 109).

Material: siehe Versuch 8.1.

Versuchsanordnung: siehe Versuch 8.1.

Aufgabe: Stelle die Lage und Form des Herzens sowie den Verlauf der Muskelfasern und die Lage der Ostien fest. Bei Stillstand des Herzens kann dieses oft durch Berühren mit einer stumpfen Nadel zur Aktivität angeregt werden.

Ausbaumöglichkeiten: Durch Einlegen und Fixieren des Präparates in 75%igen Alkohol treten unter dem Binokular die Muskeln klarer hervor. Das Herz wird sodann samt Flügelmuskeln herauspräpariert und genauer untersucht.

Beobachtungen des Herzschlages sind sehr leicht an Daphnien

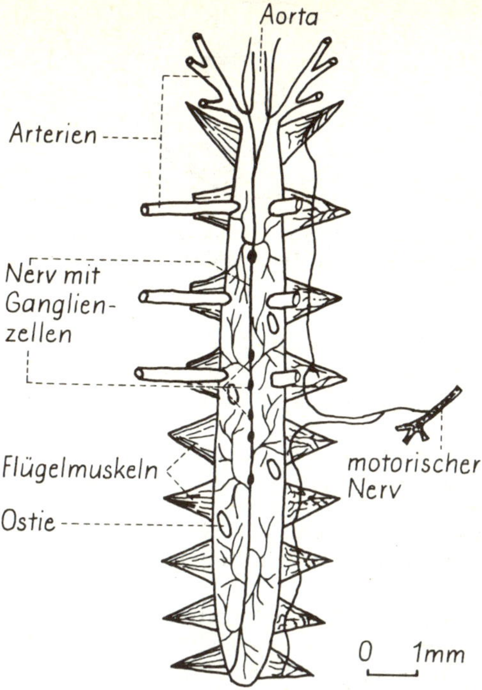

Abb. 109. Dorsalansicht eines Asselherzens mit dessen Nervenversorgung (verändert nach ALEXANDROWICZ)

sowie an durchsichtigen Insektenlarven, z. B. Kriebelmücken (Chaoborus, Simuliidae) durchzuführen. Die Tiere werden mit Wasser auf einen Objektträger gebracht und unter einem erhöhten Deckglas (Wachs, Glassplitter) mit dem Mikroskop betrachtet. Tiere unter mikroskopischer Beobachtung leicht quetschen.

9.1.3 *Molluskenherz**

Mollusken besitzen ein aus mehreren Abschnitten bestehendes Herz. Umgeben von einem, aus dem Cœlom hervorgegangenen Herzbeutel (= Perikard) erhält die Herzkammer über eine Anzahl von Vorhöfen das mit O_2 angereicherte Blut der Atemorgane (siehe Abb. 104). Die am Übergang zwischen Atrium und Ventrikel liegenden Herzklappen schließen sich bei der Systole

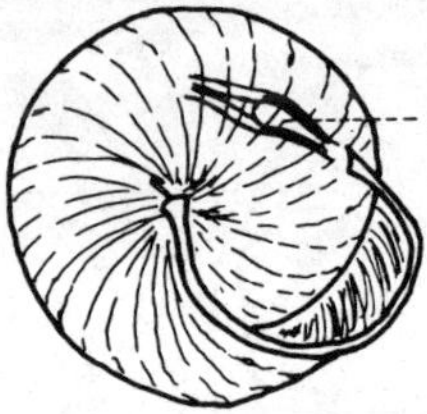

Abb. 110. Anleitung zur Präparation eines Schneckenherzens. Die Stelle des Gehäuses, unter der das Herz zu finden ist, erscheint oft dunkler pigmentiert.

der Kammer, so daß das Blut in die Aorta gepreßt wird. Ein isoliertes Molluskenherz kann durch leichten Zug oder durch Blutfüllung zum selbständigen Schlagen angeregt werden.

MATERIAL: Schnecken der Gattungen Helix oder Arianta – grobe Pinzette, Saugpapier, Kühlschrank, Thermometer, Uhr

VERSUCHSANORDNUNG: Das in die Schale zurückgezogene Tier wird durch Verstopfen der Mündung am Auskriechen gehindert. Dann legt man die Schnecke mit dem Nabel nach oben auf eine Unterlage und schlägt mit der Pinzette an der abgebildeten Stelle ein Loch in die Schale (siehe Abb. 110). Die Schalenreste werden vorsichtig abgehoben und hierauf die Herztätigkeit beobachtet.

AUFGABE: Messe die Herzfrequenz bei Zimmertemperatur sowie nach einem ca. 5-minütigen Kühlschrankaufenthalt. Vergleiche die Werte und berechne in Prozent die Zunahme der Herzfrequenz bei höherer Temperatur.

AUSBAUMÖGLICHKEITEN: Bei günstigen Haltungsbedingungen ist es möglich, die Neubildung der Schale an der verletzten Stelle zu verfolgen. Sonst wird die Schnecke durch Chloroformdämpfe oder durch kochendes Wasser getötet.

9.1.4. *Froschherz***

Der Frosch besitzt einen Venensinus, der an der rechten Vorkammer mündet und durch den O_2-armes Blut strömt. Die linke Vorkammer erhält O_2-reiches Blut aus den Atemorganen. Obwohl bei Amphibien lediglich ein Ventrikel ausgebildet ist und daher ein Vermischen des Blutes zu erwarten wäre, wird durch besondere Einrichtungen auch in der Kammer eine weitgehende Trennung beider Blutströme erreicht (siehe Abb. 106).

Die Herzaktivität beginnt am Sinus venosus (vom Sinusknoten ausgehend), erfaßt sodann beide Vorhöfe, greift schließlich auf die Kammer über und endet am Herzbulbus (siehe auch Einführung zu diesem Kapitel).

Material: Großer Wasserfrosch (oder Grasfrosch), Herz-Präparat (siehe Anhang 13.4.2) – Petrischale, Tropfpipette – Froschringer-Lösung (siehe Anhang 13.1)

Aufgaben:
1. Benenne die bei Ventralansicht erkennbaren Herzteile und vergleiche Abb. 111.
2. Der Ventrikel wird mit einer Pinzette angefaßt, angehoben und das an seiner Dorsalseite liegende sehr dünne Perikardialband durchschnitten (siehe Abb. 190). Klappe hierauf die Herzspitze kopfwärts. Der mit Blut gefüllte, pumpende Venensinus wird dabei sichtbar.
3. Das Herz wird freipräpariert (siehe Anhang 13.4.2), dem Körper entnommen und in die Ringerlösung gegeben.
4. Grenze die einzelnen Herzteile bei verschiedenen Ansichten ab und vergleiche die entsprechenden Zeichnungen in Abb. 111. Eine klare Vorstellung der Herzanatomie ist unerläßlich für ein

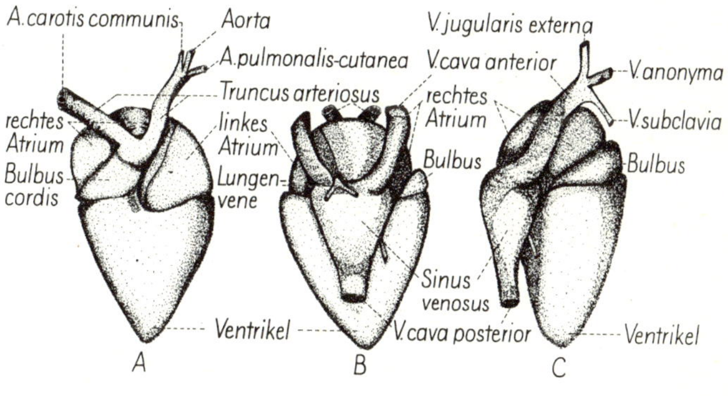

Abb. 111. Froschherz, verschiedene Ansichten (nach Gaupp). A. Ventralansicht, B. Dorsalansicht, C. Seitenansicht. Der Sinus venosus wurde prall gefüllt gezeichnet

erfolgreiches Gelingen der »Stanniusschen Ligaturen« im Versuch 9.2.
5. Stelle fest, ob alle Herzteile gleich schnell schlagen.

AUSBAUMÖGLICHKEITEN:
1. Bestimme das Gewicht des Gesamttieres und des Herzens. Berechne daraus den Gewichtsanteil des Herzens am Gesamtgewicht.
2. Das isolierte Froschherz sollte für einen der folgenden Versuche weiterverwendet werden.
3. Das nicht mehr schlagende Herz kann für die elektrische Reizung verwendet werden, siehe Versuch 9.5.
4. Für eigene morphologische und histologische Untersuchungen wird das Herz in Bouin, Formol usw. fixiert (siehe Fachliteratur).
5. Ein frisch getöteter Frosch eignet sich besonders zum Studium der inneren Organe, die verschieden gefärbt und leicht zu präparieren sind.

9.2 *Die Stanniusschen Ligaturen***

THEORIE: Bereits 1852 untersuchte STANNIUS durch Anlegen von Fadenschlingen (= Ligaturen) die Automatie des Froschherzens. Durch Abbinden von Herzteilen ist es möglich, Zentren der Erregungsbildung zu lokalisieren und die Erregungsleitung zu unterbrechen.

MATERIAL: Frosch: Herz-Präparat (siehe Anhang 13.4.2) – Binokular bzw. Auflichtmikroskop, 2 spitze Pinzetten, feine Schere, Zwirn, Uhr, Glasschälchen, Tropfpipette – Froschringer-Lösung (siehe Anhang 13.1)

WICHTIG: Verwende das Herz eines großen, kräftigen Frosches. Nicht zu zaghaft präparieren. Froschringer-Lösung soll genau der Vorschrift entsprechen. Bindegewebe entfernen und Truncus arteriosus abheben (siehe Abb. 111).

AUFGABEN:
1. Das Herz schwimmt im ringergefüllten Glasschälchen. Beobachte seine Tätigkeit und beantworte Fragen 1–3.
2. Der Sinus venosus wird unter dem Binokular mit Pinzetten und einer Schere freigelegt und das Bindegewebe zwischen Sinus

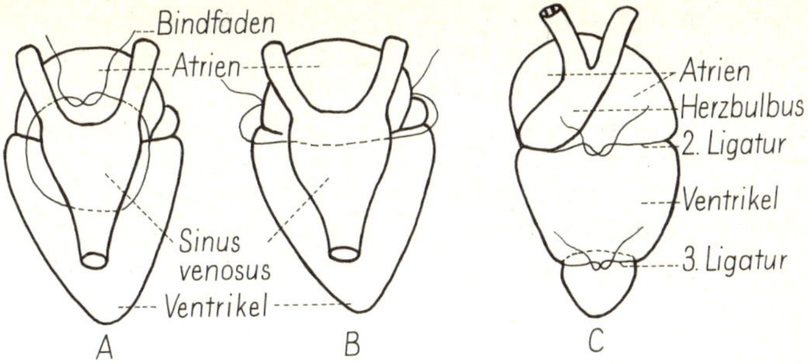

Abb. 112. Anlegen der Stanniusschen Ligaturen
A. Dorsalansicht des Froschherzens: Die erste Ligatur wird um die Mündung des Sinus venosus gelegt B. Dorsalansicht des Froschherzens: Lage der zweiten Fadenschlinge (erste Ligatur wurde nicht gezeichnet) C. Ventralansicht des Froschherzens: Lage der zweiten und dritten Ligatur

und Aorta durchtrennt. Stelle mit dem Zwirn eine Fadenschlinge von etwa 1 cm Durchmesser her und lege sie so in das Glasschälchen, daß sie untertaucht. Mit den Pinzetten wird die Fadenschlinge dem Sinus übergestreift, an die Grenze zum Atrium gerückt und leicht zugezogen. Nach einer Kontrolle der Lage der Schlinge wird diese kräftig zugezogen (vgl. Abb. 112). Beantworte Fragen 4–6.

3. Hierauf wird die 2. Stanniussche Ligatur angelegt. Nach dem Herstellen einer weiteren Fadenschlinge wird diese in den Ringer getaucht, um das Herz gelegt, und an der Grenze der Vorhöfe zur Kammer mäßig angezogen, bis das Herz zu schlagen beginnt. Manchmal muß die Schlinge wieder etwas gelockert werden, um eine rhythmische Pulsation beobachten zu können (siehe Fragen 7–9).

4. Mit der 3. Stanniusschen Ligatur wird die Herzspitze fest abgeschnürt (siehe Fragen 10–11).

FRAGEN:

1. In welcher Folge kontrahieren sich die Herzabschnitte?	Sinus venosus – Atrien – Ventrikel – Bulbus.
2. Kontrahieren sich alle Herzabschnitte mit gleicher Frequenz?	Ja, wenn das gesunde Herz bei der Präparation nicht beschädigt wurde und die Ringerlösung genau den Angaben entspricht.

3. Wie oft schlägt das Herz in einer Minute?

Etwa 30 bis 50 mal, doch hängt die Frequenz von mehreren Faktoren ab.

4. Verhindert kräftiges Zuziehen der 1. Stanniusschen Ligatur die Kontraktion der Atrien und des Ventrikels?

Ja. Durch die fest angelegte Schlinge wird die Erregungsleitung zum Atrium unterbrochen und somit auch keine vorzeitige Erregungsbildung im AV-Knoten ausgelöst.

5. Schlägt der Sinus venosus mit der ursprünglichen Frequenz weiter?

Ja, oder die Frequenz ändert sich nur wenig (z. B. durch Temperatureinfluß).

6. Was beweist die autonome Tätigkeit des Sinus venosus?

Das selbständige Schlagen ist ein Beweis dafür, daß in ihm ein Erregungszentrum (der Sinusknoten) liegt. Da die Sinusfrequenz dem Kontraktionsrhythmus des gesamten Herzens entspricht, hat der Sinusknoten die Funktion des Schrittmachers.

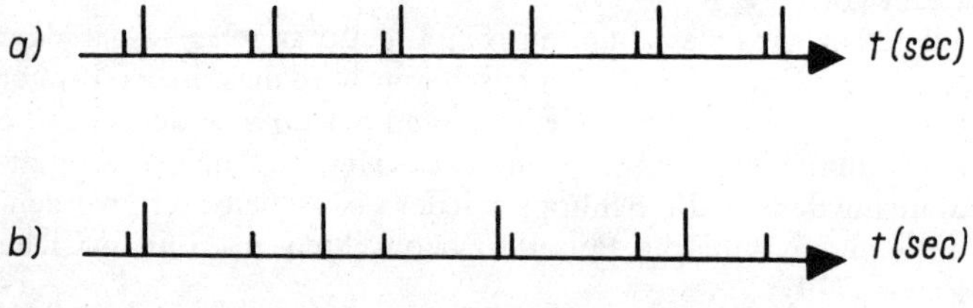

Abb. 113. Schrittmacherfunktion des Sinusknotens und autonome Erregungsbildung im AV-Knoten am Froschherz. Die Marken geben den Zeitpunkt der Sinus venosus-Systole (kleine Zeitmarke) und jenen der Ventrikel-Systole (große Zeitmarke) an
A. Beim gesunden Herzen kontrahieren sich normalerweise Sinus venosus und Ventrikel koordiniert im Rhythmus der Erregungsbildung des Sinusknotens B. Bei Unterbrechung der Erregungsleitung zwischen Sinus venosus und Atrien geht die Koordination und damit auch die Schrittmacherfunktion des Sinusknotens während der Herztätigkeit verloren. Der Sinus schlägt weiterhin mit der Spontanfrequenz des Sinusknotens, während sich Atrien und Ventrikel bedeutend langsamer, mit der Entladungsfrequenz des AV-Knotens, kontrahieren

7. Beginnt nach einiger Zeit selbständig bzw. nach Anlegen der 2. Stanniusschen Ligatur das übrige Herz zu schlagen?

Ja. Das bedeutet, daß ein weiteres Automatiezentrum, der AV-Knoten, seine Tätigkeit aufgenommen hat.

8. Schlagen jetzt noch Sinus und das restliche Herz synchron?

Nein. Das »Restherz« schlägt langsamer, im Rhythmus des AV-Knotens (vgl. Abb. 113). Die Atrien werden dabei rückläufig vom AV-Knoten her erregt.

9. Welche Wirkung hat die 2. Stanniussche Ligatur?

Das mäßige Zuziehen der Ligatur stellt für den AV-Knoten einen mechanischen Dauerreiz dar, welcher seine Erregungsbildung »fördert«.

10. Welchen Einfluß übt die 3. Ligatur auf die Herztätigkeit aus?

Sie unterbricht die Erregungsleitung zur Herzspitze, so daß diese nach Abschnürung stillsteht.

11. Enthält die Herzspitze des Frosches ein weiteres Automatiezentrum?

Nein.

AUSBAUMÖGLICHKEITEN:
1. Das nicht mehr schlagende Herz kann zur elektrischen Reizung (siehe Versuch 9.5) verwendet werden. Die 2. Ligatur läßt sich vorher leicht entfernen.
2. An einem anderen Froschherzen wird nur die 2. Ligatur angelegt. Beim Zuschnüren hören die Ventrikelkontraktionen für einige Zeit auf, während die Systolen des Sinus und der Atrien mit gleichbleibender Frequenz eintreten. Dies beweist, daß die Erregung vom Sinus in die Atrien, nicht jedoch in die Kammer geleitet wird.

9.3 *Die Wirkung thermischer Reize auf das Froschherz***

THEORIE: Die Tatsache, daß die Geschwindigkeiten chemischer Prozesse temperaturabhängig sind und daß chemische Reaktionen bei höheren Temperaturen rascher ablaufen als bei tiefen, ist schon lange bekannt und wird durch die *Van't Hoffsche Regel* beschrieben. Jeder Herzschlag ist von den verschiedensten chemischen Prozessen begleitet, die unter anderem eine bedeutende Rolle bei der Bildung und Weiterleitung der Erregung sowie bei der Muskelkontraktion selbst spielen. Daher ist auch die Herztätigkeit durch Temperaturreize zu beeinflussen. So schlägt das isolierte Froschherz bei einer Temperatur von etwa 0 °C nur noch sehr langsam oder gar nicht mehr, da die Geschwindigkeiten aller beteiligter chemischer Reaktionen bereits zu gering geworden sind, um einen Herzschlag erzeugen zu können. Bei einer Temperatur von etwa 30 °C tritt beim isolierten Froschherz vorerst eine *reversible Wärmelähmung* ein, welche ab etwa 40 °C in eine *irreversible Wärmestarre* übergeht.

MATERIAL: Frosch: Herz-Präparat (siehe Anhang 13.4.2) – Thermometer, Kühlschrank, Stoppuhr, Spritzflasche (mit Ringerlösung), Glasschälchen (Durchmesser ca. 5 cm), Glasstab. Oder: siehe Abb. 114 und Ausbaumöglichkeiten.

VERSUCHSANLEITUNG: Folgende Temperaturen werden vorgeschlagen: 5°, 10°, 15° und 20 °C. Beginnend bei 5 °C werden die anderen Temperaturen der Reihe nach durch Zugießen einer zimmertemperierten Ringerlösung hergestellt.

WICHTIG: Falls ein Kymograph oder eine ähnliche Einrichtung zur Verfügung steht, wie sie in Abb. 114 dargestellt ist, dann sollten diese Geräte verwendet werden (siehe Ausbaumöglichkeiten).

AUFGABE:

1. Lege eine Tabelle nach folgendem Muster an:

Temperatur	Herzfrequenz	%

2. Bestimme und notiere die entsprechenden Werte in einem Temperaturbereich von 5 °C bis etwa 20 °C. Messungen erst nach einer Anpassungszeit von mindestens einer Minute durchführen.
3. Die bei 5 °C ermittelte Herzfrequenz wird als 100% angenommen. Berechne die prozentuelle Zunahme bei anderen Temperaturen.

FRAGE:

Wie ändert sich die Herzfrequenz bei einer Temperaturerhöhung von 10 °C ($=Q_{10}$)?	Die Herzfrequenz nimmt um das 2–3fache zu, $Q_{10} = 2$–3.

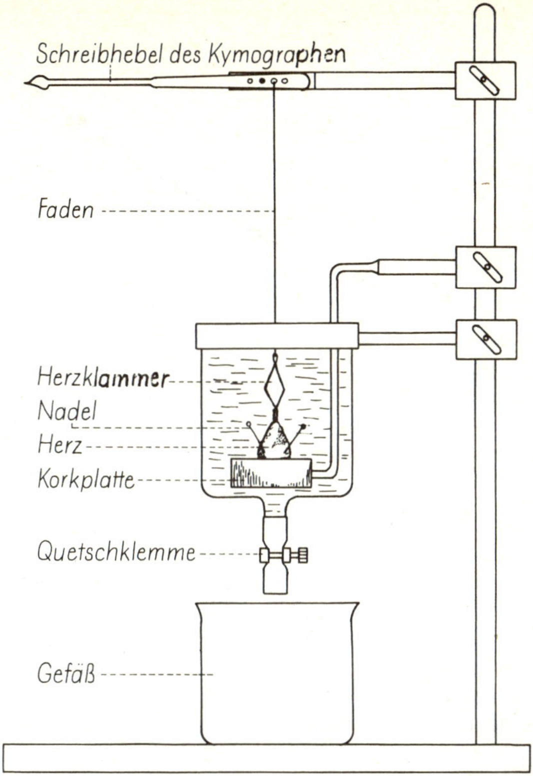

Abb. 114. Versuchsanordnung zur Registrierung von Herzkontraktionen mittels eines Kymographen

AUSBAUMÖGLICHKEITEN:

1. Registrierung der Herzkontraktionen mittels eines Kymographen. Material und Versuchsaufbau siehe Abb. 114. Das Herz wird mit dem Sinus venosus auf eine Korkplatte gelegt und etwas spitzenwärts von der Grenze zwischen den Atrien und dem Ventrikel mit zwei Nadeln festgesteckt. Mit einer Klammer faßt man die Herzspitze und befestigt sie mit einem Zwirnfaden am Schreibhebel des Kymographen. Gefäß mit Ringer füllen. Die Zeigerspitze des Hebelsystems ist abgewinkelt und zeigt ungefähr zum Mittelpunkt der Rußtrommel. Der Registrierhebel wird tangential zur Kymographentrommel an-

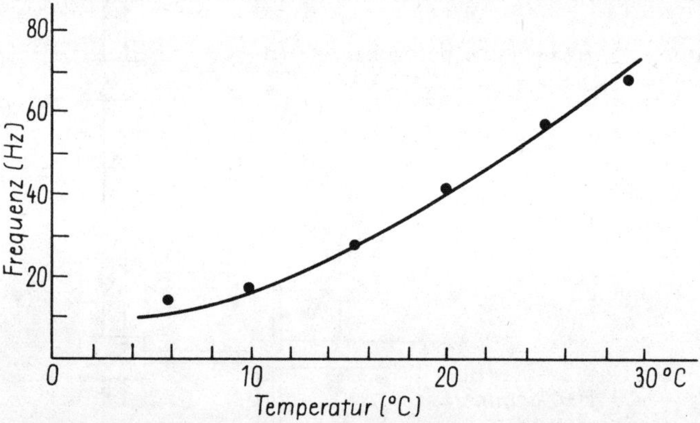

Abb. 115. Diagramm: Beziehung zwischen Temperatur und Schlagfrequenz des Froschherzens (nach SCHEMINSKY)

gelegt. Den Kymographen nur zur Registrierung einschalten. Der Versuch wird sinngemäß wie oben durchgeführt.

2. Benötigt man das schlagende Herz nicht mehr für andere Versuche (z. B. Adrenalin- oder Acetylcholin-Untersuchungen), dann wird die untere und die obere Temperaturgrenze bestimmt, bei der die Pulsation des isolierten Herzens aufhören.

3. Das berußte Papier des Kymographen wird mit einem rasch trocknenden Fixativ besprüht. Nach Fixierung können die Aufzeichnungen zur Auswertung herangezogen werden (siehe Abb. 115). Die Frequenz kann aus der Umfangsgeschwindigkeit der Trommel bestimmt werden. Die Amplitude ist ein Maß für die Kontraktionsstärke. Ergänze die obige Tabelle mit den Spalten Amplitude und % und berechne die prozentuelle Abnahme der Amplitude bei höheren Temperaturen.

9.4 *Die Wirkung von Adrenalin und Acetylcholin auf die Herztätigkeit**

THEORIE: In der Einführung wurde erwähnt, daß die Herztätigkeit durch die Erregung von Herznerven modifiziert werden kann. Während der parasympathische Vagus bei Erregung Acetylcholin (= ACh) freisetzt und die Tätigkeit des Herzens hemmt, scheidet der Sympathicus das auf das Herz fördernd wirkende Adrenalin (bzw. Noradrenalin) ab. Die Wirkung beider Substanzen auf die Herztätigkeit kann durch Einlegen eines isolierten Froschherzens in die entsprechenden Lösungen untersucht werden. Man sollte sich jedoch bewußt sein, daß die gewonnenen Ergebnisse nur mit Einschränkungen auf den Organismus übertragen werden können. Im Organismus ist unter anderem die besondere Anordnung der Herzinnervation zu berücksichtigen (siehe Abb. 108), die bedingt, daß Übertragungssubstanzen immer nur an jenen Stellen freigesetzt werden, an denen die entsprechenden Synapsen liegen. In unserer Versuchsanordnung umspült jedoch der jeweilige Überträgerstoff das gesamte Herz.

MATERIAL: Frosch: Herz-Präparat (siehe Anhang 13.4.2) – Pinzette, Filzschreiber, Stoppuhr, 2 Erlenmeyerkolben (50 ml), 3 Glasschälchen, Becherglas (50 ml) – Froschringer-Lösung (siehe Anhang 13.1) – Adrenalin, Acetylcholin

HERSTELLEN DER LÖSUNGEN: Das Verhältnis zwischen Ringer und Adrenalin soll etwa $1:10^{-6}$, jenes zwischen Ringer und Acetylcholin etwa $1:10^{-7}$ betragen. Für unseren Versuch genügt es, 50 ml Ringer ein paar Kristalle der entsprechenden Substanz zuzusetzen. Ist keine Wirkung zu beobachten, dann werden weitere Kristalle zugegeben. Lösung immer durchmischen!

WICHTIG: Acetylcholin und Adrenalin sind starke Gifte. Kühl lagern. Lösungen immer frisch ansetzen.

VERSUCHSANORDNUNG: Beschrifte die Glasschälchen mit den Zahlen 1–3. 1 wird mit Ringer, 2 mit der Adrenalinlösung, 3 mit der Acetylcholinlösung gefüllt. Alle Lösungen sollten Zimmertemperatur haben.

AUFGABEN:
1. Bestimme und notiere die Herzschlagfrequenz pro min und beobachte die Kontraktionsstärke des Ventrikels unter folgenden Bedingungen:
a. Herz in frischer Ringerlösung.
b. Herz in Adrenalinlösung. Die Messung wird erst nach einer Anpassungszeit von 30 sec begonnen.
c. Herz in Acetylcholinlösung. Das Herz muß zuvor gut in Ringer gespült werden. Messungen nach einer Anpassungszeit von 30 sec beginnen.

2. Berechne die durch die chemischen Substanzen verursachten prozentuellen Änderungen der Schlagfrequenz, wobei die im Ringer ermittelten Werte die Ausgangswerte darstellen (= 100%).
3. Quantitative Aussagen über die Kontraktionsstärke sind durch Messungen der Amplitude bei der Registrierung der Herzaktivität mit einem Kymographen möglich (siehe Ausbaumöglichkeiten und vgl. Abb. 114).

FRAGEN:

1. Welchen Einfluß übt Adrenalin auf die Herztätigkeit aus?	Sowohl Schlagfrequenz als auch Kontraktionskraft werden durch Adrenalin gesteigert.
2. Wie verändert ACh die Tätigkeit des Herzens?	ACh hemmt die Herztätigkeit, es vermindert sowohl die Herzfrequenz als auch die Kontraktionskraft.
3. Wie beeinflußt ACh die Darmtätigkeit? (siehe Versuch 2.3)	Im Gegensatz zum Herzen wirkt ACh auf dieses Organ fördernd.

AUSBAUMÖGLICHKEITEN: Falls ein Kymograph und eine ähnliche Einrichtung, wie sie in Abb. 114 gezeichnet wurde, zur Verfügung stehen, sollten diese Geräte verwendet werden. Versuchsaufbau siehe bei Versuch 9.3, unter Ausbaumöglichkeiten.

9.5 *Elektrische Reizung des Froschherzens**

THEORIE: Ein stillstehendes, noch erregungsfähiges Herz kann durch einen elektrischen Stromstoß zur Kontraktion veranlaßt werden. Der elektrische Reizimpuls löst dabei, wie bei einer Nervenfasermembran, einen Erregungsvorgang aus, der weitergeleitet wird. Genauso wie beim Skelettmuskel bildet die Erregung die Voraussetzung für die Kontraktion der Herzmuskelfasern.

Am autonom schlagenden Herzen können Reizströme nur in bestimmten Aktivitätsphasen eine vorzeitige Muskelkontraktion (= *Extrasystole*) auslösen. Während der Kontraktionsphase zeigt sich kein Reizerfolg, das Herz ist *refraktär*. Es beantwortet nur Reize, die nicht in die Refraktärphase fallen. Da die Refraktärzeit des Froschherzens mit 0,1 sec ziemlich lange dauert – sie ist ein Vielfaches von jener bei Skelettmuskeln und Nerven –, können sich nicht gleichzeitig mehrere Kontraktionswellen am Herzmuskel überlagern (vgl. Kap. 10: Der Muskel). Es werden dadurch Dauerkontraktionen verhindert, wie sie bei einem Tetanus des Skelettmuskels auftreten. Ein Tetanus des Herzmuskels hätte fatale Folgen, da kein Blut mehr ins Herz strömen könnte.

Die Refraktärzeit hat ihre Ursache in den physikalisch-chemischen Prozessen, welche die Erregung begleiten. In dieser Zeit werden normalerweise die vor der Erregung herrschenden Membranzustände wiederhergestellt.

Eine besondere Gefahr für das koordinierte Funktionieren des Herzens bilden starke Wechselströme. Diese begünstigen Erregungen und Kontraktionen kleiner Bezirke, welche dann als »Herzflimmern« bezeichnet werden. Als Folge davon wird die Blutförderung herabgesetzt, und dies kann in schweren Fällen zum Tod führen.

Material: Frosch: Herz-Präparat (siehe Anhang 13.4.2) – Reizgerät und Reizelektroden (siehe Anhang 13.5), feine Metall-

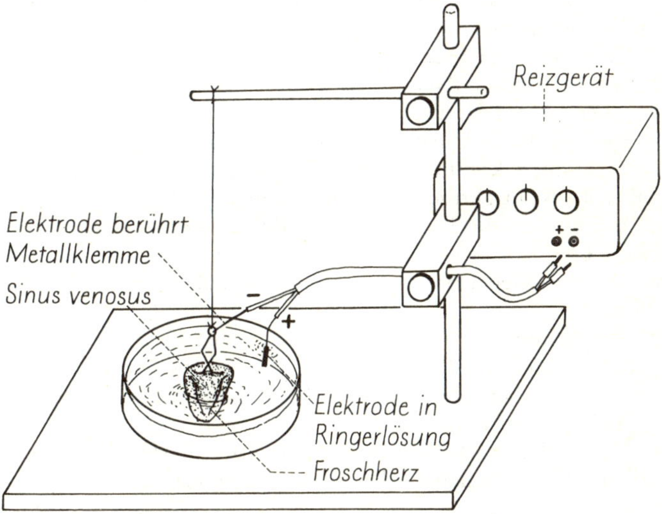

Abb. 116. Anordnung zu Versuch 9.5: Elektrische Reizung des isolierten Froschherzens

klemme, Stativ mit Haltevorrichtung (Muffe und Klemme), Glasschälchen (Durchmesser ca. 5 cm) – Froschringer-Lösung (siehe Anhang 13.1)

Wichtig: Von einer Registrierung der Herzaktivität wird Abstand genommen, da ein größerer Aufwand erforderlich ist, um einigermaßen exakte Messungen durchführen zu können. Hier soll uns die Beobachtung genügen. Die in anderen Versuchen verwendeten Herzen stehen meist bei Versuchsende still und können (außer bei Wärmestarre) zur elektrischen Reizung herangezogen werden.

Versuchsanleitung: Siehe Abb. 116. Die Metallklemme wird am Sinus venosus befestigt und dann am negativen Pol (Kathode) der Elektrode aufgehängt. Das in der Haltevorrichtung befestigte Kabel wird so in seiner Höhe verstellt, daß der positive Pol (Anode) sowie die Herzspitze in den Ringer tauchen. Reizgerät: Reizdauer etwa 2 msec. Bei manueller Reizauslösung nur sehr kurze Reize geben. Herz darf nicht eintrocknen.

Aufgaben:
1. Überprüfe, ob der Strom von der Kathode durch das Herz und die Ringerlösung zur Anode fließen kann.
2. Untersuchungen am stillstehenden Herzen:
a. Erhöhe langsam die Reizstärke auf 0,3 V bei gleichbleibender Frequenz von 1 Hertz. Frage 1.
b. Stelle die Reizintensität auf etwa 5 V ein. Fragen 2 und 3.
c. Vermindere kontinuierlich die Reizamplitude und beobachte dabei die Kontraktionen. Fragen 4 und 5.
d. Vermindere die Impulsfrequenz der überschwelligen Reize. Frage 6.
e. Erhöhe wiederum die Reizfrequenz auf 1 Hertz. Fragen 7 und 8.
3. Beobachtungen am autonom schlagenden Herzen:
a. In verschiedenen Phasen der Herzaktivität werden elektrische Impulse gegeben. Ein manuelles Auslösen des Impulses ist vorteilhaft. Fragen 9 bis 11.
b. Es werden starke Dauerreize von etwa 50 Hz gesetzt. Mit etwas Glück läßt sich das Herzflimmern beobachten.

Fragen:

1. Warum kann durch unter-	Solange die Impulsschwelle

schwellige Reize (bis ca. 0,3 V) keine Herzkontraktion ausgelöst werden? (Siehe Abb. 117)

nicht überschritten wird, entsteht keine fortgeleitete Erregung (»Nichts«) und daher auch keine Kontraktion.

2. Sind mit dem Wirksamwerden der elektrischen Reize immer stärker werdende Reaktionen zu beobachten?

Ja. Die Kontraktionsgröße nimmt anfangs mit fortschreitender Reizdauer zu. Vgl. auch Frage 8.

3. Erreicht die Kontraktionsgröße bei gleichbleibender Reizintensität ein Maximum?

Ja.

4. Kann die Reizintensität wieder bis hin zur Schwelle verringert werden, ohne die Kontraktionsgröße zu beeinflussen?

Ja. Überschwellige Reize verursachen immer gleich starke, fortgeleitete Erregungen (»Alles«), die jeweils den Kontraktionsvorgang auslösen.

5. Welche Aussage beinhaltet die »Alles-oder-Nichts«-Regel?

Eine Abstufung der Reizgröße bewirkt keine Abstufung des Reizerfolges.

6. Wie wirkt sich die geringere Reizfrequenz auf die Kontraktionsgröße aus?

Die Kontraktion wird schwächer.

7. Wie beeinflußt eine höhere Reizfrequenz die Kontraktion?

Die Kontraktion wird stärker.

8. Welchen Einfluß übt die Reizfrequenz (allgemein) auf

Jede Kontraktion begünstigt für eine gewisse Zeit die Größe

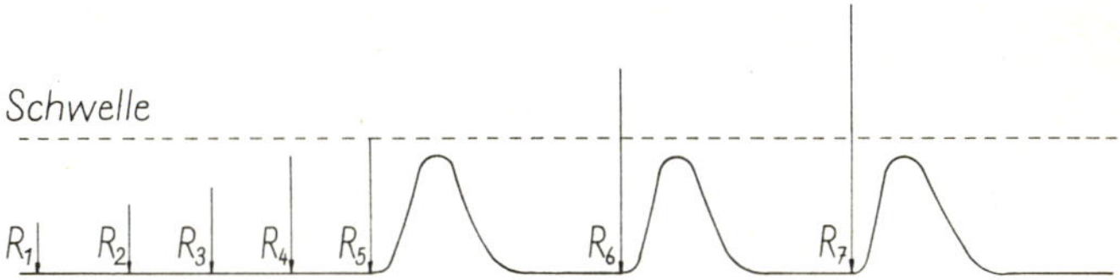

Abb. 117. Schema der Alles- oder Nichts-Regel (AoN-Regel) der Herzmuskelkontraktion. Die unterschwelligen Reize R_1–R_4 bleiben unbeantwortet (»Nichts«), während schwellige (R_5) oder überschwellige Reize (R_6, R_7) eine immer gleich starke Kontraktion (»Alles«) hervorrufen. Trotz wachsender Reizintensität von R_5–R_7 nimmt die Reaktionsgröße nicht mehr zu, sie ist also reizstärken-unabhängig (nach Landois-Rosemann)

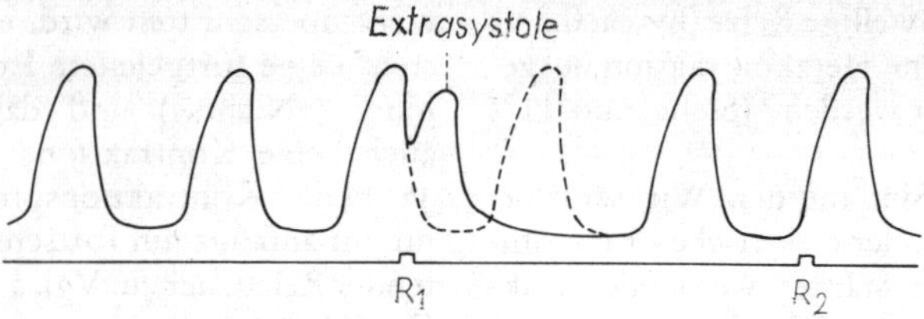

Abb. 118. Einfluß elektrischer Reize auf ein spontan schlagendes isoliertes Froschherz, schematisch. Der Reiz R_1 wurde in der Erschlaffungsphase gesetzt und hat eine zusätzliche Kontraktion, die Extrasystole, zur Folge. Die normalerweise eintretende Herzkontraktion (gestrichelt) entfällt, das Herz pulsiert erst wieder nach der darauf folgenden Erregung. Der Reiz R_2 fällt in die Kontraktionsphase, es zeigt sich kein Reizerfolg (nach SCHÜTZ)

einander folgende Kontraktionen aus?	der folgenden Kontraktionen. Bei »langen« Pausen fällt dieser Einfluß weg.
9. Wann werden Extrasystolen ausgelöst?	Fällt ein Reiz in die Diastole, dann kann vorzeitig eine Extrasystole erzeugt werden (vgl. Abb. 118).
10. Warum können nur während der Erschlaffungsphase des Herzmuskels Extrasystolen ausgelöst werden?	Die Refraktärzeit fällt etwa mit der Dauer der Systole zusammen.
11. Folgt nach einer Extrasystole eine längere Pause bis zum Einsetzen des nächsten autonomen Herzschlages?	Ja, sie wird als kompensatorische Pause bezeichnet. Durch die Extrasystole fällt die folgende spontane Erregung in die Refraktärzeit der Kammer. Diese ist daher unerregbar und wird erst durch die folgende Spontanerregung wiederum aktiviert.

9.6 *Anpassung von Herz und Kreislauf an körperliche Leistungen***

THEORIE: Wir wissen aus eigener Erfahrung, daß bei körperlicher Anstrengung die *Herzfrequenz* (= Anzahl der Herzschläge/min) stark zunimmt und daß es in besonderen Fällen zu sehr kräftigen Kontraktionen kommt, welche als »Herzklopfen« empfunden werden. Sowohl die Steigerung der Herzfrequenz als auch die Erhöhung des Schlagvolumens sind Mechanismen, die an einer Regulierung der in einer Minute ausgestoßenen Blutmenge (= Herzminutenvolumen, HMV) beteiligt sind. Beide Mechanismen können jedoch nur innerhalb gewisser Bandbreiten wirksam sein. Es hat sich nämlich gezeigt, daß beim Menschen oberhalb einer Herzfrequenz von 180 Schlägen/min die zum Füllen der Ventrikel benötigte Zeit unterschritten wird, und sich daher die Kammern nur noch ungenügend füllen. Zum anderen ist die maximale Blutmenge, die bei einem Herzschlag befördert werden kann, durch das Herzvolumen vorgegeben.

Sowohl im Herzen und im Kreislaufsystem (besonders in den Anfangsteilen der Aorta und Carotis) als auch in anderen Bereichen des Körpers (z. B. Atmungssystem, Verdauungssystem) sind verschiedene Rezeptoren zu finden, die Teile eines Regelsystems der Blutversorgung und -zusammensetzung darstellen. Durch Vermittlung der Herznerven sowie durch die Innervation aller Blutgefäße ist die Möglichkeit einer raschen reflektorischen Beeinflussung des Kreislaufs sichergestellt. In den peripheren Gefäßen, besonders in den Arteriolen, wird der Blutstrom durch Veränderung des Gefäßquerschnittes geregelt. Dieser Mechanismus erweist sich als sehr wirksam, um die Blutversorgung einzelner Organe den jeweiligen Erfordernissen anzupassen. So wird in besonders beanspruchten Organen (z. B. in Muskeln) die Blutzufuhr durch Erweiterung der Blutgefäße gesteigert, während sie in anderen Organen, die gerade nicht beansprucht sind, gleichzeitig gedrosselt werden kann.

Material: VL, VP – Stoppuhr

Versuchsanordnung: Folgende Arbeitseinteilung erweist sich als vorteilhaft: die VP gibt, nachdem sie den Puls fühlen kann, dem VL das Startzeichen zum Stoppen der Zeit und konzentriert sich auf das Zählen der Herzschläge. Ertönt jedoch ein Klopfzeichen des VL, dann gibt die VP die Zahl bekannt, bei der sie gerade angelangt ist und beginnt erneut mit dem Zählen der Herzschläge.

Der VL fängt nach dem Startzeichen mit der Zeitmessung an und gibt alle 10 sec ein Klopfzeichen. Die von der VP genannte Zahl wird von ihm in die 2. Spalte der Tabelle eingetragen.

Nach etwa 3 min wird der Versuch abgebrochen und die Umrechnung auf die Herzschläge pro min vorgenommen.

Trotz gewisser Ungenauigkeiten der Frequenzbestimmung erhält man meistens klare Ergebnisse.

Aufgaben:

1. Stelle folgende Tabelle her:

Zeit	Zahl der Herzschläge in 10 sec	Herzfrequenz (= Herzschläge/min)

2. Die VP sitzt etwa 1 min ruhig im Sessel. Die Zeit der »Ruhe« ist abhängig von der vorherigen Tätigkeit. Hierauf wird die Ruhefrequenz gemessen. Frage 1.
3. Die VP führt eine für sie anstrengende Tätigkeit aus (etwa 25 Kniebeugen oder 15 Liegestütze; Trainierte entsprechend mehr). Sofort nach der Tätigkeit sucht die VP ihren Puls und gibt das Startsignal zum Messen der Zeit. Während dieses Versuches atmet die VP ungezwungen und normal. Fragen 2 bis 4.
4. Nach einer längeren Pause (etwa 5–10 min) wiederholt die VP die Übung. Nach der ersten Messung zwingt sich die VP zu tiefem Atmen, zählt aber dabei ihre Herzschläge weiter. Der VL erinnert die VP daran, daß sie tief atmen soll. (Siehe Versuchsanordnung) Frage 5.
5. Trage die Ergebnisse in einem Diagramm ein (Abszisse: Zeit; Ordinate: Herzfrequenz).

Fragen:

1. Welchen Wert erreicht die Herzfrequenz bei Ruhe?	Die Ruhefrequenz beträgt beim 10-jährigen etwa 90, beim 15-jährigen etwa 80, beim Erwachsenen etwa 70.
2. Wie wirkt sich eine kurzzeitig dauernde, schwere Arbeit auf die Herztätigkeit aus?	Sowohl Schlagfrequenz als auch Schlagvolumen werden gesteigert und erhöhen dadurch die Förderleistung des Herzens.
3. Welchen Wert erreicht die sofort nach der Arbeit gemessene Herzfrequenz?	Beim untrainierten Erwachsenen erhöht sich die Herzfrequenz von etwa 70 auf 130 bis 150.

4. Nach welcher Zeit wird bei normaler Atmung wieder der Ausgangswert erreicht?	Meist innerhalb von 3 min.
5. Wann erreicht das Herz bei erzwungenem tiefem Atmen wieder den Ausgangswert?	Der Ausgangswert wird früher, meist schon nach 1 min erreicht.
6. Wie beeinflußt die Atemtätigkeit die Herzfrequenz?	Beim tiefen Atmen wird die Phase der Exspiration stark ausgedehnt. Dies führt durch Vermittlung von zentralnervösen Mechanismen zum Senken der Herzschlagrate.

AUSBAUMÖGLICHKEITEN: Wähle als VP einen aktiven Sportler und einen etwa gleichaltrigen Untrainierten. Beide Personen erhalten gleiche Aufgaben, wobei natürlich auf den Untrainierten Rücksicht genommen werden muß. Versuch wird wie oben durchgeführt und die Ergebnisse werden im Diagramm eingetragen. Aufgabe 3 kann auch weggelassen werden. Bei einem Trainierten sind, im Vergleich zum Untrainierten,

Herzfrequenz (allgemein)	vermindert
Schlagvolumen (allgemein)	erhöht
Energiebedarf bei gleichem HMV	geringer
Frequenzanstieg bei Arbeit	flacher
Erreichen der Ausgangsfrequenz nach Arbeitsende	früher
Einfluß des Vagus (auch auf andere Organe)	stärker
Atemfrequenz	vermindert
Atemvolumen	gesteigert
Phase des Ausatmens	verlängert
Leistungsfähigkeit des gesamten Organismus	verbessert

10. Der Muskel

Einführung

Muskeln gehören mit Drüsen, lichtproduzierenden Organen, elektrischen Organen und Chromatophoren zur Gruppe der *Effektoren* (= Erfolgsorgane), deren Tätigkeit durch efferente Nerven oder Hormone gesteuert wird. Aufgabe dieser Organe ist es, durch Reizantwort in irgendeiner Form auf die Umwelt einzuwirken. Muskelleistungen sind für Körperbewegungen und vegetative Funktionen (z. B. Darmperistaltik) verantwortlich und können darüber hinaus der Kommunikation (z. B. durch Gebärden) dienen.

In diesem Kapitel werden vor allem der Bau und die Funktion des Skelettmuskels von Vertebraten am Beispiel einiger Experimente erläutert. Vorerst soll aber ein allgemeines Schema einer Muskelzelle bzw. eines Muskels entworfen werden.

Ein Muskel setzt sich aus bindegewebigen und muskulösen Anteilen zusammen (siehe Abb. 119). Das Bindegewebe besteht aus der Grundsubstanz, in die unter anderem Kollagenfasern eingelagert sind. Sie sind in den Sehnen in Zugrichtung angeordnet und dienen vornehmlich der Kraftübertragung. In anderen Bereichen des Muskels zeigen sie aber auch eine davon abweichende Anordnung.

Im Bindegewebe eingebettet finden wir Blutgefäße und Nervenfasern, welche die einzelnen Bauelemente des Muskels mit Nahrung und Informationen versorgen. Als Bauelemente kommen *Muskelzellen* und *Muskelfasern* in Betracht. Die Muskelzelle besitzt einen Zellkern, während die Muskelfaser durch Verschmelzung von Muskelzellen vielkernig geworden ist. Bei einem Vergleich mit anderen Körperzellen fällt auf, daß in Muskelzellen Mitochondrien überaus zahlreich vorhanden sind und daß sich das *endoplasmatische (= sarkoplasmatische) Retikulum* zu einem transversalen und horizontalen Kanalsystem entwickelt hat. Im Zellplasma selbst treten längliche Strukturen, sogenannte *kontraktile Elemente*, auf, die für das Kontraktionsvermögen verantwortlich sind. Dieser Begriff umfaßt die *Myo-* (= Muskel-)*fibrillen* und die sie aufbauenden *Myofilamente* (siehe Abb. 120). Die Begrenzung des Zellplasmas nach außen erfolgt durch das *Sarkolemm*, das sich aus der Membran der Muskelzelle und der sogenannten Basalmembran zusammensetzt.

Sowohl strukturelle Unterschiede als auch unterschiedliche Kontraktionseigenschaften liefern Kriterien, nach denen sehr häufig eine Einteilung der Muskeln vorgenommen wird. Eine recht grobe Unterscheidung ist die zwischen »quergestreiften« und »nicht quergestreiften« Muskeln bei histologischen Untersuchungen. Es stellt sich dabei heraus, daß sowohl die Skelettmuskeln der Vertebraten als auch deren Herzmuskel quergestreift sind. Die nicht quergestreiften Muskeln umfassen alle übrigen Muskeltypen, also auch »schräggestreifte« (z. B. bei Arthropoden) und diverse »glatte«.

Bei physiologischen Untersuchungen wird unter anderem zwischen schnell kontrahierenden (»schnellen«) und langsam

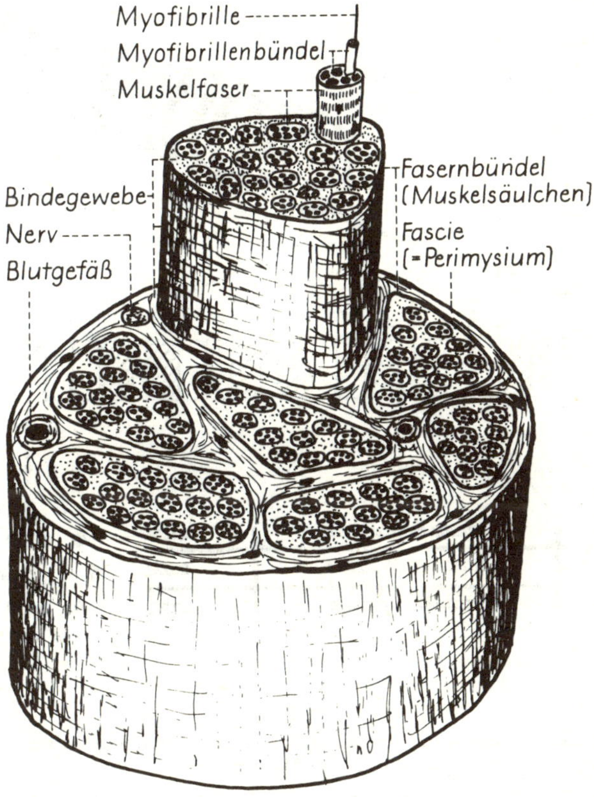

Abb. 119. Aufbau eines Vertebratenmuskels, schematisiert

kontrahierenden (»langsamen«) Muskeln unterschieden. Eine Kombination der beiden Systeme etwa durch die Zuordnung »schnell« und »quergestreift« ist jedoch nicht in allen Fällen gültig.

Eine Muskelfaser, bzw. der Gesamtmuskel, kann durch Reizung vom Zustand der »Ruhe« in jenen der »Erregung« überwechseln. Eine Muskel*erregung* wird, wie beim Nerv, von elektrisch-chemischen Erscheinungen begleitet, auf die sich ebenfalls die Begriffe der Neurophysiologie anwenden lassen, wie z. B. lokale Erregung, AP, AoN-Regel, Refraktärzeit usw. (siehe auch Kap. 8: Das Nervensystem). Die Erregung ist Voraussetzung für die *Kontraktion* der Muskelfaser; sie bringt einen

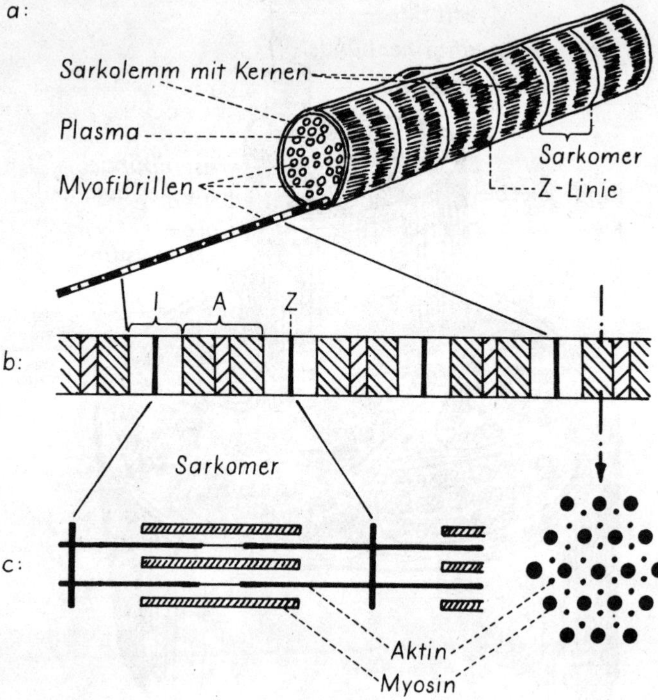

Abb. 120. Prinzipieller Aufbau einer quergestreiften Muskelfaser.
a: Muskelfaser; b: Myofibrille; c: Myofilamente.
A: Anisotroper Abschnitt; I: Isotroper Abschnitt; Z: Z-Linie (nach Penzlin)

komplizierten und noch nicht völlig aufgeklärten Prozeß in Gang, aus dem letztlich die Verkürzung der kontraktilen Elemente folgt (siehe Abb. 121). Der Kontraktionsprozeß kann aber nur an jenen Stellen der Skelettmuskelfaser stattfinden, an denen er durch eine vorhergehende Erregung ausgelöst worden ist.

Im Organismus wird der Erregungsvorgang am Muskel normalerweise an den *motorischen Endplatten* (vgl. Abb. 84) durch Überträgerstoffe ausgelöst. Von hier ausgehend breitet sich die Erregung nach Überschreiten eines Schwellenwertes wie das AP in allen Richtungen über die Muskelfasermembran aus und erfaßt immer neue Bereiche. Elektronenmikroskopische Untersuchungen des Skelettmuskels ergaben, daß sich das Sarkolemm an den als Z-Linien bezeichneten Stellen (siehe Abb. 120) röhrenförmig in das Plasma einsenkt. Entlang diesen Einstülpungen wandert die Erregung in die Tiefe der Faser und gelangt somit in noch engere räumliche Beziehung zu den kontraktilen Elementen. Ein Aktionspotential (AP) verursacht dabei die Freisetzung von Ca^{++}-Ionen aus dem sarkoplasmatischen Retiku-

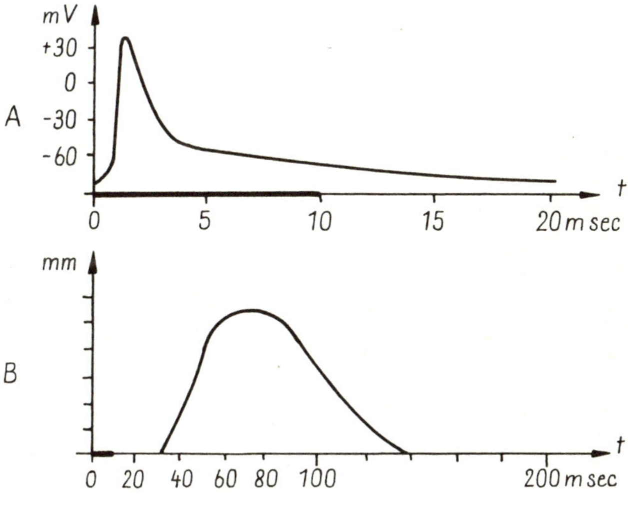

Abb. 121. Zeitliche Beziehung zwischen Erregung und Kontraktion einer Muskelfaser. Beachte die Zeitmaßstäbe!
A: Aktionspotential einer Skelettmuskelfaser (nach HASSELBACH)
B: Vereinfachtes Bild der Kontraktion einer Muskelfaser

lum. Diese Ionen diffundieren zu den aus *Aktin* und *Myosin* bestehenden Molekülketten, die die Myofilamente aufbauen, und aktivieren so den Kontraktionsvorgang. Zwischen den Myofilamenten kommt es zu kurzzeitigen chemischen Reaktionen und Bindungen, wobei sie sich teleskopartig ineinander schieben und in weiterer Folge eine Verkürzung der Muskelfaser bewirken. Dem Kontraktionsvorgang schließen sich normalerweise Erholungsprozesse an, in denen die ursprüngliche Ausgangssituation weitgehend wiederhergestellt wird. Es lösen sich dabei die chemischen Bindungen zwischen den Aktin- und Myosinfilamenten, die Filamente gleiten auseinander, die Muskelfaser erschlafft.

Bei den chemischen Reaktionen, die zur Muskelkontraktion führen, nimmt die Spaltung von

$$\text{ATP} \rightarrow \text{ADP} + \text{Ⓟ}$$

eine zentrale Stellung ein, da dabei die für die Muskelkontraktion benötigte Energie bereitgestellt wird. Die zur Verfügung stehenden ATP-Mengen sind jedoch recht gering und würden daher nur eine Muskelaktivität über einige Sekunden erlauben. Um die Aktivität über längere Zeiträume aufrechterhalten zu können, muß ständig ATP nachgebildet werden (siehe Abb. 122).

Einen wichtigen Weg der ATP-Gewinnung bei Vertebraten stellt die Phosphorylierung von ADP zu ATP mit Hilfe von Kreatinphosphat dar:

$$\text{ADP} + \text{Kreatinphosphat} \rightleftharpoons \text{ATP} + \text{Kreatin}.$$

Ist ATP im Überschuß vorhanden, so läuft die Reaktion in umgekehrter Richtung ab, wodurch der Vorrat an Kreatinphosphat wieder aufgefüllt wird.

Für die ATP-Gewinnung in der Atmungskette sind relativ große Mengen an Sauerstoff nötig. Die O_2-Versorgung der Zellen ist jedoch bei länger dauernder, anstrengender Muskeltätigkeit unzureichend, so daß die Zellen auf die anaerobe Energiegewinnung der Milchsäuregärung angewiesen sind. Die ATP-Ausbeute ist hier aber, bezogen auf ein Mol Glucose, wesentlich geringer als bei der Atmungskettenphosphorylierung. (Näheres siehe im Kapitel 3: Atmung.)

Bei intensiver Muskelarbeit steigt die Milchsäurekonzentration in Muskel und Blut. Dies kann unter bestimmten Bedingungen nicht nur zu einer Hemmung der Muskeltätigkeit führen, wobei starreähnliche Zustände auftreten, sondern auch zur Beeinflussung anderer Stoffwechselvorgänge. Es ist deshalb für den Organismus wichtig, daß eine bestimmte Milchsäurekonzentration nicht überschritten wird. Verschiedene Mechanismen, wie z. B. »Ermüdung« (siehe Versuch 10.7), gewährleisten, daß beim Menschen die Milchsäurekonzentration den Wert von 1,7 g/kg Körpergewicht nicht überschreitet.

Die im Muskel produzierte Milchsäure gelangt über den Blutkreislauf in die Leber, wo sie in Gegenwart von Sauerstoff weiter abgebaut wird. Dieser oxidative Prozeß dauert ziemlich lange; so wurde festgestellt, daß der Milchsäureabbau nach einem 400 m-Lauf erst nach etwa 90 Minuten beendet ist.

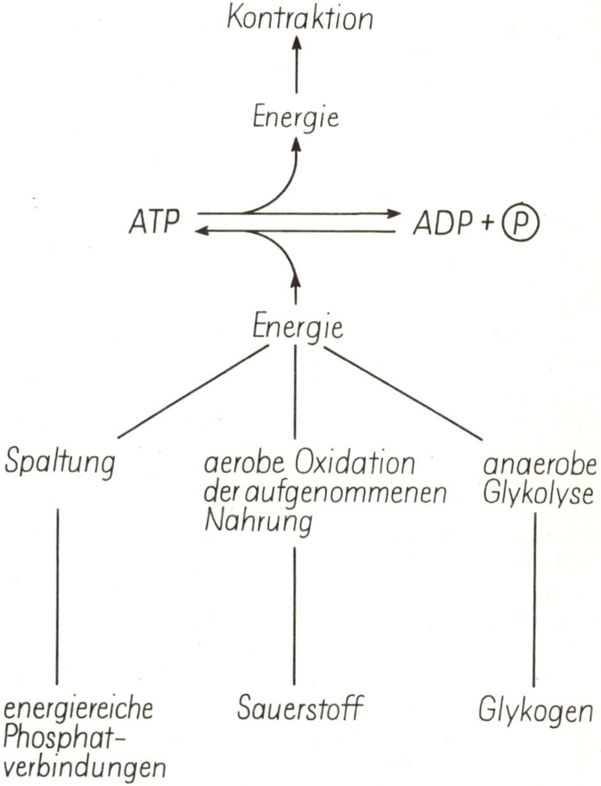

Abb. 122. Möglichkeiten der ATP-Bildung im Muskelgewebe

10.1 *Der Bau des Skelettmuskels**

THEORIE: Der quergestreifte Skelettmuskel wird von einem Bindegewebsmantel (= *Perimysium*, *Faszie*) umschlossen, der ihn von den übrigen Geweben und anderen Muskeln abgrenzt. Die bindegewebigen Anteile treten besonders stark an den Muskelenden hervor und bilden dort Sehnen, die meist an Skeletteilen ansetzen. Das Bindegewebe reicht ins Innere des Muskels und umhüllt dort Gruppen von Muskelfasern, die als *Fasernbündel (= Muskelsäulchen)* bezeichnet werden (siehe Abb. 119). Ein Muskel setzt sich aus mehreren derartigen Bündeln zusammen. Das Bindegewebe dringt aber auch mit den in ihm verlaufenden Blutgefäßen und Nerven in die Muskelsäulchen und umgibt jede einzelne Faser.

Die bereits im Durchlicht-Mikroskop zu beobachtende Abfolge von hellen und dunklen Zonen in den Muskelfasern, die sogenannte *Querstreifung*, entsteht durch verschieden starke Lichtabsorptionen von regelmäßig aufeinander folgenden Abschnitten der Myofibrillen (siehe Abb. 120). Untersuchungen im polarisierten Licht zeigen die dunklen, doppelbrechenden (= anisotropen) A-Streifen und die helleren, einfach brechenden (= isotropen) I-Streifen. Die Streifen entstehen durch die unterschiedlichen Fortpflanzungsbedingungen von transversalen Schwingungen des polarisierten Lichtstrahls in der Quer- und Längsrichtung der Muskelfaser. Dieser Erscheinung liegen zwei Ursachen zugrunde. Einerseits ist dafür die regelmäßige Anordnung der Myofilamente (= Mizellen) im Sarkoplasma verantwortlich, wobei Strukturen mit verschiedenen Brechungsindizes aufeinandertreffen. Andererseits bewirkt auch die achsenparallele Ausrichtung der Moleküle in den Filamenten deren Doppelbrechung.

Jeder I-Streifen wird durch eine Zwischenlinie, die Z-Linie, in zwei Hälften getrennt. Ein von zwei Z-Linien begrenzter Abschnitt einer Muskelfaser wird als *Sarkomer (Myomer)* bezeichnet. Die Z-Linien sind auch insofern interessant, als sich an ihnen das Sarkolemm in die Tiefe senkt und so den Erregungsprozeß in das Faserninnere leiten kann.

Es konnte festgestellt werden, daß die Doppelbrechung bei Kontraktion der Muskelfaser abnimmt: dies ist ein Hinweis auf Umlagerungsprozesse, die dabei in den Myofibrillen stattfinden.

Material: Frosch oder Maus: dünner Brust- oder Hautmuskel – Binokular (oder Lupe), Mikroskop (wenn vorhanden, mit Polarisationseinrichtung), Präparationsbesteck, Objektträger, Deckglas, Tropfpipette – 1–5%ige Essigsäure

Versuchsdurchführung: Auf die Begrenzungslinie zweier benachbarter dünner Muskeln wird leichter Druck ausgeübt, so daß sie sich an ihrer bindegewebigen Kontaktstelle lösen. Einer der Muskeln wird abgetrennt und unter dem Binokular betrachtet.

Aufgaben:
1. Unterscheide am Präparat Muskel, Sehne und Faszie.
2. Schneide die Faszie in Längsrichtung auf und lege den Muskel auf den Objektträger. Das Präparat wird leicht gequetscht. Nach Auflegen des Deckglases suche im Mikroskop eine Randstelle am Muskel, an der nur eine Faserschicht vorhanden ist. Vergleiche mit der Abb. 120 und suche Muskelfaser, Sarkolemm, Sarkoplasma, Myofibrillen, A-Streifen, I-Streifen, Z-Linie, Sarkomer.
3. Nach Zusetzen einiger Tropfen Essigsäure erscheinen die Zellkerne als dunkle Punkte. Sie liegen an der Innenseite des Sarkolemms.

Ausbaumöglichkeiten: Anfertigung von Längs- und Querschnitten sowie verschiedene histologische Färbungen.

10.2 *Mechanische Muskeleigenschaften: Dehnungs-Entdehnungskurve***

Theorie: Wird ein Muskel vom Organismus isoliert, so lassen sich an ihm die nicht vom NS beeinflußten, mechanischen Eigenschaften studieren. Es kann so z. B. die Frage geprüft werden, ob sich der Muskel wie ein ideales elastisches System verhält und nach jeder Dehnung wieder zur Ausgangslänge zurückkehrt. Wäre dies der Fall, dann hätten alle den Muskel aufbauenden Komponenten ideale *elastische* Eigenschaften.

Bei einer graphischen Darstellung der im Verlauf von Dehnung und Entdehnung ermittelten Werte erkennt man, daß zwei Kurven entstehen, die sich nicht decken (siehe Abb. 123). Es ist außerdem ersichtlich, daß die Ausgangslänge l_0 und die Endlänge l_e nicht identisch sind. Aus diesen Befunden ist zu schließen,

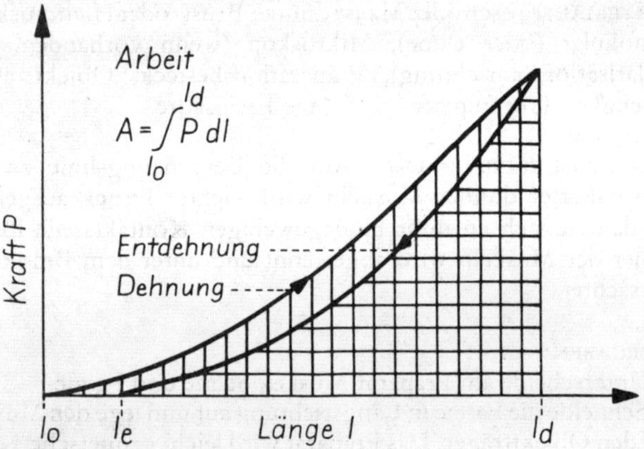

Abb. 123. Dehnungs- und Entdehnungskurve eines Muskels. Die senkrecht schraffierte Fläche entspricht der bei Dehnung aufgewendeten, die waagrecht schraffierte Fläche der bei Entdehnung wieder gewonnenen Arbeit. Die von beiden Kurven eingeschlossene Fläche stellt einen, durch »innere Reibung« verlorengegangenen Arbeitsverlust dar. l_o = Ausgangslänge; l_e = Endlänge; l_d = Dehnungslänge

daß es neben den elastischen Muskelelementen, die sich ähnlich einem Gummiband verhalten, auch noch andere Elemente mit *plastischen* Eigenschaften geben muß. Diese sind dafür verantwortlich, daß *Dehnungs-* und *Entdehnungskurve* nicht identisch sind und daß am Ende des Zyklus die ursprüngliche Ausgangslänge nicht erreicht wird.

MATERIAL: Frosch: Nerv-Muskel-Präparat (siehe Anhang 13.4.1) – Stativ mit Haltevorrichtung, Gewichtssatz bis etwa 800 g, Haltevorrichtung für Gewichte, Schnur, starke Schere, Pinzette, Stechzirkel, Lineal, Filzschreiber, Millimeter-Papier, Tropfpipette – Froschringer-Lösung (siehe Anhang 13.1)

VERSUCHSDURCHFÜHRUNG (siehe Abb. 124): Löse die Oberschenkelmuskeln vom Knochen und schneide sie am Kniegelenk ab. Der Beinnerv bleibt am Präparat. Hierauf wird der Wadenmuskel vom umgebenden Gewebe gelöst und an beiden Sehnen mit einem Filzstift markiert. Mit Zirkel und Lineal bestimmt man den Abstand der beiden Markierungen und notiert den Wert. Durchtrenne alle anderen Muskeln sowie den Unterschenkelknochen am Knie und bestimme erneut die Muskellänge.

Die fußwärtige Sehne wird soweit freigelegt, daß man an ihr die Haltevorrichtung befestigen kann. Um zu verhindern, daß die Schnur abrutscht, wird ein kurzes Stück des Fußes am Präparat belassen. Alle übrigen Teile des Unterschenkels werden ebenfalls entfernt. Die Befestigung des Präparats erfolgt über die Stativklemme, welche den Oberschenkelknochen nahe dem Kniegelenk faßt. Der Nerv darf dabei nicht eingequetscht werden.

Aufgaben:

1. Vor und nach dem Versuch wird der Nerv am abgeschnittenen Ende mechanisch gereizt. Kontrahiert sich dabei auch am Versuchsende der Muskel, so war dieser (einschließlich Nerv) während des gesamten Experiments voll funktionstüchtig.

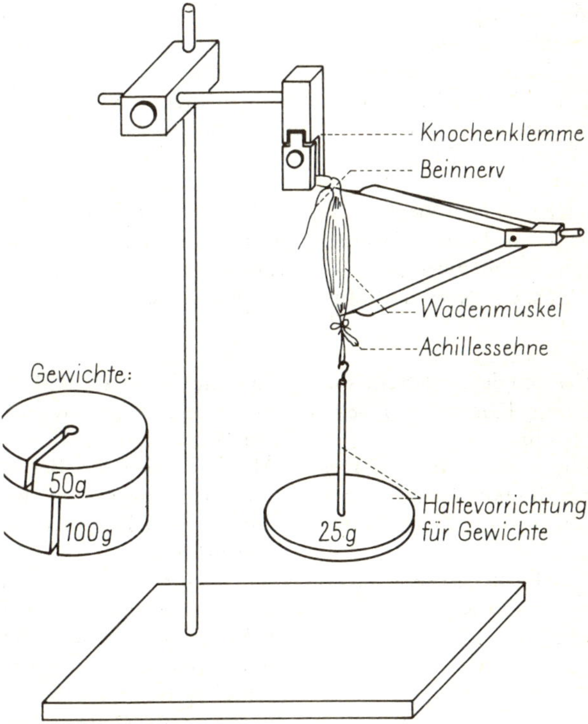

Abb. 124. Aufbau zu Versuch 10.2

2. Stelle folgende Tabelle her:

Gewicht (Spannung) (P)	Muskellänge (L)	Längenänderung (ΔL)	Spannungsänderung (ΔP)	Dehnbarkeit $\left(\frac{\Delta L}{\Delta P}\right)$

3. Bestimme jeweils die Muskellänge in Abhängigkeit von den verschiedenen Gewichten und notiere die entsprechenden Werte in der Tabelle:
a. Um den Dehnungsverlauf zu ermitteln, wird der Muskel durch Addition von Gewichten immer stärker belastet. Am Beginn des Versuchs soll das Gewicht um 10 g, später um 50 bzw. 100 g und mehr erhöht werden.
b. Nach Erreichen der höchsten Belastung von etwa 800 g werden die Gewichte in umgekehrter Reihenfolge wiederum entfernt, was zur Entdehnung des Muskels führt. Längenmessungen nicht vergessen.
4. Mechanische Nervenreizung, siehe Aufgabe 1.
5. Trage die erhaltenen Werte gegeneinander in einem Koordinatensystem auf (Abszisse: Muskellänge; Ordinate: Gewicht).
6. Ergänze die Tabelle.

WICHTIG: Der Oberschenkelknochen soll möglichst nahe am Kniegelenk befestigt werden, sonst bricht er bei höherer Belastung (Hebelwirkung). Kein ruckartiges Be- und Entlasten des Muskels. Nerv und Muskel mit Ringer feucht halten.

FRAGEN:

1. Wie weit dehnt sich ein Muskel (ein Körper) bei seiner Belastung?

Er dehnt sich so weit, bis eine von ihm erzeugte Gegenkraft der Belastung entspricht.

2. Wie verhält sich die Dehnungsfähigkeit mit zunehmender Belastung? Siehe Tabelle.

Mit zunehmender Belastung und Dehnung nimmt die zunächst starke Dehnbarkeit immer mehr ab.

3. Welche Bedeutung hat die zwischen den Kurven liegende Fläche?

Sie entspricht der Differenz der bei Dehnung und Entdehnung ausgeführten Arbeit und repräsentiert somit jenen Arbeitsverlust, der durch »innere Reibung« entstanden sein muß.

4. Muß der Muskel Energie aufwenden, um nach einem Dehnungszyklus wieder seine Ausgangslänge zu erreichen?	Ja. Der durch »innere Reibung« eingetretene Arbeitsverlust muß ersetzt werden.
5. Wie wirkt sich die Elastizität des Muskels bei plötzlicher Spannung aus?	Die rasch auftretende Spannung wird teilweise, wie bei einer Feder, als potentielle Energie gespeichert.
6. Wie wirken sich die plastischen Komponenten bei einer Zug- und Druckentwicklung während der Kontraktion aus?	Die Wirkung kann mit der eines Stoßdämpfers verglichen werden, welcher starke Zug- und Druckentwicklungen ausgleicht.
7. Was bedeutet das selbständige Verkürzen eines Skelettmuskels im Organismus beim Kappen einer Sehne?	Skelettmuskeln sind im Organismus bereits vorgedehnt.
8. Warum sind Skelettmuskeln vorgedehnt? (Siehe auch den Versuch 10.3: Muskelarbeit.)	Durch die Vordehnung wird der Muskel in jenen Spannungszustand gebracht, bei dem er maximale Arbeit ausführen kann.

AUSBAUMÖGLICHKEITEN: Anstatt eines Gewichtssatzes wird eine beweglich montierte Federwaage verwendet.

VERSUCHSANORDNUNG: siehe Abb. 125.

10.3 *Muskelarbeit***

THEORIE: Die von einem Muskel ausgeführte *Arbeit* ist abhängig von der bei einer Kontraktion entwickelten *Kraft* und der zurückgelegten *Strecke* (= Hubhöhe). Durch verschieden starke Belastungen wird jeweils eine Vordehnung des Muskels erreicht, die sich in einer entsprechend veränderten Ausgangslänge zeigt und Ausdruck einer Spannung ist. Während des Kontraktionsvorganges bleibt in unserem Versuch die vom Muskel benötigte Kraft zum Heben des Gewichtes gleich. Es kann daher die von ihm unter *isotonischen* Bedingungen geleistete Arbeit aus dem Produkt Kraft mal Weg (Hubhöhe) berechnet werden.

MATERIAL: Frosch: isolierter Wadenmuskel mit Nerv – Stativ mit Haltevorrichtung, Reizgerät und Reizelektroden (siehe Anhang 13.5), Gewichtssatz bis ca. 800 g, Haltevorrichtung für Gewichte, Schnur, Stechzirkel, Lineal, Filzstift, Millimeterpapier, Tropfpipette – Froschringer-Lösung (siehe Anhang 13.1)

VERSUCHSANORDNUNG: Markiere beide Sehnenenden mit jeweils einem Punkt. Der Abstand beider Punkte wird, wie bei der Dehnungs-Entdehnungskurve, als Längenmaß mit dem Zirkel abgenommen. Die Reizung des Wadenmuskels erfolgt indirekt über den Nerv. Aufbau siehe Versuch 8.4, ähnlich Abb. 124.

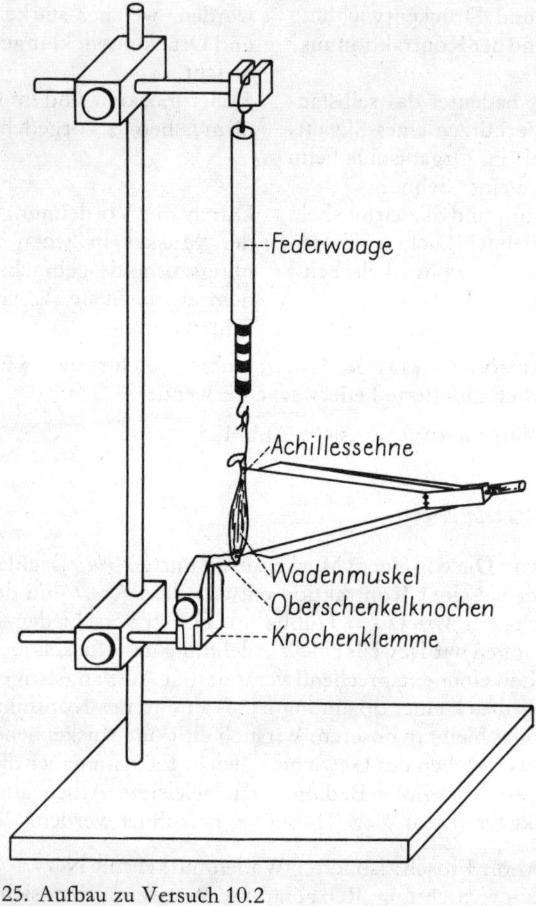

Abb. 125. Aufbau zu Versuch 10.2

Aufgaben:

1. Fertige zwei Tabellen an (A, B) und trage in jede folgende Größen ein:

Kraft (Masse) Belastung	Weg (Hubhöhe)	Arbeit

In der Tabelle A werden die nur ungefähr zu ermittelnden Werte bei Einzelzuckung, in Tabelle B die Werte bei Tetanus eingetragen.

2. Miß den ungefähren Durchmesser eines unbelasteten Muskels in seiner Mitte und berechne daraus näherungsweise (nach der Kreisformel) die Querschnittsfläche. Dieser Wert wird zur Beantwortung von Frage 6 benötigt.

3. Bestimme, unter Verwendung verschiedener Gewichte, die vom Muskel bei Einzelzuckungen durchgeführte Arbeit (Tabelle A).

4. Bestimme mit denselben Gewichten die Muskelarbeit beim Tetanus (Tabelle B).

5. Ermittle das Gewicht, das der Muskel gerade nicht mehr hochheben kann. Frage 6.

6. Trage in einem Diagramm Belastung gegen Hubhöhe auf. Frage 1 bis 3.

7. Trage in einem weiteren Diagramm die Gewichte gegen die Arbeit auf (aus Tabelle A und B). Fragen 4 und 5.

8. Beantworte Fragen 6 und 7.

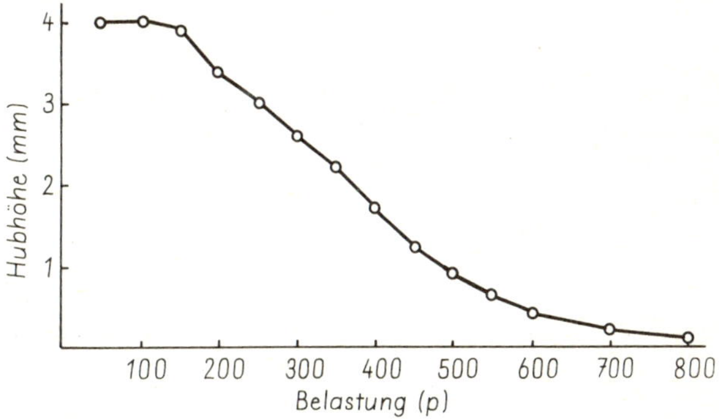

Abb. 126. Diagramm: Die Hubhöhe eines Muskels bei verschiedenen Belastungen (nach Schütz)

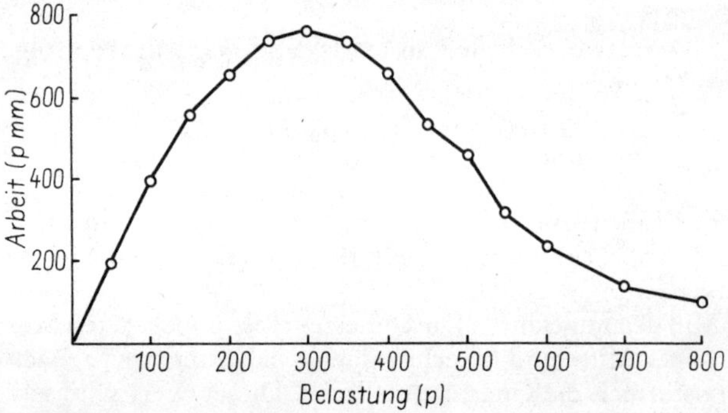

Abb. 127. Diagramm: Abhängigkeit der Muskelarbeit von verschiedener Belastung und maximaler Reizstärke (nach SCHÜTZ)

WICHTIG: Präparat feucht halten. Nach jedem Tetanus eine kurze Pause einlegen, damit sich der Muskel erholen kann.

FRAGEN:

1. Wann verkürzt sich der Muskel unter isotonischen Bedingungen am stärksten?	Wenn er unbelastet ist und somit nur sehr wenig Kraft entwickelt (siehe Abb. 127).
2. Wie ändert sich die Hubhöhe bei steigender Belastung?	Die Hubhöhe nimmt nichtlinear ab (siehe Abb. 126).
3. Wann entfaltet der Muskel seine maximale Kraft?	Wenn er ein bestimmtes Gewicht bei tetanischer Reizung gerade nicht mehr hochheben kann, also keine Längenänderung eintritt.
4. Unter welchen Bedingungen verrichtet der Muskel maximale Arbeit? Vergleiche dazu Tabelle B.	Bei einer mittleren Belastung ist das Produkt aus Hubhöhe und Kraft am größten, der Muskel leistet maximale Arbeit.
5. Wie unterscheiden sich Längenänderungen und Kraftentfaltung bei der Einzelzuckung und beim Tetanus?	Beim Tetanus verkürzt sich der Muskel stärker und die maximale Kraftentfaltung ist größer.
6. Welche maximale Kraft entwickelt der Wadenmuskel, bezogen auf die Querschnittsfläche von 1 cm^2?	Etwa 3 kp/cm^2.

7. Was geschieht mit den Myofilamenten bei starker Überdehnung?	Sie werden übermäßig auseinandergezerrt; dadurch sind die folgenden Kontraktionsprozesse erschwert.

10.4 *Reizung eines Skelettmuskels***

THEORIE: An der Membran von Muskelfasern lösen elektrische Reize Erregungsvorgänge aus, die dann als AP registriert werden können, wenn sie eine gewisse Schwelle überschreiten. Ein solches AP vermag seinerseits wiederum einen komplizierten Vorgang zu starten, welcher zur Verkürzung der kontraktilen Elemente führt und in weiterer Folge als Zuckung einer Muskelfaser oder des Gesamtmuskels beobachtet werden kann.

Führt man eine *direkte* Muskelreizung mit geringer Reizstromstärke durch, dann werden nur wenige Muskelfasern so stark erregt, daß bei ihnen ein AP auftritt. Durch die geringe Zahl aktiver Fasern entfaltet der Gesamtmuskel dann nur wenig Kraft und verkürzt sich nur geringfügig. Mit zunehmender Reizamplitude werden immer mehr Fasern aktiviert. Ab einer gewissen Schwelle, die als *maximale Reizschwelle* bezeichnet wird, zucken alle Fasern gleichzeitig und entfalten dabei die größte Wirkung am Gesamtmuskel. Eine zusätzliche Erhöhung der Reizintensität führt zu keiner weiteren Kraftentfaltung oder Verkürzung. Eine Abstufung der Kontraktionsgröße ist somit durch Veränderung der Anzahl der aktiven Muskelfasern möglich, ein Mechanismus, der als *räumliche Summation* bezeichnet wird.

Die Erregungsprozesse am Skelettmuskel und an der Nervenfaser zeigen zum Unterschied vom Herzmuskel eine sehr kurze *Refraktärperiode*. Es kann daher innerhalb eines bestimmten Zeitraumes eine viel größere Anzahl von Erregungen weitergeleitet werden als beim Herz. Die an der Kontraktion selbst beteiligten Prozesse zeigen hingegen überhaupt keine Refraktärperiode und sind – ähnlich den lokalen Antworten der Nervenzellen (siehe Abb. 83) – in ihrer Wirkung abstufbar. Es ist möglich, daß bereits in der Erschlaffungsphase oder sogar am Gipfel der Kontraktion eine weitere Verkürzung ausgelöst wird (vgl. Abb. 128). Es überlagern sich dann an der Faser (und am Muskel) der noch bestehende Kontraktionsrückstand und die neu hinzukommende Kontraktion so, daß zwischen zwei Verkürzungen

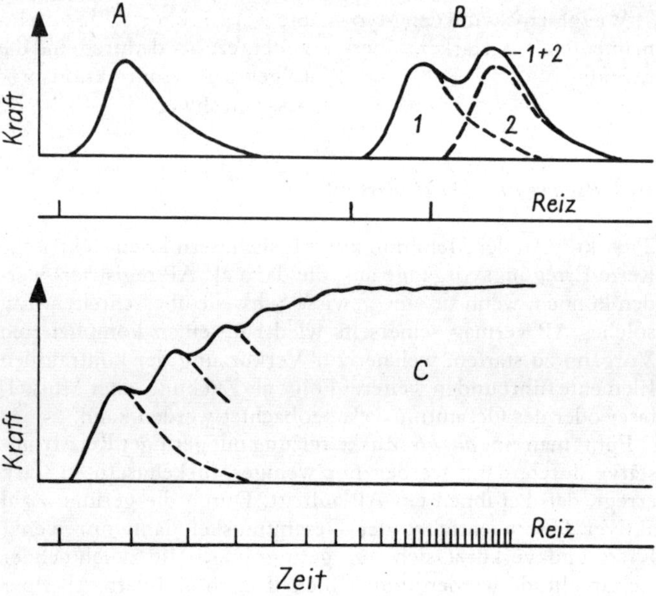

Abb. 128. Schema von Muskelkontraktionen
A. Einzelzuckung B. Superposition zweier Einzelzuckungen. Wird durch einen zweiten Reiz eine weitere Muskelkontraktion ausgelöst (2), noch ehe die Muskelzuckung 1 völlig abgeklungen ist, dann überlagern sich die Zuckungen zur summierten Zuckung 1 + 2 (nach LULLIES-TRINCKER) C. Tetanische Kontraktion: von links nach rechts nimmt die Reizfrequenz bis zur Erreichung eines glatten Tetanus zu (nach BLEICHERT, aus LANDOIS-ROSEMANN)

keine vollständige Erschlaffung erreicht wird. An der Faser, bzw. am Muskel bleibt eine Dauerverkürzung bestehen, die allgemein als *Tetanus* bezeichnet wird. Bei geringerer Reizfrequenz bleiben die Gipfel der sich überlagernden Zuckungen noch erkennbar (= *unvollständiger* Tetanus), während bei höheren Reizfrequenzen die Zuckungen vollständig miteinander verschmelzen und einen glatten (bzw. *vollständigen*, vollkommenen) Tetanus erzeugen. Bei letzterem fällt jede neue Kontraktion auf den Gipfel der vorangegangenen Muskelverkürzung (siehe Abb. 128).

Die Kontraktionsstärke und die Kraftentfaltung eines Skelettmuskels kann somit auch frequenzabhängig, durch den Mechanismus der *zeitlichen Summation*, variiert werden.

Jede im Organismus durchgeführte Willkürbewegung ist begleitet von einem Tetanus. Im Organismus werden jedoch – im Gegensatz zu unserem Experiment – nie alle motorischen Einheiten gleichzeitig aktiviert, sondern sie wechseln sich koordiniert in ihrer Tätigkeit ab.

MATERIAL: Frosch: Nerv-Muskel-Präparat (siehe Anhang 13.4.1) – Reizgerät, Reizelektroden (siehe Anhang 13.5), Stativ mit Haltevorrichtung, Tropfpipette – Froschringer-Lösung (siehe Anhang 13.1)

VERSUCHSANORDNUNG: Steht ein Kymograph zur Verfügung, dann sollte der Versuch so durchgeführt werden, wie er in den Ausbaumöglichkeiten beschrieben wird.

Entferne die Muskeln des Oberschenkels, ohne den Beinnerv zu verletzen. Am Unterschenkel werden bis auf den Wadenmuskel alle anderen Muskeln abpräpariert. Befestigung des Beines und Versuchsanordnung siehe Abb. 95.

AUFGABEN:
1. Befestige beide Reizelektroden direkt am Wadenmuskel und bestimme die Reizschwelle bei einem Impulsabstand von etwa 1 sec. Fragen 1 bis 3.
2. Die Elektroden werden am mit Ringer feucht gehaltenen Beinnerv angelegt. Bestimme erneut die Reizschwelle und erhöhe weiterhin die Reizintensität. Beantworte Fragen 4 bis 6.
3. Bei maximalen Reizen wird der Einfluß der Reizfrequenz auf die Muskelkontraktion untersucht. Erhöhe langsam die Frequenz und beantworte Fragen 7 bis 10.

FRAGEN:

1. Wie werden adäquate Reize bezeichnet, die keine AP auslösen?	Diese Reize sind unterschwellig. Am Muskel ist dann auch keine Kontraktion sichtbar.
2. Wie verändert sich das Kontraktionsausmaß bei zunehmender Reizintensität?	Die Verkürzung des Gesamtmuskels nimmt bis zum Erreichen der maximalen Reizschwelle zu.
3. Warum erfolgt über die maximale Reizschwelle hinaus keine weitere Kontraktionszunahme?	Die räumliche Summation der Wirkungen aller Faserkontraktionen wurde bereits abgeschlossen.

4. Wie unterscheiden sich die Schwellenwerte bei direkter und indirekter Muskelreizung (siehe Protokolle)?	Der Wert der indirekten Reizung (über den Nerv) liegt niedriger. Im Organismus werden die Muskeln indirekt gereizt.
5. Wie bezeichnet man alle, von einer Nervenfaser innervierten Muskelfasern? (Siehe auch Versuch 8.4.)	Motorische Einheit. Die Muskelfasern treten bei Erregung des entsprechenden Axons gleichzeitig in Aktion.
6. Ein Muskel besäße zehn motorische Einheiten, wobei jede aus derselben Anzahl von Muskelfasern besteht. Wieviele Abstufungsmöglichkeiten der Kontraktionsstärke hat dieser Muskel bei Einzelzuckungen?	Auf Grund der räumlichen Summation sind es zehn Möglichkeiten.
7. Wie wirkt sich eine Erhöhung der Reizfrequenz auf die Kontraktionsstärke im Vergleich zur Einzelzuckung aus?	Der Muskel verkürzt sich bei tetanischer Reizung bedeutend stärker, als es bei Einzelzukkungen möglich ist.
8. Wie kann diese zusätzliche Verkürzung erklärt werden? (Siehe auch Theorie.)	An den Skelettmuskelfasern laufen gleichzeitig mehrere Kontraktionswellen entlang, die sich in ihrer Wirkung summieren (zeitliche Summation) (vgl. Abb. 129).

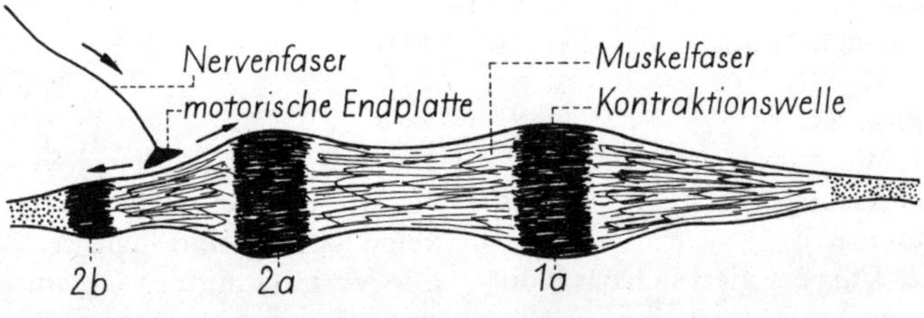

Abb. 129. Kontraktionswellen auf einer Muskelfaser, schematisiert. Von der motorischen Endplatte ausgehend breitet sich die Erregung in allen Richtungen an der Muskelfaser aus und bewirkt jeweils die Kontraktion bestimmter Abschnitte, die sukzessiv weiterwandern. Die Kontraktionswelle 1 wurde früher ausgelöst und hat sich daher weiter von der Synapse entfernt als die Kontraktionswellen 2a, 2b. Die Pfeile geben die Richtung der Erregung an

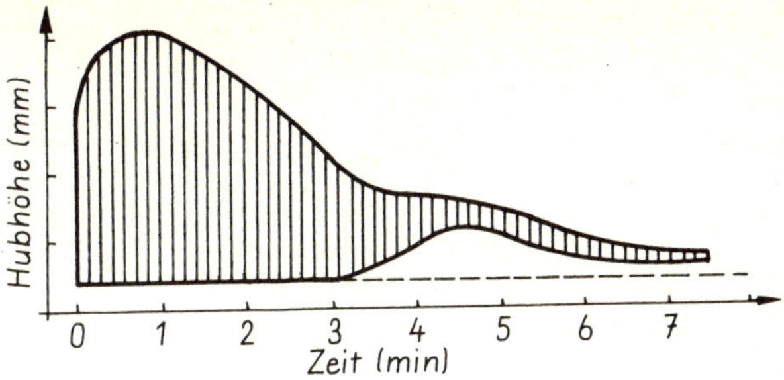

Abb. 130. Verlauf der Ermüdung eines isolierten Frosch-Wadenmuskels bei maximalen elektrischen Reizen von 2 Hertz, schematisiert. Die Zuckungshöhe nimmt zuerst etwas zu (»Treppe«), dann ab (»Ermüdung«). Nach etwa 3 min bleibt ein Verkürzungsrückstand (»Kontraktur«) bestehen (nach Lullies-Trincker)

9. Wann werden Kontraktionen ausgelöst, aus denen ein unvollständiger (unvollkommener) Tetanus resultiert?	In der Erschlaffungsphase, nachdem der Kontraktionsgipfel der vorangegangenen Zuckung bereits überschritten worden ist.
10. Unter welchen Bedingungen entsteht ein vollständiger (= vollkommener, glatter) Tetanus?	Die Reize müssen so gesetzt werden, daß die jeweiligen Kontraktionen am Gipfel der vorangegangenen Kontraktion eintreffen.

Wichtig: Präparat öfters mit Ringer befeuchten. Ein Tetanus sollte immer nur kurzzeitig ausgelöst werden. Zwischen den einzelnen Tetani Pausen einlegen.

Ausbaumöglichkeiten: Registrieren der Muskelkontraktionen mittels eines Kymographen: Der Wadenmuskel wird genauso präpariert, wie es im Versuch Dehnungs-Entdehnungskurve beschrieben worden ist. Den Oberschenkelknochen spannt man in die Stativklemme ein und verbindet die fußwärts gelegene Sehne des Wadenmuskels mit dem Zeiger des Kymographen. Die gesamte Anordnung wird so aufgestellt, daß der Schreibhebel tangential zur Rußtrommel verläuft. Die gebogene Zeigerspitze ist zum Mittelpunkt der Trommel gerichtet und berührt das Rußpapier. Ein probeweise erzeugter Tetanus wird am noch nicht eingeschalteten Kymographen registriert, um die Höhe des Endausschlages festzustellen. Ein Verstellen der Versuchsanordnung in der Vertikalen erweist sich manchmal als zweckmäßig.

Dieselbe Versuchsanordnung kann mit geringfügigen Änderungen für den Versuch 10.3 verwendet werden.

Zum Versuchsende wird eine über mehrere Minuten dauernde Muskelzuckung bei einer Reizfrequenz von 2 Hz erzeugt und bei langsamster Laufgeschwindigkeit des Kymographen registriert. Die allmählich eintretende Verringerung der Kontraktionsstärke ist auf Ermüdungserscheinungen zurückzuführen (vgl. Abb. 130 sowie Versuch 10.7).

10.5 *Muskelton**

THEORIE: Alle Bewegungen unserer Extremitäten, ja überhaupt sämtliche Willkürbewegungen sind Muskelkontraktionen vom Typ eines vollständigen Tetanus. Experimente haben bewiesen, daß derartige Bewegungen im Organismus jedoch nicht durch die gleichzeitige Erregung und Kontraktion aller motorischen Einheiten der Muskeln zustande kommen, sondern daß sich in jedem Muskel die einzelnen motorischen Einheiten koordiniert in ihrer Aktivität ablösen. Es sind daher im Organismus nie alle Fasern eines Muskels gleichzeitig in der Kontraktionsphase; einige sind vorübergehend in der Phase der Erschlaffung bzw. Ruhe. Der fortwährende Wechsel der sich gerade kontrahierenden Muskelfasern ruft mechanische Schwingungen hervor, die auf die Umgebung übertragen werden und durch den akustischen Sinn als sogenannter Muskelton wahrgenommen werden.

MATERIAL: 2 Wachskugeln zum Verschließen der Gehörgänge

VERSUCHSDURCHFÜHRUNG:
1. Die beiden äußeren Gehörgänge werden fest mit den Fingern verschlossen. Der dabei hörbare, brummende Ton stammt großteils von der Handmuskulatur. Bewege einzelne Finger.
2. In die beiden Gehörgänge werden die Wachskugeln gesteckt. Presse die Kiefer fest gegeneinander. Der dabei hörbare, bedeutend schwächere Muskelton stammt vorwiegend von Kaumuskeln.

10.6 *Reflextonus**

THEORIE: Wie wir aus anderen Beobachtungen bereits wissen, verkürzt sich der an einer Sehne abgekappte Skelettmuskel um einen gewissen Betrag. Dies läßt darauf schließen, daß die Muskeln im Organismus eine entsprechende Vorspannung (= *Tonus*) aufweisen, welche auf efferente Signale zurückzuführen ist, die ständig aus dem ZNS einlangen. Dieser reflektorische, unserem Willen nicht unterworfene Mechanismus ist Voraussetzung für unsere Körperhaltung. Die jeweilige Vorspannung ist abhängig von den in das ZNS einlangenden Meldungen verschiedener Sinnesorgane wie Muskelspindeln, Labyrinth und Auge.

Im folgenden Versuch werden einige Muskeln besonders angespannt, wobei die in ihnen liegenden Rezeptoren stark gereizt werden. Die Sinnesorgane melden die Muskelspannung dem ZNS, das allmählich auf die längerdauernde Reizwirkung reagiert, indem es den Tonus der beteiligten Muskeln verändert. Treten nun plötzlich neue Reizsituationen ein, so zeigen die Muskeln vorerst noch jenen Tonus, wie er vom ZNS vorgegeben worden war. Mit Fortdauer des Reizes stellen sich aber ZNS und Muskeln automatisch auf die neuen Bedingungen um.

VERSUCHSDURCHFÜHRUNG: Die VP stellt sich in einen Türrahmen und preßt beide Handrücken etwa 20 sec lang gegen die beiden Türpfosten. Nach dieser Zeit tritt sie, mit einem raschen Schritt, aus dem Türrahmen heraus, wobei sie keine Anstrengung unternimmt, eine Armbewegung zu unterdrücken. Die Arme erscheinen der VP nach dieser Kraftanstrengung besonders leicht und bewegen sich scheinbar automatisch nach oben.

Der Versuch wird nach einer kurzen Erholungspause wiederholt, wobei die VP diesmal versucht, die Armbewegung zu unterdrücken. Dies gelingt nicht vollständig.

10.7 *Muskelermüdung**

THEORIE: An der Muskelaktivität sind mehrere Vorgänge beteiligt, die entweder der Erregung oder der Kontraktion zugeordnet werden können. Die bei der Erregung eintretende Änderung der Ionenverteilung und die mit dem Kontraktionsvorgang einhergehende Umlagerung der Eiweißmoleküle werden in einer jeweils anschließenden Erholungs-(bzw. Erschlaffungs-)Phase großteils ausgeglichen und rückgängig gemacht. Bei besonders starker und lange dauernder Beanspruchung steht den Restitutionsprozessen nur ungenügend Zeit zur Verfügung, um den Ausgangszustand wiederherzustellen. Es kann daraus am Muskel ein als *Ermüdung* bezeichneter Leistungsabfall resultieren, weil Stoffwechselprodukte zu langsam herantransportiert oder weggeschafft werden. Die Ursachen dafür können einerseits im Energiemangel begründet sein, da die unmittelbar zur Verfügung stehenden Reserven von ATP bzw. Kreatinphosphat mengenmäßig beschränkt sind, andererseits können sich die übermäßig angehäuften Endprodukte des Stoffwechsels (z. B. Milchsäure) hemmend auf das Kontraktionsvermögen auswirken, indem sie eine *Muskelstarre* erzeugen.

Auch zentralnervöse Mechanismen sind in der Lage, eine Muskelermüdung auszulösen. Eine intensive Beanspruchung nervöser Zentren verringert nach einiger Zeit deren Leistungsfähigkeit, welche sich beispielsweise in einer Frequenzabnahme bestimmter motorischer Nerven auswirkt. Anfeuerungsrufe bei Wettkämpfen aktivieren über nervöse Schaltmechanismen wiederum die Leistungsfähigkeit der bereits »ermüdeten« Zentren. Dabei kann eine Zunahme der Impulsfrequenz oder auch der Einsatz von noch nicht völlig ermüdeten motorischen Einheiten erreicht werden.

MATERIAL: Selbstversuch oder VP – Uhr mit Sekundenzeiger

VERSUCHSDURCHFÜHRUNG:

1. Die VP hat die Aufgabe, solange wie möglich Fingerübungen zu machen. Bei herabhängenden Armen werden dauernd die Hände kräftig zu Fäusten geschlossen und wieder geöffnet, bis die Finger gestreckt sind. Zusätzlich wird verlangt, die Frequenz und die Kraft des Schließens beizubehalten. Es wird die Zeit bis zur Ermüdung bestimmt. Fragen 1 bis 3.
2. Nach etwa 5 min wird der Versuch wiederholt, wobei diesmal die Arme über den Kopf gehalten werden müssen. Fragen 4 und 5.

FRAGEN:

1. Wie äußert sich die Muskelermüdung bei diesem Versuch?	Sowohl die Frequenz als auch die Intensität der Fingerübungen nehmen mit der Zeit immer stärker ab.

2. Wie kann man diese Ermüdungserscheinungen teilweise ausgleichen?	Durch besondere Willensanstrengung, also durch psychische Beeinflussung (z. B. Wettkampf, persönliche Einstellung usw.).
3. Ändert sich die notwendige Willenskraft mit fortschreitender Versuchsdauer, um die geforderte Leistung zu erfüllen?	Ja. Mit zunehmender Dauer des Versuches bedarf es einer immer größeren Willensanstrengung, um die geforderte Leistung zu vollbringen.
4. Ermüden die Muskeln im zweiten Versuch rascher?	Ja. Durch das Hochheben der Arme wird wegen der ungenügenden Durchblutung der Stoffaustausch in den entsprechenden Muskeln erschwert.
5. Wie kann eine vorzeitige Ermüdung verhindert und damit die Leistungsfähigkeit eines Muskels gesteigert werden?	Sowohl durch körperliches Training, wobei die Leistungsfähigkeit des Kreislaufs und der Muskel erhöht werden, als auch durch entsprechende psychische Beeinflussung.

AUSBAUMÖGLICHKEIT: Die Aufzeichnung einer Muskelermüdung mittels eines Kymographen wird im Versuch 10.4 beschrieben.

11. Sinnesphysiologie

Allgemeine Einführung

Die Sinnesphysiologie beschäftigt sich mit der Funktionsweise der verschiedenen Sinnesorgane von Organismen. Sinnesorgane vermitteln dem Organismus Informationen über seine Umwelt, wobei die Umwelt der Bereich ist, aus dem Sinnesorgane Reize empfangen. Für einen Dehnungsrezeptor ist z. B. die umgebende Muskelfaser Umwelt. Die *Eingangsgrößen* der Sinnesorgane sind chemische oder physikalische Signale. Ihre *Ausgangsgrößen* sind meist elektrische oder chemische Signale, die höheren Verarbeitungszentren zugeleitet werden. In Anlehnung an den technischen Gebrauch werden auch in biologischen Systemen Eingangsgrößen oft als »Input« bezeichnet, Ausgangsgrößen als »Output«. Ist die Struktur zwischen Input und Output unbekannt, so wird diese als *black box* bezeichnet (Abb. 131). Werden genau definierte Eingangsgrößen eingegeben und die jeweiligen Ausgangsgrößen beobachtet, so kann man aus den Beziehungen zwischen Input und Output auf Struktur und Arbeitsweise der black box schließen. Die Eingangsgrößen in biologischen Systemen heißen dann *Reize*, wenn sie *Reaktionen* des Organismus zur Folge haben. Auf der Ebene der Rezeptoren ruft ein Reiz elektro-chemische Veränderungen in der betreffenden Zellmembran hervor, die in den meisten Fällen als eine *Potentialveränderung* (gegenüber dem Ruhepotential), als sogenanntes *Generatorpotential* (oder Rezeptorpotential) gemessen werden können. Auf Grund dieser Veränderungen kann im Axon ein *Aktionspotential* entstehen (Abb. 132).

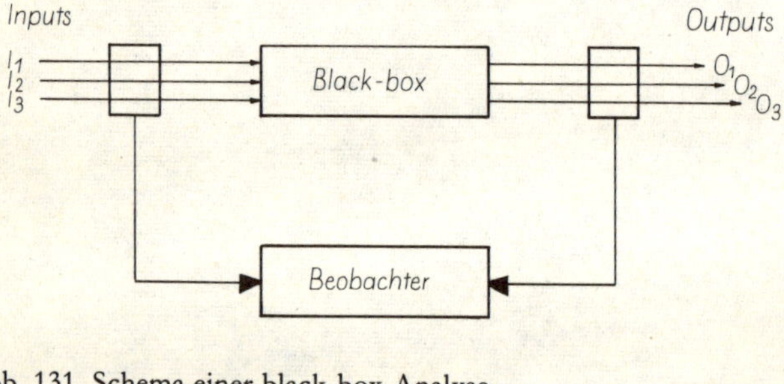

Abb. 131. Schema einer black-box-Analyse

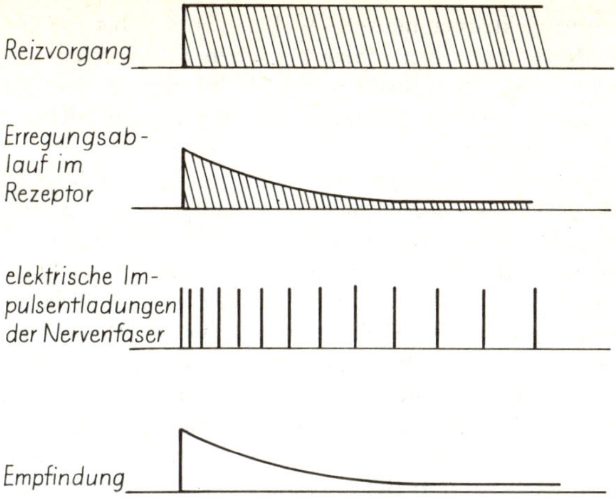

Abb. 132. Beziehungen zwischen Reiz, Erregung des Rezeptors, Entladung in afferenten Nervenfasern und Empfindung. Der Reiz setzt sprunghaft ein und hat immer die gleiche Stärke. Durch Adaptation nimmt die Erregung des Rezeptors ab. Das Rezeptorpotential bewirkt die Impulsentladung in den afferenten Nervenfasern, die eine Empfindung im Zentralnervensystem verursachen (nach ADRIAN)

Im Text und in der Abbildung kommt der leider mehrdeutige Begriff *Rezeptor* vor. Als Rezeptor wird 1. ein ganzes Sinnesorgan bezeichnet, 2. eine oder mehrere Sinneszellen und 3. ein Membranteil einer Zelle.

Adaptation bedeutet in der Sinnesphysiologie eine Abnahme des Erregungszustandes des Rezeptors. Diese Abnahme kann aktiv vom Zentralnervensystem (ZNS) durch efferente Impulse gesteuert werden. Das ZNS übt eine wichtige Kontrolle auf die von den Sinnesorganen kommenden Nachrichten aus. So ist es einem musikalisch geschulten Menschen beispielsweise möglich, aus einem Orchester ein bestimmtes Instrument herauszuhören. Die Klangempfindungen aller anderen Instrumente werden hierbei im ZNS unterdrückt.

Wir unterscheiden zwischen *adäquaten* und *inadäquaten Reizen*. Einen Reiz nennt man adäquat, wenn er in der Energieform auftritt, für deren Aufnahme das Sinnesorgan morphologisch am besten geeignet ist, und wenn im Verhältnis zu anderen Reizen bereits die geringste Energiemenge dieses Reizes die Erregung am Rezeptor auslöst. Für unsere Lichtsinnesorgane beispielsweise sind elektromagnetische Wellen von 400 bis 700 nm adäquate Reize. Auf einen Schlag hin sehen wir vielleicht die bekannten Sterne; Schallwellen jedoch können unsere Augen überhaupt nicht mehr rezipieren. Die zwei letzteren Reize sind in diesem Fall inadäquat.

Aufgrund der Meldungen der Sinnesorgane entsteht in Organismen ein *Wahrnehmungsbild* der Umwelt, nach dem sie ihre Handlungsweisen einrichten können. Wahrnehmungen (Empfindungen) sind subjektiv. Sinnesphysiologen untersuchten früher vorwiegend die Gesetzmäßigkeiten zwischen Reizen und Empfindungen oder Verhaltensänderungen bei Menschen. Bei Tieren lassen sich nur Beziehungen zwischen Reizen und Verhaltensänderungen untersuchen, da die Tiere dem Wissenschaftler ihre Empfindungen nicht in Worten schildern können.

Aus dem Bereich der physiologischen Psychologie stammen viele Einteilungen und Begriffe, die wir kurz erläutern wollen.

Die *Sinnesempfindungen* werden nach ihrem Ursprungsorgan in *Modalitäten* gegliedert, die sich weiter in *Empfindungsqualitäten* unterteilen lassen. So sind verschiedene Gerüche Qualitäten der olfaktorischen und verschiedene Farben Qualitäten der optischen Sinnesmodalität.

Empfindungen treten erst ab einer gewissen Reizstärke auf, die *Schwellenreizstärke* genannt wird. Sie hängt ab von der Art des Reizes und vom physiologischen Zustand des aufnehmenden Organs. Empfindungen sind von unterschiedlicher *Intensität*. Ist die *Schwellenintensität* der Empfindung überschritten, dann lösen die verschieden starke Reizintensitäten gerade noch wahrnehmbare, maximale bis schmerzhafte Empfindungen aus. Jeder hat schon die untere und obere Grenze einer Empfindung durch Beobachtung am eigenen Körper erfahren. So nimmt man ein Flüstern gerade noch wahr, während die Ohren bei einem sehr lauten Knall schmerzen. Zwischen diesen Grenzfällen liegt der Bereich von Reizen, die eine »normale« Empfindung ermöglichen. Ein Maß für die Unterscheidungsfähigkeit zwischen Reizen verschiedener Stärke ist die *Unterschiedsschwelle*. Sie gibt an, wie stark der Ausgangsreiz verändert werden muß, um eine Wahrnehmungsänderung zu bewirken.

Erst die Entwicklung neuer Methoden hat es ermöglicht, auch Einblicke in die Wirkungsweisen von Rezeptoren, von Nervenbahnen und in die Mechanismen der Nachrichtenleitung und der Nachrichtenverarbeitung in höheren Zentren zu gewinnen. Die wichtigsten dieser Methoden entstammen der Elek-

Tabelle 11. Gegenüberstellung von subjektiven Empfindungen und den dazugehörigen physiologischen Größen

Dimension der subjektiven Empfindung	Physiologisches Korrelat
Qualität	Spezifität des Sinnessystems
Intensität	Entladungsfrequenz; Anzahl erregter Rezeptoren
Raum und Ort	Ortsmuster der Erregung, laterale Hemmung (Kontrast)
Zeit	Zeitmuster neuronaler Entladung

Tabelle 12. Sinnessysteme, Empfindungen, Reizarten und Rezeptortypen

Modalität Sinnessystem	Qualitäten Art der Empfindung	Art des Reizes	Rezeptortyp
Gesichtssinn	Helligkeit Farben	Elektromagnetische Wellen, 400–800 nm 300–800 nm bei manchen Insekten	Photorezeptoren
Mechan. Sinn	Druck	Mechan. Verformung der Rezeptoren durch feste Stoffe, Flüssigkeiten oder Gase	Mechanorezeptoren
Gehörsinn	Tonhöhen		
Gleichgewichtssinn	Körperlage, Stellung und Bewegung von Körperteilen und Gelenken		
Vibrationssinn	Schwingungen der festen Unterlage		
Geschmackssinn	Salzigkeit, Süße, Säure, Bitterkeit	chemische Substanzen	Chemorezeptoren
Geruchssinn	Gerüche		
Temperatursinn	Wärme, Kälte	langwellige Strahlung	Thermorezeptoren
Schmerzsinn	Schmerz	Verletzung der Gewebe	Nozirezeptoren
Elektr. Sinn		Elektrische Felder (bei Fischen)	Elektrorezeptoren

trophysiologie und der Neurochemie. Durch sie wurde es in der Neurophysiologie möglich, Vorgänge zu beschreiben, die ein *physiologisches Korrelat* von Empfindungen darstellen könnten. Eine derartige Zuordnung von Empfindungsgrößen und physiologischen Größen ist in der Tabelle 11 (verändert nach HENSEL) angedeutet.

Die Spalte »Raum und Ort« bzw. ihr physiologisches Korrelat wird im Versuchsteil verständlicher werden.

In der Tabelle 12 sind einige Sinnesmodalitäten und Rezeptortypen mit den entsprechenden Reizarten und Empfindungen angeführt, um einen Einblick in die Vielfalt dieser Systeme zu geben.
Sinnesorgane können als *informationsverarbeitende Systeme* betrachtet werden, die außerhalb des ZNS liegen.

11.1 Optik

11.1.1 *Augentypenvergleich*

THEORIE: Die Energie des Sonnenlichts ist für Pflanzen und Tiere von großer Bedeutung. Bei Pflanzen wird diese Energie zur Photosynthese verwendet, bei Tieren dient sie neben Aufgaben im Bereich des Stoffwechsels auch zur Übermittlung von Nachrichten. Dabei lösen Photonen in *Photorezeptoren* eine chemische Reaktion aus, die ihrerseits zur Erzeugung elektrischer Signale Anlaß gibt.

Verschiedene Tiergruppen haben verschiedene Wege eingeschlagen, um das Licht wahrnehmen zu können. So finden wir bei einigen Flagellaten lichtempfindliche *Pigmentansammlungen* im Zellplasma, wodurch die Tiere in der Lage sind, positiv oder negativ phototaktisch zu reagieren (siehe 11.7: Orientierung).

Sogenannte *Grubenaugen*, z. B. bei Napfschnecken, ermöglichen ein ungenaues *Richtungssehen*; Tiere mit *Becheraugen*, z. B. Quallen, können Bewegungen wahrnehmen. Die Pigmentbecherzellen der Strudelwürmer erlauben bereits ein Richtungssehen.

Nur zwei Augentypen sind so hoch entwickelt, daß sie ein gutes *Formensehen* ermöglichen.

Der erste Typ ist das *Komplexauge* der Arthropoden (Insekten, Krebse, Spinnen), das sich aus vielen Einzelaugen (Ommatidien) zusammensetzt. Jener Teil des Auges, der das Licht bündelt (der *dioptrische Apparat*), besteht aus einer Linse (Cornea) und einem Kristallkegel. Der eigentlich rezipierende Teil des Auges (Retinula) setzt sich meistens aus acht Photozellen zusammen, die von Pigmentzellen umgeben sind. Diesen Augentyp gibt es in zwei Modifikationen: als *Appositionsauge* und als *Superpositionsauge*. Beim Appositionsauge ist das Pigment unbeweglich und die Ommatidien sind funktionell voneinander streng getrennt (Abb. 133 und 134). Beim Superpositionsauge kann das Pigment parallel zur Längsachse eines Ommatidiums wandern. Bei Dunkelheit kontrahiert es sich, und Licht kann von mehreren benachbarten dioptrischen Apparaten auf die Retinula eines einzigen Ommatidiums fallen. Die Retinula liegt beim Superpositionsauge weiter vom dioptrischen Apparat entfernt als beim Appositionsauge. Je mehr Ommatidien ein Komplexauge auf gleichem Raum enthält, desto besser ist sein *räumliches Auflö-*

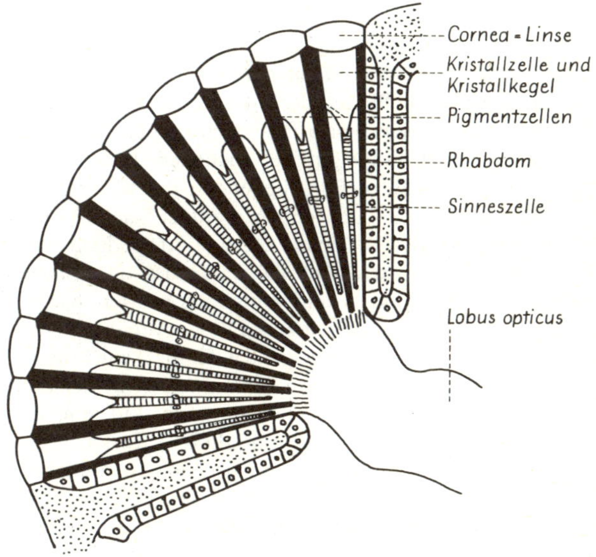

Abb. 133. Komplexauge eines Insekts (Längsschnitt)

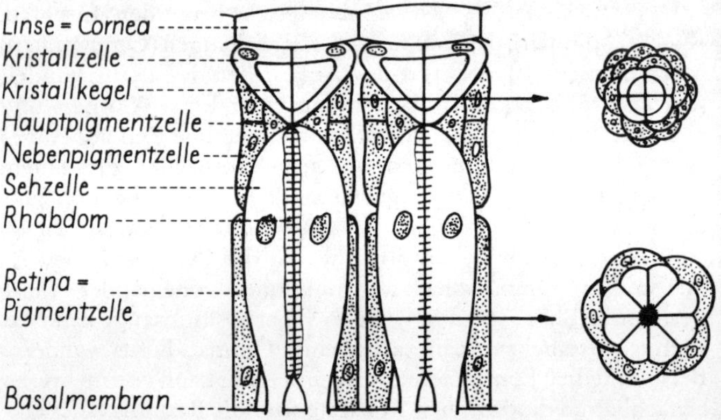

Abb. 134. Zwei Ommatidien eines Appositionsauges im Längsschnitt und an zwei verschiedenen Stellen im Querschnitt

sungsvermögen (Sehschärfe). Gleichzeitig sinkt aber die Helligkeit des Bildes, weil die einfallende Lichtmenge vom Durchmesser der Linse des einzelnen Ommatidiums abhängt.

Gegenüber dem Linsenauge, das wir im Folgenden kurz betrachten werden, sind sowohl das räumliche Auflösungsvermögen wie auch die Bildhelligkeit des Komplexauges weit geringer. Das *zeitliche Auflösungsvermögen* (wahrgenommene Einzelbilder pro Zeiteinheit) ist hingegen bei manchen Insekten besser als bei Wirbeltieren. Bei schnellfliegenden Insekten ist es etwa zehnmal so gut wie beim menschlichen Auge. Nachtaktive oder langsame Arthropoden erreichen diese Werte jedoch niemals.

Der zweite hochentwickelte Augentyp ist das *Linsenauge*. Wirbeltiere, Cephalopoden und einige Anneliden haben ihn unabhängig voneinander entwickelt. Dieser Augentyp entstand wahrscheinlich aus dem *Blasenauge*, das ähnlich wie eine Lochkamera arbeitet (Abb. 135). Dem Blasenauge fehlt der dioptrische Apparat, so daß das Bild lichtschwach und jede *Entfernungseinstellung* (Akkomodation) unmöglich ist. Das Linsenauge besitzt einen gut entwickelten dioptrischen Apparat, der aus Hornhaut, Kammerwasser, Linse und Glaskörper besteht. Jedes dieser Medien hat einen bestimmten *Brechungsindex*, der zusammen mit den *Krümmungsradien* der lichtbrechenden Grenzflächen und dem *Abstand der Grenzflächen* voneinander den Strahlengang des Lichtes im Auge bestimmt. Wirbeltiere und Cephalopoden haben Mechanismen entwickelt, die es gestatten, die Lichtbrechung des dioptrischen Systems und damit die Entfernungseinstellung zu verändern. Die Tintenfische bewerkstelligen dies durch eine Erhöhung des Flüssigkeitsdruckes im Augeninneren. Dadurch wird die Linse nach vorne gedrückt und eine Nahakkomodation erzielt. Cyclostomen (Rundmäuler), Fische und Amphibien bewegen die Linse durch Muskeln vor und zurück. Reptilien, Vögel und alle Säugetiere verändern zur Akkomodation die Krümmung der Linse.

Die *Linsenkrümmung* wird durch Ciliarmuskeln bewirkt, die über dünne Fasern (Zonulafasern) das Linsengewebe bewegen und so den Durchmesser der Linse verändern. Sind diese Ciliarmuskeln entspannt, dann nimmt die Linse auf Grund ihrer Eigenelastizität wieder eine stärker gewölbte Form an. Die Ferneinstellung ist der Ruhezustand des dioptrischen Apparates. Die Nahakkomodation beginnt erst bei Gegenständen in relativ großer Nähe, beim Menschen erst ab 5 m Entfernung des Gegenstandes vom Auge. Mit zunehmendem Alter verliert die Linse ihre Elastizität und damit auch die Fähigkeit zur Akkomodation (Alterssichtigkeit beim Menschen).

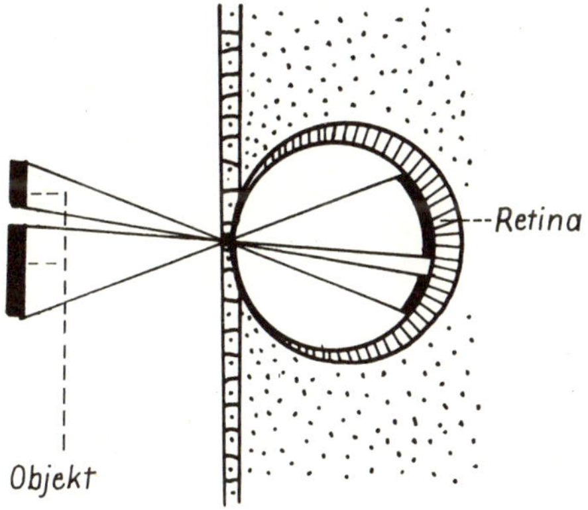

Abb. 135. Schematische Darstellung eines Blasenauges. Der Gegenstand wird nach dem Lochkamera-Prinzip abgebildet

11.1.1.1 *Präparation eines Rinderauges***

MATERIAL: Rinderauge (möglichst frisch vom Schlachthof) – Sezierbesteck, Binokular, Objektträger mit Deckgläsern, Präparierunterlage (Paraffinbecken), Stativ mit Muffen und Klemmen, schwarzes Papier, Karton, kleine Taschenlampe

VERSUCHSANLEITUNG: Mit einem scharfen Skalpell und einer scharfen Schere werden das Bindegewebe und die Muskeln, die den Augapfel bewegen, entfernt. Dann schneidet man das Auge vorsichtig in der Äquatorebene auf, ohne jedoch den *Glaskörper* zu verletzen. Die beiden Augenhälften werden auseinandergenommen, wobei der Glaskörper in der Hälfte der Linse bleibt. In der anderen Hälfte befindet sich die *Retina*, die aus zwei Schichten besteht. Die Schicht, die dem Glaskörper anliegt, enthält die ersten informationsverarbeitenden Schaltzellen, deren Axone als *Nervus opticus* austreten und die Sehzellen. (Der Austritt der Augennerven ist zu suchen.) Diese Schicht wird vorsichtig aus dem Auge genommen; ein Teil davon wird auf den Objektträger gelegt und mit einem Deckglas bedeckt. Die so freipräparierte zweite Schicht ist das *Pigmentepithel*. An der Schnittfläche sind die innengelegene *Aderhaut* (Chorioidea) und die außengelegene *Bindegewebshaut* (Sklera) zu unterscheiden. Nun wird der Glaskörper vorsichtig aus der vorderen Augenhälfte gelöst. Man betrachte genau die Aufhängevorrichtung der *Linse* und der *Iris* (Abb. 136). Zuletzt wird die Linse vor-

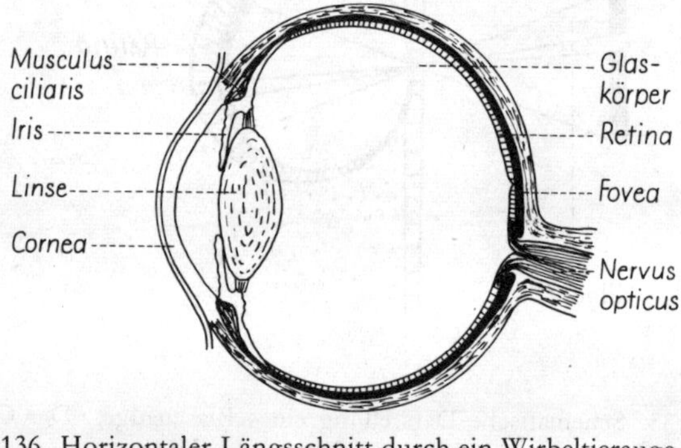

Abb. 136. Horizontaler Längsschnitt durch ein Wirbeltierauge

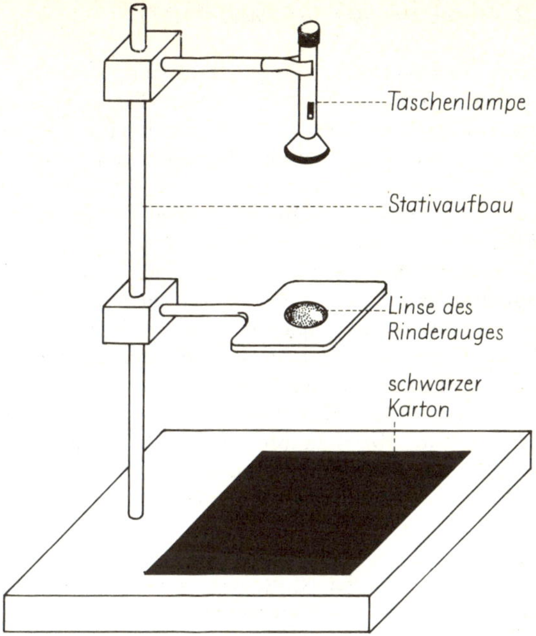

Abb. 137. Versuchsaufbau zur Untersuchung des Brennpunktes der Linse eines Rinderauges

sichtig herauspräpariert und auf einen Stativring (bzw. eine Kartonblende) gelegt, wobei sie aber nur knapp am Rand aufliegen soll. Etwa 5 cm unter der Linse befindet sich ein schwarzes Papier, und über ihr wird eine Taschenlampe so eingeklemmt, daß der Strahl genau in das Zentrum der Linse fällt (Abb. 137).

AUFGABEN:

1. Betrachte im Mikroskop die Schicht mit den Sinneszellen und deren Verschaltungen.
2. Bestimme den Brennpunkt der Linse.

FRAGE:

Ist die herausoperierte Linse nah- oder fernakkomodiert?

Die Linse ist nahakkomodiert, hat also eine kugelige Form.

11.1.1.2 *Präparation eines Insektenauges***(**)

MATERIAL: Insekt (Libelle, Sandläufer, Biene, Wespe) mit möglichst großen Komplexaugen – Messer für mikroskopische Schnitte (Mikrotom), Objektträger, Deckgläser, Mikroskop, Glasröhrchen mit Wattebausch, Holundermark – Äther

VERSUCHSANLEITUNG: Das Insekt wird in ein verschließbares Glasröhrchen gegeben, in dem sich ein äthergetränkter Wattebausch befindet. Nach 2–3 min ist das Tier betäubt und kann herausgenommen werden. Nun trennt man den Kopf vom übrigen Körper ab und präpariert ein Komplexauge heraus. Ist ein Mikrotom vorhanden, dann ist die Weiterbehandlung unter AUSBAUMÖGLICHKEITEN nachzulesen.

Ansonsten wird das Komplexauge in ein Stück Holundermark geklemmt. Mit dem Messer werden möglichst dünne Längsschnitte angefertigt und auf einen Objektträger gelegt. Das Objekt wird mit einem Deckglas bedeckt und Wasser dazupipettiert.

WICHTIG: Viel günstiger ist es, wenn ein Mikrotom zur Verfügung steht (auch ein billiges Handmikrotom genügt). Das Schneiden mit der Hand erfordert einige Übung.

AUFGABEN:

1. Betrachte das Präparat und versuche Teile des Auges, wie Cornea, Kristallzellen oder Kristallkegel, Pigmentzellen und Sinneszellen zu erkennen.
2. Fertige eine Skizze des Präparats an.

AUSBAUMÖGLICHKEITEN: Die einzelnen Schritte zur Anfertigung mikroskopischer Schnitte mit Hilfe eines Mikrotoms (stichwortartig): Fixierung des Insektenkopfes in Bouin (1 Tag) – Auswaschen der Fixierflüssigkeit in mehrmals gewechseltem 75% Isopropanol (insgesamt 1 Tag) – Entwässern in 90, 96% und 2mal in absolutem Isopropanol (jeweils mindestens 10 min) – Einstellen des in absolutem Isopropanol liegenden Präparats in einen Wärmeschrank (etwa 58 °C) – Verflüssigen von »hartem« Paraffin für histologische Zwecke – Einlegen des Präparats in zwei Paraffinschälchen (jeweils mindestens 15 min) – Einbetten. (In ein weiteres Schälchen wird etwas Paraffin gegossen, das langsam erhärtet. Die Oberfläche wird mit einem

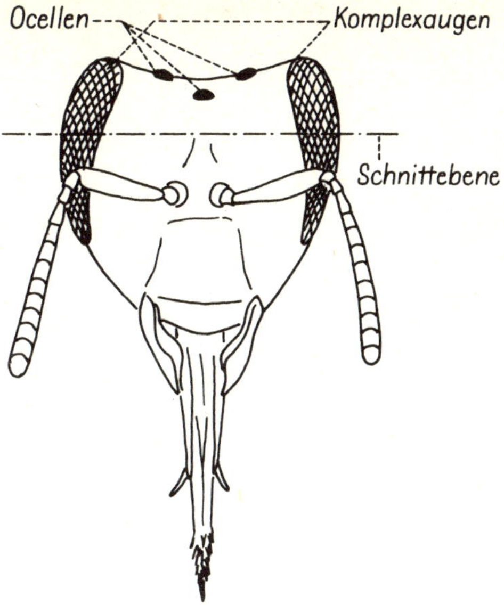

Abb. 138. Schnittführung zur Präparation eines Insektenauges

warmen Glasstab flüssig gehalten. Präparat erst dann einlegen, wenn der Paraffinboden etwa 5 mm dick ist. Weiteres Paraffin dazugießen und Lage des Objekts notieren.) – Nach Erhärten den Paraffinblock zuschneiden und auf Präparathalter des Mikrotoms aufblocken. Schnittdicke 8–15 µ (Abb. 138).

Schnitte in einem handwarmen (ca. 40 °C) Wasserbad strecken und auf Objektträger geben. Trocknen lassen; mit einer kleinen Flamme Objektträger leicht erwärmen, so daß der Schnitt gerade flüssig wird und gut klebt.

FÄRBUNG: Einlegen der Objektträger mit den Schnitten in Xylol (ca. 3 min) – absolutes Isopropanol (3 min) – 70% Isopropanol (3 min) – Kernechtrotlösung (ca. 5–10 min) – Aqua dest. (kurz spülen) – Pikroindigokarminlösung (20–30 sec) – 2mal in 96% Isopropanol (je 1 min) – absolutes Isopropanol – einschließen in Kanadabalsam.

Die Zusammensetzung der Lösungen wird im Anhang 13.1 besprochen.

Ergebnis der Kernechtrotfärbung: Die Zellkerne sind karminrot angefärbt; Mitosen werden besonders stark angefärbt.

Junge, knapp nach einer Zellteilung befindliche Zellkerne färben sich intensiver an als alte.

Ergebnis der Kernechtrot-Pikroindigokarminfärbung: Zellkerne sind karminrot angefärbt, kollagenes Bindegewebe bläulich, elastisches Bindegewebe gelb, acidophiles Cytoplasma und Muskelfasern grün.

11.1.2 *Bewegungssehen*

THEORIE: Das Bewegungssehen ist für alle Organismen von großer Bedeutung, weil bewegte Objekte Feinde, Artgenossen oder Beuteobjekte sein können. Ruhende Gegenstände können zwar von vielen Tieren *gesehen*, aber nicht *wahrgenommen* werden. Bei Organismen, die gut entwickelte Linsenaugen besitzen, gibt es zwei Arten zur Erfassung von bewegten Gegenständen:
1. Die Abbildung eines Gegenstandes verschiebt sich auf der Netzhaut, bei gleichbleibender Blickrichtung.
2. Das Auge verfolgt den Gegenstand, damit dessen Bild auf der Netzhaut ortsfest bleibt. Der Hintergrund wird aber als bewegt wahrgenommen.

11.1.2.1 *Optomotorische Reaktion bei Wirbeltieren**

THEORIE: Unter der optomotorischen Reaktion versteht man die *Bewegungsreaktion* von Tieren auf eine mit den Augen wahrgenommene Umweltbewegung. Diese Reaktion besteht in einer ruckartigen Bewegung der Augen, des Kopfes oder des ganzen Körpers. Sie hat ihre Ursache darin, daß das Tier bestrebt ist, sein Gesichtsfeld möglichst lange konstant zu halten.

MATERIAL: Versuchstier (Frosch, Eidechse) – Stativ mit Muffen und Klemmen, Antriebsräder, Gummiringe, Haltungsglas für des Tier, Streifenzylinder

Der Streifenzylinder wird aus einem weißen Karton zusammengeklebt, auf dessen Innenseite in einem Abstand von 4 cm ca. 4 cm breite schwarze Papierstreifen geklebt werden. Er soll etwa 20 cm hoch sein und 25 cm Durchmesser haben.

VERSUCHSANLEITUNG: Auf eine waagrecht befestigte, mit einer Handkurbel drehbare Scheibe wird der Glasbehälter mit dem

Versuchstier gestellt. Ein Streifenzylinder wird am Stativ so angebracht, daß das Tier das Streifenmuster als Umwelt wahrnimmt (Abb. 139). Die Scheibe wird in langsame Drehung versetzt und die Reaktion des Tieres beobachtet. Anschließend wird die Versuchsanordnung so umgebaut, daß das Tier ruhig bleibt und nur der Streifenzylinder gedreht wird.

AUSBAUMÖGLICHKEITEN: Statt des Handbetriebs mit Hilfe der Kurbel wird ein kleiner Elektromotor mit definierbaren Geschwindigkeiten genommen. Dadurch können die Drehgeschwindigkeiten des Streifenzylinders genauer bestimmt werden. Man kann außerdem mehrere Streifenzylinder mit verschieden großer Streifenbreite erproben.

WICHTIG: Das Versuchstier darf sich nicht an Gegenständen außerhalb des Streifenzylinders orientieren können. Deshalb sollte der Streifenzylinder möglichst hoch über das Gesichtsfeld

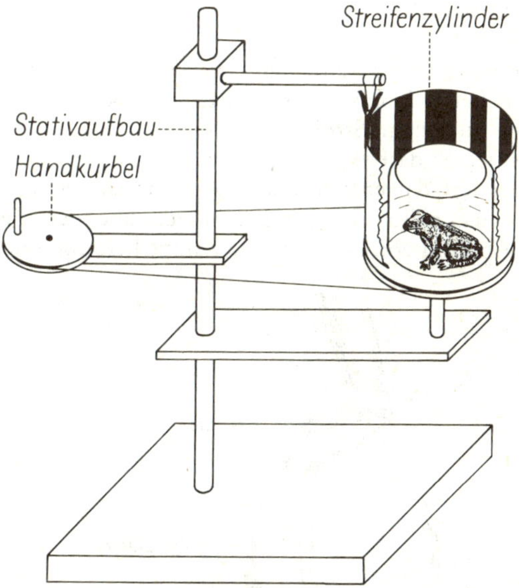

Abb. 139. Versuchsaufbau zur Demonstration der optomotorischen Reaktion bei Wirbeltieren. Aufgezeichnet ist nur der Aufbau zu dem Versuchsteil, bei dem der Streifenzylinder in Ruhe ist und das Tier in Bewegung gesetzt wird

des Tieres reichen und der Deckel des Glases, in dem das Tier sitzt, undurchsichtig, aber doch durchlöchert sein, damit die Reaktionen des Tieres beobachtet werden können. Nicht ruckartig drehen!

11.1.2.2. *Optomotorische Reaktin bei Insekten**

Theorie: Die optomotorische Reaktion erfolgt hier mit dem Kopf allein oder mit dem ganzen Körper. Die Methode, um diese Reaktion hervorzurufen, ist dieselbe wie bei Versuch 11.1.2.1. Wenn man den Versuch ausbaut und exakter gestaltet, dann kann man Rückschlüsse auf das Funktionsprinzip des Bewegungssehens im Facettenauge ziehen.

Material: Versuchstier (Mehlkäfer) – Stativaufbau mit Handkurbel und Streifenzylinder wie im Versuch 11.1.2.1, Spangenglobus (Abb. 140) aus starkem Papier, Strohhalm, schwenkbare Lampe – Glaswachs

Versuchsanleitung: Man stellt den Streifenzylinder auf eine drehbare Scheibe. In das Zentrum dieses Zylinders wird ein mit Glaswachs an einem Strohhalm befestigter Käfer (auch der Kopf des Tieres darf sich nicht bewegen können) mittels des Stativs so fixiert, daß er sich an den Gegenständen außerhalb des Zylinders nicht orientieren kann. Senkrecht über dem Tier wird in einem Abstand von ca. $^1/_2$ m eine Lampe befestigt und einge-

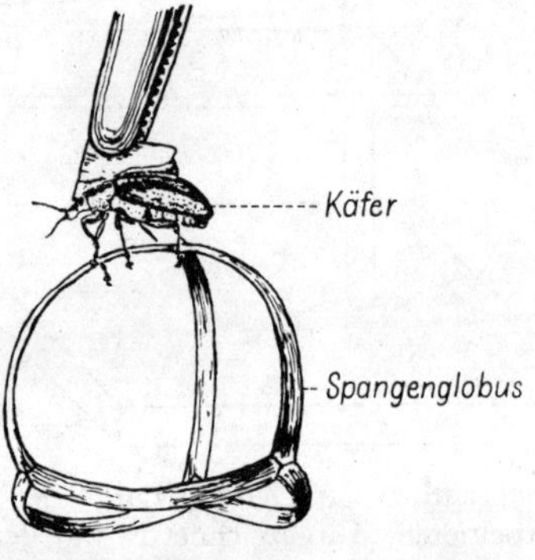

Abb. 140. Käfer mit Spangenglobus (nach Hassenstein)

schaltet. Sodann hält man dem Versuchstier den Spangenglobus an die Beine. Es ergreift diesen und verhält sich so, als ob es sich am Boden befinden würde. Beim Laufen wird der Globus bewegt, und das Tier erreicht schließlich eine Kreuzungsstelle und entscheidet sich für die linke oder rechte Spange. Solange der Streifenzylinder in Ruhe ist, entscheidet sich das Insekt bei richtigem Versuchsaufbau für jede Seite etwa gleich oft. Bei bewegtem Streifenzylinder wird meist eine Seite bevorzugt.

WICHTIG: Der Kopf des Versuchstieres muß mit Wachs am Körper fixiert sein.

AUFGABEN:
1. Notiere bei mindestens 20 Kreuzungsstellen des Globus die jeweilige Entscheidung des Käfers (Streifenzylinder in Ruhe).
2. Bei langsam, einsinnig bewegtem Streifenzylinder werden wieder 20 Entscheidungen des Käfers notiert und mit der Drehrichtung des Streifenzylinders verglichen.

FRAGEN:

1. Wie sieht bei Aufgabe 1 die Links-Rechts-Verteilung der Entscheidungen aus?

Es soll eine Gleichverteilung sein, d. h. ca. 50% Entscheidungen für links und 50% für rechts.

2. Wie verteilen sich die Links-Rechts-Entscheidungen bei Aufgabe 2?

Der Käfer sollte vorwiegend jenen Ast wählen, der in Drehrichtung des Streifenzylinders führt.

3. Was geschieht, wenn man die Geschwindigkeit des Streifenzylinders langsam erhöht?

Ab einer gewissen Geschwindigkeit wird das Bewegungssehen des Käfers überfordert, er reagiert in seinen Entscheidungen nicht mehr eindeutig. Bei schnell rotierendem Streifenzylinder bevorzugt das Tier meist eine Richtung, diese ist jedoch von der Streifenbreite abhängig.

AUSBAUMÖGLICHKEITEN: Zylinder mit verschiedener Streifenbreite werden erprobt. Statt der Handkurbel kann ein kleiner Elektromotor mit regulierbarer Drehzahl genommen werden, um definierte Geschwindigkeiten zu erreichen.

Abb. 141. Maßstabgetreue Abbildung der Figur, mit deren Hilfe der blinde Fleck des menschlichen Auges ermittelt werden kann

11.1.3 *Blinder Fleck beim Menschen**

THEORIE: Von der Retina führt ein dicker Nervenstrang (= Nervus opticus) zum Gehirn. Diese Austrittstelle ist frei von Sehelementen und deshalb lichtunempfindlich. Sie wird als blinder Fleck bezeichnet und kann leicht nachgewiesen werden.

MATERIAL: Versuchsperson – Kartonkärtchen (ca. 5 × 10 cm), schwarzer Filzstift

VERSUCHSANLEITUNG: Auf das Kärtchen wird im richtigen Maßstab die Figur, die aus der Abb. 141 ersichtlich ist, aufgemalt. Man betrachtet das Kärtchen im Abstand von etwa 40 cm, schließt das linke Auge und fixiert die links liegende Dreiecksfläche mit dem rechten. Nun bewegt man das Bild (die Dreiecksfläche wird ständig fixiert) langsam auf das Auge zu, bis der Kreis verschwindet.

AUFGABE: Erkläre die Beobachtung an Hand einer Skizze.

11.1.4 *Farbensehen**

Theorie: Die Sehelemente der Retina bestehen bei vielen Wirbeltieren aus *Stäbchen* und *Zapfen.* Stäbchen sind für Hell- und Dunkelsehen zuständig, die Zapfen für das Farbensehen. Viele Wirbeltiere (Katzen, Hunde) haben zwar beide Elemente, können jedoch nach bisherigen Untersuchungen keine Farben sehen. Das Farbensehen der Insekten unterscheidet sich von dem der Wirbeltiere in mehreren Punkten, so z. B. in der Lage des »sichtbaren« Wellenbereiches, in den am Farbsehen beteiligten Farbstoffen und anderen Faktoren. Bienen z. B. können UV-Licht erkennen (siehe Abb. 142). Um festzustellen, wie Tiere sehen können, stehen verschiedene Methoden zur Wahl.

1. *Orientierung:* Bei Tieren mit phototaktischer Orientierung

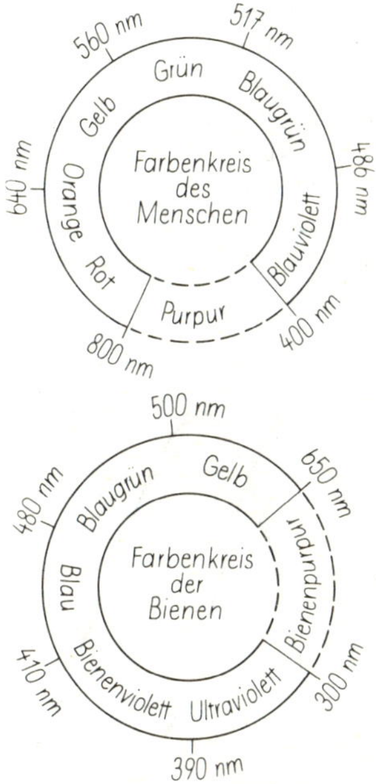

Abb. 142. Farbenkreise des Menschen und der Biene. Die Komplementärfarben stehen einander in den Kreisen gegenüber. Das sichtbare Spektrum für die Bienen ist um etwa 150 nm in den kurzwelligen Bereich verschoben. Rot wird von ihnen als schwarz gesehen (nach v. Frisch)

kann man aus ihren Reaktionen auf verschiedene Lichtquellen Rückschlüsse auf ihre Sehwahrnehmung ziehen.

2. *Dressur:* Man versucht Tiere auf verschiedene Farben oder Formen zu dressieren. Dies wird vor allem durch Belohnung (Fütterungsdressur) oder Bestrafung (Schocklernen) erreicht.

3. *Beobachtung des Farbwechsels* beim Kampf- und Balzspiel: »Hochzeitskleider« (z. B. beim Kampfhahn).

4. *Elektrische Ableitung:* Von der Retina wird der jeweilige Potentialverlauf gemessen, der bei verschiedenen Helligkeits- oder Farbdarbietungen auftritt.

Diese Untersuchungsmethoden sind für unsere Zwecke entweder zu aufwendig oder zu langwierig, so daß wir vorwiegend die menschliche Wahrnehmung untersuchen und die Aussagen der Versuchsperson registrieren wollen.

Beim Menschen sind die Stäbchen lichtempfindlicher als die Zapfen. Jeder weiß, daß bei Dunkelheit keine Farben gesehen werden können. Gegenstände unterscheiden wir dann nur durch ihre verschiedene Helligkeit. Die Retina kann sich verschiedenen Beleuchtungsstärken anpassen, man spricht dann von *Hell- und Dunkeladaptation* (siehe Abb. 143). Bei Dunkeladaptation (Nachtsehen) sind die Helligkeitswerte der Farben verschoben. Hier liegt das Maximum der relativen Helligkeitsempfindlichkeit bei ca. 507 nm. Bei Helladaptation liegt der Kurvengipfel bei 560 nm.

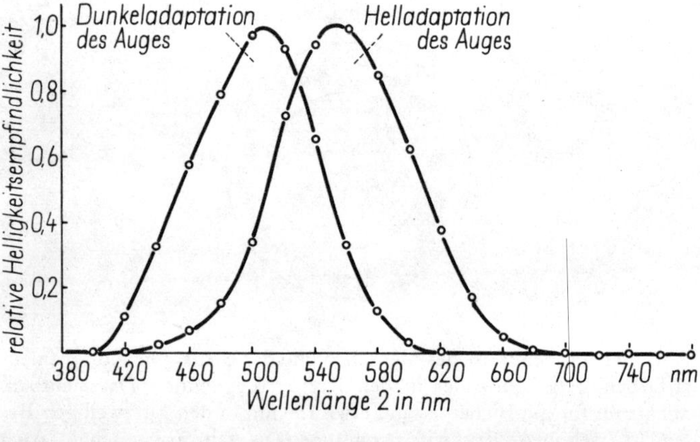

Abb. 143. Diagramm zur Helligkeitsempfindlichkeit beim Menschen

MATERIAL: Versuchsperson – schwarzer und weißer Karton, grünes und rotes Farbpapier. Das grüne und rote Farbpapier sollen etwa den gleichen Helligkeitsgrad haben.

VERSUCHSANLEITUNG: Die Versuchsperson geht von einem hellerleuchteten Raum in die Dunkelkammer, die durch einen Türspalt ganz schwach beleuchtet ist und vergleicht die Helligkeiten der Farbpapiere mit der der beiden Kartons. Die Augen der Versuchsperson sind also helladaptiert. Nach 5–10 min Aufenthalt in der Dunkelkammer sind die Augen dunkeladaptiert, und die Versuchsperson betrachtet erneut Farbpapiere und Kartons.

FRAGEN:

1. Welche Farbe erscheint dem dunkeladaptierten Auge heller?	Das grüne Papier erscheint dem Auge heller.
2. Warum wird bei Dunkeladaption des Auges Grün als die hellere und Rot als die dunklere Farbe empfunden?	Durch die Dunkeladaptation wird das Maximum der relativen Helligkeitsempfindlichkeit etwas in den kurzwelligen Bereich verschoben, in dem auch Grün liegt. Da beide Farbtafeln dem helladaptierten Auge gleich hell erschienen sind, wird bei dieser Verschiebung der Helligkeitsempfindlichkeit die rote Farbe dunkler als die grüne empfunden.

11.1.5 *Nachbilder beim Menschen**

THEORIE: Wenn Bilder längere Zeit auf die Netzhaut fallen, dann nimmt man auch ohne Reizvorlage noch ähnliche Bilder wahr. Diese Bilder heißen Nachbilder und können verschieden aussehen.

Wir unterscheiden *positive* und *negative Nachbilder*. Als positive Bilder bezeichnet man jene, die in der Hell-Dunkelverteilung dem Originalbild entsprechen oder die gleiche Färbung wie das Originalbild aufweisen. Der Grund für diese Erscheinung ist wahrscheinlich eine Nachdauer der Erregungsvorgänge in den Rezeptorzellen. Negative Nachbilder zeigen eine umgekehrte

Hell-Dunkelverteilung wie das Originalbild oder die Komplementärfärbung desselben. Die Ursache bei diesen negativen Nachbildern liegt in einer verminderten Erregbarkeit der vorher stark erregten Rezeptorzellen.

Neben diesen sogenannten *retinalen* gibt es noch die *kortikalen Nachbilder*. Diese entstehen durch weitgehend unbekannte Vorgänge in der Sehsphäre des Kortex. Die Originalbilder dazu müssen nicht, wie bei den retinalen Nachbildern, unmittelbar vorher gesehen worden sein, und die Größe der Nachbilder kann verschieden von der der Originalbilder sein.

MATERIAL: Versuchsperson – Kerze, weiße Kartonkärtchen in Postkartenformat, Farben

VERSUCHSANLEITUNG:
1. Teil: Auf die Kärtchen werden schwarze, blaue, grüne oder rote Kreisflächen von ca. 2 cm Ø gemalt und die Fixationspunkte angekreuzt (siehe Abb. 144). Die Versuchsperson hält die einzelnen Kärtchen in ca. 50 cm Entfernung von den Augen und fixiert jeweils ca. 30 sec lang die rote, grüne, blaue und schwarze Kreisfläche. Dann blickt sie auf den Fixationspunkt und achtet auf die auftretenden Wahrnehmungen.
2. Teil: In einem abgedunkelten Raum blickt die Versuchsperson ca. 30 sec–1 min lang auf eine helle Lichtquelle (Kerzenflamme, kleines Lämpchen). Danach wird die Lichtquelle gelöscht.

AUFGABEN: Beschreibung aller Wahrnehmungen

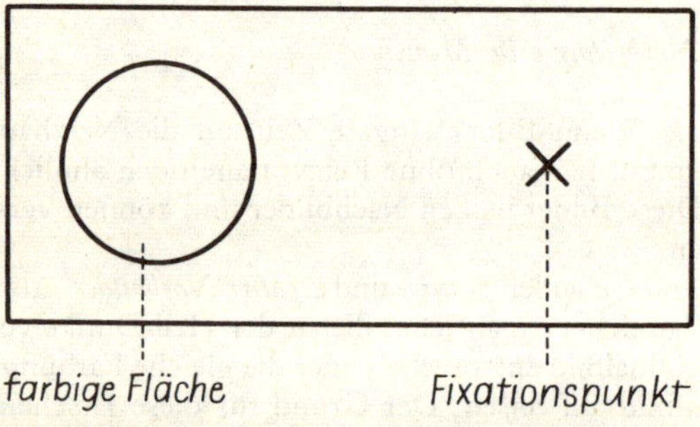

Abb. 144. Vorlage für die Anfertigung der Versuchskärtchen im Versuch 11.1.5: »Nachbilder beim Menschen«

FRAGEN:

1. Welche Arten von Nachbildern treten im ersten Versuchsteil auf?
Es treten negative Nachbilder auf.

2. Sind die Nachbilder im zweiten Versuchsteil negativ oder positiv?
Sowohl negative als auch positive Nachbilder können wahrgenommen werden.

11.1.6 *Farbblindheit der Netzhautperipherie**

THEORIE: Beim Menschen und bei verschiedenen Tierarten sind Stäbchen und Zapfen nicht gleichmäßig in der Retina verteilt. In der Zone des schärfsten Sehens fehlen die Stäbchen, wogegen an der Peripherie der Retina nur Stäbchen vorhanden sind. Dementsprechend ist auch die räumliche Verteilung der Wahrnehmungen für die einzelnen Farben verschieden (siehe Abb. 145). Dies kann durch folgenden Versuch gezeigt werden.

MATERIAL: Ein ca. 80 cm langer Stab, 4 Kartonblättchen, rot, grün, blau und gelb gefärbt und ca. 1 cm² groß. Drehstuhl, weißer Karton, mindestens 70 × 70 cm groß.

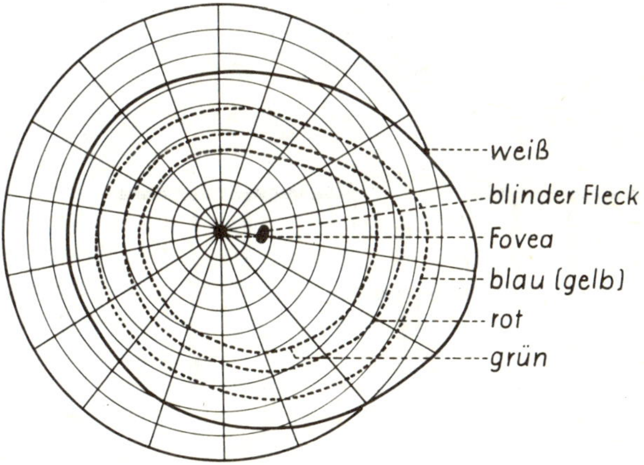

Abb. 145. Gesichtsfeld des rechten Auges

VERSUCHSANLEITUNG: Der weiße Karton wird mit einem Raster von 5 cm Zeilenabstand versehen, auf einen Tisch gestellt und durch eine Wand oder aufgestapelte Bücher gestützt. In einer Entfernung von 60–80 cm (Auge–Raster) sitzt die Versuchsperson, stützt das Kinn in die Hände und blickt geradeaus,

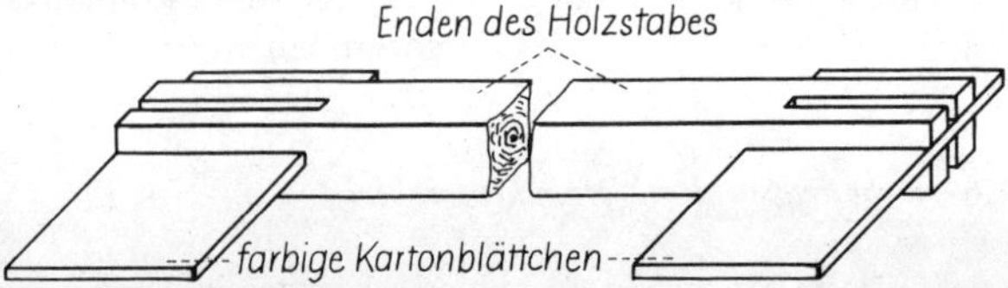

Abb. 146. Skizze über die Befestigung der farbigen Kartonplättchen. Die farbigen Kartonplättchen werden in Schlitze am Ende des Holzstabes eingesetzt.

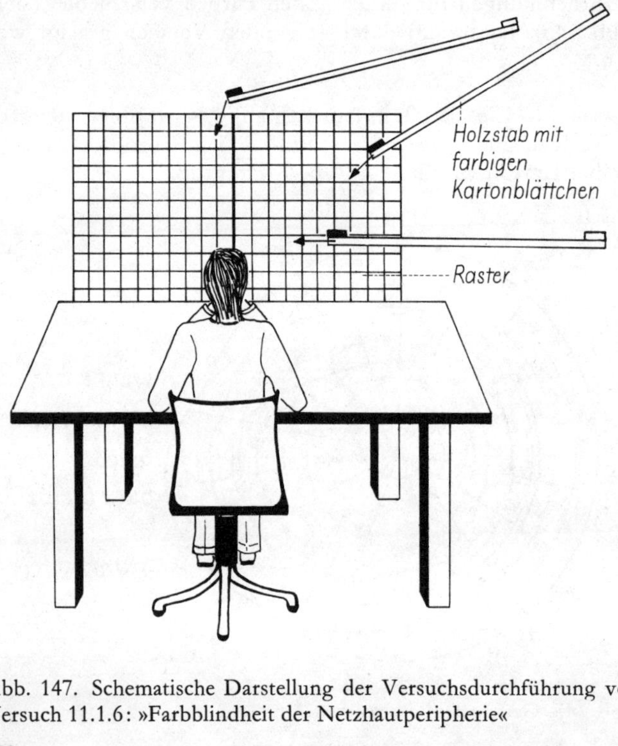

Abb. 147. Schematische Darstellung der Versuchsdurchführung von Versuch 11.1.6: »Farbblindheit der Netzhautperipherie«

wobei ein Auge verdeckt wird. Das freie Auge fixiert das Zentrum des Rasters. Die farbigen Blättchen werden, wie aus Abb. 146 zu entnehmen ist, auf den Stab gesteckt. In unregelmäßiger Folge bewegt der Versuchsleiter die verschiedenen Farbblättchen langsam in das Sehfeld der Versuchsperson. Der Stab mit den Farbblättchen soll im Abstand von ca. 50 cm vom Auge der Versuchsperson ins Gesichtsfeld bewegt werden (siehe Abb. 147). Um ein Sehfeld registrieren zu können, müssen mehrere Richtungen durchgetestet werden.

AUFGABE: Wann ist die Figur und wann die Farbe des jeweiligen Blättchens zu erkennen? Markierung dieser Punkte auf dem Rasterschirm (geradlinige Verbindung: Auge – Farbblättchen – Raster).

FRAGE:
Stimmen die gewonnenen Werte mit der Abb. 145 überein?

Wird der Versuch bei mehreren Versuchspersonen jeweils einige Male durchgeführt, dann erhält man ein ähnliches Ergebnis, wie es in der Abb. 145 dargestellt ist.

11.1.7 *Tiefenwahrnehmung und Entfernungsschätzung beim Menschen*

THEORIE: Um eine Tiefenwahrnehmung zu erhalten und die Entfernung beurteilen zu können, stehen dem Sehapparat des Menschen verschiedene Mechanismen zur Verfügung:

1. Der *Konvergenzwinkel* der Augäpfel, der als Entfernungsmaß dient (siehe Abb. 148). Der Konvergenzwinkel ist der Winkel, der durch das Fixieren eines Objektes von beiden Augen eingeschlossen wird. Die Meldungen der zahlreich in den Augenmuskeln auftretenden Muskelspindeln werden im Zentralnervensystem verrechnet und dienen der Bestimmung von Entfernungen.

2. Durch den Abstand der beiden Augen zum Gegenstand werden die Bilder nicht an identischen Retinastellen abgebildet. Die dadurch bedingte Bildverschiedenheit wird auch *Querdisparation* (Netzhautbildparallaxe) genannt und erzeugt stereoskopisches Sehen.

3. Bei Nahakkomodation sind die Ciliarmuskeln in einem *Span-*

nungszustand. Dieser Zustand wird durch Propriozeptoren festgestellt und dient ebenfalls der Entfernungsschätzung.

Bei großen Entfernungen können diese Mechanismen nicht mehr herangezogen werden. Hier sind andere Faktoren, wie: *perspektivische Verkürzung*, Verteilung von Licht und Schatten, Erfahrung usw. an der Tiefenwahrnehmung beteiligt. Auch beim einäugigen Sehen stützt sich die menschliche Wahrnehmung auf diese Hilfen und auf die Entfernungsschätzung durch die Akkomodation (siehe Punkt 3). Sicher verfügen viele Tiere über eine sehr gute Tiefenwahrnehmung, denn anders ist z. B. der gezielte Sprung beim Beutefang von Raubtieren nicht er-

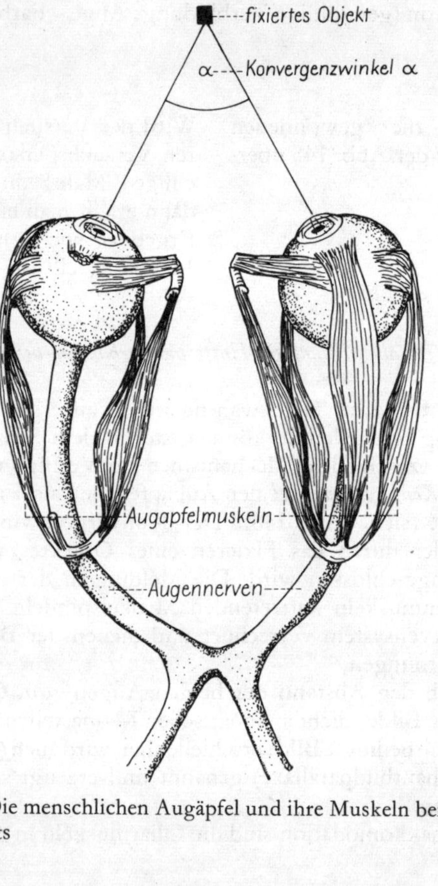

Abb. 148. Die menschlichen Augäpfel und ihre Muskeln beim Fixieren eines Objekts

klärbar. Die vorhin erwähnte Querdisparation kann nicht nur zur Tiefenwahrnehmung, sondern auch gleichzeitig zur Doppelwahrnehmung führen. Bei der Doppelwahrnehmung werden die verschiedenen Bilder beider Augen im Zentralnervensystem nicht zu einem Bild zusammengefaßt, sondern als zwei Bilder wahrgenommen.

11.1.7.1 *Entfernungsschätzen**

MATERIAL: Versuchsperson – Stativ

VERSUCHSANLEITUNG: Die Versuchsperson steht ca. 50 cm vor dem Stativ und fixiert mit beiden Augen die Stativstange. Mit leicht abgewinkeltem Arm versucht sie jetzt von der Seite her die Stange mit dem Zeigefinger zu treffen. Mit einem geschlossenen Auge wird dann dasselbe wiederholt.

AUFGABE: Angabe der Trefferquote bei zehn Wiederholungen der Zielbewegungen, sowohl mit beiden als auch mit einem Auge.

FRAGEN:

1. Wie verbessern Eulen ihr räumliches Sehen?	Durch ständiges Verändern der Kopfhaltung.
2. Welche weiteren Möglichkeiten zur Raumwahrnehmung mit Hilfe anderer Sinnesorgane gibt es zusätzlich?	Durch Echopeilung (z. B. Fledermäuse), durch elektrische Feldlinien (einige Fische).

11.1.7.2 *Tiefenwahrnehmung und Doppelbilder**

MATERIAL: Versuchsperson – ein weißer und ein schwarzer Stab, Karton, Klebstoff

VERSUCHSANLEITUNG: Die zwei Stäbe werden jeweils auf einem Karton als Fuß befestigt und hintereinander in einem Abstand von ca. 40 cm auf einen Tisch gestellt. Die Versuchsperson sitzt etwa 40 cm davor und fixiert einmal den vorderen und dann wieder den hinteren Stab.

AUFGABE: Beschreibe die Beobachtungen.

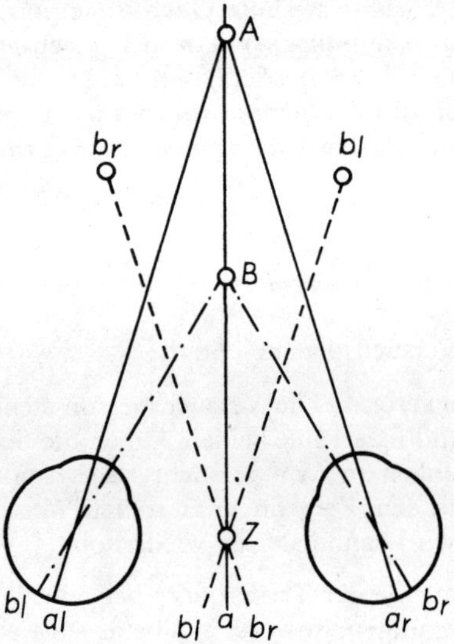

Abb. 149. Schema zur Erklärung des Phänomens der Doppelbilder

FRAGEN:

1. Warum wird der jeweils fixierte Stab als Einzelobjekt gesehen und der nicht fixierte doppelt?

Der Punkt A wird in der Abb. 149 als der fixierte Stab dargestellt. Er wird auf den in beiden Augen sich deckenden (identischen) Netzhautstellen a_l und a_r abgebildet. Deshalb wird er einfach gesehen. Der nicht fixierte Punkt B wird auf einander nicht deckenden (disparaten) Netzhautstellen b_l und b_r abgebildet und darum doppelt gesehen. Vom angenommenen Mittelauge Z würden dann die beiden Bilder b_l und b_r links und rechts von a liegen.

2. Warum wird das Doppelbild des nicht fixierten Stabes unscharf gesehen?

Weil das Auge nur auf den fixierten Stab akkomodiert ist.

11.1.8 *Vortäuschung räumlichen Sehens***

11.1.8.1. *Machscher Versuch**

THEORIE: Wie schon im Versuch über Tiefenwahrnehmung und Entfernungsschätzung erwähnt, ist durch den Augenabstand eine Querdisparation gegeben. Diese Querdisparation kann durch folgende Versuchsanleitung nach MACH deutlich als Tiefenwahrnehmung erlebt werden.

MATERIAL: Versuchsperson – 1 Machsches Pendel (siehe Abb. 150), bestehend aus Stativ, 2 Muffen, 1 Klemme, Scheibe mit ca. 30 cm Durchmesser, ca. 1 cm starke Welle aus Stahl oder Messing, ein kleines (∅ ca. 3 cm) und ein großes (∅ ca. 8 cm) Antriebsrad, Gummiringe, weiße Kugel ca. 2 cm Durchmesser, Faden, ca. 30 cm langer Bügel mit einer Bohrung für die Stativstange und einer Feststellschraube – schwarzer Plakatkarton (70 × 70 cm)

VERSUCHSANLEITUNG: Die Versuchsanordnung wird vor dem schwarzen Karton aufgebaut. Die Kugel wird in Schwingung versetzt, wobei sie nicht über den Rand der Scheibe hinauspendeln soll. Die Versuchsperson sitzt so vor dem Aufbau, daß ihre Augen in gleicher Höhe mit der Kugel sind. Das Pendel wird dann so befestigt, wie es aus der Abb. 150 ersichtlich ist. Nun beginnt die Versuchsperson die Scheibe langsam zu drehen und beobachtet die hinter der Scheibe schwingende weiße Kugel.

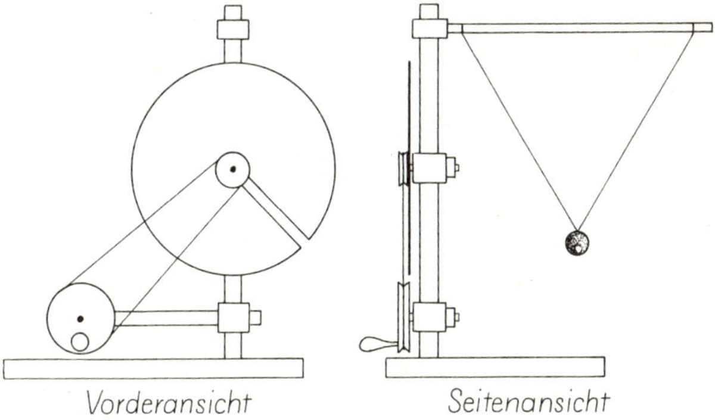

Abb. 150. Vorder- und Seitenansicht des Machschen Pendels

Wenn keine räumliche Wahrnehmung der in einer Ebene verlaufenden Schwingung eintritt, muß die Drehgeschwindigkeit langsam erhöht werden. Wurde ein Motor als Antrieb installiert (siehe Ausbaumöglichkeiten), so verändert man dessen Drehzahl so lange, bis ein deutlicher Effekt eintritt.

WICHTIG: Die Welle, auf der die Scheibe läuft, muß genau in die Bohrung passen, bzw. gut gelagert sein, sonst beginnt die Scheibe zu schlagen, läuft unruhig und beeinträchtigt den Versuchsablauf.

AUFGABEN:
1. Beobachte den Gang der Kugel.
2. Erkläre die Raumwahrnehmung auf Grund der Beobachtung und mit Hilfe theoretischer Grundlagen.

LÖSUNG zu 2.: Durch den Abstand der Augen voneinander sieht immer nur ein Auge die Kugel durch den Spalt. Das andere Auge sieht sie erst einen Bruchteil von Sekunden später, wobei die Kugel schon ein Stück weiter ist. Dieser Vorgang läuft so schnell ab, daß der Eindruck der Gleichzeitigkeit entsteht. Die Kugel wird also an zwei verschiedenen Stellen der Schwingungsebene fixiert. Sie wird aber in der Fovea beider Augen abgebildet. Die Raumwahrnehmung kommt durch die Verrechnung der verschieden großen Konvergenzwinkel zustande. Durch die kontinuierliche Pendelbewegung scheint die Kugel in einer elliptischen Bahn zu schwingen.

AUSBAUMÖGLICHKEITEN: Statt der Handkurbel kann ein Elektromotor mit regulierbarer Geschwindigkeit verwendet werden. Dadurch ist es möglich, jene Scheibenumdrehungszahl zu ermitteln, bei der der Effekt am stärksten ist.

11.1.8.2 *Pulfrichscher Pendeleffekt**

THEORIE: Zwischen Beginn des Reizes und Beginn der Empfindung beim menschlichen Auge liegt eine Zeitspanne von ca. 40–150 msec, die sogenannte *Empfindungszeit*. Sie setzt sich zusammen aus der *retinalen Latenzzeit* (Latenzzeit = der Zeitraum zwischen dem Beginn eines Reizes und dem Beginn der beobachteten Reaktion), der *Leitungszeit* der Nervenbahnen und der *Latenzzeit der Sehsphäre* im Kortex (Hirnrinde). Die Empfindungszeit ist unter anderem abhängig von der Lichtintensität. Wenn ein Auge verdunkelt wird, dann nimmt es einen bewegten Gegenstand etwas später wahr als das nicht verdunkelte Auge.

MATERIAL: Versuchsperson – eine weiße Kugel (ca. 2 cm ∅), Stativ, ca. 50 cm langer Bügel mit einer Bohrung für die Stativstange und einer Feststellschraube, Faden, schwarzer Plakatkarton, leicht angeschwärztes Glas (bzw. schwach belichteter, entwickelter Filmstreifen) als Lichtfilter

VERSUCHSANLEITUNG: Vor der Mitte eines schwarzen Kartons wird an einem Bügel eine Kugel mit zwei Fäden befestigt und in Schwingung versetzt (siehe Abb. 151). Die Versuchsperson sitzt etwa einen Meter davor, hält vor ein Auge das Filter und verfolgt mit beiden Augen die Pendelbewegung der Kugel.

FRAGEN:

1. Schwingt die Kugel wirklich in einer Ebene?	Ja, aber bei genauer Beobachtung scheint die Kugel eine elliptische Bahn zu beschreiben.

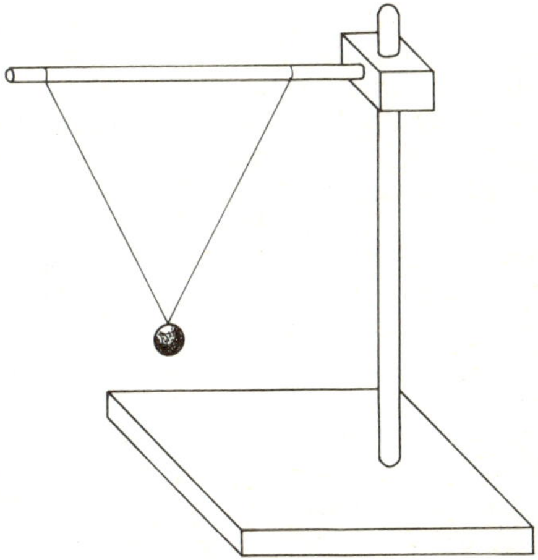

Abb. 151. Versuchsaufbau zum Pulfrichschen Versuch

2. Wieso tritt der beobachtete Effekt nicht sofort auf?	Das Auge benötigt einige Zeit zur Dunkeladaption.
3. Wie ist mit Hilfe der Theorie der Effekt zu erklären?	Das dunkeladaptierte Auge sieht das Pendel in seiner jeweiligen Position aufgrund der verlängerten Latenzzeit später als das helladaptierte. Da das Pendel zur Mitte hin schneller wird, wird es vom verdunkelten Auge in immer späteren Abständen gesehen. Diese Verschiedenheit in der Wahrnehmung der beiden Augen erzeugt im Gehirn ein Tiefensehen, wie es bei einem Pendel auftreten würde, das in einer elliptischen Bahn schwingt.

11.1.9 *Regulation der Lichteinfallsmenge***

THEORIE: Die *Iris* (= Regenbogenhaut) ist eine mehr oder minder stark pigmentierte kreisförmige *Blende*. Sie begrenzt das *Sehloch* (= Pupille). Der Durchmesser der Pupille kann bei den Haifischen und den Tetrapoden verändert werden. Zwei antagonistisch wirkende Muskeln, welche in der Iris liegen, sind daran beteiligt. Der ringförmige *Musculus sphincter pupillae*, der die Pupille verkleinert, und der radiär verlaufende *Musculus dilatator pupillae*, der der Vergrößerung der Pupille dient.

Die Veränderung des Pupillendurchmessers bewirkt 1. die Regelung der Lichteinfallsmenge, 2. die Veränderung der Tiefenschärfe und 3. die Abblendung der Randstrahlen. Die Regelung der Lichteinfallsmenge werden wir in diesem Versuch näher untersuchen.

Neben diesen geregelten Irisbewegungen tritt eine Verkleinerung der Pupille auch gleichzeitig mit der Nahakkomodation auf. Diese gekoppelte Bewegung *(Synkinese)* beruht darauf, daß der Ciliarmuskel und der Musculus sphincter pupillae von gleichen (parasympathischen) Nerven innerviert werden. Die Verkleinerung der Pupille bewirkt eine Erhöhung der Tiefenschärfe und eine Abblendung der Randstrahlen. Diese beiden Faktoren erhöhen die Güte des Bildes auf der Netzhaut.

Die Irismuskeln können sich sehr stark kontrahieren (Verkürzungsmöglichkeit ca. 80%). Dabei variiert der Pupillendurchmesser zwischen 2 und 8 mm.

11.1.9.1 *Pupillenreaktion**

MATERIAL: Versuchsperson – Versuchsleiter (oder Spiegel), Taschenlampe

VERSUCHSANLEITUNG: Die Versuchsperson hält sich die flache Hand als Scheidewand zwischen beiden Augen auf den Nasenrücken. Sodann wird ein Auge mit einer Taschenlampe beleuchtet und die Pupillenreaktion beider Augen beobachtet (auch Selbstbeobachtung vor einem Spiegel).

FRAGEN:

1. Was geschieht mit der Pupillenweite?	Die anfangs weit geöffnete Pupille zieht sich beim Lichteinfall plötzlich bis zu einer bestimmten Größe zusammen.
2. Warum verändert sich die Pupille des unbelichteten Auges ebenfalls?	Der Reiz, der auf das eine Auge wirkt, wird über das Gehirn auch auf das andere übertragen.
3. Ist die Veränderung der Pupillenweite des unbeleuchteten Auges die gleiche wie die des beleuchteten Auges?	Die Veränderung des unbeleuchtet gebliebenen Auges erreicht nicht jenes Ausmaß wie die des beleuchteten.

AUSBAUMÖGLICHKEITEN: Wiederhole den Versuch bei einem Frosch. Bei diesem Tier reagiert jedes Auge für sich.

11.1.9.2 *Oszillieren der Pupille beim Menschen**

MATERIAL: Versuchsperson, Versuchsleiter – Objektträger, schwarzes Papier, Klebstoff, Uhr mit Sekundenzeiger

VERSUCHSANLEITUNG: Auf die Objektträger werden jeweils kreisförmige Flächen des schwarzen Papiers geklebt. Die Durchmesser dieser schwarzen Blättchen sollen etwa 2,5 bis 6 mm betragen (siehe Abb. 152). Der Versuch wird am besten in einem

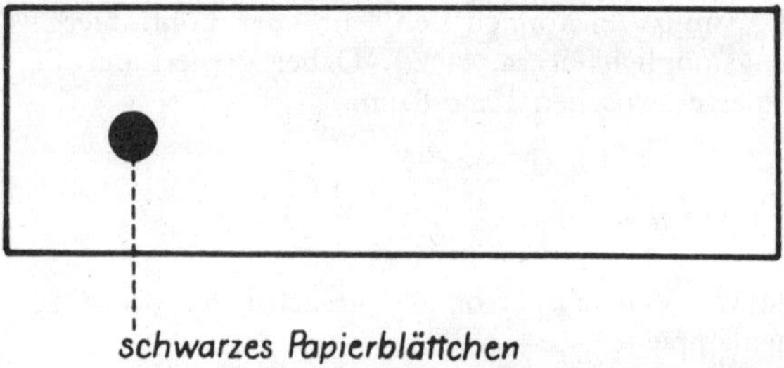

Abb. 152. Objektträger mit aufgeklebtem, schwarzem, kreisförmigem Papierblättchen

schwach beleuchteten Raum durchgeführt, wobei die Versuchsperson auf eine hellere Fläche (Fenster, Wand) blickt. Der VL wählt jenen Objektträger aus, dessen schwarze Fläche in der Größe der jeweiligen Pupillenweite der Versuchsperson am nächsten kommt. Die Versuchsperson deckt ein Auge mit der flachen Hand zu und hält mit der freien Hand das ausgesuchte Glas so nah wie möglich vor das offene Auge. Die schwarze Kreisfläche soll dabei genau in der Blicklinie liegen. Der Versuchsleiter beobachtet die Pupillenweite; die Versuchsperson und dann der Versuchsleiter beschreiben ihrerseits ihre Wahrnehmungen.

AUFGABEN:

1. Bestimme die Geschwindigkeit der Oszillation.
2. Beschreibe die Beobachtung der Versuchsperson und des Versuchsleiters.
3. Erstelle ein Regelkreisschema über den beobachteten Vorgang (Theorie dazu siehe Kap. 7: Regelung und Steuerung in der Biologie).

FRAGEN:

1. Warum oszilliert die Pupille?

Zunächst ist die Pupille normal erweitert. Beim Vorhalten des schwarzen Blättchens gelangt plötzlich weniger Licht auf die Sehzellen, und vom Zentralnervensystem wird der Befehl an die Irismuskel gegeben, den Pupillendurchmesser zu vergrößern. Damit wird aber die Pupille größer als die schwarze Kreisfläche, und viel Licht fällt auf die Netzhaut. Sofort wird die Pupille verkleinert, und der Vorgang beginnt von neuem.

2. Welche Art der Rückkopplung liegt vor?

Es liegt eine kumulative (= positive) Rückkopplung vor. Dieser Begriff wird näher in der Einleitung zum Kap. 7: Regelung und Steuerung in der Biologie erläutert.

11.1.10 *Kontrastsehen**

Theorie: In der Retina des Wirbeltierauges werden die einzelnen Sehzellen miteinander verschaltet (siehe Abb. 153). Durch diese Verschaltung erhalten die Sinneszellen Nachrichten von den

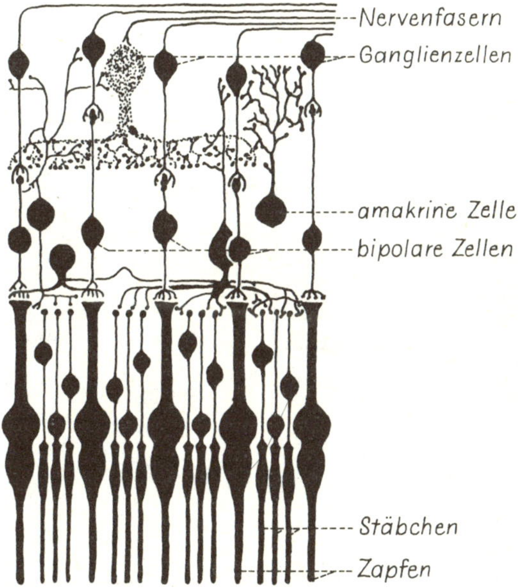

Abb. 153. Schematische Darstellung der Sehzellen und ihrer nervösen Verschaltung in der Wirbeltiernetzhaut (nach Romer)

jeweiligen Nachbarzellen. Zum Teil wirken diese Nachrichten hemmend auf die betroffene Sinneszelle; sie gibt dann nurmehr einen Teil der ursprünglichen Nachrichtenmenge ab. Diese Beeinflussung durch Nachbarzellen wird *seitliche Hemmung* (laterale Inhibition) genannt. Als Folge davon tritt eine Kontrastverstärkung auf. Das folgende Zahlenbeispiel (verändert nach HASSENSTEIN) soll diesen Vorgang etwas näher erläutern. Die angeführten Zahlen sind willkürlich angenommen und sagen nichts über die tatsächliche Intensität der Reizung aus. Nehmen wir an, daß ein Sehzellenbereich mit einer Intensität von vier Einheiten gereizt wird und ein zweiter, danebenliegender mit der Intensität von acht Einheiten. In einer Zahlenreihe sieht das dann so aus:

Reihe 1: .... 4444488888 ....

Im Diagramm hat dieser Zustand folgende Form: Abb. 154. Diese Zellen hemmen sich jetzt untereinander so stark, daß jede Nachbarzelle ein Viertel der Nachricht einer jeweiligen Rezeptorzelle wegnimmt. Von jeder Zahl werden also je 25% der davor und dahinter liegenden Zahl abgezogen.

Reihe 2: .... 2222154444 ....

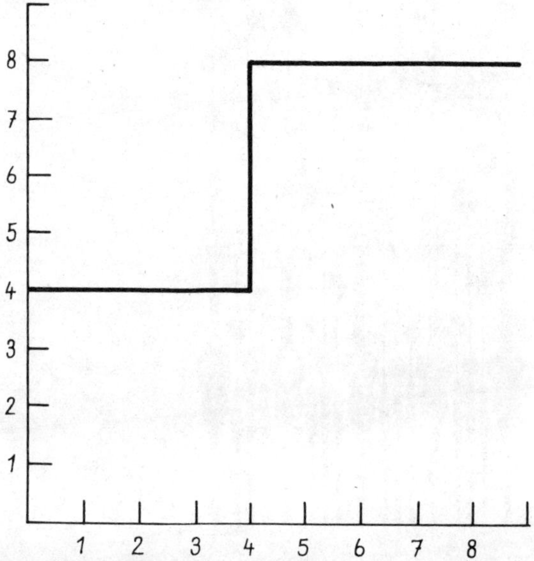

Abb. 154. Skizze zur Darstellung eines einfachen Kontrastes

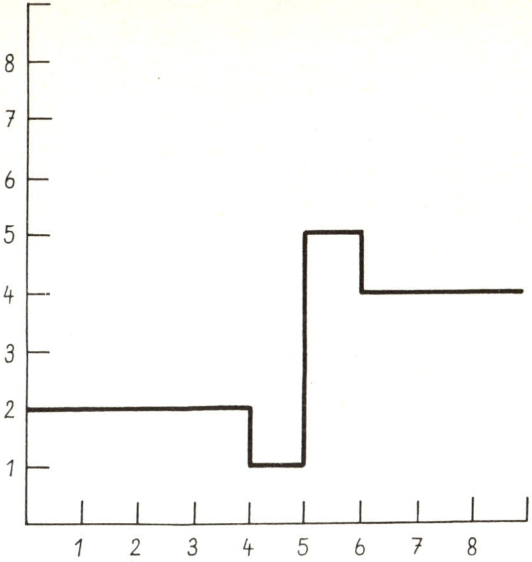

Abb. 155. Skizze zur Darstellung eines verstärkten Kontrastes

Das dazugehörige Diagramm: Abb. 155. Der Übergang (Kontrast) vom einen Niveau zum andern wird dadurch verstärkt.

Abb. 156. Abbildung zur Demonstration der lateralen Hemmung

Bei den Sehelementen ist dieser Inhibitionsfaktor sicher nicht 25%, aber doch so stark, daß dies praktische Auswirkungen hat.

MATERIAL: Weißes Blatt, Lineal, Tusche

VERSUCHSANLEITUNG: Auf das weiße Blatt werden, wie aus Abb. 156 ersichtlich, schwarze Quadrate und Rechtecke gemalt. Das Bild wird dann betrachtet, besonders die weißen Zwischenräume sind genauer anzusehen. Diese weißen Stege erscheinen nicht vollständig weiß, sondern in ihrer Mitte verlaufen graue Balken.

FRAGE:

Welche Funktion kann diese Erscheinung der Kontrastverstärkung haben?	Besseres Erkennen von Konturen.

11.2 Akustik

Einführung

Obwohl die Gehörorgane der einzelnen Tiergruppen oft sehr unterschiedlich aussehen, lassen sie sich doch alle einem gemeinsamen Funktionsprinzip zuordnen. In allen Fällen werden Strukturen durch Schwingungen der umgebenden Luft oder des umgebenden Wassers in Mitschwingung versetzt, und dies führt in den Sinneszellen zu Erregungen. Wenn Schwingungen von der festen Unterlage auf den Organismus übertragen und von Rezeptoren aufgenommen werden, dann sprechen wir vom *Vibrationssinn*.

Gehörorgane und Vibrationsorgane gehören zur großen Gruppe der *Mechanorezeptoren*, zu denen man noch Tast- und Drucksinn sowie den Gleichgewichtssinn rechnet.

Leistungsfähige Gehörorgane finden sich nur bei Wirbeltieren und Insekten. Bei den Insekten unterscheidet man im wesentlichen drei Typen: 1. Hörhaare, 2. Johnstonsches Organ, 3. Tympanalorgane.

Die *Hörhaare* sind im Bau den Tasthaaren sehr ähnlich, nur etwas länger und beweglicher (siehe Abb. 157). Durch die Schallwellen werden sie aus der Ruhelage gebracht und in Mit-

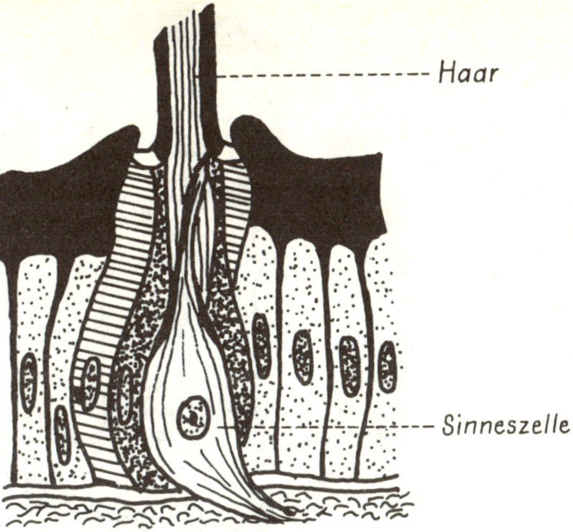

Abb. 157. Tasthaar eines Insekts

schwingung versetzt. Diese einfachen Organe sind im allgemeinen für die Rezeption höherer Töne (über 1000 Hz) zu träge. Beim Rückenschwimmer Notonecta sind sie jedoch empfindlich genug, um bei der Lokalisierung von Beute mitzuwirken.

Das *Johnstonsche Organ* sitzt an der Antennenbasis. Die Bewegungen der Antenne werden über Zugkräfte von räumlich angeordneten Rezeptoren registriert. Dieses Organ kommt bei sehr vielen Insektengruppen vor. Es arbeitet im mittleren Frequenzbereich, hat aber eine große Unterschiedsempfindlichkeit: Hymenopteren und Dipteren orten damit ihren Geschlechtspartner oder können mit seiner Hilfe auch ihre Fluggeschwindigkeit messen.

Bei den *Tympanalorganen* versetzen die Schallwellen Membranen in Schwingung und lösen damit eine Wahrnehmung aus (siehe Abb. 158). Diese Organe liegen bei den einzelnen Insektengruppen an verschiedenen Körperstellen. Bei mehreren Schmetterlingen befinden sie sich z. B. im Thorax, bei Zikaden und Heuschrecken im Abdomen oder in den Tibien der Vorderbeine. Mit diesen Gehörorganen registrieren die Tiere vor allem hohe Töne, die teilweise schon im Ultraschallbereich liegen (bis über 200 KHz). Die Unterschiedsempfindlichkeit ist aber geringer als die des Johnstonschen Organs.

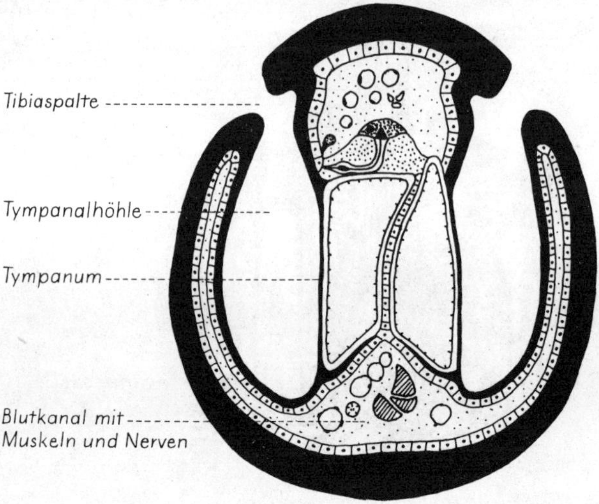

Abb. 158. Tympanalorgan in der Tibia des Vorderbeines einer Laubheuschrecke (Querschnitt). Durch die Schallwellen werden die Tympana in Schwingung versetzt

Beim Unterstamm der Wirbeltiere unterscheidet man Außen-, Mittel- und Innenohr. Das *Außenohr* dient als Schutz der beiden anderen empfindlichen Ohrabschnitte und erleichtert durch seinen meistens trichterförmigen Bau die Lokalisation der Schallquelle. Im Bereich des *Mittelohrs* wird der Schalldruck der Schallwellen mit dem Trommelfell aufgenommen, durch die Gehörknöchelchen verstärkt und an die besonderen Schwingungsverhältnisse des *Innenohrs* angepaßt. In höheren Frequenzbereichen (ca. ab 3000 Hz) übernehmen die Schädelknochen die Weiterleitung und Verstärkung der Schallwellen. Im Innenohr befindet sich das *statische Organ* (Utriculus mit den drei Bogengängen und Sacculus) und die Schnecke (Cochlea). Der adäquate Reiz für die Erregung der Sinneszellen des Gehörorgans besteht in der Auslenkung der Sinneshärchen aus der Ruhelage durch die Schwingungen der Basilarmembran. Das Funktionsprinzip des Gehörorganes besteht darin, daß eine Membran *(Basilarmembran)* durch eine Flüssigkeit *(Perilymphe)* in Schwingung versetzt wird.

Der Frequenzbereich der wahrnehmbaren Schallwellen liegt bei Säugetieren etwa zwischen 10 Hz und 90 KHz. Die hochfrequenten Wellen werden aber nur von einigen wenigen Tieren (Fledermäuse, Wale) registriert und dienen zur Echoortung ihrer Umwelt.

Die Schalldruckempfindlichkeit ist in verschiedenen Frequenzbereichen unterschiedlich groß. Nur in einem kleinen Frequenzbereich, der von Tier zu Tier verschieden ist, sind Gehörorgane sehr empfindlich.

Versuche

11.2.1 *Richtungslokalisation der Schallquelle bei Wirbeltieren***

THEORIE: Bei den Wirbeltieren besteht der Gehörsinn aus zwei Organen, die beidseitig im Kopf liegen. Durch die räumliche Trennung der Organe kann die Richtung der Schallwellen recht genau bestimmt werden (siehe Abb. 159).

Es sind vor allem drei Meßgrößen, die eine Richtungswahrnehmung ermöglichen:

1. das zeitlich verschiedene Eintreffen der Schallwellen an beiden Ohren.

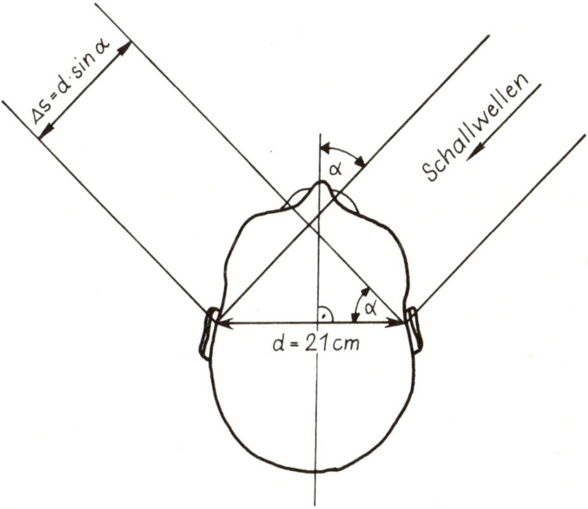

Abb. 159. Richtungshören beim Menschen. Bedingt durch den Ohrenabstand treffen die Schallwellen an beiden Ohren zeitlich verschoben ein

2. die unterschiedliche Klangfarbe der wahrgenommenen Töne, die durch die Dämpfung höherer Töne beim Schädeldurchtritt des Schalls zustande kommt,
3. die Unterschiede des Schalldrucks an beiden Organen, die sich durch die oben erwähnte Dämpfung von Tönen höherer Frequenzen ergeben.

Beim Menschen ist dieses Richtungshören recht gut ausgebildet; wir vermögen die Richtung des Schalls bis auf etwa 1° Genauigkeit zu bestimmen. Dies entspricht etwa 0,00001 sec Zeitunterschied zwischen dem Eintreffen der Schallwellen an dem linken und dem rechten Ohr.

MATERIAL: Versuchsperson, Versuchsleiter – ein 1,5 bis 2 m langer Schlauch mit zwei Ohroliven, Lineal

VERSUCHSANLEITUNG: Die beiden Oliven werden auf den Schlauchenden aufgesetzt, dann die Mitte zwischen den beiden auf dem Schlauch markiert. Die Versuchsperson setzt sich mit dem Rücken zu einem Tisch und hält die Oliven fest an die Ohren. Der Schlauch liegt hinter dem Kopf der Versuchsperson auf dem Versuchstisch. Der Versuchsleiter sitzt auf der anderen Seite des Tisches und klopft mit einem Lineal jeweils links oder rechts von der markierten Mittellinie auf den Schlauch. Die Versuchsperson teilt dem Versuchsleiter ihre Wahrnehmungen mit.

WICHTIG: Der Schlauch soll auf dem Tisch möglichst aufliegen, und die Versuchsperson darf die Bewegungen des Versuchsleiters nicht sehen. Die Oliven sind während des ganzen Versuchs gleichmäßig fest an die Ohren zu drücken.

AUFGABEN:
1. Messung des kleinsten Abstandes von der Mittellinie des Schlauches, bei dem die Versuchsperson noch eine sichere Angabe über die Richtung der Schallquelle geben kann.
a. Mit der Reizgebung zuerst von links und dann von rechts in einer Richtung gegen die Mittellinie vorrücken;
b. Reize abwechselnd links und rechts klopfend der Mittellinie nähern.
2. Für die drei erhaltenen Grenzwerte ist die Zeitdifferenz zwischen dem Eintreffen des Schalles an beide Ohren zu berechnen. Als Schalleitungsgeschwindigkeit ist 1500 m pro Sekunde zu nehmen.

FRAGEN:

1. Ist die Richtungslokalisation der Schallquelle genauer, wenn der Versuchsleiter abwechselnd links und rechts von der Mittellinie klopft, oder wenn er von einer Seite gegen die Mittellinie hin klopft?

Die Unterscheidungsfähigkeit ist bei abwechselndem Links-Rechtsklopfen größer.

2. Warum ist die Unterscheidungsfähigkeit bei abwechselndem Links-Rechtsklopfen besser?

Bei einseitigem Klopfen treten wahrscheinlich Ermüdungserscheinungen auf und mindern die Unterscheidungsfähigkeit.

3. Was ist die physikalische Größe zur Lautstärke und wie stehen beide Parameter gesetzmäßig miteinander in Verbindung?

Die physikalische Größe ist die Schallstärke, und sie ist zumindest im mittleren Bereich über das *Weber-Fechnersche Gesetz* mit der Lautstärke in gesetzmäßiger Beziehung. Die Empfindung (Lautstärke) steigt mit dem Logarithmus des physikalischen Reizes (Schallstärke) an (siehe Abb. 160).

$L = k . \log I$

L = Lautstärke, I = Schallstärke, k = Konstante

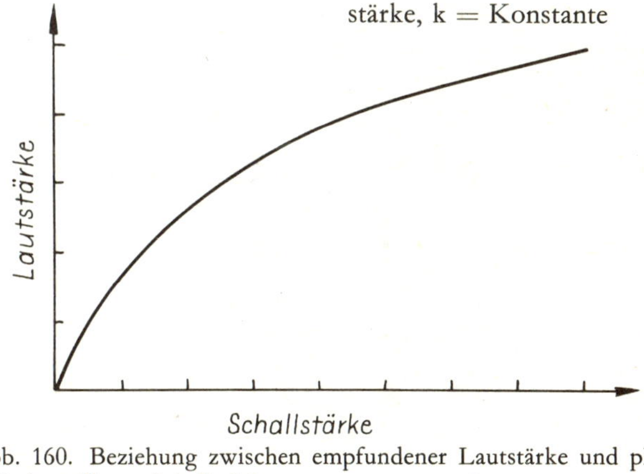

Abb. 160. Beziehung zwischen empfundener Lautstärke und physikalisch meßbarer Schallstärke

11.2.2 *Richtungsanzeige auf dem Drehstuhl**

THEORIE: Im inneren Ohr der Wirbeltiere liegt das sogenannte *Labyrinth*, das Organe enthält, welche über die Schwerkraftrichtung und über Beschleunigung des Kopfes Informationen liefern. Der *Schwerkraftrezeptor* liegt in zwei Bläschen des Labyrinths, dem *Utriculus* und dem *Sacculus*. Er besteht aus einem *Haarsinnespolster*, das von einer Gallertmasse umgeben ist, in die kleine Kalkkörperchen eingelagert sind. (Die Gallertmasse mit den Steinchen nennt man *Statolith*.)

Die Sinneshärchen sind verbunden mit Rezeptorzellen, die einen tonischen und (oder) phasischen Erregungsablauf haben (siehe 11.4.: Hautsinne). Der tonisch reagierende Anteil registriert ständig die Stellung des Kopfes zum Erdmittelpunkt, der phasische Anteil meldet dem Zentralnervensystem nur plötzliche Änderungen dieser Kopfstellung. Die Meldungen aus den Propriorezeptoren der Halsregion sind stark mit denen des Statolithenorgans gekoppelt, so daß die Lage aller Körperabschnitte dem ZNS bekannt ist.

Die *Schweresinnesorgane* der Krustaceen und Mollusken z. B. arbeiten nach dem gleichen Prinzip. Deren Statolithen bestehen aus mehreren Sandkörnchen oder aus einem einzelnen größeren Sandkorn (siehe Abb. 161).

Neben den Schweresinnesorganen enthält das Labyrinth der Wirbeltiere auch die *Bogengänge* mit den *Ampullen* (siehe Abb. 162). In den Ampullen befinden sich die sogenannten *Cupulae*, die bei einer Bewegung der Endolymphe aus der Ruhelage etwas ausgelenkt werden. In einer Cupula befinden sich mehrere Sinneshaare, die in einer Gallertmasse eingebettet liegen. Mit diesen

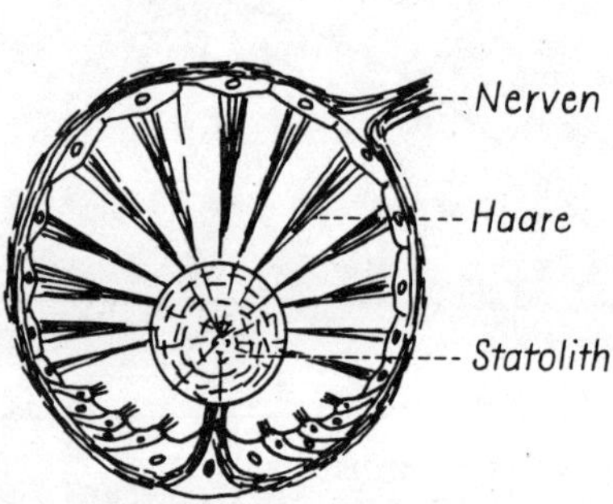

Abb. 161. Schweresinnesorgan einer Flügelschnecke

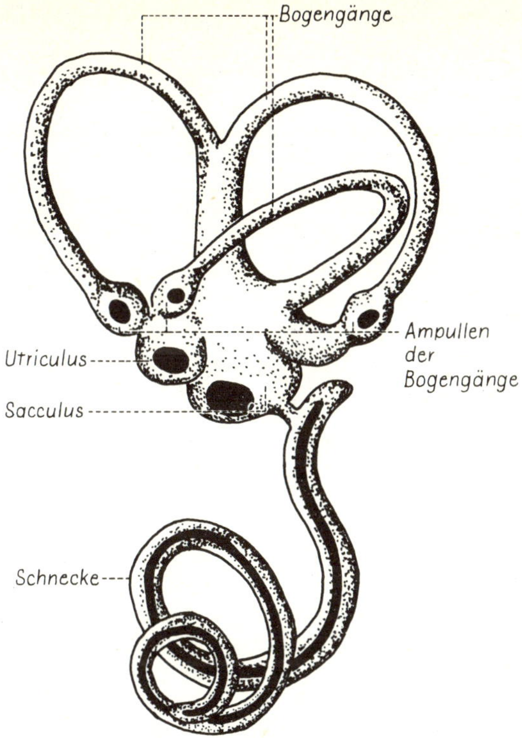

Abb. 162. Labyrinth eines Säugerohres

Organen werden Linear- und Winkelbeschleunigungen registriert. Bleibt eine Geschwindigkeit konstant, oder ist die Geschwindigkeitszunahme sehr gering, so wird die Endolymphe, bedingt durch ihre Trägheit, nicht mehr bewegt und die Cupula bleibt in ihrer Ruhelage.

MATERIAL: Versuchsperson, Versuchsleiter – dichtes dunkles Tuch, Drehstuhl, Watte

VERSUCHSANLEITUNG: Einer Versuchsperson werden die Augen gut verbunden und sie wird so auf einen Drehstuhl gesetzt, daß ihre Beine keinen Kontakt mit dem Boden haben. Im Versuchszimmer soll es ganz ruhig sein, wenn das nicht gegeben ist, kann sich die Versuchsperson Watte in die Ohren stopfen. Die Versuchsperson darf also weder akustisch, optisch oder mechanisch mit der Außenwelt in Kontakt stehen. Die Versuchsperson streckt hierauf einen Arm waagrecht nach vorne aus. Sie wird hin- und hergedreht und soll dabei mit ihrem Arm stets in dieselbe Richtung des Raumes zeigen, also alle aufgezwungenen Richtungsänderungen kompensieren. Zuerst wird die Versuchsperson mit dem Drehstuhl mehrfach schnell hin- und hergedreht. Bei genügend starken Beschleunigungen wird die Versuchsperson den Arm im Raum still stehen lassen können. Wenn die Versuchsperson den Arm um ca. 90° (Extremstellung) nach rechts oder links ausgerichtet hat, beschleunigt man sie ganz langsam und gleichmäßig in die andere Richtung, so daß sich die Bewegung »einschleicht«. Gelingt der Versuch, dann wird die Drehung von der Versuchsperson nicht wahrgenommen und sie kompensiert nicht mit dem Arm. Ist man in der Nähe der anderen Extremstellung angekommen, so bremst man die Drehung plötzlich ab.

WICHTIG: Die Versuchsperson soll sich möglichst nicht durch Umweltgeräusche oder durch Lichtschimmer orientieren können. Bodenberührung mit den Beinen ist natürlich auch zu vermeiden. Bei der Drehbeschleunigung soll der Versuchsleiter nur den Drehstuhl angreifen, nicht die Versuchsperson.

AUFGABE: Bericht der jeweiligen Versuchsperson.

FRAGE:

Was geschieht nach der abrupten Abbremsung der Versuchsperson, nachdem die Drehbewegung eingeführt worden ist, und wie ist das auftretende Phänomen zu erklären?

Die Versuchsperson reagiert so, als ob erst jetzt eine Beschleunigung eintreten würde und bewegt den Arm entgegen der vermeintlichen Drehrichtung.

11.2.3 *Nystagmus durch Drehbewegungen**

THEORIE: Wir verstehen unter *Nystagmus* eine schrittweise Bewegung der Augen (der Augenstiele). Der Nystagmus kann entweder durch optische Wahrnehmung der bewegten Umwelt auftreten oder durch Erregung der Sinnesorgane im Labyrinth. Dadurch kommt es auch bei geschlossenen Augen zu dieser Augenbewegung, wenn der Kopf hin- und hergedreht wird.

MATERIAL: Versuchsperson – Drehstuhl

VERSUCHSANLEITUNG: Die Versuchsperson dreht den Kopf langsam von links nach rechts, so daß man deutlich den Nystagmus der Augen sieht. Daraufhin setzt sie sich auf den Drehstuhl, schließt die Augen und legt die Fingerkuppen leicht auf die Lider, so daß sie den vorgewölbten Augapfel gut fühlen kann. Dann wird die Versuchsperson in langsame Drehbewegung versetzt.

FRAGE:

Welchen biologischen Sinn kann der Nystagmus haben?	Durch die ruckartige Augenbewegung wird für kurze Zeit ein stabiles Bild auf die Rezeptoren projiziert. Dadurch ist es dem Organismus auch möglich, die Umwelt besser zu erkennen.

11.2.4 *Aufzeichnung von Lautäußerungen auf dem Oszillographen***

THEORIE: Die Schallstärken (physikalische Größen zu den Lautstärken) von menschlichen und tierischen Lautäußerungen lassen sich am Leuchtschirm eines Oszillographen sichtbar darstellen und vergleichen.

MATERIAL: Versuchsperson, Versuchstiere (Singvögel, Grillen usw.) – Oszillograph, Mikrofon mit einem Stecker, der in die Eingangsbuchse des Oszillographen paßt, Stimmgabel, Tonband

VERSUCHSANLEITUNG: Das Mikrofon wird an den Oszillographen angeschlossen. Versuchsweise spricht die Versuchsperson in das Mikrofon, und je nach Bildform auf dem Schirm wird die optimale Darstellungsform auf dem Oszillographen eingestellt. Sodann redet, singt oder pfeift die Versuchsperson in das Mikrofon. Die Stimmgabel wird angeschlagen und vor das Mikrofon gehalten. Auch die Tierstimmen werden aufgenommen und deren Bild auf dem Oszillographen sichtbar gemacht.

WICHTIG: Im Versuchsraum sollte es ganz ruhig sein, weil sonst Störsignale die charakteristischen Bilder der aufgenommenen Tonquellen überlagern.

AUFGABEN:

1. Fertige zur jeweiligen Aufnahme eine kurze Skizze nach dem Bild auf dem Schirm des Oszillographen an. Bestimme die ungefähren Tonhöhen (= Frequenzen) der Pfeiftöne, Stimmgabel und Tierstimmen.
2. Vergleiche die Bilder mit Sinusschwingungen und stelle fest, welche Tonbilder diesen reinen Schwingungen am ähnlichsten sind.
3. Bei gleichbleibender Schallstärke (Überwachung der ungefähr konstant bleibenden Amplitude auf dem Oszillographenschirm) pfeift die Versuchsperson jeweils einen hohen und einen tiefen Ton und achtet dabei auf die subjektiv empfundene Lautstärke.

FRAGE:

Wie ist bei diesem Versuch der Zusammenhang zwischen Lautstärke und Schallstärke?

Die Schallstärke zeigt sich in der Amplitude des Schwingungsbildes auf dem Oszillographen. Die Lautstärke wird subjektiv von der Versuchsperson empfunden. Es ist deutlich zu sehen, daß z. B. bei lautem Pfeifen die Schallstärke viel stärker ansteigt als die subjektive Wahrnehmung der Lautstärke (siehe Versuch 11.5).

11.3 Geschmacks-, Geruchssinn

Versuche

11.3.1 *Reizung der Tarsen einer Fliege**

THEORIE: Die Rezeptoren des Geschmacks- und des Geruchssinnes gehören zur Gruppe der *Chemorezeptoren*, deren adäquate Reize chemischer Natur sind. Beim Kontakt mit dem Rezeptor lösen spezifische chemische Stoffe einen Erregungsvorgang aus. Wie es zu dieser Auslösung kommt, ist noch weitgehend unbekannt.

Wahrscheinlich haben alle Tiere Chemorezeptoren. Verglichen mit den Schallwellen oder dem Licht, sind Duftstoffe zwar langsame *Informationsträger*, aber sie können von viel einfacher gebauten Sinnesorganen aufgenommen werden. Diese liefern dann bei vielen Tieren mehr Information als andere, komplizierter gebaute Sinnesorgane. So werden bei den verschiedensten Tiergruppen durch Duftstoffe Reviere gekennzeichnet, Beute und Feind erkannt oder Partner angelockt.

Bei Wirbeltieren und Insekten ist es zweckmäßig, zwischen *Geschmackssinn* und *Geruchssinn* zu unterscheiden.

Der Geschmackssinn ist ein *Nahsinn*, d. h. erst der direkte Kontakt mit gelösten Stoffen wirkt als adäquater Reiz. Mit Hilfe dieses Nahsinns prüft das Tier die aufgesuchte und aufgenommene Nahrung.

Der Geruchssinn wirkt hingegen als *Fernsinn*, seine adäquaten Reize sind flüchtige Stoffe. So dient er unter anderem zum Erkennen von Feinden und Geschlechtspartnern, ist aber auch für die Nahrungssuche von Bedeutung.

Bei Insekten sind die Geschmackszonen vor allem in der Mundgegend zu finden. Aber auch an den Tarsen, Antennen und am Legeapparat sind Geschmacksrezeptoren festgestellt worden. In der Abb. 163 ist ein Chemorezeptor eines Insekts dargestellt. Es handelt sich hier um Haarsensillen, die nur am äußersten Ende (der sensorischen Papille) erregbar sind. Die Geruchsorgane der Insekten liegen fast immer in den Antennen. Bei manchen Arten (Fliegen, Heuschrecken) haben sie eine etwas andere Form und werden *Riechkegel* genannt. Diese Geruchsorgane sprechen entweder nur auf ganz wenige Stoffe an, z. B. auf Sexuallockstoffe, oder sie registrieren ein breiteres Spektrum von Gerüchen.

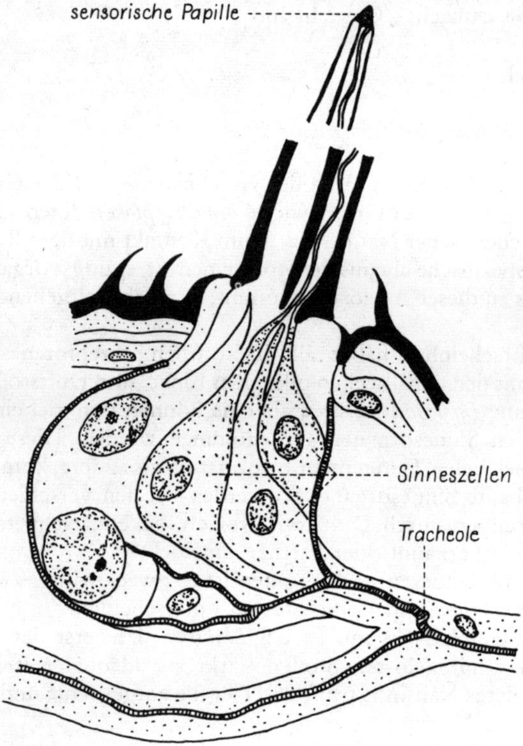

Abb. 163. Chemorezeptoren eines Insekts (nach DETHIER)

Im folgenden Versuch soll die Fähigkeit von Fliegen geprüft werden, mit Hilfe der Tarsen Nahrungsstoffe (in unserem Fall Zucker) wahrzunehmen. Wir können dies nur durch Verhaltensbeobachtungen feststellen, da mikroskopische oder elektrophysiologische Untersuchungen zu schwierig sind.

MATERIAL: Stubenfliegen – Bunsenbrenner, Stativ mit Zubehör, Petrischale, Zuckerlösung, Klebewachs, Strohhalm, Filterpapier.

VERSUCHSANLEITUNG: Auf dem Rücken einer Fliege wird ein Strohhalm mit Klebewachs befestigt. Dazu wird das Klebewachs über der Bunsenbrennerflamme erhitzt, bis es zu schmelzen beginnt und Tropfen bildet. Ein Tropfen des heißen Wachses wird auf den Rücken des Tieres getropft und der Strohhalm schnell in senkrechter Stellung zur Längsachse des Tieres aufgesetzt (siehe Abb. 164). Der Strohhalm mit dem angeklebten Tier wird knapp über der Unterlage mit einer Klemme am Stativ befestigt.

Zuerst schiebt man der Fliege ein feuchtes Filterpapier unter die Tarsen und beobachtet die Reaktion des Tieres. Dann wird ein mit Zuckerlösung getränktes Filterpapier unter die Tarsen des Tieres geschoben und dessen Reaktion beobachtet.

WICHTIG: Vor dem Versuch soll die Fliege auf ein mit Wasser befeuchtetes Filterpapier in eine Petrischale gesetzt werden, damit sie nicht durstig ist.

FRAGE:
Welche Reaktion zeigt die Fliege, wenn ihre Tarsen das mit Wasser befeuchtete und

Wenn das Tier nicht durstig ist, wird es auf den ersten Reiz keinerlei Reaktion zeigen.

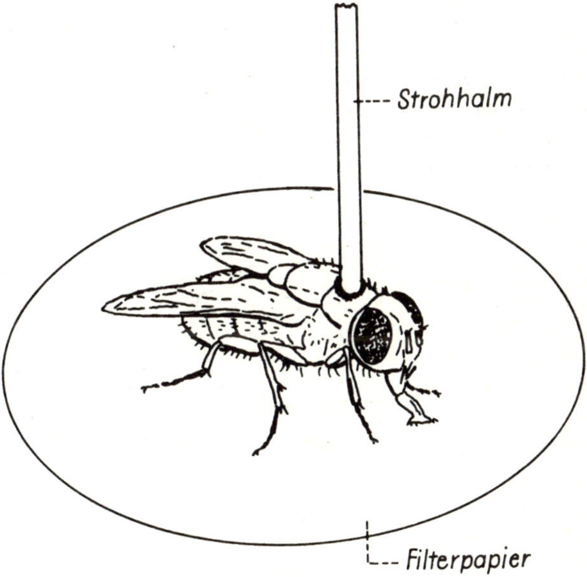

Abb. 164. Eine Fliege wird mit Klebewachs an einem Strohhalm befestigt (Versuch 11.3.1)

dann das mit Zuckerlösung getränkte Filterpapier berühren?

Beim Kontakt mit dem Zukkerwasser wird die Fliege plötzlich ihren Rüssel vorstrecken und Nahrung aufnehmen wollen.

Ausbaumöglichkeit: Statt Fliegen können Tagfalter als Versuchstiere herangezogen werden.

11.3.2 *Geschmackszonen auf der menschlichen Zunge**

Theorie: Die Geschmacksrezeptoren der Wirbeltiere liegen fast ausschließlich innerhalb der Mundhöhle. Nur bei den Fischen kommen die Sinneszellen auch an den Kiemen, Barteln und Flossen vor. Vier *Grundqualitäten* (bitter, salzig, sauer, süß) können von diesen Rezeptorzellen unterschieden werden. Als *bitter* schmeckend werden vom Menschen Alkaloide, Amide und verschiedene Salze empfunden, *salzig* schmecken Chloride, Nitrate und Sulfate, Säuren schmecken meistens *sauer*, und *süß* werden vor allem die Zucker geschmeckt. Die einzelnen Rezeptorzellen werden nicht nur durch eine bestimmte Qualität erregt, sondern können auch auf Reize verschiedener Qualitäten reagieren. Trotzdem gibt es aber doch bestimmte Hautbezirke mit Geschmacksrezeptoren, mit deren Hilfe wir vorwiegend

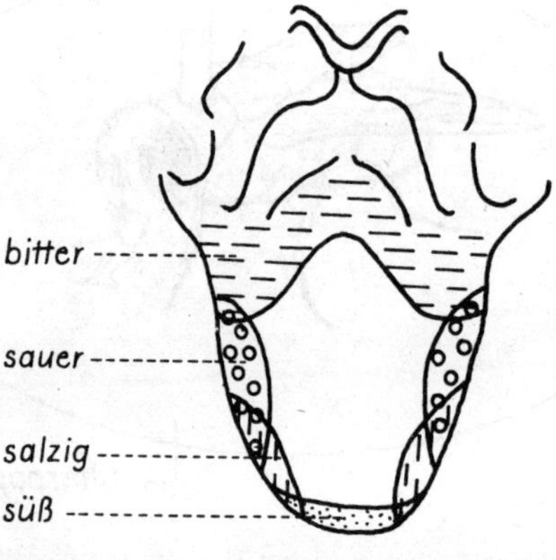

Abb. 165. Geschmacksfelder auf der menschlichen Zunge

eine Qualität empfinden können. Solche Hautbezirke liegen beim erwachsenen Menschen nur auf der Oberfläche der Zunge. Diese Felder, die jeweils gewissen Geschmacksqualitäten zuzuordnen sind, überlappen sich etwas, zeigen aber im wesentlichen die in Abb. 165 angegebene Verteilung auf der Zungenoberfläche.

Die Rezeptoren liegen in *Geschmacksknospen*, die wiederum zu *Geschmackspapillen* vereinigt sind. Die Geschmacksknospen haben nach innen eine kleine Höhlung, die ebenso wie die Ränder der Papillen ständig mit Schleim bespült wird, da ja nur gelöste Stoffe rezipiert werden können.

MATERIAL: Versuchsperson, Versuchsleiter – Taschentuch, Glasstab – 30% Zuckerlösung, 15% Kochsalzlösung, 5% Essigsäurelösung, 2% Chininlösung

VERSUCHSANLEITUNG: Die Zungenoberfläche der Versuchsperson wird vor Versuchsbeginn abgetrocknet. Mit dem Glasstab trägt der Versuchsleiter nacheinander je einen Tropfen 30%iger Zuckerlösung auf die Zungenspitze, die Zungenmitte, die Zungenränder und die Zungenbasis auf. Die Versuchsperson beschreibt ihre Empfindungen. Die Versuchsperson spült den Mund und trocknet die Zunge. Der Versuchsleiter wiederholt den Vorgang mit Kochsalzlösung, Essigsäurelösung und Chininlösung. Auch der Gaumen und die Zungenunterseite werden auf eventuelle Geschmacksempfindungen geprüft.

AUFGABE: Anfertigung einer Skizze der verschiedenen Empfindungsfelder mit den im Versuch gewonnenen Ergebnissen. Vergleiche die Skizze mit der Abb. 165.

11.3.3 *Geruchs- und Geschmackssinn beim Menschen**

THEORIE: Das Geruchsorgan der Wirbeltiere liegt in der Riechschleimhaut der Nasenhöhle. Sie setzt sich aus den *Rezeptorzellen* und *Stützzellen* zusammen und wird bei den Landwirbeltieren ebenso wie die Geschmacksorgane ständig von Schleim umspült, wahrscheinlich um eine Anreicherung der Duftstoffe an den Rezeptoren zu verhindern.

Bei den Primaten bedeckt die Riechschleimhaut nur eine geringe Fläche der Nasenhöhle, und der Geruchssinn ist dementsprechend schwach ausgebildet. Nagetiere, Huftiere und Raubtiere haben dagegen hochentwickelte Geruchsorgane, was schon am Bau der großflächigen Nasenhöhlen zu sehen ist, die dadurch große Riechepithelien mit sehr vielen Rezeptorzellen aufnehmen können (siehe Abb. 166). Wie gut diese Geruchsorgane sind, zeigen uns z. B. Hunde, die von manchen Duftstoffen nur ein Molekül zur Wahrnehmung benötigen. Auch manche Fische (z. B. Elritzen, Aale) besitzen für gewisse Stoffe sehr empfindliche Geruchsrezeptoren.

Anders als bei den Geschmacksrezeptoren sind hier keine eindeutigen Geruchsqualitäten vorhanden. Für den Menschen riecht fast kein Stoff genauso wie ein anderer. Grundsätzlich müssen Stoffe aber mindestens drei Bedingungen erfüllen, damit sie gerochen werden können:

Sie müssen 1. flüchtig, 2. fettlöslich und 3. mindestens 2-atomig sein. Da unsere menschliche Geschmacksempfindung für das Erkennen mancher Nahrungsstoffe unzureichend ist, wird das Geruchsorgan dazugenommen, vorausgesetzt, daß diese Stoffe die oben angeführten Bedingungen erfüllen.

Material: Versuchsperson, Versuchsleiter – Löffel, frische Kartoffeln, Äpfel und Karotten

Versuchsanleitung: Die Lebensmittel werden in gleich große Würfel von ca. 0,5 cm Kantenlänge geschnitten. Die Versuchsperson hält sich die Nase zu, schließt die Augen und läßt sich vom Versuchsleiter eine ihr unbekannte Probe auf die Zunge legen. Sie kaut die Probe und soll sie identifizieren. Dies wird mit allen drei Lebensmitteln gemacht. Der ganze Versuch wird

Abb. 166. Querschnitt durch die Nasenhöhle eines Menschen und eines Rehs

wiederholt, wobei die Versuchsperson diesmal die Nase nicht zuhält.

Wichtig: Die verwendeten Lebensmittel müssen frisch sein, und die Härte des Fruchtfleisches sollte bei allen etwa dieselbe sein.

Fragen:

1. Wann ist die Unterscheidungsfähigkeit der Versuchsperson größer, bei geöffneter oder bei geschlossener Nase?

Bei geöffneter Nase ist die Unterscheidungsfähigkeit etwas größer, weil die Duftstoffe besser aufgenommen werden können.

2. Welche anderen Rezeptoren sind bei der Erkennung der verschiedenen Proben noch beteiligt?

Die Druckrezeptoren der Zunge melden Oberflächenunterschiede der einzelnen Stoffe.

Einführung

Sinnesorgane der Körperoberfläche nehmen externe Reize auf *(Exterozeptoren)*; Sinnesorgane, die auf körperinnere Zustandsänderungen reagieren, werden *Propriozeptoren* genannt.

Die Hautsinnesorgane sind entweder als Kapselorgane oder als freie Nervenendigungen ausgebildet. Sie umfassen phasische, tonische und phasisch-tonische Rezeptoren.

Phasische Rezeptoren sprechen auf einen sprungartig einsetzenden Reiz oder auf eine plötzliche Reizänderung an. Die Amplitude des Rezeptorpotentials ist kurzzeitig sehr hoch, doch adaptiert der Rezeptor bald auf sein Ruheniveau. Diese zwei Zustände (Erregung und Ruhe) vermitteln den Eindruck eines »digital« arbeitenden Rezeptors. Solche phasische Rezeptoren im Bereich der Hautsinnesorgane sind manche Druckrezeptoren (Vater-Pacinische Körperchen), Schmerzrezeptoren, Temperaturrezeptoren und chemische Sinneszellen.

Tonische Rezeptoren sind unter natürlichen Bedingungen fast immer in Erregung, sie adaptieren nur sehr langsam. Bei diesem Rezeptortyp ist die Amplitude des Rezeptorpotentials dem Reiz proportional und die Frequenz der ausgelösten Impulse (Aktionspotentiale) wiederum proportional dem Rezeptorpotential. Im Gegensatz zur »digitalen« Arbeitsweise der phasischen Rezeptoren kann man von einer »analogen« Arbeitsweise der tonischen Rezeptoren sprechen (siehe Kap. 7: Steuerung und Regelung). Unter allen Klassen von Hauptsinnesorganen finden sich derartige tonische Rezeptoren.

Alle Hautsinnesorgane sind *Meßfühler*, die den nervösen Zentren den Istwert des jeweiligen Systems mitteilen (siehe Kap. 7). Ihre Erregung kann außerdem beim Menschen Empfindungen hervorrufen. Diese Empfindungen enthalten oft eine räumliche Komponente, da die Rezeptoren über die Körperoberfläche verteilt sind.

An dem Beispiel der Hautsinnesorgane kann man besonders deutlich die starke Beeinflußbarkeit unserer Empfindungen in Form einer *Hemmung* oder einer *Verstärkung* zeigen. Diese Beeinflussung geht vom Zentralnervensystem aus, entweder mittels efferenter Kontrolle des Sinnesorganes, so daß es zu Schwellenwertänderungen kommt, oder durch andere zentralnervöse

Mechanismen (Ermüdung, Gewöhnung, Konzentration usw.). Wir spüren z. B. kaum mehr den Druck, den unsere Kleider auf die Haut ausüben; Schmerzen werden durch Ablenkung stark vermindert.

Bei Erregung mancher Hautsinnesorgane kommt es zu keinerlei Empfindung beim Menschen, so z. B. bei der Erregung gewisser Temperatur- und Druckrezeptoren im Körperinneren.

Versuche

11.4.1 *Druck-, Schmerz- und Temperaturempfindung beim Menschen***

THEORIE: Die Tastempfindung wird durch Mechanorezeptoren vermittelt. Die dazugehörigen Rezeptoren sind entweder
1. freie Nervenendigungen zwischen den Hautzellen,
2. Nervenendigungen, die Federwurzeln oder Haarwurzelscheiden umgeben,
3. Nervenendigungen mit verschiedenartig ausgebildeten Endkörperchen (Endknöpfchen).

Zu diesen Endkörperchen gehören: *Vater-Pacinische Körperchen* (bei Vögeln und Säugetieren), *Herbstsche Körperchen* (bei Vögeln), *Gandrysche Körperchen* (bei Vögeln) und *Meissnersche Körperchen* (bei Primaten). Wenn diese Rezeptoren phasisch reagieren (Vater-Pacinische Körperchen, Herbstsche Körperchen), dann wirken sie auch als Vibrationsorgane (siehe Abb. 167). Die adäquaten Reize sind stets Verformungen der Haut.

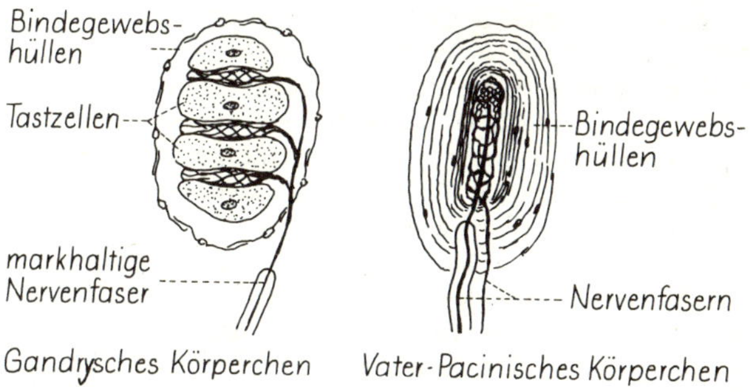

Abb. 167. Tastorgane: Gandrysches Körperchen und Vater-Pacinisches Körperchen

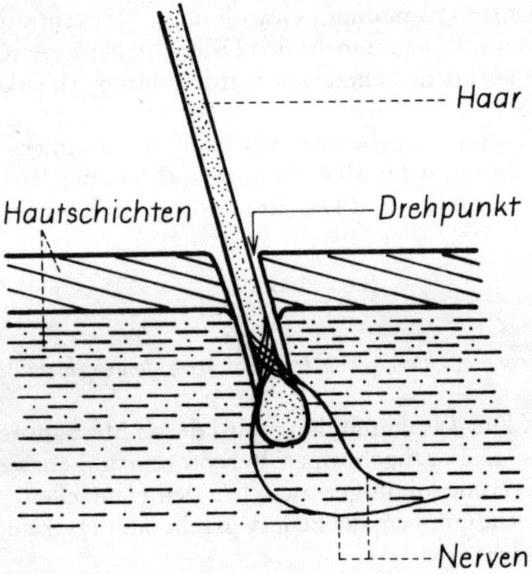

Abb. 168. Nervenversorgung eines Haares (stark schematisiert)

Bei Tastorganen, deren Rezeptoren freie Nervenendigungen und Haare sind, wirken die Haare als Hebel und erhöhen somit die Empfindlichkeit des Organs. Der Drehpunkt eines derartigen Hebels liegt in der oft verhornten Epidermis. Der kurze Hebelarm ist der in der Haut liegende Feder- oder Haarschaft, der lange Arm ist der außerhalb des Körpers liegende Teil des Haares oder der Feder (siehe Abb. 168). Einige dieser Tastorgane sind empfindlich, wie z. B. die Tasthaare in der Mundregion von Katzentieren und mancher Kleinsäuger.

Die Existenz eigener *Schmerzrezeptoren* (Nozirezeptoren) wurde früher mangels geeigneter Untersuchungsmethoden angezweifelt. Wir wissen aber heute, daß es sich hier um eigene Rezeptoren handelt, die als freie Nervenendigungen ausgebildet sind. Bei Schädigung des umgebenden Gewebes wirken die dabei frei werdenden Substanzen (Acetylcholin, Hydroxytryptamin und andere) als adäquate Reize auf die Rezeptoren.

Aus Beobachtungen des Verhaltens und auf Grund elektrophysiologischer Ableitungen weiß man, daß auch Tiere Nozirezeptoren besitzen. Die Empfindungen, die mit der Erregung von Schmerzrezeptoren gekoppelt sind, unterliegen wie bei keinem anderen Sinnesorgan, starker efferenter Kontrolle vom Zentralnervensystem. Bei den *Thermorezeptoren* hat man zwischen Wärmerezeptoren und Kälterezeptoren unterschieden. Dementsprechend teilen wir die temperaturempfindlichen Hautstellen in zwei Gruppen ein, in Kältepunkte und Wärmepunkte.

Auf die physiologischen Merkmale dieser Sinnesorgane gehen wir bei einem anderen Versuch näher ein (siehe Versuch 11.4.2: Wärme- und Kälteempfindung beim Menschen).

MATERIAL: Versuchsperson, Versuchsleiter – verschieden dicke Borsten (z. B. aus steifen Malpinseln), Holzstäbchen, sehr feine Insektennadeln, Eisennägel mit abgerundeter Spitze, verschiedenfarbige Filzstifte mit feiner Spitze – Eiswasser (kaltes Wasser und Eiswürfel), sehr heißes Wasser

VERSUCHSANLEITUNG: Auf der Innenseite eines Unterarms der Versuchsperson wird ein ca. 1 cm^2 großes Hautfeld mit einem Farbstift abgegrenzt. Auf den Holzstäbchen werden nun an beiden Enden verschiedene Borsten fest angebracht. Der Versuchsleiter drückt eine Borste leicht auf (ca. 20–30) verschiedene Hautstellen der Versuchsperson im abgegrenzten Hautbezirk. Die Versuchsperson hat dabei die Augen geschlossen und teilt dem Versuchsleiter nach jedem Aufdrücken der Borste ihre Empfindung mit. Diese Druckpunkte werden mit einem bunten Filzstift gekennzeichnet.

Die Schmerzpunkte werden mit Hilfe einer feinen Insektennadel aufgesucht. Die Versuchsperson hat wiederum die Augen geschlossen, und der Versuchsleiter drückt die Nadel mit sehr geringer Kraft auf möglichst viele Hautstellen der Versuchsfläche. Die Nadel muß sehr fein sein und der aufgewendete Druck sehr gering, damit keine Druckrezeptoren erregt werden. Die ermittelten schmerzempfindlichen Punkte kennzeichnet der Versuchsleiter mit Farbe.

Die Temperaturpunkte werden mit einem warmen, bzw. kalten Eisennagel aufgesucht. Der Versuchsleiter taucht knapp vor dem Versuch einen Eisennagel in Eiswasser oder in das heiße Wasser (ca. 50 °C), trocknet den Nagel kurz ab und drückt ihn leicht auf ca. 20 Hautstellen im gekennzeichneten Feld. Die Versuchsperson hält die Augen während des Versuchs geschlossen und berichtet dem Versuchsleiter ihre Empfindungen. Auch diese temperaturempfindlichen Punkte werden mit Farbe markiert.

AUFGABE: Die Häufigkeit der einzelnen Sinnespunkte ist festzustellen. Der Versuch kann auch an einer anderen Körperstelle wiederholt werden.

11.4.2 *Wärme- und Kälteempfindung beim Menschen***

THEORIE: Fast alle Tiere besitzen Thermorezeptoren. Bei Insekten beispielsweise befinden sie sich meistens auf Antennen, Mundwerkzeugen, Cerci, Tarsen und am Abdomen. Ihre Unterschiedsempfindlichkeit beträgt bis zu $^1/_4$ °C.

Bei allen Fischen, Amphibien und Reptilien sind diese Thermorezeptoren freie Nervenendigungen in der Haut. Erst bei Vögeln und Säugetieren können noch zusätzlich Endkörperchen wirksam sein *(Krausesche Körperchen, Ruffinische Körperchen)*. Eine besondere Art von Temperatursinnesorganen sind die Grubenorgane bei Klapperschlangen und die Lippenorgane bei Riesenschlangen. Diese Organe reagieren schon auf Temperaturunterschiede von 0,003 °C und sind die Wahrnehmungsgrundlage für ein zielgerichtetes Fangen der Beute.

Auch im Körperinneren der Organismen gibt es Temperatursinnesorgane in Form von Nervengeflechten. Sie sind besonders für Warmblütler wichtig, damit die Körpertemperatur jederzeit vom Regelzentrum im Zentralnervensystem überprüft werden kann. Diese Thermorezeptoren rufen beim Menschen keine Empfindung hervor. Die Erregungen der Thermorezeptoren in der Haut sind jedoch mit Empfindungen gekoppelt.

Wir unterscheiden also zumindest bei höheren Säugetieren *Kälte-* und *Wärmerezeptoren*. Bei beiden gibt es wiederum zwei Rezeptortypen:

1. Die *phasischen* Rezeptoren, die auf starke Erwärmung bzw. Abkühlung reagieren, und die
2. *tonischen* Rezeptoren, die in bestimmten Temperaturbereichen tätig sind.

Der Arbeitsbereich der tonischen Wärmerezeptoren liegt zwischen 20 °C und 50 °C, der der Kälterezeptoren von 8–12 °C, 30–41 °C und über 45 °C. Dabei handelt es sich um intrakutan gemessene Temperaturen bei der Katze. Verhaltensexperimente beim Menschen ergaben ähnliche Werte.

Ein merkwürdiges Phänomen ist auch die »paradoxe« Kälte- bzw. Wärmeempfindung. Wärmegefühle können beim Menschen bei plötzlicher Abkühlung um 10–20 °C auftreten. Bei Dauertemperatur über 45 °C kommt es dann zur »paradoxen« Kälteempfindung. Diese hat sicher schon jeder erlebt, wenn man unter der Dusche plötzlich heißes Wasser rinnen läßt.

Temperaturempfindungen werden um so genauer, je größer die gereizte Hautfläche ist. So kann z. B. der Mensch bei Reizung einzelner Kältepunkte Temperaturunterschiede von 2 °C gerade noch wahrnehmen, bei großflächiger Reizung hingegen lassen sich Bruchteile eines Grades unterscheiden. Unser Zentralnervensystem braucht vermutlich eine große Informationsmenge aus vielen Sinneszellen, um gut differenzieren zu können.

Material: Versuchsperson, Versuchsleiter – Thermometer (Meßbereich 0–60 °C), drei große Gefäße (eventuell Plastikkübel), heißes Wasser (ca. 50–60 °C) und Eiswasser (1–2 °C)

Versuchsanleitung Die Gefäße werden mit heißem (50 °C), warmem (ca. 35 °C) und kaltem (ca. 2–5 °C) Wasser gefüllt. Die Versuchsperson hält die Hand und einen möglichst großen Teil des Unterarms in das jeweilige Meßgefäß. Zuerst wird die Unterschiedsempfindlichkeit im kalten Bereich getestet. Dazu senkt der Versuchsleiter die Temperatur in dem Gefäß mit dem warmen Wasser schrittweise jeweils um 2 °C, bis etwa die Temperatur des kalten Wassers erreicht ist. Nach jeder Temperaturerniedrigung taucht die Versuchsperson die Hand in das Wasser und beschreibt ihre Temperaturempfindungen.

Derselbe Vorgang wird im hohen Temperaturbereich wiederholt, bis das Wasser etwa die Temperatur des heißen Wassers erreicht hat. Die »paradoxe« Kälteempfindung wird dadurch demonstriert, daß die Versuchsperson ihren Unterarm kurzzeitig in Wasser über 45 °C eintaucht.

Aufgabe: Ermittlung des Temperaturbereiches, in dem die Temperaturunterschiedsempfindlichkeit am größten ist.

11.4.3 *Bestimmung der Tastempfindlichkeit beim Menschen***

Theorie: Bei diesem Versuch handelt es sich um die Bestimmung der *simultanen* und *sukzessiven* Raumschwelle. Die simultane Raumschwelle ist ein Maß für den kleinsten Abstand, den zwei gleichzeitig auf die Haut gesetzte Zirkelspitzen haben müssen, damit sie noch als zwei Spitzen wahrgenommen werden können. Bei der Ermittlung der sukzessiven Raumschwelle wird zuerst die eine Spitze aufgesetzt und nach einer gewissen Zeit die andere Spitze.

Bei der Reizung durch zwei Spitzen werden die Druckrezeptoren zweier benachbarter Hautbezirke erregt. Wenn der Abstand zwischen den Spitzen stetig verringert wird, verschmelzen die beiden Bezirke zu einem, und die Versuchsperson kann die zwei Zirkelspitzen räumlich nicht mehr voneinander trennen (siehe Abb. 169).

MATERIAL: Versuchsperson, Versuchsleiter – Tastzirkel

VERSUCHSANLEITUNG: Der Versuchsleiter setzt beide Spitzen des Tastzirkels gleichzeitig auf folgende verschiedene Hautpartien der Versuchsperson: Fingerkuppen, Fingerrücken, Handballen, Handrücken, Unterarm, Oberarm, Kniescheibe, Nacken, Wangen, Stirn, Nase, Lippen, Zunge. Der Abstand der beiden Zirkelspitzen beträgt zu Beginn jeder Messung 2 mm und wird solange erhöht, bis die simultane Raumschwelle erreicht ist. Die Versuchsperson meldet nach jedem Versuchsschritt, ob sie eine oder beide Spitzen gefühlt hat.

Derselbe Versuch wird dann wiederholt, wobei diesmal die Zirkelspitzen hintereinander (Zeitabstand 1–2 sec) aufgesetzt werden.

AUFGABE: Notiere die einzelnen Ergebnisse und vergleiche sie miteinander.

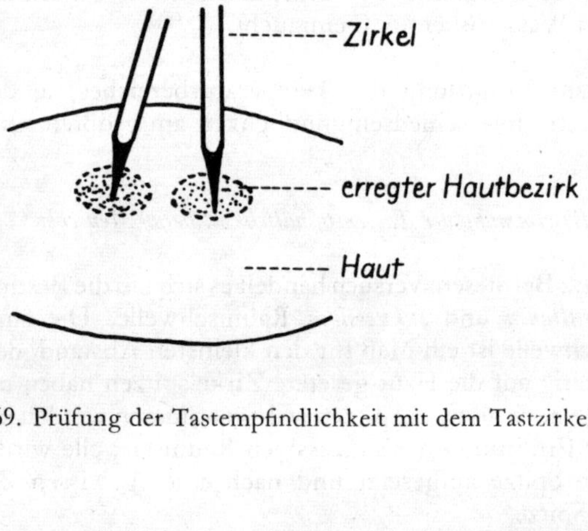

Abb. 169. Prüfung der Tastempfindlichkeit mit dem Tastzirkel

11.5 Demonstration zum psychophysischen Grundgesetz**

THEORIE: Beim Menschen sind Empfindungen (bewußte Prozesse) von Sinneserregungen bekannt. Wahrscheinlich haben auch höhere Säugetiere Empfindungen, aber diese sind uns nicht zugänglich. Erlebnisbereiche des Menschen zu untersuchen sowie Zusammenhänge zwischen psychischen Vorgängen und deren physiologischen Ursachen herzustellen, ist Forschungsgebiet der Psychologie. Da wir bei unseren sinnesphysiologischen Versuchen häufig den Menschen als Versuchsobjekt benutzen und uns auf die Aussagen der Versuchsperson stützen, ist es wichtig, diese Zusammenhänge etwas zu demonstrieren. Derartige Verbindungen wurden schon in der Anfangszeit der experimentellen Psychologie etwas ungenügend im psychophysischen Grundgesetz erfaßt, das vielleicht besser als das *Weber-Fechnersche Gesetz* bekannt ist. Die Empfindungen der einzelnen Modalitäten werden durch die *absoluten Empfindungsschwellen* und durch die *Unterschiedsschwellen* bestimmt. Absolute Schwellen für das menschliche Auge sind z. B. 400 nm bzw. 700 nm Wellenlänge, die den sichtbaren Bereich des Spektrums einschließen. In diesem Bereich gibt es dann verschiedene Unterschiedsschwellen, so z. B. wenn eine Verdunklung einer Farbe eben noch merklich ist oder eine Form gerade noch von einer anderen unterschieden werden kann. Diese Unterschiedsschwellen wurden mit den physikalisch meßbaren Reizen in Verbindung gebracht und es ergab sich folgende Beziehung:

$$\frac{\Delta S}{S} = \text{konstant}$$

ΔS = der gerade noch wahrnehmbare Unterschied zwischen zwei Reizen (z. B. Lichtintensitäten, Frequenzen ...)
S = Bezugsgröße

Eine andere Bezeichnung lautet:

$$E = k \log R$$

E = empfundene Intensität
R = physikalische Reizintensität
k = eine konstante Größe, die von Sinnesorgan zu Sinnesorgan verschieden ist.

Diese Beziehung ist aber nur im mittleren Bereich des Leistungsbandes des jeweiligen Sinnesorganes zutreffend. Eine Anwendung dieser Gesetzmäßigkeit haben wir schon in anderen Versuchen kennengelernt.

Abb. 170. Modellblatt zum Versuch über das psychophysische Grundgesetz

MATERIAL: Versuchsperson – Blatt Papier DIN A4, Bleistift, Lineal

VERSUCHSANLEITUNG: Auf das Papier werden 30 waagrechte Striche gezogen, wobei zehn Striche genau 5 cm, zehn Striche 10 cm und die letzten zehn Striche 15 cm Länge aufweisen. Der Abstand der einzelnen Striche vom Rand des Papierblattes und deren Reihenfolge sollte möglichst zufällig sein. Nur der vertikale Abstand der Striche zueinander soll immer gleich groß sein (siehe Abb. 170).

Nun halbiert die Versuchsperson die Striche. Für jede Halbierung sollen etwa 3 sec benötigt werden. Die Abweichungen von der tatsächlichen Mitte der Striche werden in Millimeter gemessen und je nach Strichlänge in eigene Tabellen (Tabelle 13) eingetragen. Die jeweiligen Mittelwerte werden berechnet (arithmetisches Mittel).

Diese drei Mittelwerte rechnen wir dann in Prozentangaben um, d. h. die Strichlängen sind jeweils als 100% anzunehmen.

Tabelle 13. Vorlage für die Auswertung von Versuch 11.5.

	Strichlängen		
Versuch	50	100	150
1	1 mm	2 mm	2 mm
.	.	.	.
.	.	.	.
.	.	.	.
.	.	.	.
n	.	.	.
Summe	S_1	S_2	S_3
Mittelwert	M_1	M_2	M_3
Prozentangaben	P_1	P_2	P_3

FRAGEN:

1. Sind die drei erhaltenen Prozentwerte bei genauer Durchführung des Versuchs gleich groß? — Ja, ungefähr.

2. Wie ist dieses Ergebnis im — Die Prozentangaben sind die

Sinne der Theorie zu interpretieren?

relativen Fehler pro Strichlängen. Da die relativen Fehler ungefähr gleich groß sind, ist damit die Richtigkeit des psychophysischen Grundgesetzes gezeigt worden. Auf unseren Versuch bezogen bedeutet dies, daß wir in der 50 mm-Klasse genauer schätzen als in der 100 mm-Klasse und als in der 150 mm-Strichlängenklasse. Wenn allerdings Extremwerte genommen werden, z. B. 1 mm-Strecken oder 3 m-Strecken, dann stimmt diese Beziehung nicht mehr.

11.6 Physiologischer Farbwechsel bei Fischen***

THEORIE: Viele Tiere besitzen die Fähigkeit, ihre Körperfarbe rasch zu wechseln. Die Ursachen dafür können endogener oder exogener Natur sein. Endogen kann ein Farbwechsel z. B. durch Balzbereitschaft ausgelöst werden. Exogene Auslöser sind vor allem Licht und die Temperatur der Umgebung. Die Intensität und die Wellenlänge des einfallenden Lichtes – vom Boden reflektiert oder von oben kommend – kann die Färbung von Tieren beeinflussen, wobei sich diese meist der Helligkeit des Untergrundes anpassen. Viele Tiere nehmen bei tieferen Umgebungstemperaturen eine dunklere, bei höheren Temperaturen hingegen eine hellere Färbung an.

Werden Farbstoffe *(Pigmente)* innerhalb bestimmter Zellen *(Chromatophoren)* verlagert, dann nennt man diesen Vorgang einen ***physiologischen*** Farbwechsel. Beim ***morphologischen*** Farbwechsel verändert sich die Menge des jeweiligen Pigments. Dieser Vorgang benötigt mehr Zeit als der sehr rasch erfolgende

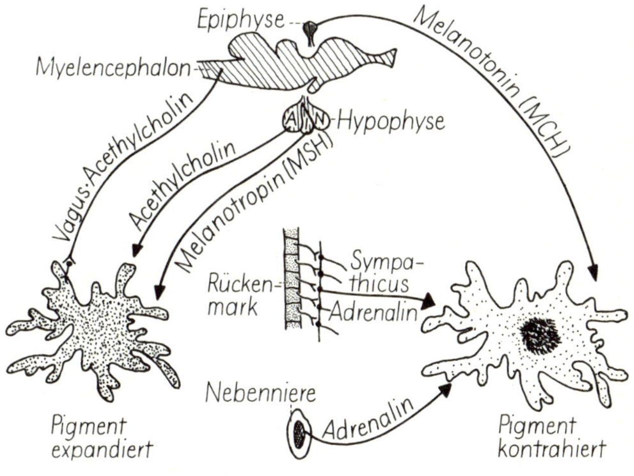

Abb. 171. Schema der nervösen und hormonalen Steuerung der Pigmentwanderung von Melanin bei Knochenfischen

physiologische Farbwechsel, den wir in diesem Versuch etwas näher betrachten wollen.

Die Chromatophoren aller Tiergruppen – mit Ausnahme der Tintenfische – sind ähnlich gebaut. Von einem zentralen Zellkörper gehen viele, oft stark verzweigte Zellfortsätze aus. Ist das Pigment in der Mitte des Chromatophors kugelig zusammengedrängt, dann trägt diese Zelle kaum zur Färbung des Tieres bei. Ist der Farbstoff hingegen über die ganze Zelle bis in die feinsten Fortsätze verteilt, dann wird die Farbe des Tieres durch das Pigment dieser Zellen bestimmt. Auf welche Art und Weise das Pigment in der Zelle verlagert wird, ist noch weitgehend ungeklärt. Plasmaströmungen, intrazelluläre Fibrillen und elektrostatische Kräfte sind als treibende Kräfte der *Pigmentwanderung* genannt worden. Bei den Chromatophoren der Tintenfische ist der Mechanismus des Farbwechsels leicht zu analysieren. An den Pigmentzellen setzen sternförmig feine Muskelfasern an, die bei Kontraktion die Chromatophoren stark erweitern und so das Pigment sichtbar machen.

Je nach Farbe des Pigments unterscheidet man folgende Farbzellen:

Leukophoren (weiß)
Xanthophoren (gelb)
Erythrophoren (rot)
Irido- und Guanophoren (Interferenzfarben)
Melanophoren (schwarz)

Der physiologische Farbwechsel wird *nervös* oder *hormonal* gesteuert. Bei manchen Tieren sind beide Steuerungsarten wirksam (z. B. bei den Knochenfischen), bei anderen überwiegt einer der beiden Mechanismen, oder es kommt überhaupt nur einer vor (z. B. der nervöse bei Tintenfischen oder der hormonale bei Krebsen).

Bei Knochenfischen wird die Pigmentkontraktion durch Nervenstränge des *sympathischen* Systems gesteuert. Die Nerven ziehen vom Rückenmark zu den einzelnen Chromatophoren und schütten an den Ansatzstellen Adrenalin bzw. Noradrenalin aus.

Eine Kontraktion von Pigment kann aber auch auf *humoralem* Wege durch das vom Nebennierenmark abgegebene Adrenalin oder Noradrenalin bewirkt werden. In der Hypophyse wird ein Melanin konzentrierendes Hormon (MCH = Melatonin) gebildet und in die Blutbahn ausgeschüttet. Dieses MCH ist der Antagonist des Melanin ausbreitenden Hormons (MSH), das im

Zwischenlappen der Hypophyse gebildet wird. Die Pigmentverteilung in den Melanophoren hängt vom Mengenverhältnis der beiden Hormone im Blut ab.

Pigmentausbreitend wirkt auch das von der Adenohypophyse stammende Acetylcholin. Auch Nerven des parasympathischen Systems verursachen durch Acetylcholinausschüttung eine Ausbreitung des Pigments (siehe Abb. 171).

Material: Fische (z. B. Elritzen) – drei durchsichtige Plastik- oder Glasbehälter mit Deckel für Fische, schwarzes, graues, weißes Papier, Stereomikroskop (oder Auflichtmikroskop) – MS 222 (siehe Anhang 13.3)

Aufgaben: Die Fische werden einzeln in die verschließbaren Wasserbehälter gegeben.

1. Behälter mit je einem Fisch stellen wir auf weißes, graues und schwarzes Papier, das wesentlich größer sein soll als der Behälterboden. Nach einer Adaptationszeit von ca. 10 min vergleichen wir auf hellem Papier den Unterschied der Körperfarben.
2. Da die Körperfarbe auch von der Lichtintensität abhängt, halten wir einen Fisch im Dunkeln (z. B. Schublade), einen anderen im Hellen. Nach ca. 15 min kontrollieren wir die beiden Fische.
3. Schließlich kann man noch die Temperatur variieren, indem man einen Fisch kalt (Kühlschrank), den anderen warm (ca. 24 °C) hält. Die anderen Faktoren müssen konstant gehalten werden, der Untergrund (grau) und die Beleuchtung (hell).
4. Ein dunkel und ein hell adaptierter Fisch werden unter dem Stereomikroskop betrachtet und der Zustand der Melanophoren gezeichnet (Fisch am entsprechenden Untergrund belassen!). Sind die Fische zu unruhig, werden sie mit MS 222 betäubt: Man gibt den Fisch in eine stark verdünnte MS-Lösung (1:10000), setzt ihn aber, noch bevor er bewegungslos ist, wieder in frisches Wasser.

Suche beim betäubten Fisch auch andere Chromatophorentypen.

Fragen:

1. Nach welcher Zeit wurde eine Farbanpassung an den Untergrund erreicht?	Nach ca. 5–15 min.
2. Welche biologische Bedeu-	Das Anpassen der Farbe an den

tung hat das Farbwechselvermögen?

Untergrund schützt das Tier vor Feinden, es wird andererseits auch von der Beute nicht gesehen. Das Dunkelwerden bei tiefen Temperaturen ermöglicht eine bessere Aufnahme der Wärmestrahlung. In einigen Fällen ist allerdings vorläufig keine sinnvolle Deutung möglich.

11.7 Orientierung

Einführung

In den Versuchen zu diesem Abschnitt werden vor allem die sogenannten »niederen Tiere« verwendet, deren Nervensystem und Sinnesorgane noch nicht so differenziert entwickelt sind und die daher relativ starre Verhaltensmuster zeigen.

Wirbeltiere zeigen im allgemeinen sehr differenzierte Verhaltensweisen, denen aber oft einfache Orientierungsmechanismen, wie sie häufig bei den oben angeführten »niederen Tieren« auftreten, vorausgehen. Je nach der Ausstattung mit Sinnesorganen und den damit verknüpften Verhaltensformen wurde eine Klassifizierung der Orientierungsformen vorgenommen, die im folgenden angeführt und kurz erklärt werden.

Tropismen: Orientierungsreaktionen sessiler Organismen.

Kinesen: Ungerichtete Reaktionen, »zufällige« Bewegungen mobiler Tiere. Durch die Sinnesorgane wird der Vorzugsbereich *(Praeferendum)* festgestellt.

Taxien: Gerichtete Reaktionen der Tiere zu einer Reizquelle (positive Taxie) oder von einer Reizquelle weg (negative Taxie). Hier wird unterschieden in:

1. Klinotaxis: Die Vorzugsrichtung wird durch systematisches Vergleichen der Reizintensitäten festgestellt. Dabei bewegt sich das Tier in verschiedene Richtungen oder dreht sich um die Körperachsen.
2. Tropotaxis: Diese Orientierungsweise tritt dann auf, wenn das Tier zwei symmetrisch angeordnete Sinnesorgane besitzt, die auf dieselbe Modalität ansprechen. Das Tier wählt dann jene Richtung, bei der die Reizintensität für beide Sinnesorgane gleich groß ist.
3. Telotaxis: Das Tier bewegt sich direkt oder geradlinig in die Richtung der Reizquelle. Dies wird mit einem oder auch zwei sehr leistungsfähigen Sinnesorganen bewerkstelligt.

Der auslösende Reiz kann verschiedenster physikalischer oder chemischer Natur sein. Wenn Taxien vorliegen, so kann man hinsichtlich der Art des Reizes, wie er in der Natur auftritt, eine Einteilung treffen. Wir unterscheiden dann folgende Taxien (verändert nach Penzlin):

Anemotaxis: Orientierung in einer Luftströmung
Chemotaxis: „ in einem chemischen Gefälle

Galvanotaxis:	Orientierung	im elektrischen Feld
Geotaxis:	„	im Schwerefeld der Erde
Hygrotaxis:	„	nach der Feuchtigkeit
Phonotaxis:	„	nach der Schallrichtung
Phototaxis:	„	nach dem Lichteinfall
Rheotaxis:	„	in der Wasserströmung
Thermotaxis:	„	im Temperaturgefälle
Thigmotaxis:	„	nach Berührungsreizen

Außer den oben genannten Orientierungsreaktionen vermutet man mit ziemlicher Sicherheit, daß sich manche Tiere in Energiefeldern verschiedener Art (z. B. Magnetfeld der Erde) orientieren können.

Versuche

11.7.1 *Klinokinese bei Paramaecien**

THEORIE: Paramaecien besitzen ein gutes Unterscheidungsvermögen für bestimmte Reize. Gelangen sie zufällig in ihren Vorzugsbereich innerhalb des Reizfeldes, so vermögen sie darin zu bleiben, weil sie jede Milieuverschlechterung registrieren und sofort wieder in die günstige Zone zurückkehren.

MATERIAL: Paramaecien (Zucht: siehe Anhang 13.2) – Binokular oder Mikroskop, Petrischale, Tropfpipetten, Objektträger – 3% Salzsäure, Methylenblau (Stammlösung: siehe Anhang 13.1).

VERSUCHSANLEITUNG: In die Petrischale geben wir etwas Wasser und die Paramaecien. Das Verhalten der Tiere wird unter dem Binokular oder Mikroskop beobachtet. Dann versetzt man etwa 100 ml einer 3%igen HCl mit wenigen Tropfen der Methylenblaulösung. Ein Tropfen dieser Lösung wird in die Mitte der Wasserfläche gegeben und hierauf das Verhalten der Tiere beobachtet.

FRAGEN:

1. Wie bewegen sich die Tiere im Wasser?	Sie schwimmen »ziellos« in Zick-Zack-Bewegungen.
2. Wie sieht die Reaktion der	Jene Tiere, die mit der Säure

Tiere im Wasser mit dem Säuretropfen aus?	in Kontakt kommen, bleiben in einer gewissen Zone des Ausbreitungsgebietes des Tropfens und schwimmen dort in Zick-Zack-Bewegungen.
3. Warum bleiben die Tiere in einer definierten Randzone des Ausbreitungsgebietes des Säuretropfens?	Sie bevorzugen wahrscheinlich einen Vorzugsbereich mit dem dort herrschenden pH-Wert von 5,4–6,4.
4. Warum führen sie eine Zick-Zack-Bewegung aus?	Wenn die Tiere den Optimalbereich (Praeferendum) verlassen, dann registrieren sie die Änderung (siehe Theorie) und kehren in das Praeferendum zurück.
5. Was ist bei der Beobachtung eines einzelnen Tieres besonders auffällig?	Das Tier führt neben der Zick-Zack-Bewegung auch eine Drehung um die Körperlängsachse durch.

AUFGABE: Anfertigung einer Skizze über die kinetische Bewegung eines Einzeltieres.

LÖSUNG: siehe Abb. 172.

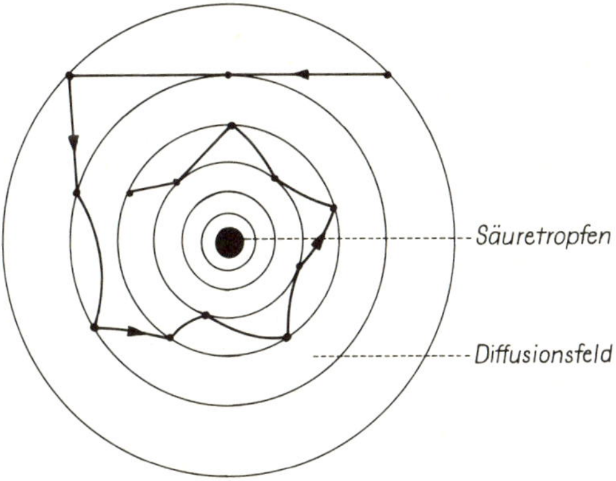

Abb. 172. Klinokinesis beim Pantoffeltierchen (Paramaecium): der Weg des Tieres im Diffusionsfeld eines Säuretropfens

11.7.2 *Hygrokinese bei Asseln***

MATERIAL: Asseln (Oniscus, Porcellio oder Armadillidium) – Uhr, Schere, Petrischalen, Filterpapier, feines Drahtgitter, Spritzflasche

VERSUCHSANLEITUNG: Aus dem Filterpapier schneidet man ein rundes Blättchen, dessen Durchmesser etwas kleiner ist als jener der Petrischalen. Dieses Filterpapier wird halbiert. Die beiden Hälften werden in eine Petrischale gelegt und so an den Schalenrand geschoben, daß in der Mitte ein Spalt bleibt. Eine Papierhälfte wird gut angefeuchtet. Ca. 6–10 Asseln werden nun in die Schale gegeben und das feine Gitter daraufgelegt (siehe Abb. 173). Die Reaktionen der Tiere sind zu beobachten.

AUFGABEN:
1. Der Zeitpunkt des Versuchsbeginns wird aufgeschrieben, und 20 min lang wird alle 2 min die jeweilige Verteilung der Versuchstiere notiert.
2. Interpretiere die Ergebnisse.

FRAGE:

Warum sind die Tiere so ausgeprägt hygrokinetisch?

Im Gegensatz zu Insekten haben Asseln keine Wachslage in ihrer Epikuticula. Deshalb ist die Kuticula in beiden Richtungen wasserdurchlässig. Der ständige Wasserverlust durch Verdunstung ist so stark, daß die Tiere gezwungen sind, die meiste Zeit ihres Lebens in Räumen mit beinahe wasserdampfgesättigter Luft zu verbringen. Sie verfügen auch deshalb über empfindliche Feuchtigkeitsrezeptoren, die ihnen sofort melden, wenn sie in ein zu trockenes Biotop kommen. Dann suchen die Tiere eilig einen feuchteren Lebensraum auf, in dem sie lebensfähig sind.

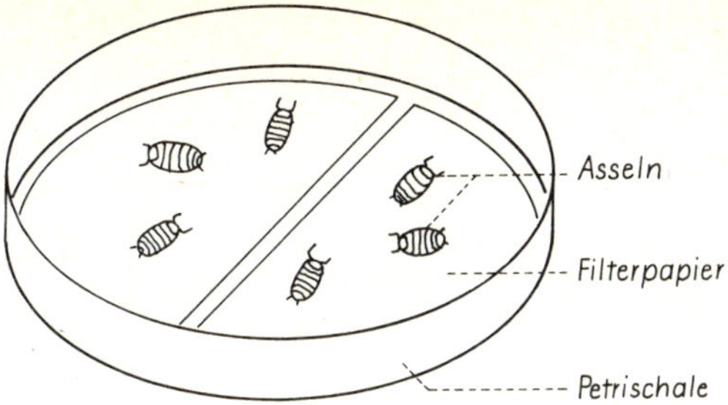

Abb. 173. Versuchsanordnung zur Untersuchung der Hygrokinese bei Asseln. Das Abdeckgitter ist nicht abgebildet

Ausbaumöglichkeiten: Eine Hälfte der Schale und des Gitters wird schwarz abgedeckt. Man gibt jetzt entweder das feuchte oder das trockene Filterpapier in den abgedunkelten Schalenteil. In einem Fall kann man durch Zeitmessungen feststellen, ob die Tiere noch schneller den für sie günstigen Raum aufsuchen, da ja die negative Phototaxis der Tiere noch hinzukommt. Im anderen Fall werden die Tiere in einen Zwiespalt getrieben, da die negative Phototaxis der Hygrokinese gegenübersteht.

11.7.3 *Lichtrückenreflex bei wasserlebenden Insekten**

Das Wort »Lichtrückenreflex« ist etwas irreführend, weil es sich keinesfalls um einen Reflex im Sinne der Nervenphysiologie handelt. Dieses Wort wurde sehr früh für eine Orientierungsweise angewendet, die eigentlich eine Tropotaxis oder *Telotaxis* ist. Der Name hat sich aber in der Fachliteratur eingebürgert und wurde deshalb beibehalten. Der auslösende Reiz ist Licht.

Material: Larven der Eintagsfliegen und Libellen, Rückenschwimmer, Wasserkäfer – kleines Wasserbecken, Dreifuß, Filterpapier, Taschenlampe, Dunkelkammer

Versuchsanleitung: Die möglichst frisch gefangenen Tiere werden in das mit Leitungswasser gefüllte Becken gegeben. Auf den Dreifuß wird ein Filterpapier gelegt und das Becken daraufgestellt. Das Filterpapier dient dazu, eine gleichmäßige Beleuchtung der Unterseite des Beckens mit der Taschenlampe zu er-

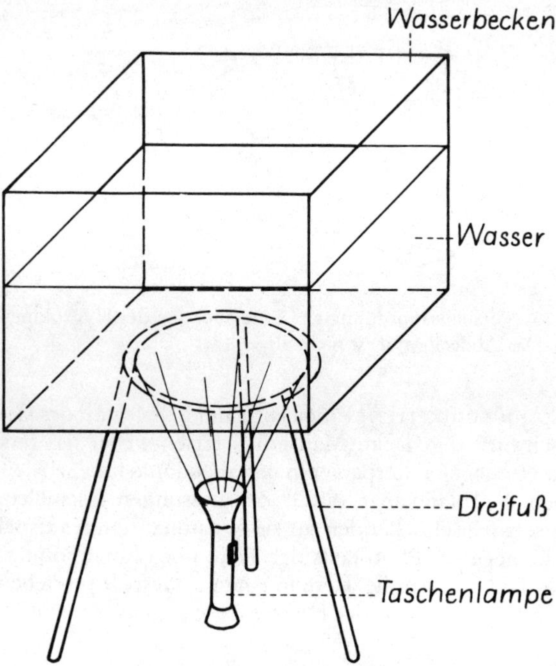

Abb. 174. Versuchsaufbau zu Versuch 11.7.3

reichen. Unter dem Becken wird die Taschenlampe aufgestellt (siehe Abb. 174). Das Licht in der Dunkelkammer wird abgedreht und die Taschenlampe eingeschaltet.

AUFGABEN:

1. Beobachte die Reaktion der Tiere.
2. Schalte die Taschenlampe ab, drehe die Zimmerbeleuchtung an und beobachte wieder die Reaktion der Tiere.

FRAGEN:

1. Welche Tiere ändern ihre Schwimmlage im Wasser bei der Beleuchtung von unten?

Die Larven der Eintagsfliegen und Libellen, außerdem die Rückenschimmer werden ihre horizontale Schwimmlage um 180° verändern, d. h. die beiden Insektenlarven schwimmen jetzt in der Rückenlage und die Rückenschwimmer in der Bauchlage. Die Wasserkäfer werden wahrscheinlich nicht diese Reaktion zeigen, da ihre Luftblase unter den Flügeldecken ein Verdrehen der Körperlage fast unmöglich macht.

2. Welcher biologische Zweck wird mit dieser Reaktion erfüllt?

Da bei manchen Tieren mit Lichtrückenreflex ein statisches Organ fehlt oder eine untergeordnete Rolle spielt, ist diese Orientierungsreaktion für die Einhaltung der Schwimmlage sehr wichtig.

3. Welche anderen Tiere zeigen noch diesen Lichtrückenreflex als Orientierungsreaktion?

Dieser Lichtrückenreflex ist außerdem bei Röhrenwürmern, Egeln, vielen Krebsgattungen, Insekten und Insektenlarven und bei einzelnen Fischen anzutreffen.

AUSBAUMÖGLICHKEITEN:
Der Versuch kann methodisch ausgebaut werden, indem man die Bedingungen exakter gestaltet; darunter fällt vor allem das Ausprobieren verschiedener Lichtsituationen.

11.7.4 *Rheotaxis bei Planarien**

MATERIAL: einige Planarien (Planaria gonocephala oder alpina) – eine große Injektionsspritze, bzw. eine Spritzflasche mit feiner Düse, ein flaches kleines Wasserbecken – kaltes Wasser

VERSUCHSANLEITUNG: Die Versuchstiere werden in das Wasserbecken gegeben, das mit frischem kaltem Wasser (1–5 °C) etwa 0,5–1 cm hoch angefüllt ist. Nun wird mit der Düse oder Spritze ein gleichmäßiger, nicht zu starker Strahl gegen einzelne Körperregionen der Tiere gerichtet (siehe Abb. 175).

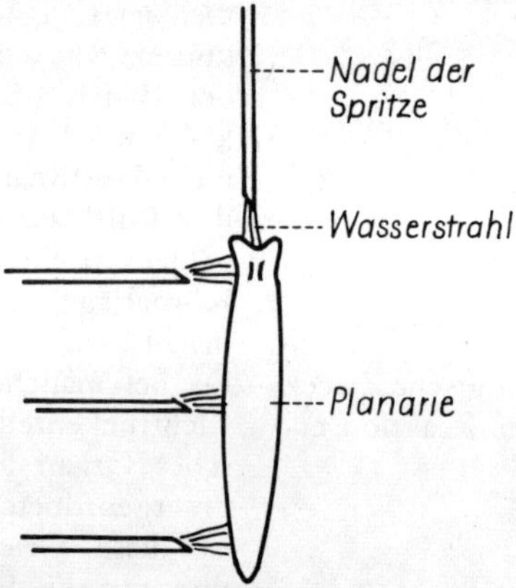

Abb. 175. Skizze zu Versuch 11.7.4.

WICHTIG: Mehrere Tiere im Becken halten, da nicht jedes Tier eindeutige Reaktionen zeigt. Möglichst frisch gefangene Tiere verwenden. Das Wasser soll kalt, frisch und O_2-reich sein. Günstige Wasserstrahlstärke ausprobieren!

AUFGABE: Beobachte die Reaktionen der Tiere und fertige eine Skizze an, in der diese Bewegungsreaktionen der Versuchstiere festgehalten sind.

LÖSUNG: siehe Abb. 176.

FRAGEN:

1. Verhalten sich die Tiere positiv oder negativ rheotaktisch?

Die Tiere verhalten sich positiv rheotaktisch.

2. Wo liegen die strömungsempfindlichen Körperzonen?

Die strömungsempfindlichen Körperzonen liegen am Kopf und am Körperende.

3. Welchen biologischen Sinn haben diese Reaktionen?

Die beiden Planarienarten sind Bewohner kalter, häufig schnellfließender und O_2-reicher Gewässer. Wenn sie nicht positiv rheotaktisch wären und sich in Strömungsrichtung fortbewegten, kämen sie in für sie ungünstige Biotope.

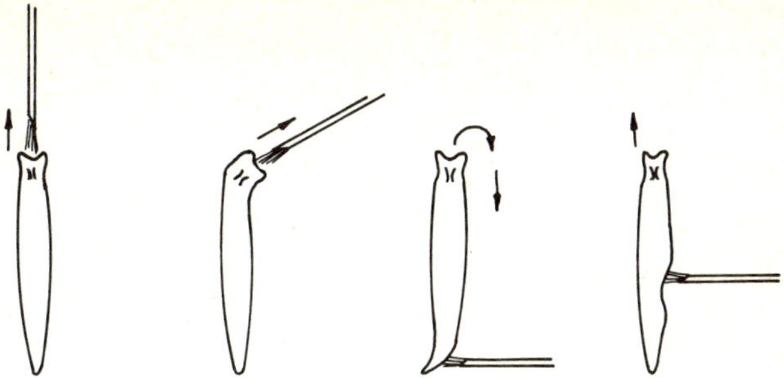

Abb. 176. Rheotaktische Bewegungen der Planarie bei Reizung verschiedener Körperstellen mit einem feinen Wasserstrahl

11.7.5 *Galvanotaxis bei Paramaecien**

Es soll an Hand dieses Versuches gezeigt werden, daß Organismen in elektrischen Feldern empfindlich reagieren können.

MATERIAL: Paramaecien – Binokular oder Mikroskop, kleine Petrischale, Batterie (ca. 6 Volt), Kabel, Elektroden (Anhang 13.5), Millimeterpapier

VERSUCHSANLEITUNG: Möglichst viele Paramaecien werden in die mit Wasser gefüllte Petrischale gegeben. Unter die Schale wird das Millimeterpapier gelegt. An zwei gegenüberliegenden Stellen des Schälchens werden die beiden Elektroden mit den Kabeln an die Batterie geklemmt. Die Elektroden tauchen etwas in das Wasser ein.

WICHTIG: Beleuchtung des Binokulars beachten, damit man die Tiere gut sieht.

AUFGABEN:
1. Zähle die ungefähre Anzahl der Paramaecien, die sich über die Fläche von 1 cm^2 (erkennbar auf dem Millimeterpapier) in der Gegend der beiden Kabelenden aufhalten. Dies wird zuerst bei abgeschalteter Stromquelle durchgeführt. Sodann wird die Anzahl der Tiere bei Stromdurchfluß nach ca. 1–2 min gezählt.
2. Die Stromrichtung wird umgepolt und das Verhalten der Tiere beobachtet.

Frage:

Zu welchem Pol schwimmen die Tiere bevorzugt?	Zum negativen Pol.

11.7.6 *Phototaxis bei Asseln und Käfern***

Material: Asseln (Porcellio, Armadillidium oder Oniscus), verschiedene Käfer (Laufkäfer, Mehlkäfer) – schwarzer Plakatkarton, heller glatter Karton, schwenkbare Tischlampe, kleine Taschenlampe mit gutgebündelten Lichtstrahlen, Stativaufbau

Versuchsanleitung: Zuerst wird auf dem Versuchstisch eine Arena aufgebaut, deren Wände für das betreffende Tier unübersteigbar sind. Dieses kreisförmige Versuchsfeld soll etwa 40 bis 60 cm Durchmesser haben, damit die jeweiligen Versuchstiere eine gewisse Strecke in eine eindeutige Richtung zurücklegen können. Vier postkartengroße schwarze Kartonflächen werden bei 0°, 90°, 180°, 270° der Peripherie aufgestellt.

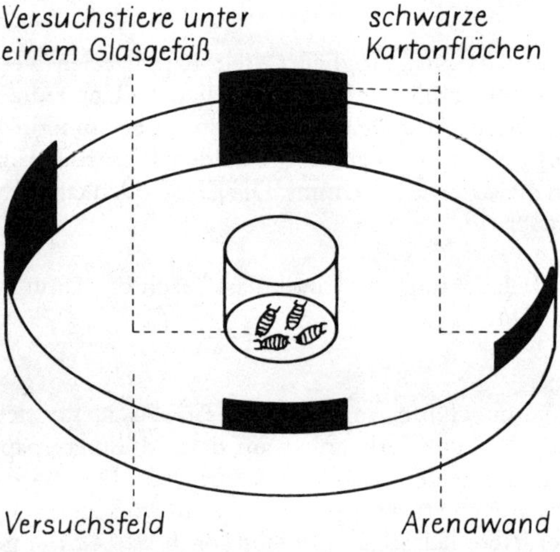

Abb. 177. Versuchsarena für

Über der Fläche wird die Tischlampe so angebracht, daß die Glühbirne über dem Mittelpunkt steht. Der übrige Raum sollte deutlich dunkler sein als das Versuchsfeld. Die Versuchstiere werden jeweils in einer umgestülpten Glastube in den Mittelpunkt der Versuchsfläche gegeben (siehe Abb. 177). Dann wird die Tube entfernt und alle Reaktionen des Tieres oder der Tiere beobachtet. Wenn Asseln verwendet werden, kann man ein paar Tiere gleichzeitig in die Arena geben.

In einem zweiten Versuch wird die Taschenlampe als Lichtquelle benutzt, die entweder fix über der Arena befestigt ist oder mit deren Lichtstrahl das Versuchstier verfolgt wird.

WICHTIG: Die Versuchstiere nicht zu lange benutzen (Austrocknung, Ermüdung), die Versuchsergebnisse werden sonst unbrauchbar.

AUFGABEN: Durch Beobachtung mehrerer Läufe ist festzustellen, ob die einzelnen Tiere positiv oder negativ phototaktisch sind. Es ist genau die Art der Läufe zu beobachten. Bei mehreren Versuchen (siehe Ausbaumöglichkeiten) ist ein Versuchsprotokoll von Vorteil.

AUSBAUMÖGLICHKEITEN: Man verändert Anzahl und Stellung der schwarzen Felder. Die Lichtquelle wird ebenfalls in ihrer Stellung über der Arena geändert, und die Intensität der Lichtstärke wird erhöht oder verringert. Neben Asseln und Käfern können auch andere Arthropoden getestet werden.

12. Bewegung

Versuche

12.1 *Der Insektenflug***

THEORIE: Der Insektenflügel hat sich aus seitlichen Thoraxfalten, den *Paranota* der Urinsekten, entwickelt; ursprünglich erlaubte er sicherlich nur einen Gleitflug. Später entwickelte sich ein hochspezialisiertes Flugorgan, das etwa nach dem Prinzip eines Hubschrauberrotors funktioniert, mit dem Unterschied, daß die Flügel in einer bestimmten Ebene hin- und herschwingen und nicht rotieren. Außerdem wirkt der Insektenflügel zusätzlich als Tragfläche und verbessert somit den Auftrieb. Durch die Bewegung der »Flugblätter« in einem bestimmten Anstellwinkel wird die Luft von vorn oben nach hinten unten verdrängt, wodurch eine resultierende Kraft nach vorn oben entsteht.

Bewegt werden die Flügel durch eine mächtig entwickelte Flugmuskulatur, die bis zu 85% des Brustraumes (Thorax) ausfüllt. Bei den ursprünglichen, großen Fliegern, wie Heuschrekken oder Libellen, werden die Flügel direkt bewegt (Abb. 178). Die Muskeln (Flügelheber und -senker) greifen mittels Sehnen an den Flügelbasen an, so daß bei Kontraktion die Flügel durch Hebelwirkung stark ausgelenkt werden. Durch gleichzeitiges Drehen der Flügel kommt sowohl beim Auf- als auch beim Abschlag ein Auf- und Vortrieb zustande. Da bei diesen Tieren jeder Muskelzuckung ein Nervenimpuls vorausgeht, muß man im ZNS ein hochentwickeltes Koordinationszentrum annehmen *(neurogene Rhythmik)*.

Bei Verringerung der Körpergröße verschlechtern sich zunehmend die Flugbedingungen, besonders deshalb, weil mit abnehmender Flügelgröße die für das Fliegen unbedingt notwendige Turbulenz vermindert wird. Die kleinen Insekten behelfen sich durch eine Erhöhung der Schlagfrequenz, und das wiederum erfordert eine Vergrößerung der Muskelmasse und eine Steigerung des Energieumsatzes. Ab einer bestimmten Frequenz wird aber die Koordination zwischen den einzelnen Flügelhebern und -senkern immer schwieriger, so daß bei diesen Insekten die Flügel indirekt bewegt werden müssen (Abb. 178). Kräftige Dorsoventralmuskeln ziehen den »Thoraxdeckel« *(Tergum)* nach unten, wodurch unter Mitwirkung zweier Gelenke

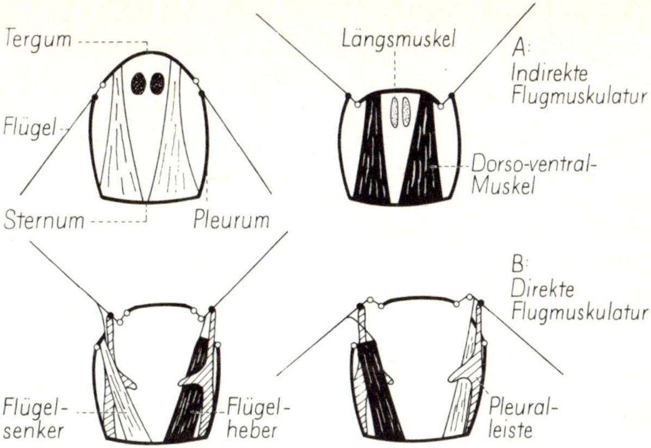

Abb. 178. Schema der indirekten und direkten Flugmuskulatur bei Insekten. Dunkel gezeichnete Muskeln sind kontrahiert, hell gezeichnete erschlafft. Bei der direkten Muskulatur ist in der linken Körperhälfte nur der Flügelsenker und in der rechten nur der Flügelheber eingezeichnet

die Flügel nach oben geschlagen werden. Die entgegengesetzte Bewegung wird durch das Erschlaffen der Dorsoventral- und die Kontraktion der Längsmuskeln ausgelöst. Auf Grund der im ersten Prozeß gespeicherten elastischen Energie springt der »Thoraxdeckel« wieder in seine Ausgangslage zurück. Um diese Energie speichern zu können, dürfen bei Kontraktion der Dorsoventralmuskeln die Seitenteile nicht einknicken. Sie werden durch eigene Muskeln in ihrer Lage fixiert. Diesen Mechanismus kann man sich mit Hilfe einer leeren Konservenbüchse verdeutlichen. Drückt man auf den Deckel (Dorsoventralmuskulatur), so dellt er sich mit einem lauten »Klick« ein. Übt man anschließend auf die Dose einen seitlichen Druck aus (Längsmuskulatur), so schnellt der Deckel wieder hörbar zurück.

Nun aber wieder zur Muskelkontraktion selbst. Mit einer hohen Flügelschlagfrequenz (siehe Tabelle 14) können die Nervenimpulse nicht mehr schritthalten, also mußte eine neue Technik der Muskelkontraktion entwickelt werden. Die indirekten Flugmuskeln führen gemäß den Resonanzbedingungen des Flügel-Thorax-Systems Eigenschwingungen aus *(myogene Rhythmik)*. Das ZNS braucht bloß von Zeit zu Zeit Impulse zu entsenden, um das System von neuem anzuregen.

Bei weiterer Verkleinerung von Körper und Flügel wird ein Punkt erreicht, bei dem die Schlagfrequenz auf Grund des steigenden relativen Widerstandes wieder sinkt. Gleichzeitig aber wird das Insekt bei Abnahme des Körpergewichts immer besser von der Luft getragen, so daß es fast nurmehr nach dem Prinzip des Ruderschlages für den Vortrieb sorgen muß. Mit den schmalen, mit langen Borsten versehenen Flügeln stoßen sich die Tiere von der Luft ab. Beim Aufschlag aber legen sich die Borsten eng aneinander, wodurch der Widerstand stark verringert wird.

Nach dieser überschematisierten Darstellung des Insektenfluges einige Bemerkungen zur Energieversorgung der Flugmuskulatur.

Der »Treibstoff« für das Fliegen ist sehr oft ein Disaccharid, die *Trehalose* (Blutzucker der Insekten). Sie wird meist aus dem Fettkörper, bei der Biene aus dem Honigmagen nachgeliefert. Bei Langstreckenfliegern wird direkt Fett oxidiert. Da der Sauerstoffverbrauch beim Fliegen oft auf das Hundertfache des Grundumsatzes ansteigt, ist eine optimale Sauerstoffzufuhr notwendig. Diese wird durch das Tracheensystem, das den Sauerstoff direkt an die Muskelfasern heranführt, gewährleistet. Die Ventilation erfolgt durch die Tätigkeit der Flugmuskeln selbst, bzw. durch einen Pumpmechanismus des Abdomens.

Tabelle 14. Fluggeschwindigkeit und Flügelschlagfrequenz einiger Insekten

Tier	Geschwindigkeit km/h	Tier	Flügelschlagfrequenz (Hz)
Eintagsfliege, kleine Heuschrecken	1,8	Tagfalter	5
		Wanderheuschrecke	20–25
Hausfliege	6,4	Maikäfer	50
Maikäfer, Kohlweißling, Wespe	9,0	Fliege	200
		Mücke	500
Biene, Rinderbremse	22,4	Gnitzen	1000
große Libellen	25–30		
Hirschbremse	40		

MATERIAL: Wanderheuschrecke, Schabe oder Libelle; Fliege, Biene oder Wespe – Ventilator, Stativ mit Zubehör, Glühbirne, feine Glasdüse, Klebewachs oder Uhu hart – Stroboskop: Diaprojektor, Elektromotor mit regelbarem Transformator, Holzkiste, Styroporplatte (2 cm dick), Karton, Aluminiumblech

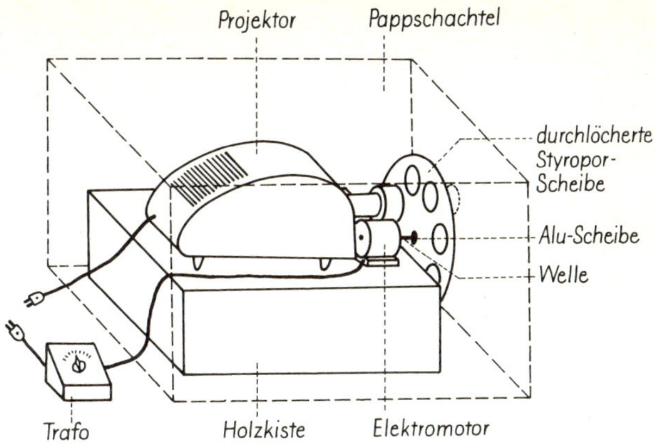

Abb. 179. Bau eines einfachen Stroboskops

(1–2 mm stark), Schrauben, große Schachtel, Klebstoff, dunkles Abdecktuch.

Bau des Stroboskops (Abb. 179):
Ein Stroboskop ist ein Gerät, mit dem man Lichtblitze bestimmter Frequenz erzeugen kann. Uns dient es zum Studium des Insektenfluges.

In einer großen Pappschachtel wird auf einer Holzkiste ein Elektromotor mit einer Styroporscheibe montiert. Die mit mehreren Löchern versehene Scheibe ist auf der dem Motor zugewandten Seite mit einem Karton beklebt. Wichtig ist eine gute Befestigung der Scheibe auf der Antriebswelle des Motors mit einer kleinen Aluminiumplatte. In die Vorderwand der Schachtel schneiden wir noch ein Loch für den Lichtaustritt, der Schachteldeckel wird zusätzlich mit einem dunklen Tuch abgedeckt. Die Eichung des Gerätes mit einem Photowiderstand und einem Oszilloskop ist vorteilhaft.

Versuchsanleitung: (siehe Abb. 180) Der Thorax des Insekts wird mit Klebewachs oder Uhu hart an einen dünnen Stab geklebt und am Stativ befestigt. Unter dem Insekt wird eine schwenkbare Glühbirne montiert, die in Versuchspausen dem Insekt als Ruheplatz dienen soll.

Vorbehandlung der Tiere: Es empfiehlt sich, stets eine größere Anzahl von frisch gefangenen oder gut ernährten Insekten

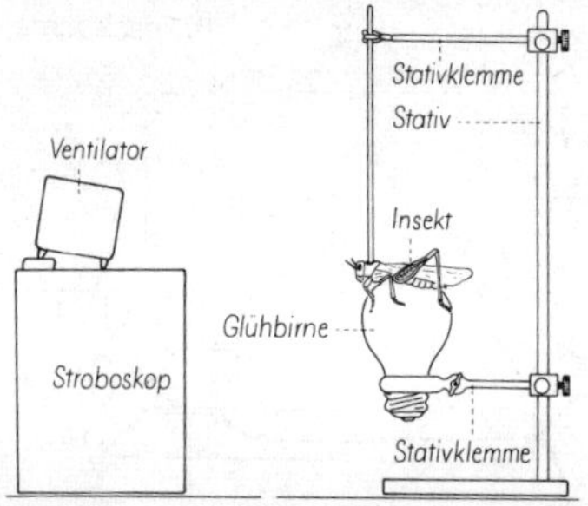

Abb. 180. Versuchsanordnung zu Versuch 12.1

bereitzuhalten, da die Flugbereitschaft unter diesen experimentellen Bedingungen recht unterschiedlich ist. Die Tiere sind knapp vor und während des Versuches warm zu halten. Unterbricht das Insekt den Flug, so hilft meist ein kräftiges Anblasen.

AUFGABEN:

1. Stroboskop und Ventilator werden eingeschaltet und die Glühbirne nach unten geschwenkt, so daß das Insekt zu fliegen beginnt. Mit dem Trafo wird die Umdrehungszahl so eingestellt, daß die Flügel des Insekts scheinbar stillstehen. Ist das Stroboskop geeicht, können wir die Schlagfrequenz des Tieres ablesen. Verlangsamt oder beschleunigt man die Scheibe, so wird der Flugvorgang scheinbar in Zeitlupe sichtbar. Beschreibe die Flugbahn, achte auf das Drehen der Flügel, beobachte die Stellung der Extremitäten. Diesen Versuch können wir mit verschiedenen Insekten durchführen.

2. Zur Überprüfung *flughemmender* und *-auslösender Faktoren* werden Stroboskop und Ventilator ausgeschaltet.

a. Dem auf der Glühbirne ruhenden Insekt wird ruckartig der Untergrund entzogen. Dadurch kommt es zu einer Flugauslösung. Berühren wir ein oder mehrere Beine des fliegenden Insektes mit einem Stab, so wird der Flug schlagartig unterbrochen. Erklärung: In den Tarsen sitzen Tastrezeptoren, die bei Reizung über das ZNS die Flugbewegung hemmen.

b. Wir versuchen ein frei in der Luft hängendes Insekt zu beruhigen, indem wir mit dem Finger die Flügel an den Körper anlegen. Sodann blasen wir mit einer feinen Glasdüse verschiedene Körperstellen lokal an und bemerken, daß vor allem die an die Stirnseite gerichteten Luftströmungen den Flug auslösen. An

der Stirn stehen zahlreiche Sinneshaare, die durch Anblasen ausgelenkt werden und damit im ZNS das Flugzentrum erregen.
3. Die letzte Aufgabe eignet sich vor allem für ein geeichtes Stroboskop: Man stellt mit dem Trafo genau die Flügelschlagfrequenz eines Insekts ein, stutzt dann die Flügel auf die Hälfte der ursprünglichen Länge und mißt erneut die Schlagzahl. Wenn wir diesen Versuch mit einer Heuschrecke, Schabe oder Libelle durchführen, verändert sich die Frequenz kaum. Bei Fliegen oder Hautflüglern hingegen erhöht sich die Frequenz deutlich. Warum? Wie oben schon angeführt, unterscheidet man zwischen neurogener und myogener Rhythmik. Während bei der ersten die Schlagzahl vom ZNS korrigiert und daher der Sollwert stets eingehalten wird, hängt bei der zweiten die Schlagzahl ganz allein von den Resonanzbedingungen des Flügel-Thorax-Systems ab, die sich natürlich beim Kürzen der Flügel entscheidend ändern.

12.2 *Bewegungsstudien beim Regenwurm***

Theorie: Die Muskulatur des Regenwurms arbeitet gegen den hydrostatischen Druck seiner Körperflüssigkeit. Jedes Segment ist mit Ring- und Längsmuskulatur, sowie mit einem Ganglien- und Nephridienpaar ausgestattet und stellt deshalb einen mehr oder minder autonomen Reaktionsapparat dar. Reize, die auf ein solches Segment einwirken, werden über einen Reflexbogen entsprechend beantwortet. Für die Koordination der Bewegung kann das ZNS verantwortlich gemacht werden.

Die normale Bewegungsform des Regenwurms ist die *Peristaltik*. Sie beginnt am Vorderende mit einer Kontraktion der Ringmuskulatur, die sich wellenförmig über den ganzen Körper ausdehnt. Die Folge ist eine Verlängerung des Wurmes nach vorne. Hat diese Welle ungefähr den halben Weg zurückgelegt, wird an der Körperspitze eine zweite Kontraktionswelle eingeleitet, wobei diesmal die Längsmuskulatur betroffen ist. Dabei haken sich die Borsten der schon kontrahierten Abschnitte in den Untergrund, so daß das Vorderende fixiert bleibt, während sich der Rest des Körpers Segment für Segment verkürzt.

Wie schon angedeutet, ist das ZNS der Schrittmacher dieser Koordination. Im Experiment konnte zwischen zwei nur durch das *Bauchmark* verbundenen Regenwurmteilen eine vollständige Koordination nachgewiesen werden. Andererseits löst beim dekapitierten Wurm die passive Streckung eines Segmentes ebenfalls eine Peristaltikwelle aus. Solche *afferenten Impulse*, die durch Reizung von Rezeptoren durch den Untergrund oder durch Nachbarsegmente zustande kommen, sind selbst für den Bewegungsablauf eines intakten Wurmes von größter Bedeutung. Schaltet man sie vollständig aus, dann ist das ZNS nicht mehr in der Lage, eine typische Peristaltik aufrechtzuerhalten.

Die Borsten, von denen pro Segment zwei Paar lateral und zwei Paar ventral angelegt sind, werden nicht nur als Ankerhaken verwendet, sondern arbeiten auch aktiv bei der Fortbewegung mit. Durch Muskeln können diese kurzen Borsten hin und her bewegt werden und so die Peristaltik durch Hebelwirkung unterstützen.

Der Schrittmacher im ZNS kann eine Umkehr sowohl der Peristaltik als auch der Borstenstellung bewirken, so daß der Regenwurm in beide Richtungen etwa gleich schnell kriecht. Neben dieser normalen peristaltischen Fortbewegung kann sich der Regenwurm durch einen *Zuckreflex* der Gefahr entziehen. Für die Koordination dieser raschen Bewegung sind die im dorsalen Teil des Bauchmarkes laufenden drei *Riesenfasern* (zwei laterale und eine mediane) verantwortlich. Auf Grund ihrer Dicke und der wenigen synaptischen Unterbrechungen wird eine rasche Erregungsleitung gewährleistet, die bei Lumbricus eine der schnellsten unter den wirbellosen Tieren ist (Tabelle 15).

Tabelle 15. Axondicke und Erregungsleitung einiger Tiere

Tier	Axondicke in µ	Leitungsgeschwindigkeit in m/sec	
Schabe: Periplaneta	50	7	
Krebs: Procambarus (Riesenfaser)	100–250	15–20	
Lumbricus (mediane Riesenfaser)	75	15–45	20–24°C
Lumbricus (laterale Riesenfaser)	50	7–15	20–24°C
Rana (markhaltige A-Faser)	15	30	
Katze (markhaltige A-Faser)	13–17	78–102	
Katze (marklose C-Faser)	0,5–1,0	0,6–2	

MATERIAL: Große Regenwürmer (Fang siehe Anhang) – Filterpapier, Nähnadel, Zwirn, Pinzette, Schere, Wasserbecken

VERSUCHSANLEITUNG: Auf dem Tisch wird ein großes, mit Wasser angefeuchtetes Stück Filterpapier oder Löschblatt ausgebreitet, auf dem wir den Regenwurm kriechen lassen.

1. Beobachte die peristaltische Bewegung und beschreibe sie. Versuche dem Regenwurm den Weg zu versperren. Wie reagiert er? Drückt man mit dem Finger vorsichtig auf das Hinterende, so kehrt sich die Bewegungsrichtung um. Beachte dabei das Abflachen des Hinterendes.
2. Wir legen einen Regenwurm in ein Wasserbecken mit möglichst glattem Untergrund und warten 1–2 min, bis er sich beruhigt hat. Ist im Wasser eine typische Peristaltik zu beobachten? Nein, da der glatte Untergrund und das im Wasser durch Auftrieb verringerte Gewicht die äußeren Reize, die für das Zustandekommen der Peristaltik wichtig sind, weitestgehend vermindern. Es ist nur eine Schlängelbewegung zu beobachten.
3. Die Borsten sind schon mit bloßem Auge zu erkennen. Hält man den Regenwurm in der Körpermitte (Wurm kriecht vorwärts) und fährt mit dem Finger an der Bauchseite gegen die Bewegungsrichtung, dann sind die Borsten deutlich zu spüren. Zwingen wir den Regenwurm nach hinten zu kriechen, indem wir ihn möglichst nahe am Kopfende festhalten, so stellt er seine Borsten um, sie sind nun nach vorn gerichtet. Läßt man einen Regenwurm auf einem trockenen Blatt Papier kriechen und hält das Ohr nahe daran, so ist das Kratzen der Borsten deutlich zu vernehmen.
4. Wenn wir einen Regenwurm kräftig mit einer stumpfen Pinzette zwicken (ohne ihn dabei zu verletzen), rollt er sich reflexartig unter heftigem Zucken zusammen. Dieser Reiz löst eine Erregung aus, die von den Riesenfasern mit rascher Leitungsgeschwindigkeit übertragen wird.

Anschließend legen wir den Regenwurm auf den Rücken und schneiden ihm mit einer scharfen Schere ungefähr in der Körpermitte das Bauchmark durch. Der Schnitt soll etwa ein Viertel des Wurmdurchmessers betragen.

Wir lassen nun den Wurm auf dem feuchten Filterpapier kriechen und stellen fest, daß die Peristaltik klaglos funktioniert. Zwicken wir ihn erneut mit der Pinzette, so reicht der Zuckreflex nur bis zur Schnittstelle. Der Rest des Körpers zeigt keine Reaktion oder es wird durch Zugwirkung eine peristaltische Welle ausgelöst.
5. Schließlich trennen wir den Regenwurm an der Schnittstelle ganz durch. Es bewegt sich jeder Teil unabhängig voneinander, als wären es zwei verschiedene Individuen. Nähen wir die Teile wieder zusammen, aber so, daß sich die Schnittflächen nicht berühren, dann bewegen sich beide Teile trotz Trennung koordiniert. Allerdings ist der Hinterteil weniger aktiv und zeigt oben-

drein meist eine zeitliche Verzögerung. Wir können diese Versuchsanordnung verändern, wenn wir den verbindenden Zwirn wieder durchtrennen und das Hinterende am Zwirn haltend in einem der Peristaltik ähnlichen Rhythmus über den Untergrund schleifen. Da auch in diesem Fall eine typische Peristaltik auftritt, muß man annehmen, daß primär nur die mechanische Reizung für eine solche Bewegung verantwortlich ist. Das ZNS ist nur das übergeordnete, steuernde Zentrum.

WICHTIG: Regenwurm feucht halten.

12.3 *Schwimmblase**

THEORIE: Für frei im Wasser schwebende Tiere mit einem spezifischen Gewicht von mehr als 1 gibt es zwei Möglichkeiten, in einer bestimmten Tiefe zu verweilen: Entweder sie kompensieren die Wirkung der Schwerkraft durch Schwimmbewegungen (Haifisch) oder sie verringern ihr spezifisches Gewicht, indem sie Teile des Körpers mit Öl (z. B. Rhizopoden, manche Tiefseefische) oder Gasen füllen (Rhizopoden, Staatsquallen, Nautilus, Corethra pulmicornis, Fische).

Unter den Fischen besitzen nur die Strahlenflosser (Actinopterygier) eine Schwimmblase. Sie ist eine dorsal gelegene Ausstülpung des Vorderdarmes, die bei ursprünglichen Strahlenflossern als Atemorgan diente (Abb. 181). Im Laufe der Erdgeschichte ist daraus ein hydrostatisches Organ entstanden, das bei den *Physostomen* noch eine Verbindung zum Schlundrohr zeigt (Ductus pneumaticus). Durch Schlucken oder Ausstoßen von Luft können sich diese Fische verschiedenen Tiefenlagen

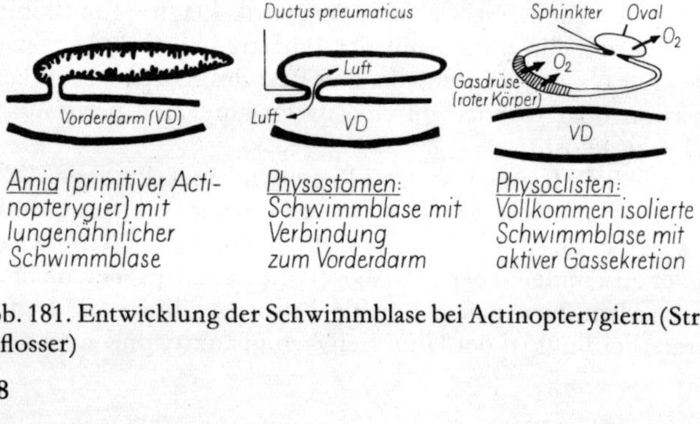

Abb. 181. Entwicklung der Schwimmblase bei Actinopterygiern (Strahlenflosser)

anpassen. In einer Tiefe von 20 m herrscht in der Schwimmblase ein Überdruck von 2 atm. Wenn nun der Fisch nach oben schwimmt, so dehnt sich mit dem abnehmenden Druck seine Schwimmblase immer mehr aus. Damit nimmt aber auch sein Auftrieb zu, und er könnte sich in etwa 10 m Tiefe nicht mehr ohne ausgleichende Schwimmbewegungen halten. Will er eine Gleichgewichtslage erreichen, dann muß er über die Mundöffnung die überschüssige Luft abgeben. Ändert der Fisch nur kurzfristig seine Tiefenlage, dann verzichtet er auf eine solche eher umständliche Regulierung seines Auftriebs. Andererseits kann er bei Gefahr durch plötzliches Luftausstoßen sehr schnell in tiefe Regionen flüchten.

Bei den höher entwickelten Fischen, den *Physoclisten*, hat sich der Ductus pneumaticus zurückgebildet, so daß die Schwimmblase von der Außenwelt abgeschlossen ist. Um dennoch einen Einfluß auf den Auftrieb ausüben zu können, scheiden diese Tiere in der sog. *Gasdrüse* Sauerstoff ab, bzw. resorbieren ihn in einer von der Schwimmblase durch einen Sphinkter verschließbaren kleineren Kammer, dem *Oval* (Abb. 181). Da in der Schwimmblase ein Überdruck herrscht, geht die Resorption im stark durchbluteten Oval sehr schnell vonstatten. Schwierig hingegen ist das Füllen der Schwimmblase, da z. B. der Sauerstoff in 1000 m Tiefe gegen einen Partialdruck von 100 atm »hineingepumpt« werden muß. Die Zellen dieser Gasdrüse scheiden an den Enden von aufgeknäuelten Kapillarnetzen (Rete mirabile) Milchsäure ab, die sowohl die Löslichkeit der Gase als auch die Affinität des O_2 zu Haemoglobin stark herabsetzt. Durch ein Gegenstromprinzip diffundieren nun die frei gewordenen Gase von den venösen Ästen in die arteriellen, so daß durch diesen ständigen Kreislaufprozeß am Scheitel des Kapillarnetzes ein immer höherer Gasdruck entsteht. Eine zusätzlich vorhandene aktive Sauerstoffsekretion führt schließlich zur Füllung der Schwimmblase. Die bei *Physostomen* vorhandene Gasdrüse ist sehr viel weniger leistungsfähig.

Diese Unabhängigkeit des hydrostatischen Organs von der atmosphärischen Luft kommt besonders den in großen Tiefen lebenden Formen zugute, da diese sonst auf eine regulierbare Schwimmblase verzichten müßten.

Während die Schwimmblase von Oberflächenfischen eine Gaszusammensetzung ähnlich der der Luft aufweist, überwiegt bei Tiefseefischen der Sauerstoff und bei den in tiefen Seen lebenden Coregoniden der Stickstoff.

MATERIAL: Elritze (Phoxinus phoxinus) – Flasche oder großer Erlenmeyerkolben mit weiter Öffnung, ein dazu passender Gummistopfen, eine 10 ml Injektionsspritze mit einer langen Nadel, kurzes Glasrohr, Gummischlauch, Schlauchklemme, Korkbohrer

VERSUCHSANLEITUNG: Wir geben einen Fisch in eine bis zum Rand mit Wasser gefüllte Flasche und verschließen diese mit einem Gummistopfen, der mit einer mit 2 ml Wasser gefüllten Injektionsspritze und einem geöffneten Überfließrohr versehen ist (Abb. 182). Über die Kanüle kann man einen passenden Schlauch stülpen und so eine Verletzung des Fisches verhindern. Sitzt der Stopfen fest, verschließen wir den Gummischlauch des Überlaufrohres mit einer Klemme.

Sobald sich der Fisch beruhigt hat (meist ruht er dann knapp über dem Boden), ziehen wir ganz langsam den Kolben der

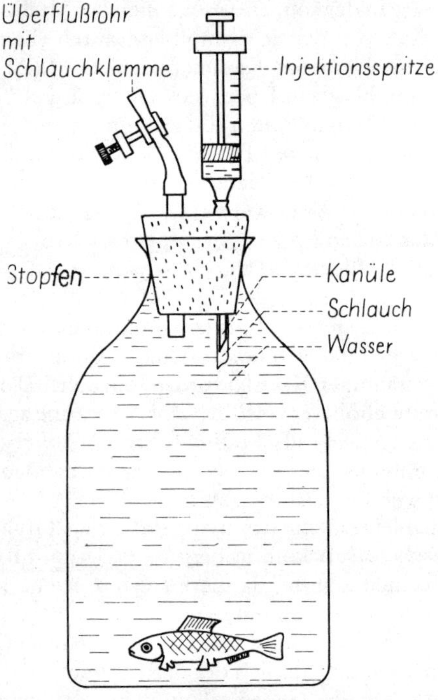

Abb. 182. Versuchsanordnung zu Versuch 12.3

Spritze nach oben. Dadurch entsteht im Gefäß ein Unterdruck und der Fisch wird, besonders am Schwanzende, gehoben. Diesen Auftrieb versucht er zunächst durch Schwimmbewegungen zu kompensieren. Verstärkt man den Unterdruck, so stößt er eine Luftblase aus, worauf er wieder in seine ursprüngliche Ruhelage zurücksinkt.

Zieht man den Kolben der Spritze maximal nach oben, so daß der Fisch weitere Luft abgeben muß und stellt anschließend den Ausgangszustand wieder her, dann läßt sich oft beobachten, daß der Fisch verzweifelt versucht, an die Oberfläche zu gelangen. Warum? Weil sich nach dem Experiment zu wenig Luft in der Schwimmblase befindet, ist der Fisch schwerer als Wasser und liegt am Boden auf. Dies ist ihm anscheinend unangenehm und er versucht, durch Aufnahme von Luft wieder ein Schwebegleichgewicht zu erreichen.

Schließlich öffnen wir die Flasche und lassen den Fisch Luft schnappen, worauf er wieder seine Ausgangsstellung einnimmt.

WICHTIG: In der Flasche darf sich bei Versuchsbeginn keine Luftblase befinden, da sonst kein genügend großer Unterdruck erzeugt werden kann.

12.4 *Das Oberflächenhäutchen als Lebensraum**

THEORIE: Zwischen den Molekülen einer Flüssigkeit bestehen Anziehungskräfte. Da diese nach allen Seiten hin gleich groß sind, heben sie sich innerhalb der Flüssigkeit auf.

Andere Verhältnisse liegen jedoch an der Oberfläche vor: Hier sind die Moleküle nur an einer Seite von Nachbarmolekülen umgeben, so daß sich eine resultierende Kraft in das Innere der Flüssigkeit ergibt (Abb. 183). Um ein Molekül von innen an die Oberfläche zu schaffen, muß Kraft aufgewandt werden; derartige Moleküle befinden sich dann in einem Zustand hoher *potentieller Energie*. Da die potentielle Energie eines Systems stets einem Minimum zustrebt, versucht die Flüssigkeit, die kleinstmögliche Oberfläche zu bilden. Aus diesem Grund nimmt ein frei schwebender Tropfen stets Kugelgestalt an. Da also die Oberflächenmoleküle einen Zug nach innen erfahren, entsteht eine federnde, molekulare »Membran«, das *Oberflächenhäutchen*.

Dieses Oberflächenhäutchen wird zerstört, wenn wir dem Wasser *Detergentien* hinzufügen. Detergentien bestehen aus

Molekülen mit einem hydrophilen und einem hydrophoben Ende. Da die hydrophoben Kohlenwasserstoffgruppen vom Wasser abgestoßen werden, bildet sich an der Oberfläche eine monomolekulare Detergentienschicht (»Molekelbürste«), wobei die hydrophilen Enden von den Wassermolekülen nach innen gezogen werden, die hydrophoben jedoch nach außen ragen (Abb. 183). Nachdem die Oberfläche nun nicht mehr aus Wasser, sondern aus Detergentienmolekülen besteht, ändert sich natürlich auch die Oberflächenspannung.

Die relativ große Tragfähigkeit des Oberflächenhäutchens erlaubt es vielen Tieren, sich auf ihm fortzubewegen. Tiere, die an der Oberseite des Wasserhäutchens leben *(Supra-* oder *Epineuston)*, müssen an den Kontaktstellen mit dem Wasser unbenetzbar sein, da sie sonst untergehen. Dies wird durch starke Behaarung oder durch Speichelsekrete erreicht. Die bekanntesten Vertreter sind Wasserläufer, Collembolen oder Spinnen.

Die Unterseite des Wasserhäutchens wird von größeren Tieren nur temporär bewohnt *(Hypo-* oder *Infraneuston)*. Ist ihre Körperoberfläche hydrophil (Schnecken), so können sie sich leicht an der Unterseite des Häutchens fortbewegen. Viele Insekten (z. B. Mückenlarven) besitzen dagegen unbenetzbare Körperteile (z. B. die Öffnung der Atemröhre bei Mückenlarven), mit denen sie die Wasseroberfläche durchstoßen, um sich dann mit Hilfe von Adhäsionskräften an das Häutchen anzuhängen.

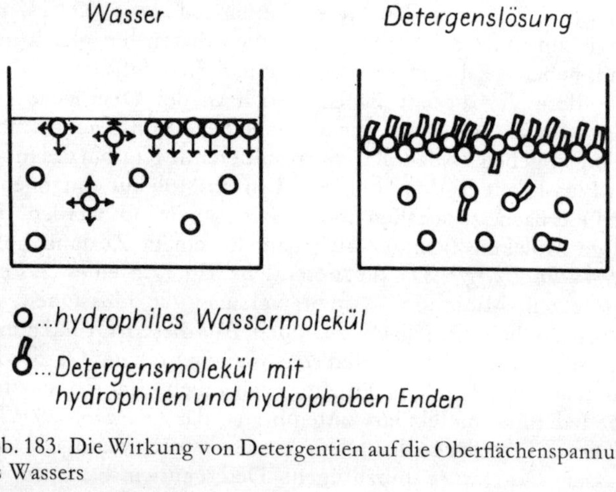

Abb. 183. Die Wirkung von Detergentien auf die Oberflächenspannung des Wassers

Die Wasseroberfläche wird außerdem durch zahlreiche Mikroorganismen belebt (Bakterien, Flagellaten, Algen, Amöben, Ciliaten), die in Form der »Kahmhaut« oder der »Wasserblüte« sogar makroskopisch zu beobachten sind.

MATERIAL: Wasserläufer – Wasserbecken, Hartpapier (Pertinax), Glaspapier – Spülmittel

VERSUCHSANLEITUNG:
1. Ein kleines Hartpapierplättchen (ca. 4 × 10 mm; 2 mm dick) wird beidseitig mit Glaspapier aufgerauht. Das Hartpapier besitzt eine hydrophobe Oberfläche. Legen wir ein solches Plättchen behutsam auf eine Wasseroberfläche (Wasserbecken), so wird es vom Häutchen getragen, obwohl es schwerer als Wasser ist. Tauchen wir das Stück einige Male unter Wasser, trocknen es etwas ab und versuchen abermals es auf die Oberfläche aufzutragen, dann geht es unter. Warum? Weil das Wasser in die feinen, durch das Abschleifen entstandenen Risse eingedrungen ist, so daß nun die Oberfläche des Hartpapiers benetzbar wird. Da die Oberflächenmoleküle des Wassers mit den in das Hartpapier eingedrungenen Wassermolekülen in Kontakt treten, wird das Oberflächenhäutchen lokal zerstört und der Körper sinkt.
2. Wir setzen einen Wasserläufer, den wir in einem Gefäß trokken nach Hause transportiert haben, in ein Wasserbecken und beobachten ihn: Mit wievielen Beinen sitzt er am Oberflächenhäutchen auf? Beachte das Eindellen des Häutchens an den Kontaktstellen mit dem Wasser! Versuche eine Skizze anzufertigen.

Sind die Beobachtungen abgeschlossen, »entspannen« wir das Wasser mit einem Tropfen Spülmittel. Dadurch wird das Oberflächenhäutchen zerstört und der Wasserläufer sinkt.

12.5 *Cilienbewegung***

THEORIE: Cilien sind wimpernförmige Differenzierungen des Protoplasmas, die nur bei Arthropoden und Nematoden rudimentär, ansonsten aber im ganzen Tierreich voll ausgebildet zu finden sind. Ihre Aufgabe ist es vorwiegend, Strömungen zu erzeugen, Nahrung oder Sauerstoff heranzuschaffen, den Darminhalt weiterzubefördern, Exkretstoffe oder Geschlechtsprodukte zu transportieren oder Atemwege rein zu halten. Bei sehr kleinen Tieren sind Cilien bzw. die ähnlich gebauten *Flagellen* wichtige »Bewegungsorgane«.

Der Bauplan von Cilien hat sich im Laufe der Evolution von den Protozoen bis zum Menschen kaum verändert: Ein *zentrales* und neun *periphere* Fibrillenpaare sind in eine *Matrix*, die oberflächlich durch eine Membran begrenzt ist, eingeschlossen. In einigen Fällen variiert allerdings die Anzahl der zentralen Fibrillen. Die peripheren Fibrillen setzen sich innerhalb der Zelle als *Tripletts* ein Stück weit fort, indem zu jeder Doppelfibrille noch eine unpaare hinzukommt. Den innerhalb der Zelle befindlichen Teil der Cilie bezeichnet man als *Basalkörper*.

Der Basalkörper jeder Cilie stellt, außer bei Ctenophoren und Trochophoralarven, ein eigenes, vom Nervensystem unabhängiges *Automatiezentrum* dar. In einem *Wimpernfeld* herrscht jedoch strenge Koordination: Senkrecht zur Bewegungsrichtung stehende Cilien schlagen in Phase *(synchron)*, solche in Bewegungsrichtung zeigen eine entsprechende Phasenverschiebung *(metachron)*. Obwohl auf diesem Gebiet noch Unklarheiten bestehen, glaubt man, daß einzelne Basalkörper als Schrittmacher fungieren. Es besitzt zwar jede Cilie die Fähigkeit zur spontanen Erregungsbildung, einzelne scheinen jedoch die Erregungsschwelle früher zu überschreiten als andere.

Bei manchen Tieren kann auch die Schlagrichtung verändert werden, so bei Paramaecium. Dieser Schlagumkehr geht jeweils eine Depolarisation der Zellmembran voraus.

Bewegungsablauf: Die Erregung wird im Basalkörper aufgebaut; bei Überschreiten der Schwelle schnellt die Cilie in gestrecktem Zustand vor und kehrt langsam unter Krümmung in die Ausgangslage zurück (Abb. 184). Der eben beschriebene und häufig auftretende Fall ist eine Kombination zweier anderer Bewegungstypen: Es gibt Cilien, die nur an der Basis beweglich sind, und solche, die sich in beiden Schlagrichtungen vollkommen krümmen. Noch komplizierter wird der Vorgang bei der räumlichen Cilienbewegung mancher Einzeller.

Nur die peripheren Fibrillen können sich kontrahieren, während die zentralen eine Stützfunktion ausüben. Biochemisch zeigen sich deutliche Parallelen zur Muskelfibrille.

Material: Frosch – Schere, Pinzette, Mikroskop, Lupe, Objektträger, Deckglas, Tropfpipette, Kork, Filzschreiber – physiologische Kochsalzlösung (0,64%ig), Farbstoff (Kongorot, Karminrot o. ä.)

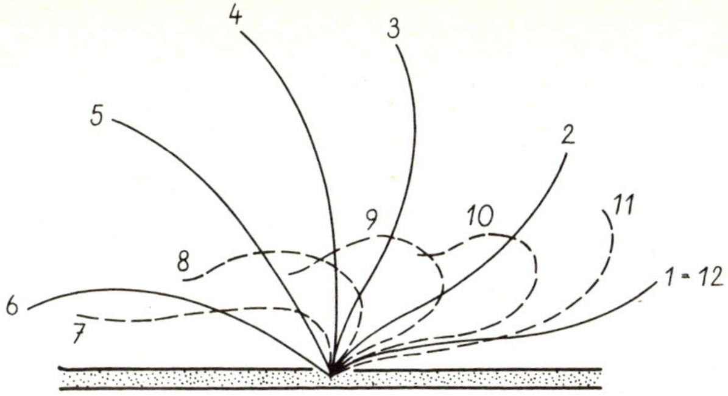

Abb. 184. Ablauf einer Cilienbewegung: Gestreckter Vorschlag (Cilie wird nur an der Basis gekrümmt) und gekrümmter Rückschlag (es biegt sich die ganze Cilie durch)

VERSUCHSANLEITUNG: Gut eignen sich der Mantel einer Muschel oder die Gaumenhaut eines Frosches, mit der hier gearbeitet werden soll. Der Frosch wird getötet, und die obere Kopfhälfte mit der Schere möglichst weit hinten abgetrennt. (Man kann den Kopf ohne Schaden eine bis drei Stunden in isotonischer Lösung im Kühlschrank aufbewahren.) Die Schleimhaut muß während des Versuchs von Zeit zu Zeit mit Kochsalzlösung (0,64%ig) feucht gehalten werden.

1. Sichtbarmachen der Schlagrichtung der Cilien: Eine Nadelspitze Kongorot wird oberhalb der beiden Vomer an der Öffnung der Speicheldrüse aufgetragen (siehe Abb. 185). Beobachte, in welche Richtungen die Farbteilchen transportiert werden. Versuche auch an anderen Stellen etwas Farbe aufzutragen und fertige eine Skizze von den Hauptstromrichtungen an.

2. Nachdem der Gaumen mit Kochsalzlösung von der Farbe befreit worden ist, trage mit der Pinzette ein kleines Stück Kork (circa 1 mm Durchmesser), das vorher gut mit dem Schleim des Frosches gleitfähig gemacht wurde, auf die sich über dem Auge befindliche Gaumenhaut auf. Was geschieht mit dem Korkstück (evtl. mit Lupe betrachten)? Man könnte diesen Versuch bei einer tieferen Temperatur wiederholen (Kopf auf Eis legen), um die Laufgeschwindigkeiten des Korks bei hohen und tiefen Temperaturen miteinander zu vergleichen.

3. Etwa $^1/_4$ cm^2 der sich über dem Auge befindlichen Schleimhaut wird herausgeschnitten und mit der Cilienseite nach unten auf eine mit Kochsalzlösung angefeuchtete Glasplatte (Objekt-

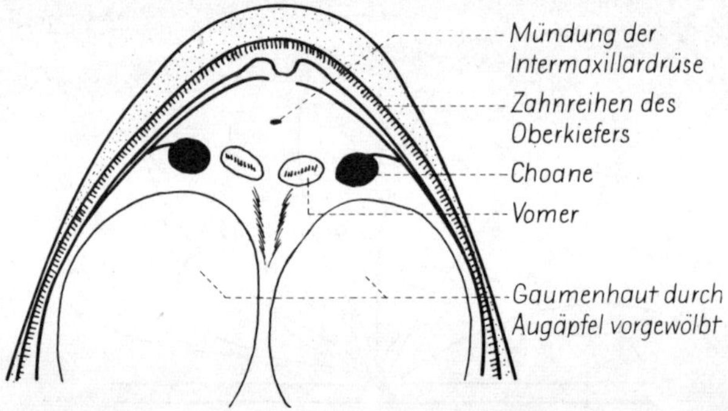

Abb. 185. Der Gaumen eines Frosches

träger) gelegt. Auf die Unterseite des Objektträgers werden die Umrisse der Schleimhaut nachgemalt. Wenn sich die Haut innerhalb von 2–3 min nicht von der Stelle bewegt, wird kontrolliert, ob wirklich die Cilienseite am Glas aufliegt. (Man kann dies sehr leicht an den feinen Kapillaren erkennen, die an der Innenseite in dickere Gefäße übergehen.)

4. Die in Punkt 3 verwendete Schleimhaut wird mit einem Tropfen Kochsalzlösung und einem Deckglas versehen und unter das Mikroskop gelegt. Zunächst wird bei schwacher Vergrößerung und Auflicht der koordinierte Cilienschlag auf der gesamten Oberfläche betrachtet und sodann eine Randpartie im Durchlicht und bei starker Vergrößerung. Schließlich wird etwas Schleim vom Gaumen des Frosches abgeschabt und bei starker Vergrößerung betrachtet. Es sind kleine und größere isolierte Epithelstücke zu sehen, die sich kreiselnd fortbewegen und lebende Ciliaten vortäuschen.

WICHTIG: Schleimhaut nie austrocknen lassen.

12.6 *Spermien***

THEORIE: Spermien, die männlichen Gameten, sind hochspezialisierte *Bewegungszellen*, die in den meisten Fällen aus Kopf, Mittelstück und Schwanz bestehen (Abb. 186). Der Kopf enthält neben dem *Akrosom* (Organell, das das Eindringen in die Eizelle ermöglicht) die *genetische Information*. Die Energie zur Fortbewegung wird von den *Mitochondrien* des Mittelstückes ge-

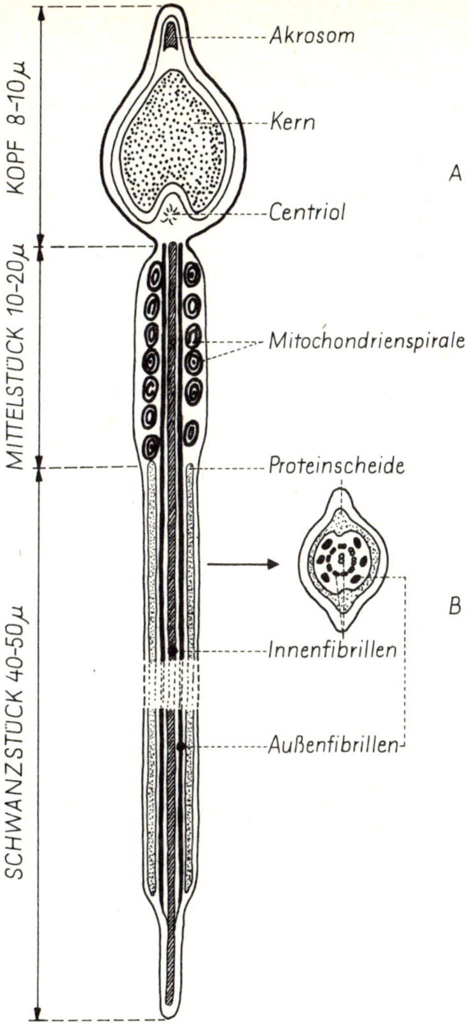

Abb. 186. Schema eines Säugerspermiums
A: Längsschnitt; B: Querschnitt des Schwanzteiles
Die Mitochondrienspirale des Mittelstückes besteht aus spiralig angeordneten, langgestreckten Mitochondrien mit röhrenförmiger Innenstruktur. Der Kopf des Spermiums ist je nach Art verschieden ausgebildet

liefert. Der Bewegungsapparat, der Spermienschwanz, ist nach dem Muster der Cilien und Flagellen gebaut, also mit einem zentralen und neun peripheren Fibrillenpaaren ausgestattet.

In den gewundenen Hodenkanälchen entstehen aus den *Ursamenzellen* durch Teilungs- und Reifungsprozesse die Spermien. Die schon geschwänzten, aber unbeweglichen Samenzellen verlassen mit Hilfe eines *Flimmerepithels* den Hoden und werden über die ausführenden Kanälchen (Ductuli efferentes) des Nebenhodens in den Nebenhodengang (Ductus epididymis) transportiert, wo sie gespeichert werden (Nebenhodenschwanz) (Abb. 187). Während dieser Wanderung findet die endgültige Reifung der Spermien statt. Wegen des niedrigen pH-Wertes und des Sauerstoffmangels bleiben sie jedoch weiterhin bewegungslos.

Bei der Ejakulation werden die Spermien aus dem Nebenhodengang durch Kontraktion glatter Muskelfasern ausgepreßt. Prostata und Vesikulardrüse (Bläschendrüse) neutralisieren durch ihr basisches Sekret die Spermienflüssigkeit (Sperma Mensch: pH 7,2–7,5). Bevor das Sperma den Harn-Samen-Leiter erreicht, neutralisiert das Sekret der Bulbourethraldrüsen etwa vorhandene Urinreste. Als »Treibstoff« für die Bewegung dient vor allem die in der Spermaflüssigkeit vorhandene Fructose.

Das Sperma wird bei Säugern im oberen Teil der Vagina, beim äußeren Muttermund, abgesetzt. Für die Spermien besteht hier wegen des niedrigen pH-Wertes der Vaginalflüssigkeit (Mensch: pH 4,5; bedingt durch bakteriellen Abbau von Glycogen zu Milchsäure) die Gefahr der Inaktivierung, doch sind sie durch das kolloide Sekret der Vesikulardrüse geschützt. Die Spermien durchdringen aus eigener Kraft den Schleimpfropfen des Halskanals und wandern über die Uterushöhle bis in den Eileiter vor, wo bei Vorhandensein eines reifen Eies die Befruchtung stattfindet. Die Spermien des Menschen sind $^1/_{20}$ mm lang und bewegen sich mit einer Geschwindigkeit von 3–4 mm in der Minute vorwärts. Ein Ejakulat enthält 200–300 Millionen Spermien, die im basischen Uterus unter günstigen Bedingungen höchstens drei Tage am Leben bleiben. Bei verschiedenen Tieren, wie Bienen, Ameisen, Salamandern oder Vipern können sie jahrelang befruchtungsfähig bleiben.

MATERIAL: Geschlechtsreife männliche Maus – Mikroskop, Objektträger, Deckgläser, Nadeln, Schere, Pinzette, 2 dünn ausgezogene Tropfpipetten, Indikatorpapier – 0,1 N HCl, 0,1 N

NaOH, Säuger-Ringer oder physiologische Kochsalzlösung (0,9%ig)

VERSUCHSANLEITUNG: Die Maus wird getötet und der kaudale Teil der Epididymis (Nebenhodenschwanz) herauspräpariert (siehe Abb. 187). Ist das Männchen geschlechtsreif, so ist der aufgeknäuelte Nebenhodengang sofort zu erkennen. Wir schneiden den Nebenhodenschwanz mit einer Schere an einer Stelle auf und drücken ihn am Objektträger in einem Tropfen Ringer leicht aus. Es quellen lange weiße Fäden hervor – der Inhalt des Ductus epididymis. Betrachtet man diese Fäden sofort mit schwacher Vergrößerung unter dem Mikroskop, dann läßt sich in manchen Fällen feststellen, daß sich nur die äußersten Spermienschichten bewegen, während die inneren bewegungslos bleiben. Die Spermienschläuche werden auf zwei oder drei Objektträger mit je einem großen Ringertropfen aufgeteilt, den zweiten Nebenhoden hält man im Ringer unzerstört als Reserve bereit.

AUFGABEN:
1. Die Spermien werden durch Umrühren homogen im Ringertropfen verteilt. Nachdem wir ihre Bewegung unter dem

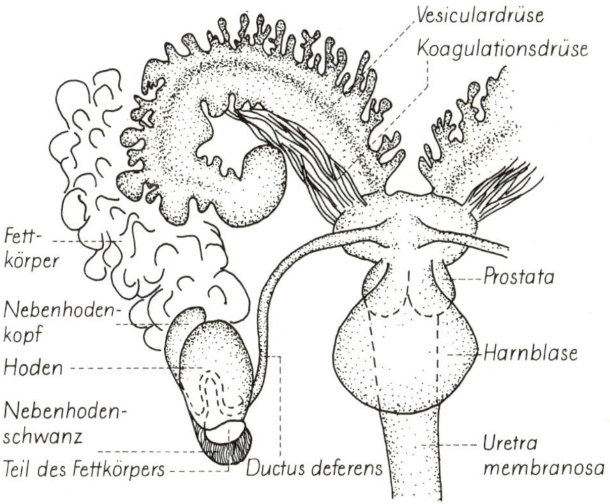

Abb. 187. Geschlechtsorgane einer männlichen Maus

Mikroskop genau beobachtet haben, beginnen wir einen Ringertropfen langsam mit 0,1 N HCl anzusäuern. Es ist ratsam, vor dem Versuch das Ansäuern des Ringers ohne Spermien auszuprobieren, um ein Gefühl für das Mischungsverhältnis zu bekommen. Es ist auch wichtig, daß die Salzsäure möglichst schnell mit dem Ringer vermischt wird, um lokales Abtöten der Spermien zu verhindern. Am besten setzt man mit einer möglichst dünn ausgezogenen Pipette einen winzigen Tropfen neben den Ringer und vermischt dann rasch beide Tropfen mit einer Pinzette. Nach jedem Schritt wird mit einem schmalen (ca. 1 mm) Streifen Indikatorpapier der pH-Wert gemessen und die Reaktion der Spermien notiert. Bis pH 6 werden sie sich ganz normal verhalten, zwischen pH 6 und pH 5 nimmt ihre Aktivität jedoch plötzlich ab.

2. Der zweite Spermientropfen wird mit 0,1 N NaOH stufenweise basisch gemacht, bis die Bewegung aufhört. Natürlich wird auch hier ständig der pH-Wert ermittelt.

3. Unbewegliche oder wenig bewegliche Spermien werden bei starker Vergrößerung betrachtet und gezeichnet (in zwei Schnittebenen).

FRAGE:

Welchen Sinn hat der saure pH-Wert und damit die Unbeweglichkeit der Spermien im Nebenhoden?

Da die Spermien über nur wenig gespeicherte Energie verfügen, müssen sie mit ihr haushalten.

13. Anhang

13.1 *Lösungen und Tabellen*

PHOSPHATPUFFER: 0,1 M
Stammlösung A: 14,978 g KH_2PO_4 im Liter
Stammlösung B: 19,595 g Na_2HPO_4 im Liter

Tabelle 16: x ml B mit A auf 100 ml auffüllen:

pH	x	pH	x	pH	x
5,8	8,0	6,6	36,0	7,4	80,8
6,0	12,0	6,8	50,0	7,6	87,0
6,2	18,5	7,0	61,0	7,8	91,5
6,4	26,2	7,2	72,0		

FEHLINGSCHES REAGENS zum Nachweis reduzierender Zucker:
Lösung A: 3,465 g krist. Kupfersulfat ($CuSO_4$) in 50 ml a. d.
Lösung B: 17,3 g Na-K-tartrat (Seignettesalz) und
6,0 g NaOH (in Plätzchen) in 50 ml a. d.
Lösung A und B zu gleichen Teilen (ein paar Tropfen) der Probe beimengen und aufkochen lassen. Reaktion siehe Versuch 1.1 (Seite 26).

LUGOLSCHE LÖSUNG zum Nachweis von Stärke:
5 g Jod und 10 g Kaliumjodid werden in wenig a. d. gelöst und dann auf 100 ml mit a. d. aufgefüllt. Anwendung siehe Versuch 1.1. (Seite 26).

ISOTONE SALZLÖSUNGEN
Für verschiedene Untersuchungen mit tierischen Geweben und Organen ist es notwendig, diese während des Versuches in einer mit der Körperflüssigkeit der Tiere isotonen Lösung zu halten. Für kurzzeitige Versuche genügt meist die Verwendung einer isotonen Kochsalzlösung. Für länger dauernde Experimente ist es jedoch empfehlenswert, die der jeweiligen Tierart entsprechenden physiologischen Salzlösungen (»Ringerlösungen«) zu verwenden.
Physiologische Kochsalzlösungen:

Amphibien	0,64%ige Kochsalzlösung
Säugetiere	0,9 %ige Kochsalzlösung

Tabelle 17. Einige wichtige Ringerlösungen (Gramm pro Liter a. d.) (Bei der Herstellung der Lösungen ist der Kristallwasseranteil der verwendeten Substanzen zu berücksichtigen)

Tier	NaCl	KCl	$CaCl_2$	$MgCl_2$	$NaHCO_3$	NaH_2PO_4	Glucose
Regenwurm	6,0	0,12	0,20	—	0,10	—	—
Insekten	10,93	1,57	0,83	0,17	—	—	—
	7,60	0,75	0,22	0,19	0,37	0,48	—
Assel	14,60	0,70	1,67	0,95	—	—	—
Frosch	6,50	0,14	0,12	—	0,20	—	—
	6,50	0,20	0,20	—	0,20	—	± 2,0
Säuger	9,0	0,42	0,24	0,025	0,20	—	± 0,5

Um dem Gewebe im isolierten Zustand die notwendigen Nährstoffe nachzuliefern, ist es in manchen Fällen günstig, der Ringerlösung Glucose zuzusetzen.

Tabelle 18. Lösungen zur Herstellung definierter Luftfeuchtigkeiten

übersättigte Lösungen	% rel. Luftfeuchtigkeit (20 °C)
$Na_2CO_3 \cdot 10\,H_2O$	92
KCl	86
$(NH_4)_2SO_4$	80
NaCl	76
$NaNO_2$	65
NH_4NO_3	63
$Ca(NO_3)_2 \cdot 4\,H_2O$	55
K_2CO_3	45
$CaCl_2 \cdot 6\,H_2O$	35

Tabelle 19. Kältemischungen

(Angaben in Gewichtsteilen)	Abkühlung (°C) von	auf
4 Teile Wasser + 1 Teil Kaliumchlorid	+10	—12
1 Teil Wasser + 1 Teil Ammoniumnitrat	+10	—15
1 Teil Wasser + 1 Teil Natriumnitrat + 1 Teil Ammoniumchlorid	+ 8	—24
3 Teile Eis (gemahlen) + 1 Teil Natriumchlorid	0	—21
1,2 Teile Eis (gemahlen) + 2 Teile Calciumchlorid	0	—39
1,4 Teile Eis (gemahlen) + 2 Teile Calciumchlorid	0	—55

Tabelle 20. Farbstoffindikatoren

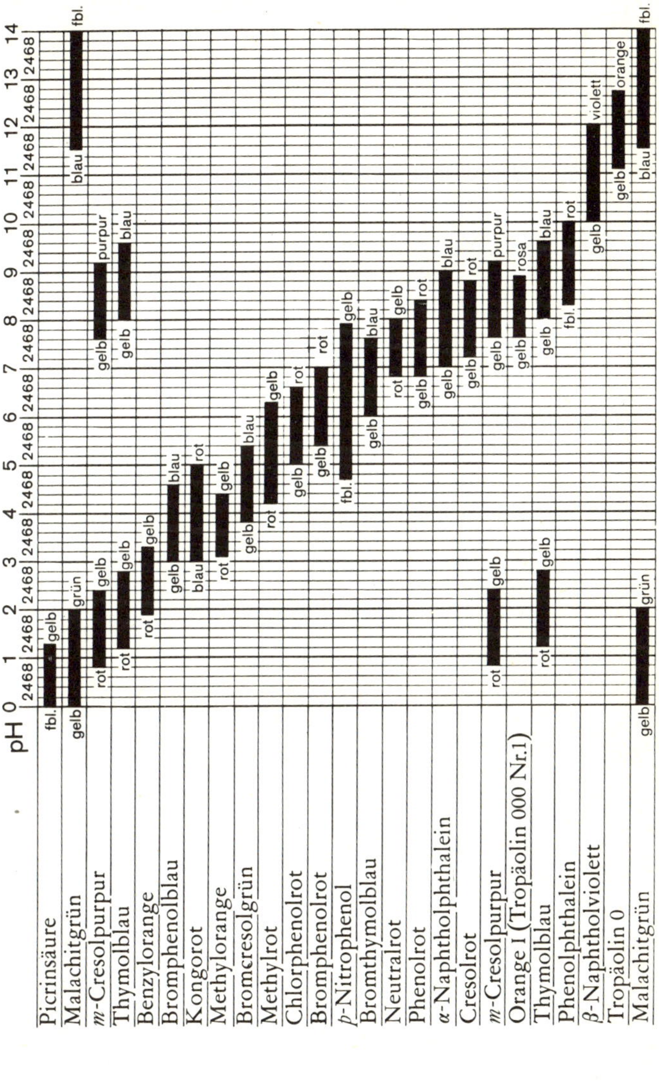

Methylenblaulösung zur Nervenfärbung:
10 Tropfen einer 0,5%igen Stammlösung werden zu 100 ml einer entsprechenden Ringerlösung gegeben.

Bouin (Pikrinsäure – Formalin – Eisessig) zur Fixierung von Präparaten für histologische Schnitte:
15 Teile gesättigte, wäßrige Pikrinsäure
5 Teile konzentriertes Formalin (40%ig)
1 Teil Eisessig (Essigsäure)
Vor Gebrauch gut mischen, Fixierdauer 2–24 Stunden, längeres Verweilen schadet nicht.

Kernechtrot – Aluminiumsulfatfärbung:
0,1 g Kernechtrot wird in 100 ml einer 5%igen wäßrigen Aluminiumsulfatlösung bis zum Aufkochen erhitzt. Die Lösung ist nach dem Erkalten zu filtrieren.

Diese Färbemethode eignet sich sehr gut für Kombinationsfärbungen, wie z. B. mit *Pikroindigocarmin:* In 100 ml gesättigter, wäßriger Pikrinsäurelösung werden 0,25 g Indigocarmin gelöst. Vor Gebrauch filtrieren und unverdünnt verwenden (gut haltbar).

Tabelle 21. WASSERDAMPFSÄTTIGUNGSDRUCK BEI VERSCHIEDENEN TEMPERATUREN

Tabelle 21

°C	Torr	°C	Torr	°C	Torr
0	4,58	14	11,97	28	28,32
1	4,92	15	12,77	29	30,02
2	5,29	16	13,62	30	31,80
3	5,68	17	14,51	31	33,67
4	6,09	18	15,46	32	35,63
5	6,53	19	16,46	33	37,70
6	7,00	20	17,52	34	39,87
7	7,50	21	18,63	35	42,14
8	8,04	22	19,81	36	44,53
9	8,60	23	21,05	37	47,04
10	9,20	24	22,36	38	49,66
11	9,83	25	23,73	39	52,41
12	10,50	26	25,19	40	55,29
13	11,22	27	26,72	100	760,00

Heuaufguß: Eine Handvoll Heu in einem Einmachglas wird mit ca. 1 l Leitungswasser übergossen und an einer warmen Stelle stehen gelassen (20–30 °C). Nach 5–10 Tagen hat sich in der inzwischen gebildeten Kahmhaut eine starke Paramaecienpopulation entwickelt. Impft man den Aufguß mit etwas Tümpelwasser, erhält man eine viel komplexere Fauna.

Planarien: P. gonocephala unter Steinen von größeren Flüssen eignet sich besser als P. alpina der kalten Bäche. Haltung im Kühlschrank oder in Durchflußbecken.

Tubifex: Oligochäten, die den Faulschlamm stehender und leicht fließender Gewässer bewohnen. In Tierhandlungen erhältlich (beliebtes Fischfutter). Das Wasser der Tubifex muß pro Tag mindestens zweimal gewechselt werden, besser ist es, wenn man den Behälter unter eine leicht fließende Wasserleitung stellt.

Regenwürmer: Fang: Unter Steinen oder Brettern, besser aber nachts, während oder nach einem starken Regen mit einer Taschenlampe auf einer kurz gemähten Parkanlage. Die Regenwürmer kommen halb in der Erde steckend an die Oberfläche. Man fixiert den Wurm mit dem Daumen möglichst weit hinten und zieht ihn vorsichtig, schubweise heraus. Vorsicht: reißt leicht ab! Haltung: Im Einmachglas mit etwas Erde und mit feuchtem Filterpapier abdecken. Bei Fütterung mit geschabten Kartoffeln längere Zeit haltbar.

Schnecken: Haltung in leicht feuchten Blumentöpfen, die mit Fliegengitter abgedeckt sind. Fütterung mit Salatblättern.

Daphnien: In Seen und Tümpeln. Fang mit einem kleinen Netz aus Nylonstrumpf (Planktonnetz). Haltung in flachen Becken mit Algen (stellen hohe O_2-Ansprüche).

Asseln: Unter Steinen und Brettern zu finden. Haltung: In Blumentöpfen mit feuchter Erde. Verrottetes Laub und Karottenscheiben als Nahrung. Mit Glasplatte abdecken.

Wasserinsekten: Libellenlarven, Eintagsfliegen, Wasserwanzen und Schwimmkäfer werden mit einem Netz, mit dem man am Grund des Gewässers entlangfährt, gefangen. Haltung im Einmachglas. Achtung: Die meisten dieser Tiere, besonders Libellenlarven, sind arge Räuber, die besser einzeln gehalten werden.

Wasserläufer: An der Oberfläche vieler kleiner und größerer Wasseransammlungen mit einem Netz zu fangen und ohne Was-

ser zu transportieren. Achtung: Wasserläufer können davonfliegen.
Mehlkäfer: In Tierhandlungen erhältlich. Werden in trockenen Behältern mit Weizenkleie, Brot, Salat und Bananenschalen gefüttert. Bei zu feuchter Haltung besteht die Gefahr eines Milbenbefalls.
Freilandfallen für Lauf- und Aaskäfer: Eine Blechdose mit kleinen Löchern im Boden wird in die Erde bis zum Rand eingegraben. Günstige Aufstellplätze sind Waldränder und -lichtungen. Mit frischem Fleisch lassen sich Laufkäfer, mit faulem Aaskäfer ködern.
Feldheuschrecken können mit Gras oder Salat gefüttert werden. Den meist räuberisch lebenden Laubheuschrecken bietet man kleinere Insekten. Vorsicht: Diese Tiere fressen sich oft auch gegenseitig auf. *Wanderheuschrecken* sind evtl. in Tierhandlungen erhältlich.
Fliegen: Stubenfliegen sind leicht mit einer Wassersprühflasche im Flug »abzuschießen«. Sie sind auch in manchen Tierhandlungen erhältlich.
Fische: Fang nur mit Erlaubnis des Eigentümers! Elritzen kann man zu bestimmten Zeiten in Fischereisportgeschäften kaufen. Haltung: Der Behälter soll eine möglichst große Oberfläche besitzen (wegen O_2-Austausch); eventuell Durchlüftung mit Aquariumpumpe. Alle Kaltblüter kommen sehr lange ohne Nahrung aus, besonders wenn sie bei niedrigen Temperaturen gehalten werden.
Frösche: Für längere Haltung und Versuche sind Wasserfrösche (Rana esculenta) den Grasfröschen (Rana temporaria) vorzuziehen. Fang: mit dem Netz. Haltung: Entweder im flachen Wasser, das von Zeit zu Zeit erneuert wird oder in feuchtem Moos. Behälter abschließen und nicht austrocknen lassen! Nahrung: Nehmen nur lebende Beute an (Mehlwürmer, Regenwürmer). Falls die Frösche Nahrung verweigern, kann man sie mit Herzfleisch zwangsfüttern. *Kaulquappen* können in geringer Zahl in Einmachgläsern gehalten und mit Algen, Brot oder Fischfutter ernährt werden. Während der Metamorphose muß ihnen ein leicht besteigbarer Landteil geboten werden, da sonst die Jungfrösche ertrinken.
Eidechsen: Fang: Zauneidechsen können mit der Hand, die flinken Mauereidechsen besser mit der Schlinge gefangen werden. Die an einer Gerte befestigte Schlinge wird der Eidechse über den Kopf gestreift und dann kräftig angezogen. Haltung: Trok-

kener Behälter mit einer Wärmelampe, kühle Unterschlupfmöglichkeiten und Wasserschale nicht vergessen! Nahrung: Insekten. Eidechsen stehen in unseren Breiten meist unter Naturschutz, der Fang einzelner Exemplare für Forschungs- und Unterrichtszwecke ist jedoch gestattet.
Mäuse, Meerschweinchen, Ratten: In Tierhandlungen oder meist viel billiger an Universitätsinstituten erhältlich. Haltung in Käfigen mit Holzwolle oder Hobelspänen. Mäuse und Ratten sind Allesfresser, während Meerschweinchen Gemüse und Gras bevorzugen. Bei Trockenfutter Wasser nicht vergessen.

13.3 *Fachgerechtes Töten und Betäuben von Versuchstieren*

1. *Betäuben und Töten mit Narkotika:* Insekten werden mit »Schwefeläther« (Diäthyläther) oder Chloroform betäubt. Will man die Extremitäten beweglich erhalten, ist »Essigäther« (Essigsäureäthylester) vorzuziehen. Die Tiere sind in ein verschließbares Gefäß zusammen mit einem in Betäubungsmittel getränkten Zellstoff zu setzen. (Keine Plastikgefäße verwenden, da sie den Narkotika nicht standhalten.) Auf dieselbe Weise können Reptilien und Säuger betäubt werden. Bei Amphibien und Fischen zieht man das sehr schonend wirkende MS 222 – Sandoz vor. Eine Messerspitze davon wird im Wasser, in dem sich das Tier befindet, gelöst (etwa 0,1 g / 100 ml).

Bei langem Einwirken können die Betäubungsmittel zur Tötung der Tiere verwendet werden. Die Tötungszeit hängt von der Art des Tieres bzw. des Narkotikums ab. Um sicher zu gehen, ist es deshalb ratsam, bei Wirbeltieren anschließend das Rückgrat zu durchschneiden bzw. Wirbellose zu dekapitieren.

2. *Mechanisches Töten:* Bei einigen Versuchen (z. B. Nerven- und Muskelversuche oder Darmperistaltik) ist das sonst vorzuziehende Töten mit Narkotika ungeeignet und muß durch ein mechanisches ersetzt werden.
Maus: Die auf einem Tisch laufende Maus wird am Schwanz gehalten und mit einer geschlossenen Schere oder Pinzette leicht am Genick niedergehalten. Sodann zieht man den Schwanz mit einem plötzlichen, kräftigen Ruck schräg nach oben, während die Hand mit der Schere nach unten gedrückt wird. Dabei ist ein Knacksen – das Brechen des Rückgrates – zu vernehmen. Wichtig ist, daß die Maus dabei kräftig gestreckt wird. Es treten

anschließend Rückenmarkreflexe auf (Strampeln mit den Hinterbeinen), die aber nach kurzer Zeit aufhören.
Meerschweinchen: Man erfaßt das Tier von oben um die Brust und schlägt mit einem Holzstock kräftig auf das Genick, wodurch das Tier getötet wird. Nach Beendigung der Rückenmarkreflexe kann es weiter verarbeitet werden.
Frösche: Um die Hinterbeine eines Frosches wickelt man ein Tuch oder eine Lage Zellstoff, erfaßt die zusammengewickelten Beine mit einer Hand, holt weit aus und schlägt den Kopf des Tieres über eine Tischkante. Dem dadurch getöteten oder zumindest betäubten Frosch wird nun die obere Hälfte des Kopfes mit einer Schere abgeschnitten und das Gehirn mit einer Nadel zerstört. Will man auch die noch gut funktionierenden Reflexe ausschalten (außer bei Versuch 9.7.2), bohrt man mit einer glühenden Nadel das Rückenmark aus. Obwohl der Frosch dabei kräftig zappelt, verspürt er keinen Schmerz, da der Schmerzsinn im Gehirn lokalisiert ist.

Das mechanische Töten anderer Tiere bzw. spezielle Behandlungen sind den jeweiligen Versuchsanleitungen zu entnehmen.

Um die Tiere nicht unnötig zu quälen und damit auch den Forderungen des Tierschutzgesetzes nachzukommen, sollen in Schulen die Tiere in der oben beschriebenen Weise vom Versuchsleiter, also einer fachlich ausgebildeten Person, unter Abwesenheit der Schüler, stets rasch und schmerzlos getötet werden.

13.4 *Präparationen*

13.4.1 *Das Nerv-Muskel-Präparat*

MATERIAL: Wasserfrosch (Rana esculenta) oder Grasfrosch (Rana temporaria) – kräftige Schere, spitze Schere, Splitterpinzette, Präparierunterlage, Abfallbecher, Zwirn (etwa 10 cm lang), Filterpapier, (Kühlschrank), 2 Petrischalen mit Deckel, Tropfpipette – Froschringer-Lösung (siehe 13.1)

ANLEITUNG:
1. Töten des Tieres und Ausbohren des ZNS: siehe oben.
2. Schneide die Haut durchgehend am Unterkiefer auf und hebe sie mit einer Pinzette bis zu den Armen ab. Mit kräftigem Zug wird sie dann vom Körper gestreift, wobei am besten die Finger verwendet werden.

3. Hände und benutzte Geräte (auch Präparierunterlage) im Leitungswasser von den Hautgiften säubern.
4. Die Bauchmuskeln werden mit einer Pinzette gefaßt, angehoben und mit der kräftigen Schere durchtrennt. Öffne die Bauchdecke über den Schultergürtel hinaus.
5. Lege die aus der Wirbelsäule austretenden Nerven frei. Dazu müssen Darm, Nieren und Gonaden zuerst entfernt bzw. nach vorn (kopfwärts) geschoben werden.
6. Durchschneide den Rumpf cranial von der Nervenaustrittsstelle. Falls nicht andere Teile des Tieres (z. B. Darm, Herz usw.) benötigt werden, wird der Schultergürtelanteil in den Abfallbecher geworfen.
7. Fasse mit den Pinzettenspitzen ein Fadenende und schiebe dieses dorsal unter dem Nerv in der Nähe seiner Ansatzstelle durch. Der Faden wird bis zu seiner Mitte durchgezogen und vorsichtig zum Nervenanfang hingeschoben. Befestige ihn dort durch einen Doppelknoten, wobei das Bein kurz zucken muß (siehe Abb. 188).

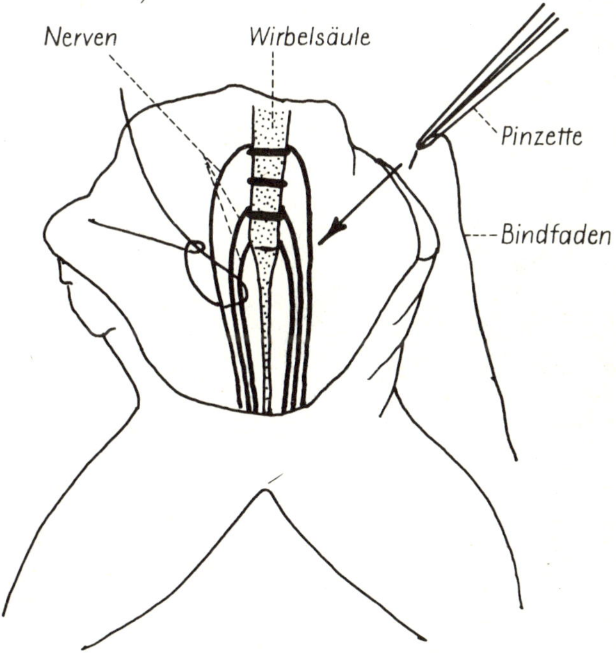

Abb. 188. Herstellung eines Nerv-Muskel-Präparates

8. Durchtrenne die Nerven zwischen Faden und Wirbelsäule.
9. Der Nerv wird am Faden leicht angehoben (nicht zerren) und vorsichtig bis zum hinteren Beckenrand vom Bindegewebe befreit. Kleine abgehende Nerven abschneiden.
10. Die dorsal liegenden Oberschenkelmuskeln werden an ihren Bindegewebegrenzen durch leichten Fingerdruck voneinander getrennt, bis der Nervus ischiadicus sichtbar wird (siehe Abb. 189).
11. Dem Beinnerv folgend, durchtrenne mit einer spitzen Schere die dorsale Beckenmuskulatur bis zum vorderen Beckenrand. Der Beinnerv wird mit dem Bindfaden durch die entstandene Öffnung gezogen und dann vorsichtig bis zum Knie freipräpariert. Kleine abgehende Nerven werden gekappt, wobei jedesmal Muskeln zucken müssen.
12. Schneide mit einer kräftigen Schere den Oberschenkel am Beckenrand ab. Der Knochen wird freigelegt und die Muskeln am Knie abgetrennt. Dabei den Nerv nicht verletzen!
13. Lege das Nerv-Muskel-Präparat in die Petrischale, auf deren Boden sich ein mit Froschringer-Lösung angefeuchtetes Filterpapier befindet und verschließe sie mit einem Deckel.
14. Die zweite Petrischale wird ebenfalls mit Filterpapier ausgelegt und angefeuchtet. Das noch nicht präparierte Bein wird

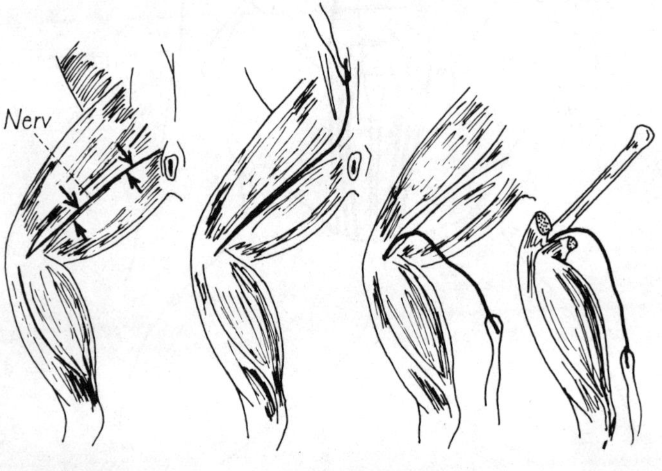

Abb. 189. Herstellung eines Nerv-Muskel-Präparates

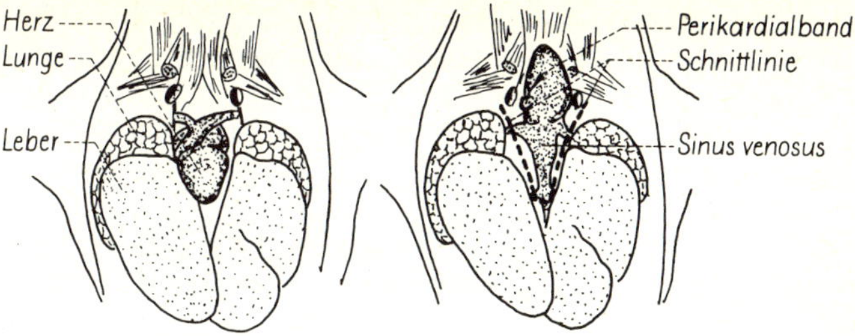

Abb. 190. Präparation des Froschherzens

darin zur Reserve aufbewahrt, in den Kühlschrank gestellt und zugedeckt. Dieses Präparat kann noch nach einigen Stunden verwendet werden. Beim Zuziehen des Bindfadens müssen sich dann ebenfalls Muskelkontraktionen zeigen, sonst ist das Präparat unbrauchbar geworden.

Wichtig: Sauberes Arbeiten! Nerv nicht zerren und quetschen. Den Nerv während der Präparation öfters mit Froschringer-Lösung befeuchten.

13.4.2 *Das Herz-Präparat des Frosches*

Material: Adulter Wasserfrosch (Rana esculenta) oder Grasfrosch – Binokular, kräftige Schere, feine Schere, Splitterpinzette, Präparierunterlage (Wachs-, Styroporplatte), Stecknadeln, Glasschälchen (Durchmesser ca. 3 cm), Tropfpipette – Froschringer-Lösung (siehe 13.1)

Anleitung:
1.–4. wie bei Nerv-Muskel-Präparat (13.4.1)
5. Die beiden Brusthälften werden auseinandergezogen und mit Nadeln an der Unterlage befestigt. Fasse mit einer spitzen Pinzette das Perikard, öffne es und lege das Herz frei.
6. Der pulsierende Ventrikel wird mit der Pinzette angehoben und das dünne Perikardialband an der Dorsalseite des Herzens durchschnitten (siehe Abb. 190).
7. Klappe das Herz kopfwärts und beobachte den sichtbar gewordenen Sinus venosus (vgl. Abb. 190). Dieser wird am Rand zur Leber hin abgeschnitten. Das dabei austretende Blut wird mit Froschringer-Lösung abgespült.

8. Trenne die übrigen Blutgefäße und das restliche Bindegewebe ab, bis das Herz völlig vom Körper isoliert ist. Das Herz wird in ein mit Froschringer-Lösung gefülltes Schälchen gegeben und unter dem Binokular von anhaftenden Bindegewebsresten befreit.

WICHTIG: Herz nur so lange als unbedingt nötig der Wärmestrahlung der Binokularbeleuchtung aussetzen. Die Versuche sind sofort nach Präparation zu beginnen.

13.5 *Bau einfacher Geräte*

13.5.1 *Elektrisches Reizgerät*

Die Versuche, bei denen ein Reizgerät verwendet wird, sind so zusammengestellt worden, daß man ohne komplizierte Apparaturen auskommt. Mehrere Firmen stellen solche einfachen Geräte her. Für unsere Versuche genügt es, wenn sie folgende Bedingungen erfüllen:
a. Rechteck-Impulse
b. Kontinuierlich veränderbare Reizintensität von etwa 0–10 V
c. Kontinuierlich veränderbare Reizfrequenz von etwa 0–100 Hz
d. Impulsdauer: etwa 1 msec.
Vorteilhaft wären zusätzlich noch:
manuelle und automatische Reizauslösung;
akustisches oder optisches Signal bei Auslösung eines Reizes.

Steht kein derartiges Gerät zur Verfügung, so kann es mit einfachen Mitteln selbst gebastelt werden. Die Nachteile des

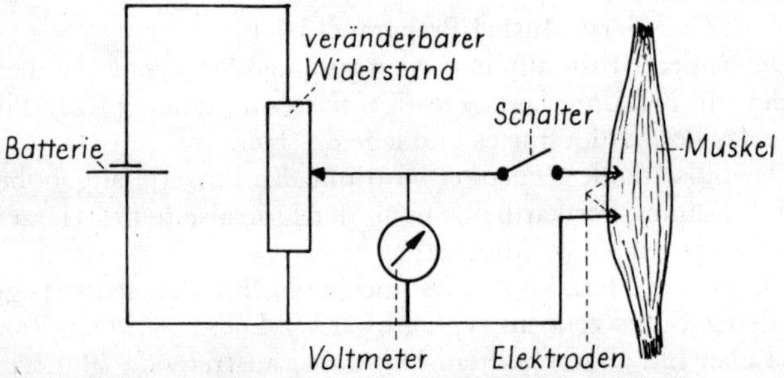

Abb. 191. Schaltschema für ein behelfsmäßiges Reizgerät

hier beschriebenen Behelfsgerätes beruhen vor allem auf Ungenauigkeiten der Einstellung der zeitlichen Variablen. Der Aufbau ist aus Abb. 191 zu entnehmen.

MATERIAL: Taster, Batterie (4–12 V), Drehwiderstand (linear; 0–100 Ohm), Spannungsmeßgerät (mit hochohmigem Eingangswiderstand), Verbindungskabel

13.5.2 *Elektroden*

Hier wird die Herstellung einer elektrischen Verbindung zwischen einem Gerät und dem Präparat beschrieben, welche sich sowohl zur Reizung als auch zur Ableitung eignet.

MATERIAL: Abgeschirmtes Twin-Kabel (l = etwa 80 cm), isoliertes einpoliges Kabel (l = 15 cm), dünner und nicht allzu weicher Silberdraht (2 Stück zu 25 mm), entsprechender Stecker zum Reizgerät, Ohm-Meter

HERSTELLUNG: Das Twin-Kabel wird, wie aus der Abb. 192 ersichtlich, an beiden Enden entsprechend abisoliert. Um das breite Ende der Abschirmung wird das abisolierte Stück des einpoligen Kabels gewickelt und angelötet. Stecker befestigen. Am gegenüberliegenden Ende werden zwei kurze Silberdrähte angelötet. Die Abschirmung endet hier frei.

WICHTIG: Überprüfe nach beendeter Montage das Kabel mit einem Ohm-Meter, um unerwünschte Kurzschlüsse feststellen zu können.

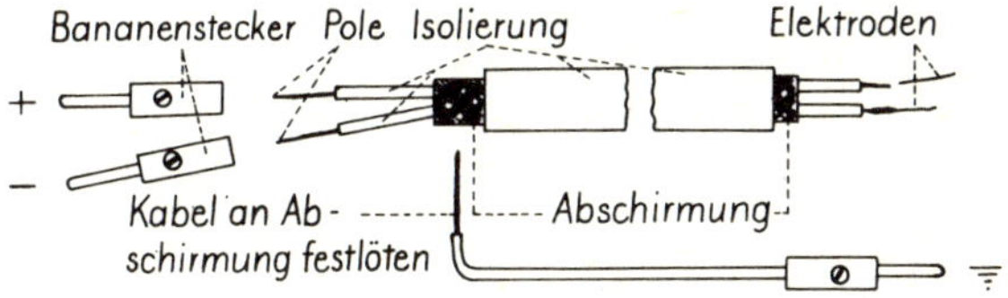

Abb. 192. Herstellung einer Elektrodenverbindung, die zur Reizung und Registrierung verwendet werden kann

13.5.3 *Anleitung zum Bau eines einfachen Respirometers*

Offenes Respirometer (Abb. 193): Ein Erlenmeyerkolben (Tierkammer) wird mit einem Gummistopfen, in dem sich zwei Bohrungen befinden, verschlossen. In eine Bohrung wird ein kurzes Glasrohr (5) eingesetzt, das mit einem Schlauch (6) verbunden ist. In die zweite Bohrung wird entweder ein U-förmiges Manometer (11) oder ein winkelig abgebogenes Glasrohr (4) gesteckt. Das Manometer (11) wird mit einer Farblösung gefüllt. Wird statt dessen das Glasrohr (4) verwendet, wird die Spitze des Glasrohres in ein Schälchen (12) mit Farblösung getaucht. In den Konus einer durch den Gummistopfen gebohrten Injektionsnadel (8) wird eine Injektionsspritze aus Kunststoff (9) ein-

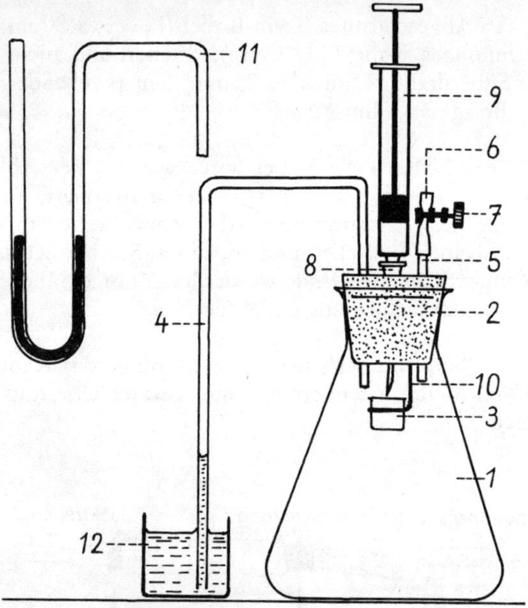

Abb. 193. Offenes Respirometer
1. Erlenmeyerkolben 2. Gummistopfen 3. Gefäß für NaOH 4. Gebogenes Glasrohr 5. Kurzes Glasrohr 6. Gummischlauch 7. Schlauchklemme 8. Injektionsnadel 9. Injektionsspritze 10. Bindedraht 11. U-förmiges Flüssigkeitsmanometer 12. Gefäß für Farblösung

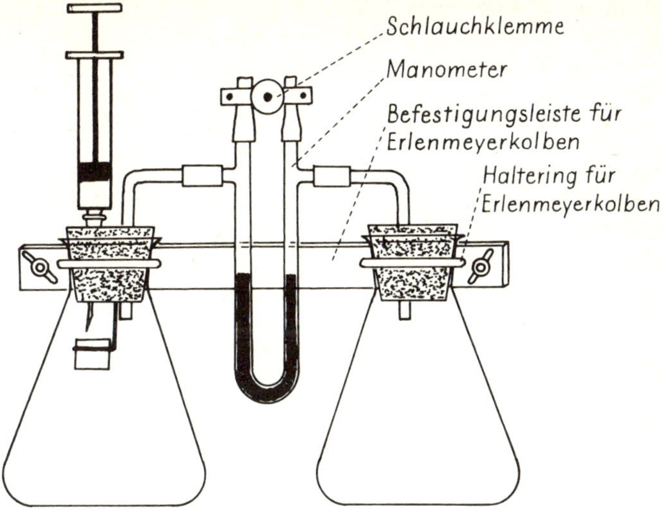

Abb. 194. Geschlossenes Respirometer

gesetzt (Glasspritzen mit Metallkolben sind meist nicht absolut luftdicht). An der Unterseite des Gummistopfens wird ein kleines Gefäß (3) befestigt, das zur Aufnahme von Kalilauge oder Natronlauge (CO_2-Absorption) bestimmt ist. Der Schlauch (6) ist mit einer Schlauchklemme (7) verschließbar.

Die Volumina des verwendeten Erlenmeyerkolbens sowie der Injektionsspritze hängen von der Größe des Versuchstieres und dessen Sauerstoffverbrauch ab. (Für eine Maus verwendet man beispielsweise einen Kolben von mindestens 500 ml Inhalt und eine 10 ml-Spritze.)

FUNKTIONSWEISE: Das Tier im Erlenmeyerkolben verbraucht Sauerstoff und gibt Kohlendioxid ab. Das CO_2 wird von der Kalilauge absorbiert, so daß im Erlenmeyerkolben, bedingt durch den O_2-Verbrauch, ein Unterdruck entsteht (bei geschlossener Schlauchklemme), der eine Verschiebung der Flüssigkeitssäule im Manometer bewirkt. Mit Hilfe der Injektionsspritze wird in regelmäßigen Zeitabständen soviel Luft in die Tierkammer gepreßt, bis die Flüssigkeitssäule wieder das Originalniveau erreicht hat. Die Differenz wird an der Skala der Spritze abgelesen. Sie ist gleich dem verbrauchten Sauerstoffvolumen. Der erhaltene Wert muß noch auf STPD-Bedingungen reduziert werden (siehe Seite 81).

Geschlossenes Respirometer (Abb. 194): Beim offenen Respirometer wird die Änderung des Luftdruckes im Tiergefäß gegen den atmosphärischen Luftdruck gemessen. Diese Methode hat den Nachteil, daß bei starken Schwankungen des äußeren Luftdruckes (z. B. bei Föhn) die Ergebnisse verfälscht werden. Bei Verwendung von geschlossenen Respirometern wird diese Fehlerquelle ausgeschlossen, da der Luftdruck im Tiergefäß in Relation zum Druck in einem zweiten Gefäß (Vergleichskammer) gemessen wird. Die Funktionsweise des geschlossenen Respirometers ist im Prinzip gleich der des offenen.

13.6 *Literaturhinweise*

Praktikumsbücher

ABRAMOFF, P. und R. THOMSON: An experimental approach to biology. Freeman, San Francisco–London 1966.

AEBI, H.: Einführung in die praktische Biochemie. Für Studierende der Medizin, Veterinärmedizin, Pharmazie und Biologie. 2., vollst. überarb. Aufl. Karger, Basel 1971.

BÄSSLER, Ulrich: Das Stabheuschrecken-Praktikum. (Handbücher für die praktische naturwissenschaftliche Arbeit, Bd. 44) Franckh, Stuttgart 1965.

BRAUN, Rudolf: Tierbiologisches Experimentierbuch. (Erlebte Biologie) Franckh, Stuttgart 1959.

BROWN und CREEDY: Experimental Biology Manual. Heinemann, London 1970.

FALKENHAN, Hans: Handbuch der praktischen und experimentellen Schulbiologie. Aulis, Köln 1971 ff.

FURCH, Karl: Experimentelle Physiologie. (Studienbücher Biologie) Diesterweg-Salle, Frankfurt a.M. 1973.

KALMUS, Hans: Einfache Experimente mit Insekten. Birkhäuser, Basel 1950.

LUKER, A. J. und H. S.: Laboratory Exercise in Zoology. Butterworth, London 1971.

MÜLLER und THIEME: Biologische Arbeitsblätter. Übungen und Versuche für höhere Schulen. (Naturwissenschaften in Lehrer- und Schülerversuch) 2. Aufl. Industrie-Druck GmbH, Göttingen 1970.

NACHTIGAL, Werner: Zoophysiologischer Grundkurs (Arbeitsbücher Biologie; Taschentext 4) Verlag Chemie, Weinheim 1972.

SCHLIEPER, Carl: Praktikum der Zoophysiologie. 3. Aufl. Gustav Fischer, Stuttgart 1965.

STEHLI, Georg: Sammeln und Präparieren von Tieren. (Erlebte Biologie) Franckh, Stuttgart 1964.

Theoretische Grundlagen

Allgemeine Zoologie. Begründet von Alfred KÜHN. Neubearbeitet von Ernst HADORN und Rüdiger WEHNER. 18. Aufl. Thieme – dtv, Stuttgart–München 1971.

DYLLA, Klaus: Verhaltensforschung. Ihre Behandlung im biologischen Unterricht. (Biologische Arbeitsbücher) 3. Aufl. Quelle & Meyer, Heidelberg 1971.

FRAENKEL und GUNN: The Orientation of Animals. Dover, New York 1961.

GAUER, O. H., K. KRAMER und R. JUNG: Physiologie des Menschen. 17 Bände. Urban & Schwarzenberg, München 1970ff.

HASSENSTEIN, Bernhard: Biologische Kybernetik. Eine elementare Einführung. (Biologische Arbeitsbücher) 3. Aufl. Quelle & Meyer, Heidelberg 1969.

HENSEL, Herbert: Allgemeine Sinnesphysiologie. Hautsinne, Geschmack, Geruch. (Lehrbuch der Physiologie in zusammenhängenden Einzeldarstellungen) Springer, Berlin 1966.

HERTER, Konrad und Klaus URICH: Vergleichende Physiologie der Tiere. Stoff- und Energiewechsel. (Sammlung Göschen, 972/972a) 4. Aufl. de Gruyter, Berlin 1966.

KATZ, Bernard: Nerv, Muskel und Synapse. Einführung in die Elektrophysiologie. (Flexible Taschenbücher) Thieme, Stuttgart 1971.

KEIDEL, W. D. (Hrsg.): Kurzgefaßtes Lehrbuch der Physiologie. 2. Aufl. Thieme, Stuttgart 1970.

LINDER, Hermann: Biologie. Lehrbuch für Oberklassen der Höheren Schulen. 17. völlig neu bearb. Aufl. Metzler, Stuttgart 1971.

LULLIES, Hans und Dietrich TRINCKER: Taschenbuch der Physiologie. 3 Bände. Gustav Fischer, Stuttgart 1970ff.

MACKEAN, Donald G.: Einführung in die Biologie. 2 Bände. Rowohlt, Reinbek 1970.

PENZLIN, Heinz: Kurzes Lehrbuch der Tierphysiologie. Gustav Fischer, Jena 1970.

RATHS, Paul und Gustav-Adolf BIEWALD: Tiere im Experiment. Ergebnisse und Probleme der Tierphysiologie. Aulis, Köln 1971.

ROEDER, K. D.: Neurale Grundlagen des Verhaltens. Beispiele aus der Insektenwelt. (Psychologisches Kolloquium, 4) Huber, Bern 1968.

SCHADÉ, J. P.: Die Funktion des Nervensystems. 2. Aufl. Gustav Fischer, Stuttgart 1971.

SCHUA, Leopold und Roma: Lebensraum Wasser. Geheimnisse in einer unbekannten Welt. (Kosmos-Bibliothek, 268) Franckh, Stuttgart 1970.

SCHÜTZ, Erich: Physiologie. Lehrbuch für Studierende. 13./14. Aufl. Urban & Schwarzenberg, München 1972.

VOGEL, Günter und Hartmut ANGERMANN: dtv-Atlas zur Biologie. Tafeln und Texte. 2 Bände. 5. u. 6. Aufl. dtv, München 1968.

13.7 *Abkürzungsverzeichnis*

Die Sternchen nach einer Versuchsüberschrift geben die ungefähr benötigte Durchführungszeit an. Die Vorbereitungszeit ist in den angegebenen Zeitspannen nicht enthalten.

*	Versuch ist innerhalb von 15 min durchführbar.
**	Versuch ist innerhalb einer Schulstunde durchführbar.
***	Versuch ist innerhalb einer Doppelstunde durchführbar.
****	Versuchsdurchführung nimmt mehr als zwei Stunden in Anspruch.

ACh	Acetylcholin
a.d.	Aqua destillata
ADP	Adenosindiphosphat
AP	Aktionspotential
ATP	Adenosintriphosphat
BM	Bauchmark
ca.	Zirka
cal	Kalorie
FAD	Flavinadenindinucleotid
Hb	Haemoglobin
HMV	Herzminutenvolumen
Hz	Hertz (Frequenzeinheit; 1 Hz = 1 Periode pro sec)
kcal	Kilokalorie; 1 kcal = 10^3 cal
kpm	Kilopondmeter
l	Liter
m	Meter
MG	Molekulargewicht
min	Minute
ml	Milliliter; 1 ml = 10^{-3} l
mm	Millimeter; 1 mm = 10^{-3} m
mmho	(sprich: millimo) Einheit der elektrischen Leitfähigkeit = 1/Ohm
msec	Millisekunde; 1 msec = 10^{-3} sec
mV	Millivolt; 1 mV = 10^{-3} V
NAD	Nicotinamidadenindinucleotid
nm	Nanometer; 1 nm = 10^{-9} m
NS	Nervensystem
NZ	Nervenzelle
sec	Sekunde
Torr	Druckeinheit; 1 Torr entspricht einem Druck von 1 mm Quecksilbersäule
V	Volt
vgl.	vergleiche
VL	Versuchsleiter
VP	Versuchsperson
ZNS	Zentralnervensystem

dtv Atlanten

dtv-Atlas zur Weltgeschichte
Karten und chronologischer Abriß
Von H. Kinder und W. Hilgemann
2 Bände
Originalausgabe
3001, 3002

dtv-Atlas zur Biologie
Tafeln und Texte
Von G. Vogel und H. Angermann
2 Bände
Originalausgabe
3011, 3012

dtv-Atlas zur Mathematik
Tafeln und Texte
Von F. Reinhardt und H. Soeder
2 Bände
Bisher erschienen:
Band 1: Grundlagen, Algebra und Geometrie
Originalausgabe
3007

dtv-Atlas zur Astronomie
Tafeln und Texte
Von J. Herrmann
Mit Sternatlas
Originalausgabe
3006

dtv-Atlas zur Baukunst
Tafeln und Texte
Von W. Müller und G. Vogel
2 Bände
Bisher erschienen:
Band 1: Allgemeiner Teil / Baugeschichte von Mesopotamien bis Byzanz
Originalausgabe
3020

dtv-Atlas der Anatomie
Tafeln und Texte
Von W. Kahle, H. Leonhardt und W. Platzer
Band 1:
Bewegungsapparat
Band 2:
Innere Organe
Band 3:
Nervensystem und Sinnesorgane
3017, 3018, 3019